MATTHIAS PAPENFUSS

Die personellen Grenzen der Autonomie öffentlich-rechtlicher Körperschaften

Schriften zum Öffentlichen Recht

Band 596

Die personellen Grenzen der Autonomie öffentlich-rechtlicher Körperschaften

Von

Matthias Papenfuß

Duncker & Humblot · Berlin

Die Deutsche Bibliothek – CIP-Einheitsaufnahme

Papenfuss, Matthias:
Die personellen Grenzen der Autonomie öffentlich-rechtlicher Körperschaften / von Matthias Papenfuss. – Berlin: Duncker und Humblot, 1991
(Schriften zum Öffentlichen Recht; Bd. 596)
Zugl.: Bonn, Univ., Diss., 1989
ISBN 3-428-07115-8
NE: GT

Fremddatenübernahme: Berliner Buchdruckerei Union GmbH, Berlin 61
Druck: Druckerei Gerike GmbH, Berlin 36
Printed in Germany

ISSN 0582-0200
ISBN 3-428-07115-8

Meinen Eltern

Vorwort

Das Vorwort ist vor allem ein Wort des Dankes. Hier muß ich an erster Stelle meine Eltern und Geschwister nennen, ohne deren tatkräftige Unterstützung und kritische, aber stets positive Begleitung ich diese Arbeit nicht geschrieben hätte. Dank natürlich auch an Herrn Prof. Dr. Fritz Ossenbühl, der mir nicht nur die Anregung zu dieser Arbeit gab, sondern der mir durch die Möglichkeit der Tätigkeit an seinem Lehrstuhl, seine direkte Art und präzise Denkweise stets eine große Hilfe dabei war, die hinter der trockenen juristischen Regelung stehenden Interessen und Wertungen zu erkennen und in die eigene Beurteilung einzubeziehen.

Nicht vergessen möchte ich an dieser Stelle auch die Kollegen am Institut für Öffentliches Recht der Universität Bonn und insbesondere die „studentischen Hilfskräfte". Die an diesem Institut während meiner Tätigkeit von 1987 bis 1989 herrschende offene und herzliche Atmosphäre, die vielen fachlich und menschlich wertvollen Gespräche und die stete Hilfsbereitschaft (nicht zuletzt beim Korrekturlesen) haben mich das Arbeiten dort als Freude empfinden lassen und brachten diese Untersuchung stets voran.

Die vorliegende Arbeit hat im Wintersemester 1989/90 der Rechts- und Staatswissenschaftlichen Fakultät der Rheinischen Friedrich-Wilhelms-Universität Bonn als Doktorarbeit vorgelegen. Sie befaßt sich mit der Zulässigkeit autonomer normativer Regelungen öffentlich-rechtlicher Körperschaften aus kompetenzrechtlicher Sicht. Durch den Beitritt der ehemaligen DDR und den dort beginnenden Aufbau von öffentlich-rechtlichen Selbstverwaltungskörperschaften erhält diese Arbeit eine zusätzliche Aktualität. Die Untersuchung wurde im August 1989 abgeschlossen.

November 1990

Matthias Papenfuß

Inhaltsverzeichnis

2. Kapitel

Die Zulässigkeit der Bindung Externer durch autonome normative Regelungen öffentlich-rechtlicher Körperschaften — abstrakt 134

Einleitung

1. Problemstellung

Ein Patient wird von seinem Hausarzt zur Behandlung in ein Krankenhaus überwiesen. Während des sechsmonatigen Krankenhausaufenthalts entwickelt sich ein besonderes Vertrauensverhältnis zum Krankenhausarzt. Der Patient möchte sich daher nach der Entlassung von diesem weiterbehandeln lassen. Der Krankenhausarzt sieht sich daran gehindert, weil die nach § 16 Abs. 3 der Berufsordnung der Ärztekammer erforderliche Zustimmung des Hausarztes nicht erteilt wird.

Nach erfolgreichem Abschluß des Architekturstudiums und Absolvierung der gesetzlich vorgesehenen zweijährigen beruflichen Tätigkeit beantragt der Bewerber bei der zuständigen Architektenkammer die Eintragung in die Architektenliste, um sich als freier Architekt niederlassen zu können. Die Architektenkammer verweigert die Eintragung, weil der Bewerber während der beruflichen Tätigkeit gröblich gegen die Berufsordnung der Architektenkammer verstoßen hat.

Ein Lehrling meldet sich verspätet zur Gesellenprüfung an, weil sein Ausbilder nicht auf die Wahrung der Anmeldefristen geachtet hat. Entsprechend den Vorschriften der Gesellenprüfungsordnung der zuständigen Handwerkskammer wird er nicht zur Prüfung zugelassen und kann seine Ausbildung erst sechs Monate später abschließen.

Diese drei Beispiele illustrieren, wie stark autonome Normen öffentlich-rechtlicher Körperschaften in die Rechte Dritter eingreifen können, obwohl in den genannten Beispielen weder der Patient, noch der angehende Architekt oder der Lehrling (mit-)bestimmenden Einfluß auf die inhaltliche Gestaltung der Norm oder die Zusammensetzung des Entscheidungsorgans hat. Diese Beispiele lassen sich fast beliebig erweitern und zeigen, daß jeder direkt oder indirekt von autonomen Regelungen erfaßt werden kann. Damit drängt sich die Frage auf, ob es unter der Herrschaft des Grundgesetzes möglich sein darf, daß der Einzelne von Normen gebunden wird, die Gruppierungen erlassen haben, die er nicht gewählt hat und die er zu lenken oder kontrollieren nicht berechtigt ist. Oder anders ausgedrückt: Wo zieht das Grundgesetz die personellen Grenzen der Autonomie.

Obwohl es sich hierbei um ein erstrangiges verfassungsrechtliches Problem handelt, ist es bisher nur am Rande behandelt worden, ohne die vielfältigen spezialgesetzlichen Regelungsstrukturen einer grundsätzlichen verfassungsrechtlichen Überprüfung zu unterziehen[1]. Ziel der nachfolgenden Untersuchung ist es, den spezialgesetzlichen und den verfassungsrechtlichen Lösungsansatz zusammenzuführen, um Kriterien an die Hand zu bekommen, Außenwirkungen von autonomen normativen Regelungen öffentlich-rechtlicher Körperschaften zu erkennen und ihre Vereinbarkeit mit dem Grundgesetz feststellen zu können.

Diese Kriterien sollen es dem betroffenen Dritten ermöglichen zu beurteilen, ob er sich den autonomen Normen unterwerfen muß. Sie sollen aber auch dem Satzunggeber helfen, die Reichweite seiner Kompetenzen zu erfassen und Regelungen nur innerhalb dieser Grenzen zu treffen.

Zu guter Letzt sollen sie den Gesetzgeber veranlassen, die gewünschten Normen selbst zu erlassen oder — soweit zulässig — auf eine hinreichende Ermächtigungsgrundlage zu stellen.

2. Gang der Untersuchung

Die Untersuchung gliedert sich in die Kapitel Grundlagen, abstrakte und konkrete verfassungsrechtliche Bewertung. Dem ersten Kapitel wird ein begrifflicher Teil vorangestellt, weil über keinen der maßgeblichen Begriffe Einigkeit besteht. Anschließend werden die Organisations- und Entscheidungsstrukturen der wichtigsten Selbstverwaltungsbereiche dargestellt und ihre normativen Regelungen in concreto darauf untersucht, ob und in welchem Umfang sie jeweils Außenwirkung entfalten.

Im zweiten Kapitel werden die allgemeinen verfassungsrechtlichen Grundlagen zur Beurteilung der Zulässigkeit außenwirkender Satzungsvorschriften entwickelt. Der Schwerpunkt dieses Kapitels besteht darin, anhand des Gesetzesvorbehaltes die Frage zu beantworten, ob, unter welchen Voraussetzungen und mit welchen Grenzen der Gesetzgeber berechtigt ist, den Selbstverwaltungskörperschaften Regelungen zu übertragen, deren Geltung den Innenbereich der Körperschaften überschreitet.

Im dritten Kapitel werden die aufgefundenen außenwirkenden normativen Regelungen anhand der im zweiten Kapitel entwickelten verfassungsrechtlichen Kriterien auf ihre Vereinbarkeit mit dem Grundgesetz untersucht.

---

[1] Vgl. aus verfassungsrechtlicher Sicht: *Hans Schneider,* Möhring FS, S. 521 (529 ff.); *Dölker,* S. 205 ff.; *Kleine-Cosack,* S. 262 ff.; *Ossenbühl,* Satzung, Rdn. 32 f.; *Stern,* Staatsrecht I, S. 821; aus spezialgesetzlicher Sicht: *Knopp / Kraegeloh,* § 44 BBiG Rdn. 4; *Bender,* in: Leuze / Bender, Vorbem. zu §§ 90 ff. Rdn. 12.

1. Kapitel

Grundlagen

A. Begriffliches

I. Selbstverwaltung

1. Kein einheitlicher Selbstverwaltungsbegriff

Der Begriff der „Selbstverwaltung" ist mindestens so vielschichtig und facettenreich, wie die mit ihm verbundenen Erscheinungsformen. So nimmt es nicht Wunder, daß bereits die Begriffsbestimmung in Literatur und Rechtsprechung — aber auch in den einschlägigen Gesetzen — erhebliche Schwierigkeiten bereitet. Obwohl diese begriffliche Unklarheit seit langem bekannt ist[1], ist es bis heute nicht gelungen, einen einheitlichen, allgemeingültigen Selbstverwaltungsbegriff zu prägen[2]. Es wird nicht nur von politischer (staatsbürgerlicher) im Gegensatz zu juristischer (körperschaftlicher), sondern auch von funktionaler (die wiederum mit verschiedener Bedeutung versehen wird) und gesellschaftlicher Selbstverwaltung gesprochen. Weiter wird zwischen interner und externer sowie formaler und materialer Selbstverwaltung unterschieden. Die einzelnen Begriffe stehen weder zeitlich noch inhaltlich in einem Ausschließlichkeitsverhältnis, sondern werden zum Teil nebeneinander verwendet.

a) Politische Selbstverwaltung

Von „politischer Selbstverwaltung" spricht man, dem Selbstverwaltungskonzept von *Rudolf Gneist* folgend, dann, wenn Aufgaben öffentlicher Verwaltung durch ehrenamtlich tätige Bürger erledigt werden[3]. Der Begriff erfaßt alle Fälle,

---

[1] Vgl. *Gierke*, Genossenschaftsrecht, Bd. 1, S. 743 f.; *Rosin*, AnnDR 1883, S. 265 (305 ff.); *Preuß*, HdbPol., S. 266; *Otto Mayer*, DVwR II, S. 357 FN 11; *Elleringmann*, S. 13 ff.

[2] Vgl. *Hendler*, Selbstverwaltung, S. 269 m.w.N.

[3] *Wolff / Bachof / Stober*, VerwR II, § 84 Rdn. 33 f.; *Hendler*, Selbstverwaltung, S. 271; *Schnapp*, von Unruh FG, S. 881 (885); *Stern*, Staatsrecht I, S. 399; *Stober*, Ehrenbeamte, S. 60 ff.; *Hans Peters*, Lehrbuch, S. 286; *Lohr*, S. 139.

in denen Repräsentanten der Gesellschaft öffentliche Verwaltungstätigkeiten ausüben[4], z. B. als Stadt-, Gemeinde- oder Kreisräte. Der Begriff der „politischen Selbstverwaltung" erfaßt im modernen demokratisch-parlamentarischen Staatswesen annähernd alle Stufen der öffentlichen Verwaltung (wenn man die Frage der Diäten nicht stellt) und ist daher zur juristischen Eingrenzung des Selbstverwaltungsbegriffs kaum geeignet[5], wird aber gleichwohl noch immer verwendet[6].

b) Juristische (körperschaftliche) Selbstverwaltung

Der Begriff der „politischen" Selbstverwaltung wurde schon Mitte des 19. Jahrhunderts vom Begriff der „juristischen" (körperschaftlichen) Selbstverwaltung weitgehend verdrängt[7], der den formalen Aspekt der Wahrnehmung öffentlicher Aufgaben durch unterstaatliche Subjekte in den Vordergrund rückte[8]. Nach der von *Hans Julius Wolff* geprägten Definition ist (juristische) Selbstverwaltung „die selbständige, fachweisungsfreie Wahrnehmung enumerativ oder global überlassener oder zugewiesener eigener öffentlicher Angelegenheiten durch unterstaatliche Träger oder Subjekte öffentlicher Verwaltung in eigenem Namen"[9]. Noch stärker formalisiert *Ernst Forsthoff*, wenn er Selbstverwaltung als „Wahrnehmung an sich staatlicher Aufgaben durch Körperschaften, Anstalten und Stiftungen des öffentlichen Rechts" definiert[10].

c) Materiale Selbstverwaltungskonzeptionen

Der juristische Selbstverwaltungsbegriff ist rein formal[11]. In ihm kommt der Grundgedanke aller bedeutenden Selbstverwaltungskonzeptionen des 19. Jahrhunderts[12], nämlich die Beteiligung der Betroffenen an der Erledigung öffentlicher Aufgaben, nicht zum Ausdruck[13]. Dies ist ein Grund, warum immer wieder

---

4 *Wolff / Bachof / Stober*, VerwR II, § 84 Rdn 33.

5 Vgl. *Wolff / Bachof / Stober*, VerwR II, § 84 Rdn 34; so schon für die Verhältnisse im Deutschen Reich *Rosin*, AnnDR 1883, S. 265 (306).

6 S. z. B. die Begründung zu § 30 RegE zum SGB IV, BT Dr 7/4122, S. 34 f.

7 *Rosin*, AnnDR 1883, S. 265 (305 ff.); *Laband*, S. 22 FN 2; vgl. auch *Stern*, Staatsrecht I, S. 399.

8 *Rosin*, AnnDR 1883, 265 (309 ff.); *Laband*, S. 22 FN 2.

9 *Wolff / Bachof / Stober*, VerwR II, § 84 Rdn. 34; vgl. auch *Hans Peters*, Lehrbuch, S. 287; *Elleringmann*, S. 16 ff.; *Stern*, Staatsrecht I, S. 399 f.; *Salzwedel*, VVDStRL 22 (1965), S. 206 (216); *Wülker*, S. 5; *Tettinger*, von Unruh FG, S. 809; *Schnapp*, von Unruh FG, S. 881 (885); *Meinhard Schröder*, S. 337 f., fordert darüber hinaus das Element staatlicher Aufsicht.

10 *Forsthoff*, S. 478.

11 *Hendler*, Selbstverwaltung, S. 271 ff.

12 Vgl. u. a. *Frh. v. Stein*, Nassauer Denkschrift; *Lorenz v. Stein*, Verwaltungslehre II; *Gneist*, Selfgovernment; *derselbe*, Verwaltung, Justiz, Rechtsweg; *derselbe*, Preußische Kreisordnung; *Gierke*, Genossenschaftsrecht.

der Versuch unternommen wird, den juristischen Selbstverwaltungsbegriff um das materiale Element der Partizipation zu erweitern[14]. Um die materialen Konzeptionen hervorzuheben, wurden u. a. die Begriffe der *„gesellschaftlichen“*[15] und der *„funktionalen“* Selbstverwaltung[16] geprägt. Der Begriff der „funktionalen“ Selbstverwaltung wird aber auch verwendet zur Abgrenzung von der *„kommunalen“* oder *„territorialen“* Selbstverwaltung[17]. Nur in letzterem Sinne wird der Begriff der „funktionalen“ Selbstverwaltung im nachfolgenden verwendet.

d) Weitere Begriffsbildungen

Mit den oben genannten Begriffsbildungen sind die Möglichkeiten, Selbstverwaltung terminologisch zu erfassen, noch keineswegs erschöpft. Es sind darüber hinaus noch folgende Begriffe geläufig, ohne daß diese jedoch einheitlich verwendet würden[18]: Unter *„innerer“* Selbstverwaltung wird nicht nur der Bereich der Selbstorganisation (Organisations-, Finanz-, Personal- und Planungswesen)[19], sondern auch das Verhältnis des Selbstverwaltungsträgers zu seinen Mitgliedern bzw. Nutzern verstanden. Dieser Bereich wird allerdings auch der *„äußeren“* Selbstverwaltung zugerechnet[20], die sonst das Verhältnis zwischen der Selbstverwaltungseinrichtung und dem Staat bezeichnen soll.

Als *„wirtschaftliche“* Selbstverwaltung wird die Selbstverwaltung durch Verbände des Wirtschafts- und Soziallebens bezeichnet[21]. Mit *„beruflicher“* oder

---

[13] Vgl. *Hendler*, Selbstverwaltung, S. 272.

[14] Vgl. z. B. *Becker*, Grundlage, S. 113 (121); *Salzwedel*, VVDStRL 22 (1965), S. 206 (223 f.); *Hendler*, Selbstverwaltung, S. 284; *derselbe*, DVBl. 1986, S. 968 (970); *Bürkle-Storz*, S. 71 ff.; *Fröhler / Oberndorfer*, S. 48; *Emde*, S. 4 ff., Definition, S. 11; *Scheuner*, Grundbegriffe, S. 7 (16); *derselbe*, DÖV 1952, S. 609 (611); *Stober* hält in Wolff / Bachof / Stober, VerwR II, § 84 Rdn. 34, zwar an der Definition von Wolff fest, erweitert diese aber dann sogar um zwei materiale Elemente, wenn er ausführt: „Aus rechtlicher Sicht bedeutet Selbstverwaltung in einem demokratisch organisierten Staatswesen *demokratische Legitimation* der Selbstverwaltungsträger und *demokratische Aktivierung* der Betroffenen in einem abgegrenzten, überschaubaren Bereich mit dem Ziel, eine integrierende Funktion als Verstärkung der allgemeinen demokratischen Ordnung zu erreichen“.

[15] *Salzwedel*, VVDStRL 22 (1965), S. 206 (223).

[16] *Emde*, S. 4 ff.

[17] Vgl. *Emde*, S. 11; *Obermayer*, S. 15; *Püttner*, Mitbestimmung, S. 50; *Hendler*, Selbstverwaltung, S. 43; noch anders *Schnapp*, von Unruh FG, S. 881 (885), der „funktionale“ Selbstverwaltung mit „juristischer“ oder „körperschaftlicher“ Selbstverwaltung gleichsetzt; *Stern*, Staatsrecht I, S. 398, verwendet „funktionale“ und „gesellschaftliche“ Selbstverwaltung synonym zur Abgrenzung von „Selbstverwaltung als innerstaatlicher Organisationsform“.

[18] Vgl. zu den verschiedenen Begriffen auch *Korinek*, ZAS 1967, S. 65 ff.

[19] So *Schnapp*, von Unruh FG, S., 881 (885).

[20] *Schnapp*, von Unruh FG, S. 881 (885).

[21] Vgl. *Korinek*, Wirtschaftliche Selbstverwaltung, S. 9 f., 23 ff.; *Huber*, Selbstverwaltung, S. 9; *Hendler*, DÖV 1986, S. 675 (677) m. w. N.; *Frotscher*, von Unruh FG, S. 127

„berufsständischer" Selbstverwaltung wird der Bereich benannt, in dem die Selbstverwaltung durch öffentlich-rechtliche Berufsorganisationen, wie z. B. die Ärzte-, Rechtsanwalts- oder Architektenkammern ausgeübt wird[22]. Als *„soziale"* Selbstverwaltung gilt die Selbstverwaltung durch Träger der Sozialversicherung, wie z. B. AOK, Berufsgenossenschaft oder LVA[23]. Mit dem Begriff der *„kulturellen"* Selbstverwaltung wird die Selbstverwaltung durch Universitäten, Rundfunk- und Fernsehanstalten und öffentlich-rechtliche Religionsgemeinschaften umschrieben[24].

2. Arbeitsbegriff

Die soeben konstatierte Begriffsvielfalt, wenn nicht gar Begriffsverwirrung, hat ihre Ursache nicht nur in den unterschiedlichen ideengeschichtlichen Ansätzen, sondern auch in der unübersehbaren Vielfalt der tatsächlichen Erscheinungsformen der Selbstverwaltung und ihrer rechtlichen Ausgestaltung[25]. Diese Vielfalt zeigt zum einen, daß der Selbstverwaltungsbegriff konturenarm ist[26], zum anderen verbietet sie an sich, den Begriff der Selbstverwaltung unabhängig von einer konkreten Erscheinungsform bilden zu wollen[27]. Im übrigen darf nicht übersehen werden, daß der Begriff „Selbstverwaltung" auch innerhalb ein und derselben Selbstverwaltungseinrichtung verschiedene Bedeutung haben kann[28]. Gleichwohl kann eine Diskussion über Aufgaben und Befugnisse sowie Grenzen der Selbstverwaltung nur sinnvoll geführt werden, wenn ein Minimalkonsens hinsichtlich der verwendeten Begriffe besteht[29]. Der hier Verwendung findende Selbstverwaltungsbegriff muß notwendig formal sein. Eine Überfrachtung mit materialen Elementen würde die erheblichen materiell-rechtlichen Fragen lediglich in die Begriffsdiskussion vorverlagern und damit von der Problemlösung ablenken.

---

(143), verwendet den Begriff nur für die Selbstverwaltung des Wirtschaftslebens (IHK, Handwerkskammer, Handwerksinnung); ebenso *Scheuner,* DÖV 1952, S. 609 (612); *Weber,* Staatsverwaltung, S. 155; abweichend *Tettinger,* von Unruh FG, S. 809 ff.

22 Vgl. *Korinek,* Wirtschaftliche Selbstverwaltung, S. 9; *Frotscher,* von Unruh FG, S. 127 (143).

23 *Frotscher,* von Unruh FG, S. 127 (143); *Scheuner,* DÖV 1952, S. 609 (612); *Harald Bogs,* Sozialversicherung, S. 8 ff., 31.

24 *Frotscher,* von Unruh FG, S. 127 (143).

25 Vgl. *Bethge,* VSSR 1980, S. 237 (238).

26 *Schnapp,* von Unruh FG, S. 881 (885); *Bethge,* VSSR 1980, 237 (238); *derselbe,* AöR 104 (1979), S. 265 (275), der den Begriff „normativ substanzlos" nennt; *BSGE* 30, 8 (12).

27 *BVerwGE* 51, 115 (118); *BSGE* 30, 8 (12); *Schnapp,* von Unruh FG, S. 881 (885); *Bethge,* VSSR 1980, 237 (238); *Korinek,* ZAS 1967, S. 65 (68).

28 Vgl. *Bethge,* VSSR 1980, S. 237 (238).

29 So für den Bereich der Sozialversicherung *Schnapp,* von Unruh FG, S. 881 (886); a. A. *Wertenbruch,* Peters FS, S. 203 (204), der meint, es gebe keinen „klaren, allgemeinbewußten und bejahten Begriff der Selbstverwaltung mehr", und den Begriff der Selbstverwaltung daher nicht verwenden will, S. 216.

Dies gilt insbesondere für das Element der Partizipation. Die Frage der Erforderlichkeit einer Betroffenenbeteiligung stellt sich vor allem im Zusammenhang mit der Legitimationsdiskussion. Die Vielschichtigkeit der dort angebotenen Lösungen zeigt deutlich, daß die Verwendung der Partizipation als Begriffsmerkmal ungeeignet ist. Da es nicht Aufgabe dieser Arbeit sein kann, die Selbstverwaltungsdiskussion um einen neuen Begriff zu erweitern und in Anbetracht der geringen normativen Bedeutung der Begriffsbildung wird im folgenden mit *Julius Wolff* unter Selbstverwaltung verstanden:

> Die selbständige, fachweisungsfreie Wahrnehmung enumerativ oder global überlassener oder zugewiesener eigener öffentlicher Angelegenheiten durch unterstaatliche Träger oder Subjekte öffentlicher Verwaltung in eigenem Namen.

Dieser Selbstverwaltungsbegriff erfaßt die Selbstverwaltung im weiteren Sinn, also Selbstverwaltung, Selbstgesetzgebung und Selbstrechtsprechung[30].

II. Autonomie

Ebenso wie über den Begriff der Selbstverwaltung herrscht Unklarheit über den Begriff der Autonomie[1]. Zum Teil wird er gleichbedeutend mit dem der Selbstverwaltung im weiteren Sinne verwendet[2], zum Teil statt des Begriffs der Selbstverwaltung (im weiteren Sinne) als Oberbegriff, der Selbstverwaltung, Rechtsetzung und Rechtsprechung zusammenfaßt[3]. Andere wiederum wählen den Begriff der Selbstverwaltung (im weiteren Sinne) als Oberbegriff, der die Selbstverwaltung (im engeren Sinne), die Rechtsetzung und Rechtsprechung erfaßt[4]. Weitgehende Einigkeit besteht heute jedoch darüber, daß Selbstverwaltung und Autonomie zwei eigenständige Erscheinungsformen sind[5], die in der Praxis regelmäßig miteinander verbunden sind[6]. Notwendig ist diese Verbindung jedoch nicht[7]. Für die weitere Untersuchung wird Autonomie oder Selbstverwal-

---

30 Zum Verhältnisse der verschiedenen Begriffe s. sogleich II.

1 Hier ist nur von Autonomie im öffentlich-rechtlichen Sinne die Rede; nicht behandelt werden die Privatautonomie und die Tarifautonomie.

2 Z. B. *Kleine-Cosack*, S. 33 f., der jedoch, wenn es um die Regelungskompetenz geht, wieder differenziert.

3 Vgl. die Nachweise bei *Becker*, Grundlage, S. 113 (158 FN 5); *von Lübtow*, S. 14, *Karpen*, S. 18 f.

4 S. die Nachweise bei *Becker*, Grundlage, S. 113 (158 FN 6); s. auch *Elleringmann*, S. 48 ff.; *Wolff / Bachof / Stober*, VerwR II, § 84 Rdn. 38.

5 *Küttner*, S. 2 f.; *Becker*, Grundlage, S. 113 (158); *Bürkle-Storz*, S. 74 ff.; *Forsthoff*, S. 479; *Hendler*, Selbstverwaltung, S. 293 f.; *Kleine-Cosack*, S. 71 f.; *Wentzel*, S. 103.

6 *Bürkle-Storz*, S. 74; *Hendler*, Selbstverwaltung, S. 293; *Kleine-Cosack*, S. 71; *Dölker*, S. 9; *Forsthoff*, S. 479.

7 *Ossenbühl*, Rechtsquellen, S. 63 (107); *Hendler*, Selbstverwaltung, S. 293; *Forsthoff*, S. 479.

tungsautonomie als die Befugnis von Selbstverwaltungseinrichtungen zur Setzung objektiven Rechts verstanden[8].

III. Satzung

Das von den Selbstverwaltungseinrichtungen im Rahmen der Autonomie gesetzte objektive Recht ist die „Satzung". „Satzungen sind (also) Rechtsvorschriften, die von einer dem Staat eingeordneten juristischen Person des öffentlichen Rechts im Rahmen der ihr gesetzlich verliehenen Autonomie mit Wirksamkeit für die ihr angehörigen und unterworfenen Personen erlassen werden."[9]

IV. Externe

Erhebliche Schwierigkeiten bereitet es, die bloße Innenwirkung einer Satzung von Außenwirkungen randscharf zu trennen. Wenn das Bundesverfassungsgericht in seiner Satzungsdefinition sagt, Satzungen seien Rechtsvorschriften, die von einer dem Staat eingeordneten juristischen Person des öffentlichen Rechts im Rahmen der ihr gesetzlich verliehenen Autonomie mit Wirksamkeit für die ihr angehörigen und unterworfenen Personen erlassen werden[10], gibt es noch keine Antwort auf die Frage, wer „ihr angehörige und unterworfene Personen" sind und schon gar keine Antwort darauf, wer „ihr unterworfene Personen" sein dürfen. Die Unterscheidung der Internen von den Externen kann formal und material vorgenommen werden. Soweit die Frage der Abgrenzung überhaupt des Nachdenkens für wert befunden wird, so kranken die Ergebnisse doch daran, daß man über die Abgrenzungskriterien vorher keine Klarheit erzielt hat. Es ist daher erforderlich, die Begriffe „Externe" und „Außenwirkung" einer genaueren Betrachtung zu unterziehen[11].

1. Formaler Begriff

Man sollte meinen, daß es keine Schwierigkeiten bereitet, jeden, der nicht Mitglied einer Selbstverwaltungskörperschaft ist, als Externen zu bezeichnen[12].

---

8 Wie hier *Hendler*, Selbstverwaltung, S. 293; *Forsthoff*, S. 480; *Brandstetter*, S. 112.

9 *BVerfGE* 10, 20 (49 f.); 12, 319 (325); 33, 125 (156); so im wesentlichen schon *Hamann*, S. 15; zur Satzung s. auch *Ossenbühl*, Satzung, Rdn. 1; von einer völlig abweichenden Satzungsdefinition geht *Forsthoff*, S. 143, aus: Satzungen sind danach nur die Vorschriften mit Außenwirkung. Diese Definition ist im Zusammenhang mit dem Untersuchungsgegenstand nicht brauchbar, da sie offensichtlich von einem anderen Begriff der „Außenwirkung" ausgeht. Ebenso *Schmidt-Aßmann*, HdbKWP III, S. 182 (183).

10 *BVerfGE* 10, 20 (49 f.); 12, 319 (325); 33, 125 (156).

11 Auf diesen Punkt macht *Ossenbühl*, Satzung, Rdn. 32 f., aufmerksam.

So eindeutig und plausibel diese Definition auf den ersten Blick erscheint, so wenig hilfreich ist sie beim näheren Hinschauen. Dadurch, daß sie ausschließlich auf die Mitgliedschaft abstellt, verlagert sich das Problem, wer Außenstehender ist, auf die Frage, wer Mitglied ist. Der Begriff der Mitgliedschaft wird in den verschiedenen Selbstverwaltungsbereichen, ja sogar in den selben Selbstverwaltungsbereichen von Bundesland zu Bundesland unterschiedlich gebraucht. Unterscheidet das HRG für den Bereich der akademischen Selbstverwaltung z. B. zwischen Mitgliedern, § 36 Abs. 1 HRG, und Personen, die die Rechte und Pflichten von Mitgliedern haben, ohne Mitglieder nach § 36 Abs. 1 HRG zu sein, § 36 Abs. 2 HRG, um dann von Mitgliedern nach § 36 Abs. 1 und 2 HRG zu sprechen, § 37 HRG, wird im WissHG NW die Trennung zwischen Mitgliedern und Angehörigen gezogen, wobei die Personengruppen des § 36 Abs. 1 und 2 HRG als Mitglieder angesehen werden, § 11 Abs. 1 und 2 WissHG NW. Die Angehörigen nach § 11 Abs. 4 WissHG NW haben dagegen nicht dieselben Mitwirkungsrechte und -pflichten wie die Mitglieder. Gesetzlich ist ihre Mitwirkung an der Selbstverwaltung jedenfalls nicht vorgesehen, § 12 WissHG NW.

Obwohl dieselben Begriffe verwendet werden, wird im Bereich des Handwerksrechts etwas wesentlich anderes unter „Mitglied" und „Angehörigem" verstanden. Nach § 90 Abs. 2 HandwO sind die „Angehörigen" der Handwerkskammern die selbständigen Handwerker und die Inhaber handwerksähnlicher Betriebe sowie die Gesellen und Lehrlinge dieser Gewerbetreibenden, während als „Mitglieder" nur die gewählten Vertreter in den Organen gelten, §§ 93 ff., 107 HandwO. Die „Mitglieder" werden von den „Angehörigen" gewählt[13]. Ähnlich ist die Regelung bei den Landwirtschaftskammern[14]. *Sauer*[15] unterscheidet dort zwischen Berufszugehörigen und Kammermitgliedern; bezeichnet die Landwirtschaftskammer als „Repräsentativkörperschaft" und verneint aus diesem Grunde das Bestehen einer unmittelbaren Zwangsmitgliedschaft in der Landwirtschaftskammer. Um die terminologische Verwirrung babylonischen Ausmaßes weiter zu illustrieren, sei in diesem Zusammenhang auf die Begriffsbildung bei *Eyermann / Fröhler / Honig*[16] und bei *Wolff / Bachof / Stober*[17] hingewiesen.

---

[12] In diesem Sinne *Hans Schneider*, Möhring FS, S. 521 (532 f.); *Hans Peters*, Lehrbuch, S. 78; *Forsthoff*, S. 480; *KleineCosack*, S. 266 f.; *Ossenbühl*, Satzung, Rdn. 32; *Brohm*, von Unruh, FG, S. 777 (806); *Hans Peters*, Anschütz / Thoma II, S. 264 (266); *Starck / Konrad*, JuS 1970, S. 31 (35); *Brandstetter*, S. 151 ff., der aber zwischen „Außenseitern" als Minderheitsmitgliedern und „Nichtmitgliedern" unterscheidet.

[13] S. dazu und insbesondere zum fehlenden Wahlrecht der Lehrlinge unten 1. Kap. B IV 1 a.

[14] S. unten 1. Kap. B VIII 1.

[15] *Sauer*, S. 214.

[16] § 90 Rdn. 6: „II. *Zugehörigkeit zur Handwerkskammer*. Durch Abs. 2 ist klargestellt, wer der Handwerkskammer angehört. . ." § 93 Rdn. 1 „I. *Die Mitgliedschaft bei der Handwerkskammer muß von der bloßen Zugehörigkeit streng getrennt werden.*"

[17] VerwR II Rdn. 11 „Von den Mitgliedern. . . sind zu unterscheiden . . . (b) die Interessenten, die ohne Mitglieder zu sein, ein Repräsentativorgan zu wählen oder sonsti-

Noch anders ist die Regelung im Sozialversicherungsrecht. Nach dem SGB IV sind die Gruppenvertreter in den Selbstverwaltungsorganen „Mitglieder“ der Selbstverwaltungsorgane, §§ 40 ff. SGB IV, in der Krankenversicherung sind die Versicherten „Mitglieder“, § 47 Abs. 1 Nr. 1 SGB V, in der Unfallversicherung sind es die Unternehmer, § 658 Abs. 1 RVO, und in der Rentenversicherung gibt es gar keine Mitglieder, sondern Versicherte und Arbeitgeber, z. B. § 1382 RVO[18]. Schon aus dem bisher Gesagten wird deutlich, daß es einen eindeutigen und durchgängigen Mitgliedschaftsbegriff für alle Bereiche der Selbstverwaltung nicht gibt und auch der Rückgriff auf das Gesetz (Mitglied ist, wer im Gesetz Mitglied genannt wird) nicht weiterhilft[19]. Klar wird dadurch auch, daß der Begriff des Externen nicht an einer formalen Mitgliedschaft festgemacht werden kann, soll er eine alle Selbstverwaltungsbereiche überspannende und erfassende Bedeutung haben.

2. Materialer Begriff

Der Lösung dieses Problems läßt sich nur über einen materialen Ansatz näherkommen: Wie unten noch zu vertiefen sein wird, beruht der Selbstverwaltungsgedanke darauf, daß die jeweiligen Angehörigen eines bestimmten Kreises ihre Angelegenheiten selbst regeln, also in der einen oder anderen Form an der Entscheidungsfindung partizipieren. Sei es direkt an der konkreten Entscheidung, sei es dadurch, daß sie die konkreten Entscheidungsträger bestimmen (wählen) und damit den demokratischen Legitimationszusammenhang herstellen. Jeder der außerhalb dieses Legitimationszusammenhanges steht, ist — unabhängig von seiner formellen Mitgliedschaft — Externer[20]. Danach können zwar Mitglieder grundsätzlich keine Externen sein[21], denkbar ist jedoch die umgekehrte Konstellation, nämlich, daß Nichtmitglieder personell oder sachlich an den Entscheidungen der Selbstverwaltungskörperschaften wesentlich beteiligt sind, wie z. B. die Versicherten in der Unfallversicherung und die Arbeitgeber in der Krankenversicherung. Auch diese Konstellation muß nach denselben Kriterien behandelt werden.

---

gen institutionellen Einfluß auf die Körperschaft auszuüben berechtigt sind; z. B. die Handwerker bezüglich der Handwerkskammer gem. § 90 Abs. 2 HwO, wo sie „Angehörige“ genannt werden, im Unterschied zu den von ihnen gem. § 93 Abs. 1 gewählten Mitgliedern der Kammer. Die Mitglieder großer Genossenschaften, welche lediglich ein Repräsentativorgan wählen, sind jedoch nicht nur Angehörige in diesem Sinne, sondern Mitträger. . .“.

18 Näher dazu unten 1. Kap. B VI 1. Siehe im übrigen zur Abgrenzung und zur Zuordnung von Mitgliedern als Mitträger und „Nur Organmitgliedern“ im Vereinsrecht *Reichert / Dannecker / Kühr*, Rdn. 314 f.

19 Vgl. schon *Redeker*, JZ 1954, S. 625 (626).

20 Im Ergebnis wohl auch *Kleine-Cosack*, S. 272, der jedoch verkennt, daß die Lehrlinge in den Handwerkskammern formell eben nicht Mitglieder sind.

21 Lehrlinge sind formell nicht Mitglieder der Handwerkskammern.

Wer also innerhalb des Legitimationszusammenhanges steht, ist Interner, wer außerhalb steht, ist Externer, gleichgültig, ob er Mitglied genannt wird oder nicht[22].

V. Außenwirkung

1. Unmittelbare Außenwirkung

Keine Probleme bereitet es, die unmittelbare Außenwirkung[1] begrifflich zu erfassen: unmittelbare Geltungserstreckung liegt dann vor, wenn die normative Regelung final und primär darauf gerichtet ist, Externe zu binden. Dies kann ausdrücklich durch Benennung von Externen als Adressaten geschehen, kann sich aber auch ohne ausdrückliche Regelung aus der klaren Zielrichtung der Vorschrift ergeben.

2. Mittelbare Außenwirkung

Auch die Abgrenzung der unmittelbaren von der mittelbaren Geltungserstreckung ist unproblematisch: unmittelbare Außenwirkung besteht nicht, wenn ein Externer von der Regelung getroffen wird, ohne selbst Normadressat zu sein.

Wesentlich schwieriger ist es, die Regelungen mit mittelbarer Außenwirkung nach rationalen Kriterien von denen ohne Außenwirkung abzugrenzen. Wie noch zu zeigen sein wird, wirken sich normative Regelungen nicht nur auf die direkten Adressaten aus, sondern erfassen grundsätzlich auch Dritte mit verschiedener Intensität[2]. Es leuchtet ein, daß nicht jede entfernte, irgendwie geartete Reflexwirkung eine Regelung in den Bereich der außenwirkenden Normen ziehen kann, sondern daß irgendwann eine Grenze erreicht ist, bei der die Wirkung für Dritte so entfernt ist, daß man vernünftigerweise von rechtlich relevanter Außenwirkung nicht mehr sprechen kann. Auf der Suche nach Kriterien, die die Abgrenzung rationalisieren können, ist zunächst zu prüfen, ob in der Verfassungsrechtsprechung oder der Literatur bereits geeignete Kriterien entwickelt worden sind. Hierbei stößt man bald auf die Rechtsprechung des Bundesverfassungsgerichts zu der Frage, wann eine Regelung den Schutzbereich des Art. 12 GG tangiert.

Das Bundesverfassungsgericht geht dabei davon aus, daß die berufliche Betätigung nicht unmittelbar Regelungsobjekt einer Norm sein muß, um den Schutzbe-

---

22 In diesem Sinne auch *Krause*, in: GK-SGB IV, § 47 Rdn. 41, der die Mitgliedschaft als die Mitwirkungsberechtigung im Rahmen der Selbstverwaltung definiert.

1 „Außenwirkung" und „Geltungserstreckung" werden im folgenden synonym verwendet.

2 Vgl. *Kleine-Cosack*, S. 267 und die Beispiele S. 263.

reich des Art. 12 Abs. 1 GG zu berühren[3]. Es steht dann vor der Frage, wann mittelbar berufsregelnde Normen an Art. 12 Abs. 1 GG zu messen sind. Bei der Beantwortung dieser Frage stellt es in ständiger Rechtsprechung auf eine gewisse Nähe der Regelung zur Berufsausübung und auf ein gewisses Maß an berufsregelnder Zielsetzung des Gesetzgebers ab. Danach unterliegen Bestimmungen den Anforderungen des Art. 12 Abs. 1 GG, wenn sie infolge ihrer Gestaltung in einem engen Zusammenhang mit der Ausübung eines Berufes stehen und objektiv eine berufsregelnde Tendenz deutlich erkennen lassen[4]. Mit dieser Formel ist das Bundesverfassungsgericht im Einzelfall in der Lage, die Frage, ob ein mittelbarer Eingriff in die Berufsfreiheit vorliegt oder die angegriffene Regelung den Anforderungen des Art. 12 Abs. 1 GG nicht unterliegt, nach einigermaßen rationalen Kriterien zu beantworten. Ähnlich liegt der Fall, wenn es gilt, die Frage nach der mittelbaren Außenwirkung von autonomen normativen Regelungen zu beantworten. Liegt keine Außenwirkung vor, stellt sich die Frage nach der Rechtmäßigkeit der Satzungsvorschrift nach allgemeinen Gesichtspunkten. Liegt dagegen — mittelbare — Außenwirkung vor, stellt sich die Zulässigkeitsfrage aus kompetenzrechtlicher Sicht neu, wenn die zur Legitimation von Satzungsautonomie herangezogenen funktionell — strukturellen Gründe ihre Bedeutung verlieren. Oder wie *Ossenbühl* es im Zusammenhang mit der Autonomie von Anstalten ausdrückt, „wo eine solche funktionelle Sonderstellung fehlt, lebt für Satzungen, die über den Kreis der jeweils betroffenen Glieder einer Korporation hinausreichen und außenstehende Dritte betreffen, die Legitimationsfrage neu auf"[5]. Der Lösungsansatz des Bundesverfassungsgerichts zu Art. 12 GG ist daher wegen der bestehenden Parallelen geeignet, auf die Abgrenzung mittelbarer Außenwirkung übertragen zu werden.

Überträgt man ihn, gilt, daß mittelbare Außenwirkung dann besteht, wenn die Satzungsvorschrift infolge ihrer Gestaltung in einem engen Zusammenhang mit Externen steht und objektiv eine außenregelnde Tendenz deutlich erkennen läßt. Dieses Ergebnis wird durch den Beschluß des Bundesverfassungsgerichts vom 19. 2. 1975[6] zur Abgrenzung der Außenwirkung von Regelungen zu bloß berufsinternen Angelegenheiten bestätigt, ohne daß dies allerdings ausdrücklich hervorgehoben würde. In der genannten Entscheidung ging es u. a. darum, ob eine Berufsordnung der Apothekerkammer die Voraussetzungen für die Einrichtung von Rezeptsammelstellen[7] normieren durfte. Das Bundesverfassungsgericht verneinte die Regelungskompetenz der Kammer mit folgender Begründung:

---

[3] *BVerfGE* 22, 380 (384); 13, 181 (185).

[4] *BVerfGE* 13, 181 (186); 16, 147 (162); 22, 380 (384); 52, 42 (54); 70, 191 (214); 74, 129 (149); 75, 108 (153 f.).

[5] *Ossenbühl,* Satzung, Rdn. 25; vgl. dazu unten 2. Kap. B III 4.

[6] *BVerfGE* 38, 373 — Rezeptsammelstellen.

[7] Rezeptsammelstellen sind Einrichtungen zum Sammeln von ärztlichen Verschreibungen, die außerhalb der Apotheke angebracht werden.

„Einschränkungen im Betrieb von Rezeptsammelstellen mögen insofern einen Grenzfall bilden, als sie die Berufsfreiheit der Apotheker nicht allzu erheblich einschränken. Andererseits handelt es sich aber nicht um eine bloße berufsinterne Angelegenheit, die ausschließlich das Verhältnis der Kammermitglieder untereinander betrifft. Vielmehr berührt die Frage, unter welchen Voraussetzungen und an welchen Orten ein Apotheker außerhalb seiner Apotheke der Bevölkerung seine Dienstleistungen durch Einrichtung von Rezeptsammelstellen anbieten darf, die allgemeine Stellung des Apothekers im Wirtschaftsleben und insbesondere das Interesse der Bevölkerung an ihrer raschen und ordnungsgemäßen Versorgung mit Arzneimitteln. Das kommt deutlich darin zum Ausdruck, daß § 10 der Berufsordnung die Zulassung solcher Sammelstellen in erster Linie von einem Bedürfnis der Bevölkerung abhängig macht.“[8]

Das Bundesverfassungsgericht stellt also sowohl auf die Nähe der betroffenen Bevölkerung zum Regelungsgegenstand als auch darauf ab, daß die Tendenz, Regelungen zu treffen, die den Interessenbereich Externer berühren, deutlich zum Ausdruck kommt.

Als Ergebnis ist festzuhalten, daß

mittelbare Außenwirkung besteht, wenn die Satzungsvorschrift infolge ihrer Gestaltung in einem engen Zusammenhang mit Externen steht und objektiv eine außenregelnde Tendenz deutlich erkennen läßt.

B. Befund

I. Typologie

Im nachfolgenden sollen die wichtigsten Selbstverwaltungsbereiche darauf untersucht werden, welche autonomen normativen Regelungen mit unmittelbarer oder mittelbarer Außenwirkung von den Selbstverwaltungsträgern erlassen werden. Bei dieser Untersuchung wird so vorgegangen, daß die Regelungen, die typischerweise unmittelbare oder mittelbare Außenwirkungen entfalten, im einzelnen im Hinblick auf die Entscheidungsträger und die Entscheidungsstrukturen sowie den Inhalt und die Adressaten untersucht werden.

Dabei werden die Regelungen zu sechs Typen zusammengefaßt, um die vielfältigen Erscheinungsformen normativer Geltungserstreckung rechtlich faßbar und bewertbar zu machen. Die Typologie erfolgt nach Zulassungsregelungen, Berufs-, Prüfungs-, Ausbildungs-, Honorar- sowie Beitrags- und Gebührenordnungen.

---

[8] *BVerfGE* 38, 373 (381 f.).

1. Zulassungsregelungen

Befaßt man sich mit Zulassungsregelungen, muß man vorab unterscheiden zwischen der Zulassung zu einem bestimmten abgrenzbaren Lebensbereich bzw. der Zulassung zu einer bestimmten Tätigkeit innerhalb der Gesellschaft, wie z. B. der Ausübung eines freien Berufs, eines Handwerks oder der Landwirtschaft, und der Zulassung zu einer einen bestimmten Lebensbereich regelnden und kontrollierenden Einrichtung, wie z. B. der Berufskammer. Wenn im nachfolgenden von Zulassungsregelungen gesprochen wird, sollen damit nicht diejenigen Regelungen behandelt werden, die die fachlichen Voraussetzungen zum Zugang zu einem bestimmten Lebensbereich festsetzen, wie z. B. Abitur, Staatsexamen, Meisterprüfung, sondern nur diejenigen Regelungen, die darüber hinaus Anforderungen an den Bewerber stellen, wie z. B. Berufspraxis, Lebensalter, charakterliche Eignung etc.

2. Berufsordnungen

Berufsordnungen im hier verstandenen Sinn sind normative Regelungen, deren Adressaten Angehörige eines bestimmten näher definierten Berufes sind und die Fragen der Berufsausübung, aber auch der Darstellung der Berufsangehörigen bei und außerhalb der eigentlichen Ausübung der Berufstätigkeit zum Gegenstand haben.

3. Prüfungsordnungen

Unter Prüfungsordnungen werden hier diejenigen normativen Regelungen verstanden, die die Zulassung, das Verfahren, die fachlichen Anforderungen und die Bewertung eines Vorganges betreffen, der einen abschließenden Leistungsnachweis zum Inhalt hat und mit dessen erfolgreichem Abschluß eine (weitere) (berufliche) Qualifikation erreicht wird, wie z. B. bei der Gesellenprüfung, dem Diplom, der Habilitation oder der Promotion.

4. Ausbildungsordnungen

Unter Ausbildungsordnungen sind diejenigen normativen Regelungen zu verstehen, die den Gang, den Inhalt und den Ort (Betrieb, Berufsschule) der beruflichen oder sonstigen Ausbildung sowie die Anforderungen an die Ausbilder zum Inhalt haben. Die Regelungen, die die Prüfung formell oder materiell betreffen, werden unabhängig von ihrer sonstigen Bezeichnung bei den Prüfungsordnungen behandelt.

5. Honorarordnungen

In einer Honorarordnung wird festgelegt, für welchen abstrakten Tatbestand Honorar in welcher Höhe berechnet werden darf. Honorarordnungen werden häufig Gebührenordnungen genannt, wie z. B. die Gebührenordnung der Ärzte (Rechtsverordnung), die BRAGO (formelles Gesetz), die HOAI (formelles Gesetz), die Kostenordnung (formelles Gesetz), ohne Gebühren im technischen Sinne zu betreffen.

Im folgenden werden sie unabhängig von ihrer Bezeichnung als Honorarordnungen behandelt.

6. Beitrags- und Gebührenordnungen

Von Selbstverwaltungseinrichtungen werden häufig Beitrags-, aber auch Gebührenordnungen erlassen. Von „Beitragsordnungen" wird im folgenden auch dann gesprochen, wenn Beitragsregelungen nicht in einem gesonderten Regelungswerk, sondern in der Hauptsatzung enthalten sind. Beitragsordnungen haben Beiträge im technischen wie im untechnischen Sinn zum Inhalt. Beiträge im technischen Sinn sind Geldleistungen, die zur vollen oder teilweisen Deckung des Aufwandes einer öffentlichen Einrichtung von denjenigen erhoben werden, denen die Herstellung oder der Bestand der Einrichtung besondere Vorteile gewährt, ohne daß diese Vorteile tatsächlich wahrgenommen werden müssen. Die bloße Möglichkeit dazu ist ausreichend (Beispiel: Kurtaxe)[1]. Beiträge im untechnischen Sinne sind die Geld- oder Sachleistungen der Mitglieder öffentlich-rechtlicher Körperschaften die unabhängig davon erhoben werden, ob dadurch Vorteile gewährt werden[2]. Beiträge in diesem Sinne können von Internen wie Externen gemeinsam oder entweder nur dem einen oder dem anderen erhoben werden (vgl. die Kurbeiträge gemäß § 11 KAG NW, die von Nichteinwohnern, also Externen, erhoben werden.)

Gebührenordnungen haben Gebühren im abgabenrechtlichen Sinn zum Inhalt, also Geldleistungen, die als Gegenleistung für eine besondere Inanspruchnahme öffentlicher Leistungen oder Einrichtungen von denjenigen erhoben werden, auf deren Veranlassung oder in deren Interesse die Inanspruchnahme erfolgt[3]. Gebührenordnungen von Selbstverwaltungseinrichtungen haben dann Außenwirkung, wenn deren Leistungen entgeltlich von Externen in Anspruch genommen werden können, wie z. B. die Schlichtungsstelle der Handwerkskammer nach §§ 91 Abs. 1 Nr. 10, 113 Abs. 3 HandwO[4].

---

[1] *Wolff / Bachof,* VerwR I, § 42 II a 2, S. 307; *BVerwGE* 25, 147 (149).

[2] Vgl. *Wolff / Bachof,* VerwR I, § 42 II a 3, S. 312; *BVerwGE* 42, 210 (216 f.).

[3] *Wolff / Bachof,* VerwR I, § 42 II a 2, S. 308.

[4] Vgl. *Siegert / Musielak,* § 114 Rdn. 11.

II. Kommunale Selbstverwaltung

Die kommunale Selbstverwaltung wird von Gemeinden und Gemeindeverbänden getragen. Sie wird durch Art. 28 Abs. 2 GG und die entsprechenden landesverfassungsrechtlichen Vorschriften garantiert. Von dieser Garantie wird die Autonomie mit erfaßt[1]. Die kommunale Selbstverwaltung weist gegenüber anderen Selbstverwaltungsbereichen wegen dieser verfassungsrechtlichen Garantie und der Allzuständigkeit oder Universalität im kommunalen Bereich wesentliche Besonderheiten auf:

Während der Aufgabenkreis der übrigen Selbstverwaltungsträger gegenständlich auf bestimmte Aufgaben beschränkt ist, knüpft die universale Kompetenz der kommunalen Selbstverwaltung an die räumliche Komponente an. Ihr unterliegen alle Angelegenheiten der örtlichen Gemeinschaft[2]. Angelegenheiten in diesem Sinne sind diejenigen, die in der örtlichen Gemeinschaft wurzeln oder auf sie einen spezifischen Bezug haben und von dieser örtlichen Gemeinschaft eigenverantwortlich und selbständig bewältigt werden können[3]. Die Gemeinden haben also Gebietshoheit, d.h. ihre Hoheitsgewalt umfaßt alle Personen und Gegenstände, die sich in ihrem Gebiet befinden[4]. Wegen dieser territorialen Verwurzelung der Satzungsgewalt wird vertreten, das Problem der Geltungserstreckung stelle sich bei kommunalen Satzungen nicht, weil mit ihnen keine Außenwirkung verbunden sei[5]. Dieser Gedanke läßt sich auf den ersten Blick nicht mit den hier getroffenen Definitionen des „Externen“ und damit verbunden der „Außenwirkung“ in Einklang bringen. Danach sind die Forensen selbstverständlich formal und material Externe, da sie als Nicht-Einwohner keine Mitglieder der Gebietskörperschaft Gemeinde, z. B. § 6 Abs. 1 GO NW, und als Nicht-Bürger an den Entscheidungen der Gemeinde nicht beteiligt sind, z.B. § 6 Abs. 2 GO NW i.V. m. § 7 KWahlG NW. Fraglich ist jedoch, ob die hier gefundene Definition von „Externen“ und „Außenwirkung“ auch auf die kommunale Selbstverwaltung übertragen werden kann. Hierzu ist es erforderlich, die Parallelen und die Besonderheiten von kommunaler im Vergleich zur funktionalen Selbstverwaltung aufzuzeigen:

Hier wie dort handelt es sich um Körperschaften des öffentlichen Rechts. Hier wie dort tritt die Mitgliedschaft kraft Gesetzes ein (Ausnahme: Handwerksinnung)[6]. Hier wie dort sind die Selbstverwaltungsträger berechtigt, in ihrem Aufgabenbereich autonomes Recht zu setzen.

---

1 *Ossenbühl*, Satzung, Rdn. 5; *Schmidt-Jortzig*, Kommunalrecht, S. 205; *Wolff / Bachof / Stober*, VerwR II, § 86 Rdn. 79.

2 *BVerfGE* 11, 266 (273 f.); *Stern*, Bonner Kommentar, Art. 28 Rdn. 86; *Pagenkopf*, Kommunalrecht I, S. 49 f.; *Wolff / Bachof / Stober*, VerwR II, § 86 Rdn. 45.

3 *BVerfGE* 8, 122 (134); 50, 195 (201).

4 Vgl. *Wolff / Bachof / Stober*, VerwR II, § 86 Rdn. 14.

5 *Ossenbühl*, Satzung, Rdn. 32.

6 S. unten 1. Kap. B IV 1 b.

Unterschiede bestehen im Aufgabenbereich. Hier die örtlich begrenzte Allzuständigkeit, dort die Regelung eines sachlich zugewiesenen Aufgabenkreises. Aus diesem Unterschied könnte man schließen, daß bei der kommunalen Selbstverwaltung jeder, der in den Geltungsbereich der örtlichen Regelungskompetenz der Gemeinde gelangt, nicht außerhalb, sondern innerhalb des kommunalen Satzungsrechts steht (also Interner und nicht Externer ist). Zieht man diesen Schluß, müßte man konsequenterweise auch bei den übrigen Selbstverwaltungsbereichen fragen, ob eine Regelung zum Aufgabenbereich des Selbstverwaltungsträgers gehört und bei Bejahung die Außenwirkung verneinen. Zulassungsregelungen z. B. dürften danach regelmäßig keine Außenwirkung haben. An diesem Beispiel wird deutlich, daß bei einem derartigen Vorgehen materielle Fragen die Begriffsbildung bestimmten. Diese Verlagerung ist der Problemlösung, wie oben bereits dargelegt, nicht förderlich, so daß es bei der oben gefundenen Definition des Externen und der Außenwirkung bleiben soll.

Gleichwohl soll die kommunale Selbstverwaltung schon an dieser Stelle aus dem Untersuchungsgegenstand herausgenommen werden, da durch die verfassungsmäßig verbürgte Allzuständigkeit der Gemeinden im örtlichen Bereich diesen normative Regelungen auch gegenüber Externen ohne weiteres erlaubt sind[7]. Im übrigen könnten die zur Zulässigkeit von außenwirkenden Normen noch zu entwickelnden Kriterien wegen der völlig anders gearteten Kompetenzherleitung im Bereich der kommunalen Selbstverwaltung keine Anwendung finden[8].

III. Freie Berufe

1. Allgemeines

Der Begriff des „freien Berufs“ ist an sich kein Rechts-, sondern ein soziologischer Begriff[1]. Danach wird der freie Beruf durch folgende Merkmale gekennzeichnet: Schöpferische Befähigung, qualifizierte Ausbildung, die Erbringung persönlicher, geistig-betonter Leistungen, die der Verwirklichung ideeller Werte im gesellschaftlichen Leben dienen, sowie wirtschaftliche Selbständigkeit, ohne auf Gewinnstreben ausgerichtet zu sein[2]. Obwohl dies nicht für alle freien Berufe im Sinne der Definition gilt[3], ist die Verkammerung ein Element der herkömmli-

---

[7] Vgl. auch *Kleine-Cosack,* S. 266; *Schmidt-Aßmann,* HdbKWP III, S. 182 (183).

[8] Vgl. zu diesem Problemkreis *von Arnim,* AöR 113 (1988), S. 1 (19 ff.); *Brohm,* Strukturen, S. 249 f.; *Meyn,* DVBl. 1977, 593 (600); *Westbomke,* S. 78.

[1] Vgl. *BVerfGE* 10, 354 (364); *Scholz,* in: Maunz / Dürig, Art. 12 Rdn. 256 (Stand Sept. 1981); a. A. *Brandstetter,* S. 85: auch ein Rechtsbegriff.

[2] Vgl. zu den verschiedenen Definitionsversuchen *BVerfGE* 10, 354 (364 f.); *van Eyll,* S. 349 (362); *Brohm,* von Unruh FG, S. 777 (777 f.); *Brandstetter,* S. 83 f.; *Fleischmann,* S. 92 f.

[3] Z. B. nicht für die freien Bauingenieure (Ausnahme: Berlin, §§ 11, 12 Abs. 2 ABKG; Hessen, § 1 IngKG; Schleswig-Holstein, §§ 12 f. ArchIngKG) und Statiker sowie die

chen freien Berufe, wie z. B. der Rechtsanwälte, Ärzte, Apotheker und Architekten. Auf letztere beschränkt sich die nachfolgende Untersuchung.

Die berufsständischen Kammern haben einige gemeinsame Grundzüge, weichen aber im einzelnen sowohl in ihrer Organisation und ihren Aufgaben, als auch hinsichtlich der ihnen zugewiesenen oder von ihnen in Anspruch genommenen Regelungskompetenzen erheblich voneinander ab. Gemeinsam sind allen berufsständischen Kammern die drei wesentlichen Funktionselemente:

— Vertretung der Gesamtinteressen nach außen;

— Förderung des Berufsstandes nach innen;

— Disziplinierung der Mitglieder[4].

Gemeinsam ist den Kammern auch ihre äußere Organisation als Körperschaft des öffentlichen Rechts mit Zwangsmitgliedschaft. Aber schon bei der inneren Organisation hören die Gemeinsamkeiten auf. So beruht die Organisation der Ärztekammern in der Regel auf dem Repräsentationsprinzip[5], während in der Rechtsanwaltskammer das Beschlußorgan, die Versammlung der Kammer, von allen Mitgliedern gebildet wird, §§ 85 ff. BRAO. Die Architekten- und Apothekerkammern sind wiederum in einigen Bundesländern repräsentativ, in anderen unmittelbar aufgebaut[6].

Hinsichtlich der Regelungskompetenzen der Kammern bestehen ebenso wie bei der Organisation Unterschiede nicht nur zwischen den einzelnen Berufsgruppen, sondern auch innerhalb einer Berufsgruppe zwischen den verschiedenen Bundesländern. So erlassen zwar alle Ärzte- (in Bayern die Landesärztekammer) und Architektenkammern Berufsordnungen als Satzungen, nicht jedoch die Rechtsanwaltskammern[7]. Aus dem soeben Gesagten ergibt sich, daß die freien

---

freien wissenschaftlichen, künstlerischen und publizistischen Berufe, vgl. *van Eyll,* S. 349 (363).

[4] Vgl. *Oberndorfer,* S. 4 ff.; *Brohm,* Strukturen, S. 70; *derselbe,* von Unruh FG, S. 777 (781 ff.).

[5] Vgl. §§ 11 ff. KammerG BW; §§ 6 ff. KammerG B; §§ 11 ff. HeilBerG HB; §§ 14 Abs. 4, 20 ff. ÄrzteG HH; §§ 13 ff. HeilBerG He; §§ 16 ff. HKG Ns; §§ 6 ff. HeilBerG NW; §§ 6 ff. HeilBerG RhPf; §§ 5 ff. SÄKG Sa; §§ 12 ff. ÄrtzeKG SH; in Bayern sind die öffentlich rechtlichen Heilberufsorganisationen anders aufgebaut: Ärztliche Kreis- und Bezirksverbände, Landesärztekammer, Artikel 1 KammerG, die jeweils eigenständige Körperschaften des öffentlichen Rechts sind, Artikel 3 Abs. 2, 7 Abs. 1 S. 2, 10 Abs. 1 S. 3 KammerG, von denen aber nur die Landesärztekammer repräsentativ organisiert ist.

[6] Vgl. unten 1. Kap. B III 2a, 4a. Insofern unrichtig *Brohm,* von Unruh FG, S. 777 (786); *Kleine-Cosack,* S. 193, die alle Kammern als „Repräsentativkörperschaften" betrachten.

[7] Für die *Ärztekammern* vgl. §§ 10 Nr. 15, 9 Abs. 2, 31 KammerG BW; Art. 19 f. KammerG Bay; §§ 4 Abs. 3, 10 Abs. 1 KammerG B; § 19 Abs. 1 Nr. 1, 26 f. HeilBerG HB; §§ 5, 15 Abs. 4 ÄrzteG HH; §§ 17 Abs. 1 S. 3 Nr. 4, 24 f. HeilBerG He; §§ 24 Abs. 1 Nr. 1, 30 f. HKG Ns; §§ 17, 25 f. HeilBerG NW; §§ 14 Abs. 4 Nr. 4, 8 Abs. 1 S. 2 Nr. 1 HeilBerG RhPf; §§ 7 Abs. 1 Nr. 2, 19 f. SÄKG Sa; §§ 2 Abs. 1 Nr. 3, 18

Berufe nicht als einheitlicher Selbstverwaltungsbereich behandelt werden können. Exemplarisch sollen hier die Regelungen der Ärzte, Apotheker, Rechtsanwälte und Architekten behandelt werden.

2. Ärzte und Apotheker

a) Allgemeines

Am 31.12.1986 gab es in der Bundesrepublik Deutschland 165 015 berufstätige Ärzte und 33 025 Apotheker. Von den Ärzten waren 68 698 in freier Praxis, 79 216 hauptamtlich im Krankenhaus und 17 101 in Verwaltung und Forschung tätig[8]. Die Ärzte sind in rund 400 teils öffentlich-rechtlichen, teils privatrechtlichen, teils selbständigen, teils unselbständigen Organisationen zusammengeschlossen[9].

Von der Zulassung zu den Heilberufen, deren Regelung gem. Art. 74 Nr. 19 GG in die Bundeszuständigkeit fällt, sind die Regelungen zu unterscheiden, die die Ausübung und Organisation zum Inhalt haben. Insoweit bleibt es bei der Gesetzgebungskompetenz der Länder nach Art. 70 GG[10]. Das Zulassungsrecht der Ärzte ist in der Bundesärzteordnung und den ergänzenden Rechtsverordnungen (Bundesärzteordnung[11], Approbationsordnung[12]), das der Apotheker in der Bundes-Apothekerordnung[13] und dem Gesetz über das Apothekenwesen[14] geregelt. Die Ausübung und Organisation des Berufs der Ärzte und Apotheker ist mit Ausnahme von Hamburg, Saarland und Schleswig-Holstein in den Kammer- bzw. Heilberufsgesetzen der Länder einheitlich normiert[15].

Abs. 1 Nr. 1, 27 ÄrtzeKG SH; für die *Architektenkammern* vgl. § 16 ArchG BW; Art. 13 Abs. 1 Nr. 3 ArchG Bay; §§ 14, 17 Abs. 1 Nr. 2 ABKG B; §§ 11 Abs. 1 S. 3 lit a, 13 Abs. 1 Nr. 2 ArchG HB; §§ 11 lit. b, 13 Abs. 2, lit. a ArchG HH; §§ 11 Abs. 1 Nr. 3, 16 Abs. 2 ArchG He; §§ 9 Abs. 1 Nr. 5, 20 Abs. 1 Nr. 2 ArchG Ns; § 14a ArchG NW; § 16 ArchG Sa; § 26 ArchIngKG SH; in Rheinland-Pfalz fehlt eine entsprechende Ermächtigungsgrundlage; für die *Rechtsanwaltskammern* vgl. § 177 Abs. 1 Nr. 2 BRAO, auch die Richtlinien der BRAK nach § 177 Abs. 1 Nr. 2 BRAO sind keine Rechtsnormen, *BVerfGE* 76, 171; 76, 196.

[8] Statistisches Jahrbuch 1988 für die Bundesrepublik Deutschland, S. 394 (Tab. 17.8 und 17.9).

[9] *Stobrawa*, S. 42.

[10] Vgl. *BVerfGE* 33, 125 (154 f.) m.w.N.; *BVerwG*, NJW 1986, S. 1558 (1559).

[11] Gesetz vom 2.10.1961 (BGBl. I S. 1857) i.d.F.d.B.v. 16.4.1987 (BGBl. I S. 1218) g.d.G.v. 20.12.1988 (BGBl. I S. 2477).

[12] Vom 28.10.1970 (BGBl. I S. 1458) i.d.F.d.B.v. 14.7.1987 (BGBl. I S. 1593) g.d.G.v. 20.12.1988 (BGBl. I S. 2477).

[13] Gesetz vom 5.6.1968 (BGBl. I S. 601) z.g.d.G.v. 23.7.1988 (BGBl. I S. 1077).

[14] Gesetz vom 20.8.1960 (BGBl. I S. 697) i.d.F.d.B.v. 15.10.1980 (BGBl. I S. 1993) g.d.G.v. 23.7.1988 (BGBl. I S. 1077).

[15] Baden-Württemberg: Gesetz über die öffentliche Berufsvertretung, die Berufspflichten, die Weiterbildung und Berufsgerichtsbarkeit der Ärzte, Zahnärzte, Tierärzte,

Die wesentlichen Organisations- und Regelungsstrukturen stimmen für beide Heilberufe in allen Ländern überein.

Grundsätzlich sind alle praktizierenden Ärzte und Apotheker Zwangsmitglieder der Ärzte- bzw. Apothekerkammer, in deren Kammerbezirk sie ihren Beruf ausüben[16]. Die zugelassenen aber nicht praktizierenden Ärzte und Apotheker sind in einigen Bundesländern Zwangsmitglieder der Kammer, in deren Kammerbereich sie ihren Wohnsitz haben[17], in anderen beruht ihre Mitgliedschaft auf freiwilligem Beitritt[18]. Darüber hinaus besteht in einigen Bundesländern für

---

Apotheker und Dentisten (Kammergesetz) i. d. F. v. 31. Mai 1976 (BGBl. S. 473) z. g. d. VO v. 19.3.1985 (GBl. S. 71); Bayern: Gesetz über die Berufsvertretungen und über die Berufsgerichtsbarkeit der Ärzte, Zahnärzte, Tierärzte und Apotheker (Kammergesetz) i. d. F. d. B. v. 9.3.1978 (BayRS 2122-3-I) g. d. G. v. 6.8.1986 (GVBl. S. 212); Berlin: Gesetz über die Kammern und die Berufsgerichtsbarkeit der Ärzte, Zahnärzte, Tierärzte und Apotheker (Berliner Kammergesetz) v. 18.12.1961 (GVBl. S. 1753) i. d. F. v. 4.9.1978 (GVBl. S. 1937, 1980); Bremen: Gesetz über die Berufsvertretung, die Berufsausübung, die Weiterbildung und die Berufsgerichtsbarkeit der Ärzte, Zahnärzte, Tierärzte und Apotheker (Heilberufsgesetz — HeilBerG) i. d. F.v. 14.11.1977 (GBl. S. 369) z. g. d. G. v. 19.5.1987 (GBl. S. 181); Hamburg: Hamburgisches Ärztegesetz v. 22.5.1978 (GVBl. S. 152, 203) und Hamburgisches Apothekergesetz v. 23.9.1986 (GVBl. S. 282); Hessen: Gesetz über die Berufsvertretungen, die Berufsausübung, die Weiterbildung und die Berufsgerichtsbarkeit der Ärzte, Zahnärzte, Tierärzte und Apotheker (Heilberufsgesetz) i. d. F. v. 24.4.1986 (GVBl. I S. 122, ber. S. 267); Niedersachsen: Kammergesetz für die Heilberufe (HKG) i. d. F. v. 30.5.1980 (GVBl. S. 193); Nordrhein-Westfalen: Gesetz über die Kammern, die Berufsausübung, die Weiterbildung und die Berufsgerichtsbarkeit der Ärzte, Apotheker, Tierärzte und Zahnärzte (Heilberufsgesetz — HeilBerG) i. d. F. d.B.v. 30.7.1975 (GV NW S. 520) z.g. d. G. v. 18.12.1984 (GV NW S. 806); Rheinland-Pfalz: Landesgesetz über die Kammern, die Berufsausübung, die Weiterbildung und die Berufsgerichtsbarkeit der Ärzte, Zahnärzte, Apotheker und Tierärzte (Heilberufsgesetz — HeilBerG) v. 20. Oktober 1978 (GVBl. S. 649, ber. GVBl. 1979, S. 22); Saarland: Gesetz über die Ärztekammer des Saarlandes, die Berufsausübung, die Weiterbildung und die Berufsgerichtsbarkeit der Ärzte und Zahnärzte (Saarländisches Ärztekammergesetz — SÄKG) Gesetz Nr. 860 v. 15.5.1968 (Amtsbl. S. 310) i. d. F. d. B. v. 14.5.1975 (Amtsbl. S. 766) und Gesetz über die Apothekerkammer des Saarlandes, Gesetz Nr. 783 v. 17.7.1963 (Amtsbl. S. 444) z. g. d. G. Nr. 1012 v. 13.11.1974 (Amtsbl. S. 1011); Schleswig-Holstein: Gesetz über die Ärztekammer Schleswig-Holstein i. d. F. v. 20.3.1978 (GVOBl. S. 84) und Gesetz über die Apothekerkammer Schleswig-Holstein i. d. F. v. 5.4.1979 (GVOBl. S. 292).

16 § 2 Abs. 1 Nr. 1, 4 KammerG BW; Art. 4 Abs. 1, Abs. 2 (ärztliche Kreisverbände) Art. 48 Abs. 1 (Apotheker) KammerG Bay; § 2 Abs. 1 KammerG B; § 2 Abs. 1 HeilBerG HB; § 14 Abs. 1 ÄrzteG HH, § 13 Abs. 1 ApoG HH; § 2 Abs. 1 S. 1 HeilBerG He; § 2 Abs. 1 HKG Ns; § 1 Abs. 1, 2 HeilBerG RhPf; § 2 Abs. 1 SÄKG Sa, § 2 Abs. 1 ApoG Sa; § 1 Abs. 1 S. 2 ÄrzteKG SH, § 1 Abs. 1 ApoG SH; zu den ärztlichen Organisationen allgemein siehe *Stobrawa*, Die ärztlichen Organisationen in der Bundesrepublik Deutschland, 1979.

17 § 2 Abs. 1 Nr. 1,4 KammerG BW; Art. 4 Abs. 1 Nr. 2 KammerG Bay (Ärzte); § 2 Abs. 1 KammerG B; § 14 Abs. 1 ÄrzteG HH, gilt aber nicht für alle Ärzte; § 2 Abs. 2 HKG Ns mit Verzichtsmöglichkeit; § 2 Abs. 1 HeilBerG NW; § 2 Abs. 2 SÄKG Sa mit einer differenzierenden Regelung; § 1 Abs. 1 S. 2 ÄrzteKG SH, § 1 Abs. 1 ApoG SH.

18 § 2 Abs. 1 S. 2 HeilBerG HB; § 14 Abs. 1 ÄrzteG HH, § 13 Abs. 4 ApoG HH mit differenzierender Regelung; § 2 Abs. 1 S. 3 HeilBerG He; § 1 Abs. 3 HeilBerG RhPf; § 2 Abs. 2 SÄKG Sa mit einer differenzierenden Lösung, § 2 Abs. 5 ApoG Sa.

diejenigen, die die ärztliche Prüfung bestanden haben, aber noch nicht approbiert sind, Zwangsmitgliedschaft[19]. Die Ärzte und Apotheker, die bei der Aufsichtsbehörde tätig sind, sind verschiedentlich von der Mitgliedschaft ausgenommen[20].

Alle Ärztekammern und die meisten Apothekerkammern sind repräsentativ organisiert[21] und erfassen regelmäßig das gesamte Gebiet eines Bundeslandes[22]. Ihre Organe sind die Vertreter- bzw. die Vollversammlung als Beschlußorgan[23] und der Vorstand als Ausführungs- und Vertretungsorgan[24], wobei die Bezeich-

---

[19] § 2 Abs. 2 KammerG BW; § 2 Abs. 1 S. 2 Nr. 1 KammerG B (Ärzte im Praktikum); § 2 Abs. 1 lit. a HeilBerG HB; § 37 i.V.m. § 14 ÄrzteG HH; § 2 Abs. 1 Nr. 1 HKG Ns; § 2 Abs. 1 SÄKG Sa; § 1 Abs. 2 ÄrzteKG SH. Für die noch nicht als Apotheker bestallten Personen: § 2 Abs. 1 lit. d HeilBerG HB; § 2 Abs. 1 S. 3 HeilBerG He (freiwillig); § 2 Abs. 1 Nr. 2 HKG Ns.

[20] § 2 Abs. 2 Nr. 1 KammerG B; § 13 Abs. 6 ApoG HH (nur Apotheker); § 2 Abs. 1 HeilBerG He; § 2 Abs. 1 S. 2 HeilBerG NW; § 1 Abs. 2 HeilBerG RhPf.

[21] Die nachfolgenden Ausführungen gelten in Bayern nur für die Landesärzte- und Landesapothekerkammer. Die übrigen Besonderheiten der ärztlichen Standesvertretungen in Bayern sollen hier unbeachtet bleiben. In Bremen, Hamburg und im Saarland sind die Apothekerkammern nicht repräsentativ organisiert. Beschlußorgan ist die Kammerversammlung, der alle Kammermitglieder angehören, § 11 Abs. 2 lit. a, § 23 Abs. 1 HeilBerG HB, § 13 Abs. 7, § 15 Abs. 1 ApoG HH; § 4 lit. a, § 5 Abs. 1 ApoG Sa.

[22] Ausnahmen bestehen in Nordrhein-Westfalen und Bayern. Vgl. § 2 Abs. 1 KammerG BW mit Untergliederungen nach § 22 KammerG, vgl. *Stobrawa*, S. 43 f.; § 1 Abs. 1 KammerG B; § 1 Abs. 1 HeilBerG HB (Bezirksstellen sind möglich); § 14 Abs. 3 ÄrzteG HH (mit Bezirksgruppen), § 13 Abs. 1 ApoG HH; §§ 1,2 HeilBerG He (Untergliederung nach § 4 HeilBerG möglich); § 2 HKG Ns (mit Bezirksstellen als Untergliederungen); nach § 1 S. 1 lit. a HeilBerG NW gibt es zwei Ärztekammern, nämlich Nordrhein und Westfalen-Lippe und darüber hinaus Bezirks- und Kreisstellen als Untergliederungen nach § 3 HeilBerG; in Rheinland-Pfalz gibt es nach § 4 Abs. 1 HeilBerG die Landesärzte- bzw. -apothekerkammer, nach § 5 die Bezirkskammern, die auch Körperschaften des öffentlichen Rechts sind, vgl. *Stobrawa*, S. 51; § 2 Abs. 1 SÄKG Sa, § 1 Abs. 1 ApoG Sa; § 1 Abs. 1 ÄrzteKG SH, § 1 Abs. 1 ApoG SH.

[23] §§ 17 Abs. 1 Nr. 1, 9 Abs. 2 KammG BW; in Bayern bestehen abweichende Regelungen; §§ 6 Abs. 1 Nr. 1, 10 Abs. 1 KammG B (Delegiertenversammlung); §§ 11 Abs. 2 lit. a, 23, 19 HeilBerG HB (Kammerversammlung der Apotheker als Vollversammlung); §§ 11 Abs. 1 lit. a, 19 HeilBerG HB (Delegiertenversammlung der Ärzte); §§ 14 Abs. 4, 25 ÄrzteG HH (Kammerversammlung), § 15 Abs. 1 ApoG HH (Kammerversammlung als Vollversammlung); §§ 13 Nr. 1, 17 HeilBerG He (Delegiertenversammlung); §§ 16 Nr. 1, 24 HKG Ns (Kammerversammlung); §§ 6 Nr. 1, 17 HeilBerG NW (Kammerversammlung); §§ 6 Abs. 1 Nr. 1, 8 HeilBerG RhPf; §§ 5 Nr. 1, 7 SÄKG Sa (Delegiertenversammlung), § 5 Abs. 1 ApoG Sa (Kammerversammlung als Vollversammlung); §§ 12 lit. a, 18 ÄrzteKG SH (Kammerversammlung), §§ 12 lit. a, 18 ApoG SH (Kammerversammlung).

[24] §§ 17 Abs. 1 Nr. 2, 19 KammerG BW; in Bayern besteht eine Sonderregelung; §§ 6 Abs. 1 Nr. 2, 11 Abs. 3 KammerG B; §§ 11, 20 Abs. 2 HeilBerG HB; §§ 14 Abs. 4, 27 ÄrzteG HH, §§ 13 Abs. 7, 16 f. ApoG HH; §§ 13 Nr. 2, 18 HeilBerG He; §§ 16 Nr. 2, 25 HKG Ns; §§ 6 Nr. 2, 19 HeilBerG NW (mit Besonderheiten hinsichtlich der Aufgaben); §§ 6 Abs. 1 Nr. 2, 10 HeilBerG RhPf; §§ 5 Nr. 2, 10 Abs. 4 SÄKG Sa (aber Vertretung nur durch den Präsidenten, § 11), §§ 4 lit. b, 8, 9 ApoG Sa; §§ 13 Abs. 7, 16 f. ApoG HH; §§ 12 lit. b, 19 f. ÄrzteKG SH, §§ 12 lit. b, 19 f. ApoG SH.

nungen im einzelnen variieren. In einigen Bundesländern gibt es darüber hinaus weitere Organe[25]. Die bei allen Kammern bestehenden Berufsgerichte sind keine Organe der Kammern, sondern staatliche Gerichte[26].

Die Wahl der Vertreterversammlung erfolgt durch die Kammermitglieder entweder unmittelbar[27] oder mittelbar über die Vertreter in den unselbständigen Untergliederungen, wie den Bezirksärztekammern[28]. Verschiedentlich sind in den Vertreterversammlungen auch Vertreter der Universitäten und der Behörden Mitglieder[29]. Alle Mitglieder der Ärztekammern sind zu den Vertreterversammlungen wahlberechtigt. Zu den Vertreterversammlungen der Apothekerkammern erfolgt die Wahl in einigen Bundesländern nach selbständigen und unselbständigen Apothekern getrennt[30].

Wesentliche Aufgaben der Kammern sind, die Berufsausübung und Weiterbildung zu regeln und zu überwachen[31], den öffentlichen Gesundheitsdienst zu

---

25 Z. B. in Baden-Württemberg den Umlageausschuß nach §§ 17 Abs. 1 Nr. 3, 20 KammG BW und in Nordrhein-Westfalen den Präsidenten, §§ 6 Nr. 3, 20 HeilBerG NW.

26 Vgl. für die anwaltlichen Ehrengerichte *BVerfG* NJW 1978, S. 1795; *Jessnitzer*, Vorbemerkung vor § 92 Rdn. 1; abweichend die Regelung für die baden-württembergische Ärztekammer, deren Berufsgerichte nach §§ 17 Abs. 1 Nr. 4 und 5, 59 ff. KammerG BW Organe sind; vgl. auch *Stobrawa*, S. 41, 44 und passim, eine verfassungsrechtlich nicht unbedenkliche Regelung.

27 So an sich in Baden-Württemberg, § 11 Abs. 1 KammerG, wegen der bestehenden Untergliederungen findet jedoch nur eine mitttelbare Wahl statt, § 12 KammerG BW; Art. 11 KammerG Bay (Ärzte), Art. 51 KammerG Bay (Apotheker); § 7 Abs. 1 KammerG B; § 12 Abs. 1 HeilBerG HB (Ärzte); in Hamburg wird ein Teil der zu wählenden Vertreter auf Landesebene, § 20 Abs. 1 Nr. 1 ÄrzteG, ein Teil der Vertreter auf Bezirksebene, § 20 Abs. 1 Nr. 2 ÄrzteG, gewählt (bei Apothekerkammer: Vollversammlung); § 14 Abs. 1 HeilBerG He; § 17 HKG Ns; § 7 HeilBerG NW; § 7 HeilBerG RhPf; § 6 Abs. 1 Nr. 1 SÄKG Sa (bei Apothekerkammer: Vollversammlung); § 13 Abs. 1 ÄrzteKG SH, § 13 Abs. 1 ApoG SH.

28 § 12 KammerG BW; zu den Besonderheiten in Hamburg siehe die vorhergehende Fußnote.

29 Vgl. § 11 Abs. 2 i.V. m. § 15 KammerG BW (ein Universitätsvertreter); Art. 11 Abs. 2 KammerG Bay (nur für Ärzte: für jeden medizinischen Fachbereich je ein Vertreter); § 7 Abs. 2 KammerG B (ein Universitätsvertreter); § 20 Abs. 1 Nr. 3 und 4 ÄrzteG HH (je ein Universitäts- und Behördenvertreter); § 17 Abs. 3 HKG Ns (ein Universitätsvertreter mit beratender Stimme); § 6 Abs. 1 Nr. 2 und 3 SÄKG Sa (nur für Ärzte: je ein Universitäts- und Behördenvertreter); § 14 Abs. 2 ÄrzteKG SH (zwei Universitätsvertreter); § 14 Abs. 2 ApoG SH (ein Universitätsvertreter). Derartige Regelungen fehlen in Bremen, Hessen, Nordrhein-Westfalen und Rheinland-Pfalz völlig, in Bayern, Hamburg und im Saarland für die Apothekerkammern.

30 Art. 48 Abs. 1, 51 Abs. 1 KammerG Bay; § 17 Abs. 2 HKG Ns; §§ 13, 14 ApoG Sa.

31 § 4 Abs. 1 KammerG BW; Art. 2 Abs. 1 KammerG Bay; § 4 Abs. 1 Nr. 2, 3 KammerG B; § 8 Abs. 1 Nr. 2, 3 HeilBerG HB; § 15 Abs. 1 Nr. 1, 2 ÄrzteG HH, § 14 Abs. 1 Nr. 1, 2, 7 ApoG HH; § 5 Abs. 1 Nr. 1, 2 HeilBerG He; § 10 Abs. 1 Nr. 2, 3 HKG Ns; § 5 Abs. 1 lit. e, d HeilBerG NW; § 3 Abs. 1 S. 2 Nr. 3, 5, 6 u. 7 HeilBerG RhPf; § 4 Abs. 1 S. 1, 4 Abs. 2 SÄKG Sa, § 3 lit. a, b ApoG Sa; § 2 Abs. 1 Nr. 3 ÄrzteKG SH, § 2 Abs. 1 Nr. 3 ApoG SH (nur Berufsausübung).

unterstützen[32], die Interessen der Berufsangehörigen zu vertreten[33] und für ein gedeihliches Verhältnis der Mitglieder untereinander zu sorgen[34]. Die zur Aufgabenerfüllung erforderlichen normativen Regelungen sind von der Vertreter- bzw. Vollversammlung zu erlassen. Die wichtigsten Regelungen neben der Hauptsatzung sind die Berufsordnung[35], die Weiterbildungsordnung[36] und die Beitragsordnung[37].

---

32 § 4 Abs. 1 KammerG BW; Art. 2 Abs. 1 KammerG Bay; keine entsprechende Regelung in Berlin; § 8 Abs. 1 Nr. 7 HeilBerG HB; § 15 Abs. 1 Nr. 3 ÄrzteG HH, § 14 Abs. 1 Nr. 3 ApoG HH; § 5 Abs. 1 Nr. 4 HeilBerG He; keine entsprechende Regelung in Niedersachsen; § 5 Abs. 1 lit. a HeilBerG NW; § 3 Abs. 1 S. 2 Nr. 4 HeilBerG RhPf; § 4 Abs. 6 SÄKG Sa, § 3 lit. e ApoG Sa; § 2 Abs. 1 Nr. 2 ÄrzteKG SH, § 2 Abs. 1 Nr. 2 ApoG SH.

33 § 4 Abs. 1 KammerG BW; Art. 2 Abs. 1 KammerG Bay; § 4 Abs. 1 Nr. 1 KammerG B; § 8 Abs. 1 Nr. 1 HeilBerG HB; § 15 Abs. 2 ÄrzteG HH, § 14 Abs. 3 ApoG HH (Kannvorschrift); keine entsprechende Vorschrift in Hessen; § 10 Abs. 1 Nr. 1 HKG Ns; § 5 Abs. 1 lit. b HeilBerG NW; § 3 Abs. 1 S. 1 HeilBerG RhPf; § 4 Abs. 1 S. 1 SÄKG Sa (nur Ärzte); § 2 Abs. 1 Nr. 4 ÄrzteKG SH, § 2 Abs. 1 Nr. 4 ApoG SH.

34 § 4 Abs. 1 KammerG BW; eine entsprechende Regelung fehlt in Bayern; § 4 Abs. 1 Nr. 4 KammerG B; § 8 Abs. 1 Nr. 4 HeilBerG HB; § 15 Abs. 1 Nr. 6 ÄrzteG HH, § 14 Abs. 1 Nr. 5 ApoG HH; § 5 Abs. 1 Nr. 3 HeilBerG He; § 10 Abs. 1 Nr. 4 HKG Ns; § 5 Abs. 1 lit. f HeilBerG NW; § 3 Abs. 1 S. 2 Nr. 1 HeilBerG RhPf; § 4 Abs. 3 SÄKG Sa, § 3 lit. c ApoG Sa; § 2 Abs. 1 Nr. 5 ÄrzteKG SH, § 2 Abs. 1 Nr. 5 ApoG SH.

35 S. dazu zunächst oben FN 7; zur Zuständigkeit der Vertreterversammlung: § 9 Abs. 2 KammerG BW; Sonderregelung in Bayern; § 10 Abs. 1 KammerG B; § 19 Abs. 1 Nr. 1 HeilBerG HB; § 25 Abs. 1 Nr. 1 ÄrzteG HH, § 15 Abs. 2 Nr. 1 ApoG HH; § 17 Abs. 1 S. 2 Nr. 4 HeilBerG He; § 24 Abs. 1 Nr. 1 HKG Ns; die Zuständigkeit der Vertreterversammlung ergibt sich in Nordrhein-Westfalen nicht aus dem Gesetz, sondern aus der Satzung, § 21 HeilBerG NW z. B. i.V. m. § 4 Abs. 7 lit. f Satzung der Ärztekammer Nordrhein; § 8 Abs. 1 S. 2 Nr. 1 HeilBerG RhPf; § 7 Abs. 1 Nr. 2 SÄKG Sa, § 6 Abs. 1 lit. e ApoG Sa; § 18 Abs. 1 Nr. 1 ÄrzteKG SH, § 18 Abs. 1 Nr. 1 ApoG SH.

36 §§ 9 Abs. 2, 39 KammerG BW; Art. 30, 53 KammerG Bay, ohne jedoch die Zuständigkeit der Vertreterversammlung ausdrücklich zu begründen; §§ 10 Abs. 1, 4 Abs. 4 KammerG B; §§ 19 Abs. 1 Nr. 1, 37 HeilBerG HB; §§ 9 Abs. 8, 25 Abs. 1 Nr. 1 ÄrzteG HH, §§ 7 Abs. 1, 14 Abs. 7 ApoG HH; §§ 17 Abs. 1 S. 3 Nr. 4, § 35 HeilBerG He; §§ 24 Abs. 1 Nr. 1, 43 HKG Ns; §§ 30 Abs. 8 (incl. Prüfungsordnung, § 33 Abs. 5), 36 HeilBerG NW (die Zuständigkeit der Kammerversammlung ergibt sich nicht aus dem Gesetz und auch nicht unmittelbar aus der Satzung); §§ 8 Abs. 1 S. 2 Nr. 1, 14 Abs. 4 Nr. 5, 32 HeilBerG RhPf; §§ 7 Abs. 1 Nr. 2, 24 Abs. 8, 30 SÄKG Sa (nur Ärzte); §§ 2 Abs. 1 Nr. 3, 18 Abs. 1 Nr. 1, 31 Abs. 8, 36 ÄrzteKG SH (nur Ärzte).

37 In Baden-Württemberg gibt es keine eigentliche Beitragsordnung, sondern im einzelnen festgelegte Umlagebeschlüsse, §§ 23 Abs. 1, 24 KammerG BW; Art. 6 (Kreisverbände), Art. 15 Abs. 2 (Landesärztekammer), KammerG Bay; §§ 10 Abs. 1, 13 KammG B; in Bremen gibt es keine gesonderte Beitragsordnung, sondern ist diese Bestandteil der Satzung, § 4 Abs. 2 Nr. 7 HeilBerG HB, der Jahresbeitrag wird durch gesonderten Beschluß der Delegiertenversammlung festgesetzt: §§ 6, 19 Abs. 1 Nr. 2 HeilBerG HB; §§ 15 Abs. 4, 25 Abs. 1, Nr. 2 ÄrzteG HH, § 15 Abs. 2 Nr. 2 ApoG HH (als Bestandteil der Satzung); §§ 17 Abs. 1 S. 3 Nr. 6, 10 HeilBerG He; §§ 7 Abs. 1, 24 Abs. 1 Nr. 1 HKG Ns; § 17 HeilBerG NW; §§ 8 Abs. 1 S. 2 Nr. 1, 14 Abs. 4 Nr. 2 HeilBerG RhPf; § 7 Abs. 1 Nr. 6 SÄKG Sa, § 6 Abs. 1 lit. e ApoG Sa; §§ 6 Abs. 1, 18 Abs. 1 Nr. 3 ÄrzteKG SH, § 18 Abs. 1 Nr. 2 ApoG SH.

Die Kammern unterliegen staatlicher Aufsicht, die sich hinsichtlich der Selbstverwaltungsaufgaben grundsätzlich auf die Rechtsaufsicht beschränkt[38]. Von der Vertreter- bzw. Vollversammlung erlassene Satzungen bedürfen der staatlichen Genehmigung[39], die in Hamburg aus Gründen des öffentlichen Interesses versagt werden kann[40].

b) Normative Regelungen mit Außenwirkung

Da die Organisations- und Regelungsstrukturen der Ärzte- und Apothekerkammern im Hinblick auf den Untersuchungsgegenstand keine wesentlichen Unterschiede aufweisen, beschränkt sich die nachfolgende Darstellung exemplarisch auf den Bereich der Ärzte.

aa) Zulassungsregelungen

Voraussetzung für die Zulassung zum Beruf des Arztes ist nach § 2 Abs. 1 BÄO die Approbation als Arzt. Die Voraussetzungen der Approbation sind in §§ 3 und 4 BÄO und in der Approbationsordnung für Ärzte geregelt. Die Approbationsordnung ist eine Rechtsverordnung, die der Bundesminister für Jugend, Familie, Frauen und Gesundheit erlassen hat. Die Regelung der Zulassung zum Beruf des Arztes erfolgt also nicht durch eine Satzung und ist daher nicht Gegenstand dieser Untersuchung.

---

38 § 7 KammerG BW; Art. 9 KammerG Bay (Kreis- und Bezirksverbände), Art. 16 Abs. 1 (Landesärztekammer); § 14 ÄrzteKG B; § 85 HeilBerG HB; § 33 ÄrzteG HH, § 25 Abs. 2 ApoG HH; §§ 20 f. HeilBerG He; §§ 82 f. HKG Ns; § 22 HeilBerG NW; § 17 HeilBerG RhPf (hinsichtlich der Versorgungseinrichtungen besteht Fachaufsicht, § 17 Abs. 2 HeilBerG RhPf); § 14 SÄKG Sa, § 14 ApoG Sa; § 39 ÄrzteKG SH.

39 § 9 Abs. 3 KammerG BW; Art. 20, 30 Abs. 1, 6, 15 KammerG Bay; § 10 Abs. 2 KammerG B (Hauptsatzung, Wahl-, Melde-, Schlichtungs-, Berufs-, Weiterbildungsordnung, Fürsorge- und Versorgungseinrichtungen); § 19 Abs. 2 HeilBerG HB (Berufs-, Weiterbildungs-, Schlichtungs-, Geschäftsordnung, Beitragsfestsetzung, Fürsorge- und Versorgungseinrichtungen); § 33 Abs. 1 ÄrzteG HH (Hauptsatzung, Berufs-, Weiterbildungs-, Prüfungsordnung), § 25 Abs. 1 ApoG HH (Hauptsatzung, Berufs-, Wahl- und Weiterbildungsordnung); § 17 Abs. 2 HeilBerG He (Hauptsatzung, Berufs-, Beitragsordnung, Kostensatzung), § 35 Abs. 1 HeilBerG He (Weiterbildungsordnung); § 24 Abs. 2 HKG Ns; § 17 S. 2 HeilBerG NW (Hauptsatzung, Geschäfts-, Beitragsordnung), § 36 Abs. 1 (Weiterbildungsordnung), § 25 Abs. 2 (Berufsordnung); § 14 Abs. 7 HeilBerG RhPf; § 7 Abs. 2 SÄKG Sa, § 6 Abs. 2 ApoG Sa; § 3 Abs. 1 S. 4 (Versorgungseinrichtung), § 18 Abs. 3 ÄrzteKG SH (Satzung, Berufs-, Beitragsordnung, Soziale Einrichtungen), § 18 Abs. 3 ApoG SH.

40 § 33 Abs. 1 S. 2 ÄrzteG HH, § 25 Abs. 1 S. 2 ApoG HH.

bb) Berufsordnungen

Alle Ärztekammern haben durch ihre Vertreterversammlungen Berufsordnungen als Satzungen erlassen, die der staatlichen Genehmigung bedürfen[41]. Die gesetzliche Ermächtigung zum Erlaß der Berufsordnungen folgt aus den Kammer- bzw. Ärzte- oder Heilberufsgesetzen der Länder (im folgenden Kammergesetze)[42]. Die gesetzlichen Regelungen stimmen hinsichtlich der Adressaten und der materiell-rechtlichen Vorgaben im wesentlichen überein. Zunächst wird ganz allgemein festgelegt, daß die Kammerangehörigen[43] verpflichtet sind, ihren Beruf gewissenhaft auszuüben und dem ihnen im Zusammenhang mit dem Beruf entgegengebrachten Vertrauen zu entsprechen[44]. Als besondere Berufspflichten der Ärzte werden genannt, sich beruflich fortzubilden und sich dabei über die für die Berufsausübung geltenden Pflichten zu unterrichten; soweit sie in eigener Praxis tätig sind, am Notfalldienst teilzunehmen und über die in Ausübung ihres Berufs gemachten Feststellungen und getroffenen Maßnahmen Aufzeichnungen zu fertigen[45]. Das nähere soll dann jeweils die Berufsordnung regeln[46], für deren Inhalt zwingend lediglich vorgeschrieben ist, daß hinsichtlich des Notfalldienstes regionale Beschränkungen und persönliche Befreiungen vorzusehen sind[47]. Fakultativ werden eine ganze Reihe von Regelungsmaterien genannt[48].

---

41 S. oben 1. Kap. B III 2 a. Beachte, daß sich in Nordrhein-Westfalen die Zuständigkeit der Kammerversammlung nicht aus dem Gesetz, sondern gem. § 21 i.V. m. § 7 lit. f aus der Satzung z. B. für die Ärztekammer Nordrhein ergibt.

42 S. oben FN 7.

43 In Bayern, Hamburg und Schleswig-Holstein „die Ärzte".

44 § 29 KammerG BW; Art. 17 KammerG Bay; keine entsprechende Regelung in Berlin; § 24 HeilBerG HB; keine entsprechende Regelung in Hamburg; § 22 HeilBerG He; § 28 HKG Ns; § 23 Abs. 1 HeilBerG NW; § 20 HeilBerG RhPf; § 17 SÄKG Sa; § 25 ÄrzteKG SH.

45 § 30 KammerG BW; Art. 18 Abs. 1 KammerG Bay; § 4 Abs. 3 S. 2 Nr. 1 – 3 KammerG B; § 25 HeilBerG HB; § 4 ÄrzteG HH; § 23 HeilBerG He; § 29 HKG Ns; § 24 HeilBerG NW; § 21 HeilBerG RhPf; § 18 SÄKG Sa; § 26 ÄrzteKG SH.

46 § 31 KammerG BW; Art. 18 Abs. 2 S. 1 KammerG Bay; § 4 Abs. 3 KammerG B; § 26 HeilBerG HB; § 5 Abs. 1 ÄrzteG HH; § 24 HeilBerG He; § 30 HKG Ns; § 25 HeilBerG NW; § 22 HeilBerG RhPf; § 19 SÄKG Sa; § 27 ÄrzteKG SH.

47 Zu den gesetzlichen Vorgaben in der Satzungsermächtigung: § 31 Abs. 1 KammerG BW; Art. 18 Abs. 2 S. 1 KammerG Bay; § 4 Abs. 3 KammerG B; § 26 HeilBerG HB; §§ 5 Abs. 1, 15 Abs. 4 ÄrzteG HH; §§ 24, 17 Abs. 1 S. 3 Nr. 4 HeilBerG He; §§ 30, 24 Abs. 1 Nr. 1 HKG Ns; § 25 HeilBerG NW; §§ 14 Abs. 4 Nr. 4, 22 f. HeilBerG RhPf; §§ 7 Abs. 1 Nr. 2, 19 SÄKG Sa; §§ 2 Abs. 1 Nr. 3, 27 Abs. 1 ÄrzteKG SH. Vorschriften über den Notfalldienst in § 31 Abs. 1 KammerG BW; Art. 18 Abs. 2 S. 2 KammerG Bay; § 4 Abs. 3 S. 2 Nr. 2 KammerG B; § 26 Abs. 1 S. 2 HeilBerG HB; keine entsprechende Regelung in Hamburg; § 24 HeilBerG He; § 30 HKG Ns; § 25 HeilBerG NW; § 22 HeilBerG RhPf; § 19 SÄKG Sa; § 27 Abs. 2 ÄrzteKG SH.

48 § 31 Abs. 2 KammerG BW; Art. 19 KammerG Bay; keine entsprechende Regelung in Berlin; § 27 HeilBerG HB; § 5 Abs. 2 ÄrzteG HH; § 25 HeilBerG He; § 31 HKG Ns; § 26 HeilBerG NW; § 23 HeilBerG RhPf; § 20 SÄKG Sa; § 27 Abs. 1 ÄrzteKG SH.

Adressaten der Berufsordnungen sind zunächst die Ärzte als Kammermitglieder[49]. Da diese sämtlich volles Stimmrecht haben[50], haben die Berufsordnungen insoweit keine unmittelbare Außenwirkung. Unmittelbare Außenwirkung haben sie, wenn sie Bestimmungen enthalten, die die Beschäftigung von Mitarbeitern[51] oder die Ausbildung von Personal[52] betreffen. Die vom Deutschen Ärztetag (der Hauptversammlung der Bundesärztekammer, einer privatrechtlichen Arbeitsgemeinschaft der Landesärztekammern) beschlossene Mustersatzung[53] sieht derartige Vorschriften jedoch nur mit einem hier nicht relevanten Inhalt vor. § 17 Abs. 6 Mustersatzung betrifft nur die Beschäftigung eines ärztlichen Mitarbeiters, der seinerseits Kammermitglied ist. § 13 Mustersatzung weist nur darauf hin, daß bei der Ausbildung von Mitarbeitern die gesetzlichen Vorschriften zu beachten sind, hat also keinen eigenständigen Regelungsgehalt.

Die Berufsordnungen können jedoch mittelbare Außenwirkung in erheblichem Umfang haben. Dies gilt insbesondere für Regelungen, die

— die Ausstellung von Gutachten und Zeugnissen,

— die Praxisankündigung und -einrichtung,

— die Durchführung von Sprechstunden,

— die Angemessenheit und Nachprüfbarkeit des Honorars,

— die Werbung,

— die Verordnung und Empfehlung von Heil- und Hilfsmitteln und

— die Zusammenarbeit zwischen Ärzten und Angehörigen anderer Berufsgruppen betreffen.

---

49 §§ 29 f. KammerG BW; Art. 17 ff. KammerG Bay (die Ärzte); § 4 Abs. 3 KammerG B (Durch die Berufsordnung wird auch die Berufsausübung der Ärzte geregelt, die im Kammerbezirk nur vorübergehend Dienstleistungen in ihrem Beruf erbringen und Staatsangehörige eines anderen EG Staates sind, §§ 1 Abs. 3, 2 Abs. 2 Nr. 2 KammerG B); § 25 HeilBerG HB (nur die den Beruf ausübenden Kammerangehörigen); § 4 ÄrzteG HH (Arzt); §§ 22 f. HeilBerG He; §§ 28 f. HKG Ns; §§ 23 f. HeilBerG NW; §§ 20 f. HeilBerG RhPf; §§ 17 f. SÄKG Sa; §§ 25 f. ÄrzteKG SH (Ärzte).

50 Ausnahme Berlin s. FN 49. Fragen des Ausländerbezugs sind jedoch nicht Gegenstand dieser Untersuchung.

51 Vorgesehen in § 31 Abs. 2 Nr. 11 KammerG BW; Art. 19 Nr. 10 KammerG Bay; § 27 in Nr. 11 HeilBerG HB; § 25 Nr. 11 HeilBerG He; § 31 Nr. 12 HKG Ns; § 26 Nr. 11 HeilBerG NW; § 23 Nr. 12 HeilBerG RhPf; § 20 Nr. 11 SÄKG Sa; § 27 Abs. 1 Nr. 10 ÄrzteKG SH; nicht vorgesehen in Berlin und Hamburg.

52 Vorgesehen in § 31 Abs. 2 Nr. 12 KammerG BW; Art. 19 Nr. 11 KammerG Bay; § 27 Nr. 12 HeilBerG HB; § 5 Abs. 2 Nr. 8 ÄrzteG HH; § 25 Nr. 12 HeilBerG He; § 31 Nr. 13 HKG Ns; § 26 Nr. 12 HeilBerG NW; § 23 Nr. 13 HeilBerG RhPf; § 20 Nr. 12 SÄKG Sa; § 27 Abs. 1 Nr. 11 ÄrzteKG SH; nicht vorgesehen in Berlin.

53 Abgedruckt in: Deutsches Ärzteblatt — Ärztliche Mitteilungen, Ausgabe A, Heft 50 vom 15.12.1988, S. 3601; die Berufsordnungen der Ärztekammern entsprechen im wesentlichen der Mustersatzung, die deshalb der Untersuchung zugrunde gelegt wird.

In der Mustersatzung ist von den Regelungsmöglichkeiten Gebrauch gemacht worden. § 12 der Mustersatzung hält den Arzt bei der Ausstellung von Gutachten und Zeugnissen jedoch nur zur Sorgfalt an, hat daher keinen eigenständigen Regelungscharakter.

§ 21 Abs. 1 Mustersatzung untersagt dem Arzt jegliche Werbung. Er ist nach § 21 Abs. 2 und 4 Mustersatzung gehalten, Werbung, aber auch Berichte und Bildberichte mit werbendem Charakter über seine ärztliche Tätigkeit zu untersagen.

Das allgemeine Werbeverbot wird in der Mustersatzung weiter konkretisiert: Nach § 22 Mustersatzung ist die Mitwirkung des Arztes an aufklärenden Veröffentlichungen medizinischen Inhalts in Presse, Funk und Fernsehen nur zulässig, wenn und soweit die Mitwirkung des Arztes auf sachliche Information begrenzt und die Person des Arztes nicht werbend herausgestellt wird. § 25 Mustersatzung verbietet dem Arzt jede werbende Tätigkeit für Arznei-, Heil- und Hilfsmittel, Körperpflegemittel oder ähnliche Waren. Die §§ 26-29 Mustersatzung beschränken die Möglichkeit des Arztes, Anzeigen in Zeitungen über die Niederlassung oder Zulassung oder sonst seine Person betreffende Fragen zu schalten und seine Praxisschilder nach Inhalt, Form und Größe selbst zu bestimmen.

Das allgemeine Werbeverbot soll — und dies gilt für alle freien Berufe — eine Verfälschung des Berufsbildes durch Verwendung von Werbemethoden verhindern, wie sie in der gewerblichen Wirtschaft üblich sind[54]. Das ärztliche Werbeverbot soll darüber hinaus dem Schutz der Bevölkerung dienen. Es soll das Vertrauen der Patienten darauf erhalten, daß der Arzt nicht aus Gewinnstreben bestimmte Untersuchungen vornimmt, Behandlungen vorsieht, oder Medikamente verordnet[55].

Das Werbeverbot, das sich primär an die Ärzte, also Interne, richtet, steht in engem Zusammenhang mit dem durch die fehlende Werbung in ihrer Informationsmöglichkeit und damit — wenn auch sehr mittelbar — in ihrem Recht auf freie Arztwahl eingeschränkten Patienten, also Externen, und soll auch das Bild des Arztes in den Augen der (potentiellen) Patienten mitbestimmen. Dadurch entfaltet das allgemeine Werbeverbot eine objektiv deutlich erkennbare außenregelnde Tendenz, hat also mittelbare Außenwirkung[56]. Dasselbe gilt für die speziellen Werbeverbote der §§ 22 und 25 Mustersatzung, von denen auch Presse, Rundfunk und Fernsehen betroffen sind[57]. Dieses Ergebnis wird dadurch bestätigt,

---

[54] Vgl. *BVerfGE* 33, 125 (170); 71, 162 (173) — zum Werbeverbot für Arzte; *BVerfGE* 53, 96 (97 f.) — zum Werbeverbot für Apotheker; *BVerfGE* 60, 215 (231 ff.) — zum Werbeverbot für Steuerberater; *BVerfGE* 76, 196 (205) — zum Werbeverbot für Rechtsanwälte.

[55] *BVerfGE* 71, 162 (174).

[56] Vgl. auch *Jarass*, NJW 1982, S. 1833 ff.

[57] Vgl. *Jarass*, NJW 1982, S. 1833 (1834 f.).

daß der Arzt gemäß § 21 Abs. 4 Mustersatzung und § 25 Abs. 1 Mustersatzung verpflichtet ist, gegebenenfalls die Werbung Dritter zu untersagen. Nichts anderes gilt für die Beschränkungen, Anzeigen zu schalten und sich in Verzeichnisse mit werbendem Charakter aufnehmen zu lassen, § 26 Mustersatzung. Wenn auch die Bestimmungen über die Praxisschilder und Ankündigungen, §§ 27 bis 29 Mustersatzung, nur geringe Auswirkungen auf die Patienten haben, sind der enge Zusammenhang und die objektiv deutlich erkennbare außenregelnde Tendenz nicht zu verkennen. Auch diese Vorschriften entfalten mittelbare Außenwirkung.

Gem. § 9 Abs. 2 Mustersatzung darf der Arzt grundsätzlich keine Zweigpraxis unterhalten. Er darf überhaupt nicht an mehreren Stellen Sprechstunden abhalten.

Diese Regelung betrifft das Verhältnis des Arztes zu seinen (potentiellen) Patienten. Sie hätte nur dann keine mittelbare Außenwirkung, wenn sie den Patienten nur ganz unwesentlich beträfe und deshalb der erforderliche enge Zusammenhang fehlte.

Zur Bedeutung der Regelung ist festzustellen, daß der Patient nicht gehindert ist, den Arzt seiner Wahl unabhängig von seinem Wohnort und dem Ort der Praxis aufzusuchen. Der Arzt wird durch § 9 Abs. 2 Mustersatzung nicht gehindert, auswärtige Patienten in seiner Praxis, aber auch außerhalb — z. B. bei Hausbesuchen — zu behandeln. Er darf seine Leistung nur nicht regelmäßig außerhalb seiner Praxis für jedermann anbieten. Gleichwohl wird der Patient in seinem Recht auf freie Arztwahl nicht unerheblich eingeschränkt. Will er den Arzt seiner Wahl konsultieren, kann er nicht warten, bis dieser in seiner Zweitpraxis oder sonst am Ort Sprechstunden abhält, sondern ist gezwungen, die Praxis an einem anderen Ort aufzusuchen. Insbesondere in ländlichen Gebieten dürfte der Patient eher geneigt sein — besonders bei leichteren Erkrankungen, die in der Regel keine Hausbesuche veranlassen — einen oder auch mehrere Tage auf die Sprechstunde des auswärtigen Arztes zu warten, als zu diesem zu fahren. Die Regelung steht deshalb in engem sachlichen und personellen Zusammenhang zu den Patienten. Das Zweigpraxisverbot und das Verbot auswärtiger Sprechstunden des § 9 Mustersatzung betrifft auch die allgemeine Stellung des Arztes im Gesundheitswesen und insbesondere das Interesse der Bevölkerung an einer raschen und ordnungsgemäßen Gesundheitsversorgung.

Die außenregelnde Tendenz kommt objektiv deutlich darin zum Ausdruck, daß § 9 Abs. 2 S. 2 Mustersatzung die Zulassung von Zweigpraxen und auswärtigen Sprechstunden von einem Bedürfnis der Bevölkerung abhängig macht[58]. Das Verbot hat also mittelbare Außenwirkung.

---

[58] Aus den selben Gründen hat das BVerfG dem Verbot der Einrichtung von Rezeptsammelstellen durch Apotheker einen über die bloßen berufsinternen Angelegenheiten hinausreichenden Regelungscharakter zugesprochen, *BVerfGE* 38, 373 (381 f.).

§ 14 Abs. 1 der Mustersatzung, der bestimmt, daß die Honorarforderung des Arztes angemessen sein muß, hat neben § 5 der Gebührenordnung für Ärzte (GOÄ)[59] keinen eigenständigen Regelungscharakter[60].

§ 14 Abs. 1 S. 4 Mustersatzung bestimmt, daß der Arzt die üblichen Sätze nicht in unlauterer Weise unterschreiten darf. Fraglich ist, ob durch diese Regelung abweichend von § 2 GOÄ mittelbar die Möglichkeit des Patienten beschränkt wird, das Honorar zu seinen Gunsten frei auszuhandeln. Dies wäre dann der Fall, wenn es dem Arzt stets und für alle Fälle untersagt wäre, die üblichen Sätze zu unterschreiten. Tatsächlich wird er aber nur an unlauteren Vereinbarungen gehindert. Unlautere Wettbewerbshandlungen sind dem Arzt schon durch § 1 UWG verboten[61], so daß die Satzungsvorschrift keinen eigenständigen Regelungsgehalt hat. § 14 Abs. 1 S. 4 der Mustersatzung hat daher keine mittelbare Außenwirkung.

Nach § 16 Abs. 1 ist der Arzt gehalten, wenn er von einem Patienten in Anspruch genommen wird, der bereits in Behandlung eines anderen Arztes steht, darauf hinzuwirken, daß dieser Arzt verständigt wird. Nach § 16 Abs. 5 soll der Arzt Patienten, die ihm von einem anderen Arzt überwiesen worden sind, nach Beendigung seiner Behandlungstätigkeit wieder zurücküberweisen, wenn noch eine weitere Behandlung erforderlich ist. Nach § 16 Abs. 3 ist der Patient nach der Entlassung aus stationärer Behandlung dem Arzt zurückzuüberweisen, in dessen Behandlung er vor der Krankenhauseinweisung stand. Wiederbestellung zur ambulanten Behandlung oder Überwachung ist nur mit Zustimmung des behandelnden Arztes gestattet. Durch die Bestimmungen des § 16 Mustersatzung wird mittelbar auch die freie Arztwahl der Patienten betroffen. Das gleiche gilt für die Vorschriften des § 15 der Mustersatzung, insbesondere für die Vorschriften des § 15 Abs. 1, wenn es heißt, es sei insbesondere berufsunwürdig, wenn ein „Arzt im Praktikum", ein Assistent oder Vertreter zur Ableistung der Vorbereitungszeit auf die kassenärztliche Tätigkeit oder ein Weiterbildungsassistent sich innerhalb eines Zeitraums von zwei Jahren ohne Zustimmung des Praxisinhabers im Einzugsbereich derjenigen Praxis niederläßt, in welcher er die bezeichneten Tätigkeiten mindestens drei Monate ausgeübt hat. Dasselbe gilt für § 15 Abs. 4, nach dem Nachuntersuchungen arbeitsunfähiger Patienten eines Arztes von einem anderen Arzt hinsichtlich der Arbeitsfähigkeit nur im Benehmen mit dem behandelnden Arzt durchgeführt werden dürfen. In allen Fällen besteht ein enger Zusammenhang zwischen der Berufsordnung und den Externen (Patienten). Auch lassen die Regelungen objektiv deutlich eine außenregelnde Tendenz erkennen, haben also mittelbare Außenwirkung[62].

---

[59] VO vom 12.11.1982 (BGBl. I S. 1522).

[60] Vgl. zu den prozeßualen Auswirkungen *VGH BW*, NJW 1987, S. 1350 (1351).

[61] Zur Geltung des UWG für die freien Berufe, s. *Pietzcker*, NJW 1982, S. 1840 m.w.N.

[62] Vgl. *Starck*, AöR 92 (1967), S. 449 (469 f.).

Selbstverständlich haben auch die Regelungen, die den ärztlichen Notfalldienst betreffen, § 20 Mustersatzung, mittelbare Außenwirkung, weil damit Ausmaß und Qualität des Dienstes geregelt wird, was für den Patienten bei Inanspruchnahme des Notfalldienstes von erheblicher Bedeutung ist[63].

Zusammenfassend läßt sich feststellen, daß, wenn man die Mustersatzung des Deutschen Ärztetages zugrundelegt, die Berufsordnungen der Ärztekammern keine unmittelbare Außenwirkung haben. Sie haben jedoch mittelbare Außenwirkung, soweit sie das Verhältnis des Arztes zum Patienten, zu Fernsehen, Rundfunk und Presse oder Leistungsanbietern im medizinischen Bereich (Pharmaindustrie, Sanatorien, Kliniken, Institute) betreffen.

cc) Prüfungsordnungen

Prüfungsordnungen im Bereich des ärztlichen Berufes gibt es zunächst hinsichtlich der mit der Approbation endenden Ausbildung, § 4 Abs. 1 BÄO i.V. m. §§ 8 ff. Approbationsordnung. Diese ergehen jedoch als Rechtsverordnungen und sind daher nicht Gegenstand dieser Untersuchung.

Prüfungsordnungen sind darüber hinaus die Vorschriften der Weiterbildungsordnungen, die die abschließende Prüfung zur Anerkennung als Gebietsarzt[64] betreffen[65]. Die Weiterbildung ist in den Kammergesetzen im wesentlichen übereinstimmend geregelt[66]. Sie endet nach einer abschließenden Prüfung[67] mit der Anerkennung als Gebietsarzt. Das Verfahren zur Erteilung der Anerkennung und das Nähere über die Prüfung wird in den Weiterbildungsordnungen[68] geregelt[69]. Die Weiterbildungsordnungen werden von den Ärztekammern durch ihre Vertreterversammlungen erlassen[70] und bedürfen der staatlichen Genehmigung[71]. Fraglich ist, ob diese Prüfungsregelungen Außenwirkung entfalten können. Unmittelbare Außenwirkung kann nicht von ihnen ausgehen, weil Adressaten ausschließlich die Ärzte, also stimmberechtigte Kammermitglieder und damit Interne sind.

---

63 Vgl. *BVerfGE* 33, 125 (162).

64 Früher Facharzt.

65 In Hamburg gibt es eine gesonderte Prüfungsordnung, § 12 Abs. 4 ÄrzteG HH.

66 S. u. 1. Kap. B III 2 b dd.

67 In Baden-Württemberg und Bayern findet ein abschließendes Fachgespräch statt, § 36 Abs. 1 KammerG BW, Art. 27 Abs. 1 KammerG Bay.

68 In Hamburg in der Prüfungsordnung.

69 Berlin: § 9 Gesetz über die Weiterbildung von Ärzten, Zahnärzten, Tierärzten, Apothekern vom 20.7.1978 (GVBl. S. 1493) z.g. d.G.v. 17.7.1984 (GVBl. S. 998); § 37 HeilBerG HB; § 12 Abs. 4 ÄrzteG HH; § 35 HeilBerG He; § 43 HKG Ns; § 36 HeilBerG NW; § 32 HeilBerG RhPf; § 30 SÄKG Sa; § 36 ÄrzteKG SH; Die Bestimmungen über die Fachgespräche werden in Bayern in der Weiterbildungsordnung gem. Art. 3 Abs. 1 Nr. 7 KammerG geregelt.

70 Vgl. o. 1. Kap. B III 2 a.

71 Vgl. o. 1. Kap. B III 2 a. Ausnahme: Schleswig-Holstein.

Mittelbare Außenwirkung kann dann bestehen, wenn durch normative Prüfungsregelungen das Verhältnis des Arztes zum Patienten mitgestaltet wird oder wenn durch entsprechende Regelungen das gesamte Gesundheitswesen betroffen wird. Das Bundesverfassungsgericht hat dazu schon 1972 in seinem Facharzt-Beschluß ausgeführt:

> „Aber auch der Allgemeinheit ist an einem verantwortungsvollen und wirksamen Einsatz der fachärztlichen Kenntnisse, Erfahrungen und sachlichen Einrichtungen gelegen. Unter den heutigen Bedingungen rasch fortschreitender medizinischer Erkenntnisse und der damit verbundenen Verwendung komplizierter und teurer Spezialapparaturen auch in der Praxis des freiberuflich tätigen Arztes ist der Facharzt zur Sicherung einer sachgemäßen ärztlichen Versorgung der Bevölkerung unentbehrlich. Der Anteil der Fachärzte an der Gesamtzahl der Ärzte wächst demgemäß ständig und hat bereits dazu geführt, daß namentlich in ländlichen Gebieten allgemein — praktische Ärzte nicht mehr in ausreichender Zahl vorhanden sind.... Damit gewinnen auch die Probleme der Zusammenarbeit zwischen Facharzt und allgemein praktischem Arzt sowie zwischen Facharzt und Krankenhaus für das gesamte Gesundheitswesen eine Bedeutung, die es ausschließt, hier lediglich interne Fragen des Berufsstands zu sehen, deren Regelung allein den Standesorganen überlassen werden könnte."[72]

Die Prüfungsregelungen der Weiterbildungsordnungen stehen danach in engem sachlichen und personellen Zusammenhang zu den Patienten. Ihre außenregelnde Tendenz ist objektiv deutlich erkennbar. Sie entfalten also mittelbare Außenwirkung.

Auch die von der Ärztekammer als zuständiger Stelle nach § 91 BBiG erlassenen Prüfungsordnungen für die Arzthelferprüfung, § 41 BBiG, könnten autonome normative Regelungen mit unmittelbarer Außenwirkung sein.

Die Prüfungsordnungen werden vom Berufsbildungsausschuß, einem Organ der Ärztekammer[73] als Satzungen erlassen[74]. Dem Berufsbildungsausschuß gehören je sechs Beauftragte der Arbeitgeber und der Arbeitnehmer sowie sechs Berufsschullehrer an, letztere aber nur mit beratender Stimme, § 56 Abs. 1 BBiG. Die Arbeitgebervertreter werden auf Vorschlag der Ärztekammern als den zuständigen Stellen, die Arbeitnehmervertreter auf Vorschlag der Gewerkschaften oder sonstigen Arbeitnehmervereinigungen, die Berufsschullehrer ohne besonderes Vorschlagsrecht von der nach Landesrecht zuständigen Behörde berufen, § 56 Abs. 2 BBiG[75].

Die Prüfungsordnungen enthalten nur Verfahrens- und Formvorschriften, da die materiellen Inhalte in der als Rechtsverordnung ergangenen Ausbildungsord-

---

[72] *BVerfGE* 33, 125 (162).

[73] Vgl. *Knopp / Kraegeloh*, § 58 BBiG Rdn. 2; a. A. *Emde*, S. 672 f.

[74] Vgl. *Knopp / Kraegeloh*, § 41 BBiG Rdn. 2; a. A. *Wentzel*, S. 221.

[75] § 56 Abs. 1 und 2 BBiG gilt nicht für die Berufsausbildung im Bereich der Kirchen, *BVerfGE* 72, 27.

nung geregelt werden[76]. Die Adressaten der Prüfungsordnungen sind u. a. die Auszubildenden, die, wollen sie ihre Ausbildung zum Ende bringen, die Regelungen der Prüfungsordnungen beachten müssen. Da die Auszubildenden in der Ärztekammer keine Wahl- oder sonstigen Entscheidungsrechte haben, sind sie Externe. Die Prüfungsordnungen entfalten ihnen gegenüber unmittelbare Außenwirkung.

Fraglich ist, ob die Prüfungsordnungen darüber hinaus mittelbare Außenwirkung entfalten. Dies könnte dann der Fall sein, wenn sie auf das Vertrauen der Patienten in die Qualifikation der Arzthelfer einen so starken Einfluß hätten, daß die erforderliche sachliche und personelle Nähe hergestellt würde und sie darüber hinaus eine objektiv deutlich erkennbare außenregelnde Tendenz aufwiesen. An diesen Erfordernissen fehlt es, weil die Prüfungsordnungen nicht die materiellen Inhalte der Ausbildung betreffen, sondern nur Verfahrens- und Formfragen regeln, die auf die Wertschätzung der Prüfungsabsolventen allenfalls einen ganz untergeordneten Einfluß haben.

Die Prüfungsordnungen nach dem BBiG haben deshalb keine mittelbare Außenwirkung.

dd) Ausbildungsordnungen

Die Ausbildung zum Beruf des Arztes ist gemäß § 4 BÄO in der als Rechtsverordnung ergehenden Approbationsordnung für Ärzte geregelt. Diese Regelungen sind nicht Gegenstand der Untersuchung.

Als Ausbildungsordnung sind dagegen die Weiterbildungsordnungen anzusehen, die die Voraussetzungen regeln, die erfüllt sein müssen, damit ein Arzt die Berechtigung erwerben kann, eine Gebiets- oder Teilgebietsbezeichnung zu führen. Wie oben bereits dargelegt, werden die Weiterbildungsordnungen von den Ärztekammern durch ihre Vertreterversammlung erlassen und bedürfen mit Ausnahme der Regelungen in Schleswig-Holstein der staatlichen Genehmigung[77]. Die Weiterbildung ist in den Kammergesetzen im wesentlichen übereinstimmend wie folgt geregelt: Hat der Arzt besondere Kenntnisse in einem medizinischen Gebiet oder Teilgebiet erworben, darf er die entsprechende Gebiets- oder Teilgebietsbezeichnung, die gesetzlich vorgegeben ist, nach Anerkennung durch die Ärztekammer führen.

Die Anerkennung wird nur ausgesprochen, wenn der Arzt eine mindestens dreijährige Weiterbildung praktischer und theoretischer Natur in dem entsprechenden Gebiet absolviert und eine abschließende Prüfung[78] bestanden hat. Inhalt

---

[76] VO über die Berufsausbildung zum Arzthelfer / zur Arzthelferin (Arzthelfer-Ausbildungsverordnung) v. 10.12.1985 (BGBl. I S. 2209); vgl. auch *Knopp / Kraegeloh,* § 41 BBiG Rdn. 1.

[77] S. o. 1. Kap. B III 2 b cc.

und Umfang der Weiterbildung sind im wesentlichen gesetzlich festgelegt. Gesetzlich geregelt wird auch die Führungsberechtigung der Gebiets- oder Teilgebietsbezeichnung und die damit verbundenen Rechte und Pflichten des Arztes[79]. In der Weiterbildungsordnung wird darüber hinaus Inhalt und Umfang der Gebiete und Teilgebiete, Inhalt und Mindestdauer der Weiterbildung, insbesondere Inhalt, Dauer und Reihenfolge der einzelnen Weiterbildungsabschnitte geregelt[80]. Die Weiterbildungsordnungen haben für den Erwerb der Berechtigung, sich Gebiets- oder Teilgebietsarzt zu nennen, größere Auswirkungen, als die Prüfungsordnungen. Hinsichtlich der Außenwirkung, insbesondere der mittelbaren Außenwirkung der Weiterbildungsordnungen kann also auf die oben getroffenen Ausführungen verwiesen werden. Es ist lediglich hinzuzufügen, daß die mittelbaren Außenwirkungen wegen des stärkeren Einflusses der Weiterbildungsordnungen eine stärkere Wirkung als dort entfalten.

ee) Honorarordnungen

Die Vergütung der Ärzte richtet sich nach den Bestimmungen der GOÄ[81], einer aufgrund § 11 BÄO erlassenen Rechtsverordnung. Die Regelungskompetenz des Bundes ergibt sich insoweit aus Art. 74 Nr. 11 GG[82]. Autonome Regelungen bestehen nicht[83]. Etwas anderes gilt für die Kassenärzte[84].

ff) Beitrags- und Gebührenordnungen

Die Beitragsordnungen der Ärztekammern statuieren nur eine Beitragspflicht der Kammermitglieder, haben also keine Außenwirkung. Zwar verringert sich durch die Beitragszahlungen die Kauf- und Wirschaftskraft der Beitragspflichtigen, doch besteht zu den davon möglicherweise betroffenen Externen (Familien-

---

78 In Bayern und Baden-Württemberg ein abschließendes Fachgespräch, s. o. 1. Kap. B III 2 b cc.

79 §§ 32 ff. KammerG BW; Art. 21 ff. KammerG Bay; Ärzte-Weiterbildungsgesetz B; §§ 28 ff. HeilBerG HB; §§ 6 ff. ÄrzteG HH; §§ 26 ff. HeilBerG He; §§ 32 ff. HKG Ns; §§ 27 ff. HeilBerG NW; §§ 24 ff. HeilBerG RhPf; §§ 21 ff. SÄKG Sa; §§ 28 ff. ÄrzteKG SH.

80 § 39 KammerG BW; Art. 30 KammerG Bay; § 9 ÄrzteWeiterbG B; § 37 HeilBerG HB; § 9 Abs. 8 ÄrzteG HH, der als Mindestanforderung zur Weiterbildungsordnung verlangt, den fachlichen Inhalt und die Mindestdauer der Weiterbildung sowie Inhalt, Dauer und Reihenfolge der einzelnen Weiterbildungsabschnitte zu bestimmen; § 43 HKG Ns; § 36 HeilBerG NW; § 32 HeilBerG RhPf; § 30 SÄKG Sa; § 36 ÄrzteKG SH.

81 Gebührenordnung für Ärzte vom 12.11.1982 (BGBl. I, S. 1522) i. d. F. d. B. v. 16.6.1988 (BGBl. I S. 818, 1590).

82 Vgl. *BVerfGE* 68, 319 (327 ff.).

83 Zu § 14 Abs. 1 S. 4 Mustersatzung s. o. 1. Kap. B III 2 b bb.

84 S. unten 1. Kap. B VI 2 b dd.

mitglieder, Einzelhandel) weder die erforderliche Sachnähe, noch lassen die Beitragsregelungen eine Tendenz erkennen, auf diesen Bereich einzuwirken.

Soweit die Ärztekammern durch ihre Vertreterversammlung Gebührenordnungen[85] erlassen, die die Gebührenerhebung auch von Nichtmitgliedern regeln, haben diese unmittelbare Außenwirkung. Derartige Regelungen sind in Baden-Württemberg, Hessen, Niedersachsen und Rheinland-Pfalz vorgesehen. In Baden-Württemberg können Gebühren erhoben werden für die Berufsaus- und -fortbildung in Helferberufen[86] sowie für die Wahrnehmung staatlicher Aufgaben[87]. In Hessen werden Gebühren erhoben für das Ausstellen von Ausweisen, Befähigungsnachweisen und anderen Urkunden[88], für die Benutzung von Einrichtungen und Gegenständen sowie für besondere Leistungen der Ärztekammer[89]. In Niedersachsen werden Gebühren innerhalb des eigenen Wirkungskreises für Amtshandlungen[90] sowie die Benutzung von Einrichtungen und Gegenständen und die Inanspruchnahme besonderer Leistungen[91] erhoben. In Rheinland-Pfalz besteht eine allgemeine Befugnis, Gebühren zu erheben[92].

Die Gebührenordnungen bedürfen der Genehmigung durch die Aufsichtsbehörde[93].

3. Rechtsanwälte

a) Allgemeines

Das Berufsrecht der Rechtsanwälte gehört zur konkurrierenden Gesetzgebungskompetenz des Bundes, Artikel 74 Nr. 1 GG. Der Bund hat von seiner Kompetenz mit Erlaß der BRAO und der BRAGO Gebrauch gemacht.

Der Rechtsanwalt ist ein unabhängiges Organ der Rechtspflege, der einen freien Beruf ausübt, §§ 1, 2 BRAO. Die zur Zeit ca. 55.000[94] Rechtsanwälte in der Bundesrepublik Deutschland sind Zwangsmitglieder in einer der 23 Rechtsanwaltskammern, §§ 60 f. BRAO. Die Größe der Rechtsanwaltskammern variiert

---

85 In Hessen und Niedersachsen „Kostensatzungen".

86 § 23 Abs. 2, § 4 Abs. 1 S. 2 KammerG BW.

87 § 23 Abs. 2, § 4 Abs. 6 KammerG BW.

88 § 10 Abs. 2 Nr. 1 HeilBerG He.

89 § 10 Abs. 2 Nr. 2 HeilBerG He.

90 § 8 Abs. 1 Nr. 1 HKG Ns.

91 § 8 Abs. 1 Nr. 2 HKG Ns.

92 § 14 Abs. 4 Nr. 3 HeilBerG RhPf.

93 § 9 Abs. 3 i.V.m. § 10 Nr. 16 KammerG BW; § 17 Abs. 2 HeilBerG He; § 24 Abs. 2 i.V.m. § 24 Abs. 1 Nr. 1 HKG Ns; § 14 Abs. 7 HeilBerG RhPf.

94 Am 1.1.1989 waren 54 111 Rechtsanwälte zugelassen. Mitgliederstatistik der Bundesrechtsanwaltskammer (Stand 1.1.1989), abgedruckt in: NJW 1989, Heft 15, S. XIV.

zwischen 22 (RAK BGH) und 6.600 Mitgliedern (RAK München)[95]. Die Rechtsanwaltskammern sind Körperschaften des öffentlichen Rechts, § 62 BRAO. Ihre Organe sind der Vorstand, § 63 Abs. 1 BRAO, das Präsidium, § 78 BRAO, und die Versammlung der Kammer, § 85 BRAO, die von allen Mitgliedern der Rechtsanwaltskammer gebildet wird. Alle Kammermitglieder haben gleiches Stimmrecht, § 88 Abs. 2 BRAO.

Zu den Aufgaben der Kammerversammlung gehört u. a. die Wahl des Vorstandes, § 89 Abs. 2 Nr. 1 BRAO, die Bestimmung der Höhe und der Fälligkeit des Beitrages, § 89 Abs. 2 Nr. 2 BRAO, die Schaffung von Fürsorgeeinrichtungen für Rechtsanwälte und deren Hinterbliebene, § 89 Abs. 2 Nr. 3 BRAO und die Regelung der Ausbildung und Prüfung der Lehrlinge in Anwaltskanzleien, § 89 Abs. 2 Nr. 7 BRAO. Der Vorstand wählt aus seiner Mitte das Präsidium, § 78 Abs. 1 BRAO. Er hat Beratungs-, Überwachungs-, und Vermittlungsaufgaben, § 73 Abs. 2 Nr. 1 – 4 BRAO. Zu seinen Aufgaben gehört auch die Erstattung von Gutachten nach § 8 Abs. 2 BRAO, die für die Zulassung zur Rechtsanwaltschaft von erheblicher Bedeutung sind, § 73 Abs. 2 Nr. 8 BRAO.

Das Präsidium ist das geschäftsführende Organ der Rechtsanwaltskammer, § 79 Abs. 1 BRAO. Sein Präsident ist das Vertretungsorgan, § 80 Abs. 1 BRAO.

Die Rechtsanwaltskammern sind in der Bundesrechtsanwaltskammer zusammengeschlossen, § 175 Abs. 1 BRAO, einer öffentlich-rechtlichen Körperschaft, § 176 Abs. 1 BRAO. Ihre Organe sind die Hauptversammlung, § 187 BRAO, die sich aus den Präsidenten der einzelnen Rechtsanwaltskammern zusammensetzt, die unabhängig von der Größe ihrer Kammer jeweils eine Stimme haben, §§ 188 Abs. 1, 190 Abs. 1 BRAO. Die Bundesrechtsanwaltskammer hat u. a. die Aufgabe, in Richtlinien die allgemeine Auffassung über Fragen des Anwaltsberufs *fest*zustellen, § 177 Abs. 2 Nr. 2 BRAO, sowie Richtlinien für die Fürsorgeeinrichtungen der Rechtsanwaltskammern nach § 177 Abs. 2 Nr. 3 BRAO, und für die Lehrlingsausbildung in Anwaltskanzleien *auf*zustellen, § 177 Abs. 2 Nr. 8 BRAO.

Die Rechtsanwaltskammern unterliegen der Rechtsaufsicht durch die Landesjustizverwaltung, § 62 Abs. 2 BRAO, die Bundesrechtsanwaltskammer unterliegt der Rechtsaufsicht durch den Bundesminister der Justiz, § 176 Abs. 2 BRAO.

b) Normative Regelungen mit Außenwirkung

aa) Zulassungsregelungen

Die Zulassung zur Anwaltschaft ist in §§ 4 bis 12 BRAO gesetzlich geregelt. Zwar sind der Rechtsanwaltskammer in §§ 8 und 9 BRAO Mitwirkungsrechte

---

[95] Die Zahlen basieren auf dem Stand vom 1.1.1989, NJW 1989, Heft 15, S. XIV.

bei der Zulassung eingeräumt, wie z. B. die Erstattung des Gutachtens nach § 8 Abs. 2 BRAO zu den Versagungsgründen, doch haben diese keinen normativen Charakter. Die Zulassungsregelungen für die Rechtsanwaltschaft sind somit nicht Gegenstand dieser Untersuchung.

bb) Berufsordnungen

Die Standesrichtlinien für Rechtsanwälte nach § 177 Abs. 2 Nr. 2 BRAO, die tatsächlich — nicht aber rechtlich — die Funktion einer Berufsordnung für die Rechtsanwaltschaft hatten, haben diese mit den Entscheidungen des Bundesverfassungsgerichts vom 14.7.1987[96] verloren. Eine Berufsordnung für Rechtsanwälte gibt es nicht.

cc) Prüfungs- und Ausbildungsordnungen

Im Bereich der Rechtsanwälte hätten möglicherweise § 76 Standesrichtlinien i.V. m. Nr. 2, i.V. m. Nr. 4, insbesondere Nr. 4.6 und 4.7 Fachanwaltsrichtlinien[97] als Ausbildungs- oder Prüfungsordnungen in Betracht kommen können, da die Standesrichtlinien tatsächlich wie Normen gehandhabt wurden. Einer derartigen Betrachtungsweise ist aber spätestens seit den Bundesverfassungsgerichtsentscheidungen vom 14.7.1987[98] der Boden entzogen[99]. Gesonderte Ausbildungs- oder Prüfungsordnungen, die den Beruf des Rechtsanwalts betreffen, gibt es nicht.

Etwas anderes gilt möglicherweise für die der Bundesrechtsanwaltskammer zugewiesene Aufgabe, Richtlinien für die Lehrlingsausbildung in Anwaltskanzleien aufzustellen, § 177 Abs. 2 Nr. 8 BRAO. Diese Richtlinienkompetenz ist im Zusammenhang mit dem Berufsbildungsgesetz[100] zu betrachten. Danach sind die Rechtsanwaltskammern die für die Berufsbildung der Rechtsanwaltsgehilfen zuständigen Stellen i. S. d. § 87 Abs. 1 BBiG. Ihnen obliegt gemäß § 44 BBiG die Regelung der Durchführung der Berufsausbildung, soweit Vorschriften nicht bestehen. Die Berufsausbildung ist durch Rechtsverordnung nach § 25 BBiG geregelt[101]. Für die Richtlinien nach § 177 Abs. 2 Nr. 8 BRAO ist daher kein eigener Regelungsbereich mehr vorhanden, so daß von autonomen Ausbildungsordnungen nicht gesprochen werden kann[102].

---

96 *BVerfGE* 76, 171; 76, 196.

97 Abgedruckt bei *Lingenberg / Hummel,* § 76 Rdn. 20.

98 *BVerfGE* 76, 171; 76, 196.

99 Vgl. auch *Zuck* in: Lingenberg / Hummel, N 154 ff.

100 Gesetz v. 14.8.1969 (BGBl. I S. 1112) z. g. d. G. v. 23.12.1981 (BGBl. I S. 1692).

101 VO v. 23.11.1987 (BGBl. I S. 2392); vgl. dazu *Kraegeloh,* NJW 1988, S. 532.

102 Vgl. *Eich,* in: Lingenberg / Hummel, § 87 Rdn. 5; a. A. *Tettinger,* Tätigkeitsfeld, S. 31; *Feuerich,* § 177 Rdn. 49, mit der Begründung, die Richtlinien seien „andere

Unmittelbare Außenwirkung entfalten dagegen die von der Rechtsanwaltskammer als zuständiger Stelle nach § 87 BBiG erlassenen Prüfungsordnungen über die Abschlußprüfungen der Rechtsanwaltsgehilfen. Die Organ- und Entscheidungsstrukturen entsprechen denen der Ärztekammern, so daß auf die dort gemachten Ausführungen verwiesen werden kann [103].

dd) Honorarordnungen

Die Vergütung der Rechtsanwälte ist in der BRAGO bundesgesetzlich geregelt. Autonome Regelungen bestehen nicht.

ee) Beitrags- und Gebührenordnungen

Der Kammerversammlung der Rechtsanwaltskammer obliegt es, die Höhe und Fälligkeit des Beitrags zu bestimmen, § 89 Abs. 2 Nr. 2 BRAO. Diese Regelung trifft nur die Mitglieder, hat also keine Außenwirkung [104].

Gebührenordnungen im technischen Sinn sind in der BRAO nicht vorgesehen. Gleichwohl erheben einige Rechtsanwaltskammern Gebühren für die Eintragung der Fachanwaltsbezeichnung und für die Prüfungen der Rechtsanwaltsgehilfen. Adressaten dieser Regelung sind nur die Rechtsanwälte, also Interne, weil von den Auszubildenden Prüfungsgebühren nicht erhoben werden dürfen, §§ 34 Abs. 3, 42 S. 2 BBiG. Die entsprechenden Regelungen entfalten daher keine Außenwirkung [105].

4. Architekten

a) Allgemeines

Das Berufsrecht der Architekten ist in den Landesarchitektengesetzen geregelt [106]. Danach sind alle in die Architektenliste eingetragenen Architekten

---

Vorschriften" i. S. d. § 44 BBiG, und würden daher die ausbildenden Rechtsanwälte binden.

[103] S. oben 1. Kap. B III 2 b cc.

[104] Vgl. o. 1. Kap. B III 2 b ff.

[105] Die Frage, ob die Rechtsanwaltskammern überhaupt eine Ermächtigungsgrundlage zur Erhebung von Gebühren haben, ist damit nicht Untersuchungsgegenstand.

[106] Baden-Württemberg: Architektengesetz i. d. F. v. 7.7.1975 (GBl. S. 581) g. d. VO. v. 19.3.1985 (GBl. S. 71); Bayerisches Architektengesetz (BayArchG) i. d. F. d. B. v. 26.2.1982 (Bay RS 2133-1-I); Berliner Architekten- und Baukammergesetz (ABKG) v. 28.6.1984 (GVBl. S. 895); Bremisches Architektengesetz vom 27.4.1971 (GBl. S. 122) z. g. d. G. v. 15.5.1984 (GBl. S. 107); Hamburgisches Architektengesetz vom 26.11.1965 (GVBl. S. 205) z. g. d. G. v. 5.6.1984 (GVBl. S. 106); Hessi-

Zwangsmitglieder der jeweiligen Architektenkammer[107], die eine öffentlich-rechtliche Körperschaft ist und das Gebiet des jeweiligen Landes erfaßt[108]. Aufgaben der Kammer sind u. a.:

(a) die beruflichen Belange der Gesamtheit der Mitglieder zu vertreten,

(b) die Erfüllung der beruflichen Pflichten zu überwachen und

(c) das Ansehen des Berufsstandes zu wahren[109];

(d) die Architektenliste zu führen[110];

(e) die berufliche Fortbildung zu fördern[111];

(f) die Behörden zu unterstützen[112];

---

sches Architektengesetz i. d. F. v. 4. 10. 1977 (GVBl. I S. 398) z. g. d. G. v. 11. 2. 1988 (GVBl. I S. 61); Niedersachsen: Gesetz über den Schutz der Berufsbezeichnung „Architekt" und die Errichtung einer Architektenkammer (Architektengesetz) vom 23. 2. 1970 (GVBl. S. 37) z. g. d. G. v. 30. 7. 1985 (GVBl. S. 246); Gesetz über die Führung der Berufsbezeichnung „Architekt" und die Errichtung einer Architektenkammer im Lande Nordrhein-Westfalen — Architektengesetz (ArchG-NW) — vom 4. 12. 1969 (GV NW S. 888) z. g. d. G. v. 10. 1. 1989 (GVBl. S. 44); Architektengesetz für Rheinland-Pfalz (ArchG Rh-Pf) vom 29. 3. 1974 (GVBl. S. 143) z. g. d. G. v. 20. 10. 1978 (GVBl. S. 649); Saarländisches Architektengesetz vom 21. 6. 1972 (Amtsbl. S. 369) z. g. d. G. v. 11. 9. 1985 (Amtsbl. S. 977); Schleswig-Holstein: Gesetz über die Führung der Berufsbezeichnungen Architekt und Beratender Ingenieur sowie über die Errichtung einer Architekten- und Ingenieurkammer (Architekten- und Ingenieurkammergesetz — ArchIngKG) vom 1. 12. 1980 (GVOBl. S. 342).

107 § 10 Abs. 1 ArchG BW; Art. 9 Abs. 1 ArchG Bay; § 10 Abs. 1 ArchG HB; § 10 Abs. 1 ArchG He; § 8 Abs. 1 ArchG NW; § 9 Abs. 1 ArchG Sa; in den übrigen Bundesländern wird differenziert: freischaffende Architekten sind Zwangsmitglieder der Architektenkammer, andere Architekten können freiwillige Mitglieder auf Antrag werden: § 12 Abs. 1 S. 1 und 2 ABKG B; § 10 Abs. 1 u. 2 ArchG HH; § 10 Abs. 1 i.V. m. § 1 Abs. 2, § 10 Abs. 2 ArchG Ns; § 10 Abs. 1 u. 2 ArchG RhPf; § 13 Abs. 1 S. 1 u. Abs. 2 Nr. 1 ArchIngKG SH.

108 § 9 Abs. 1 ArchG BW; Artikel 8 ArchG Bay; § 11 ABKG B; § 10 Abs. 2 ArchG HB; § 9 ArchG HH; § 9 ArchG He; § 8 ArchG Ns; § 7 ArchG NW; § 9 ArchG RhPf; § 8 ArchG Sa; keine gesetzliche Regelung über die Rechtsform als öffentlich-rechtliche Körperschaft besteht in Schleswig-Holstein.

109 § 11 Abs. 1 ArchG BW; Art. 10 Abs. 1 Nr. 1 ArchG Bay; § 13 Abs. 1 Nr. 3 ABKG B (nur a); § 11 Abs. 2 S. 1 ArchG HB; § 11 lit. b ArchG HH; § 11 Abs. 1 Nr. 2 ArchG He (nur a und c); § 9 Abs. 1 Nr. 4 ArchG Ns (nur a); § 9 Abs. 1 Nr. 1 ArchG NW (nur a und b); § 11 Nr. 1 ArchG RhPf (nur a und c); § 10 Abs. 1 Nr. 2 ArchG Sa; § 14 Abs. 1 Nr. 3 ArchIngKG SH.

110 § 11 Abs. 2 Nr. 1 ArchG BW; Art. 10 Abs. 1 Nr. 2 ArchG Bay; § 13 Abs 2 ABKG B; § 7 Abs. 1 ArchG He; § 11 lit. b ArchG HH; § 11 Abs. 1 Nr. 9 ArchG He; § 9 Abs. 1 Nr. 3 ArchG Ns; § 9 Abs. 1 Nr. 3 ArchG NW; § 11 Nr. 3 ArchG RhPf; § 10 Abs. 1 Nr. 3 ArchG Sa; § 14 Abs. 1 Nr. 9 ArchIngKG SH.

111 § 11 Abs. 2 Nr. 3 ArchG BW; Art. 10 Abs. 1 Nr. 3 ArchG Bay; § 13 Abs. 1 Nr. 4 ABKG B; § 11 Abs. 1 S. 2 lit. e ArchG HB; § 11 lit. d ArchG HH; § 11 Abs. 1 Nr. 4 ArchG He; § 9 Abs. 1 Nr. 6 ArchG Ns; § 9 Abs. 1 Nr. 4 ArchG NW; § 11 Nr. 4 ArchG RhPf; § 10 Abs. 1 Nr. 4 ArchG Sa; § 14 Abs. 1 Nr. 2 Arch IngKG SH.

112 Art. 10 Abs. 1 Nr. 6 ArchG Bay; § 11 Abs. 1 S. 2 lit. b u. d ArchG HB; § 11 lit. f ArchG HH; § 11 Abs. 1 Nr. 7 ArchG He; § 9 Abs. 1 Nr. 2 ArchG Ns; § 9 Abs. 1 Nr. 5

(g) die Berufspflichten der Architekten in einer Berufsordnung festzulegen und ihre Erfüllung zu überwachen[113];

(h) bei der Regelung von Richtlinien für Architektenwettbewerbe mitzuwirken[114];

(i) die Schaffung von Fürsorge- und Versorgungseinrichtungen (fakultativ)[115].

Organe der jeweiligen Kammer sind die Kammerversammlung als Beschlußorgan[116] sowie der Vorstand als Ausführungs- und Vertretungsorgan, wobei die Vertretung in der Regel dem Präsidenten obliegt[117]. Darüber hinaus sind in einigen Architektengesetzen weitere Organe vorgesehen[118]. Herauszuheben ist der Eintragungsausschuß, der in einigen Bundesländern staatliche Behörde, in

---

ArchG NW; § 11 Nr. 5 ArchG RhPf; § 10 Abs. 1 Nr. 5 ArchG Sa; § 14 Abs. 1 Nr. 4 ArchIngKG SH (beraten); keine entsprechende Regelung gibt es in Baden-Württemberg und Berlin.

113 §§ 14 Abs. 2 Nr. 7, 16 ArchG BW; Art. 10 Abs. 1 Nr. 1 i.V. m. 13 Abs. 1 Nr. 3 ArchG Bay; § 13 Abs. 1 Nr. 2 ABKG B; § 11 Abs. 1 S. 2 lit. a ArchG HB; § 11 lit. b ArchG HH; § 11 Abs. 1 Nr. 3 ArchG He; § 9 Abs. 1 Nr. 5 ArchG Ns, § 14a ArchG NW; § 10 Abs. 1 Nr. 7 ArchG Sa; § 14 Abs. 1 Nr. 3 ArchIngKG SH (Berufsgrundsätze regeln), § 26 ArchIngKG SH; in RheinlandPfalz fehlt eine entsprechende Regelung, obwohl die Architektenkammer eine Berufsordnung erlassen hat.

114 § 11 Abs. 2 Nr. 2 ArchG BW; Art. 10 Abs. 1 Nr. 5 ArchG Bay; § 13 Abs. 1 Nr. 8 ABKG B; § 11 Abs. 1 S. 2 lit. c ArchG HB; § 14 Abs. 1 Nr. 7, 8 ArchIngKG SH (überwachen und beraten); im Saarland werden die Richtlinien durch die Architektenkammer selbst erlassen, § 10 Abs. 1 Nr. 8 ArchG Sa; entsprechende Regelungen fehlen in Niedersachsen, NordrheinWestfalen und Rheinland-Pfalz; in Hessen soll die Architektenkammer bei Wettbewerben beratend mitwirken, § 11 Abs. 1 Nr. 5 ArchG Hessen.

115 § 12 ArchG BW; Artikel 10 Abs. 2 ArchG Bay; § 13 Abs. 4 ABKG B; § 11 Abs. 2 ArchG HB; § 11a ArchG HH; § 11 Abs. 2 ArchG He; § 9 Abs 2 ArchG Ns; § 9 Abs. 2 ArchG NW; § 10 Abs. 3 ArchG Sa; § 25 ArchIngKG SH; eine entsprechende Regelung fehlt in Rheinland-Pfalz.

116 Die Terminologie ist entspr. der Ausgestaltung als Repräsentativorgan oder Vollversammlung nicht einheitlich: Landesvertreterversammlung, § 13 Abs. 1 ArchG BW; Vertreterversammlung, Artikel 11 Abs. 1 Nr. 1, 13 ArchG Bay; Vertreterversammlung §§ 15 Abs. 1 Nr. 1, 16 f. ABKG B; Kammerversammlung, §§ 12 Abs. 1 lit. a, 13 ArchG HB; Kammerversammlung, §§ 12 lit. a, 13 Abs. 2 ArchG HH; Vertreterversammlung, §§ 12 Abs. 1 Nr. 1, 13 ArchG He; Vertreterversammlung, §§ 18 Abs. 1 Nr. 1, 20 ArchG Ns; Vertreterversammlung, § 10 Abs. 1 Nr. 1, 12 ArchG NW; Vertreterversammlung, §§ 12 Nr. 1, 15 ArchG RhPf; Mitgliederversammlung, §§ 11 Abs. 1 Nr. 1, 12 ArchG Sa; Kammerversammlung, §§ 15 Abs. 1 Nr. 1, 16 ArchIngKG SH.

117 § 13 Abs. 1 ArchG BW (Landesvorstand); Artikel 11 Abs. 1 Nr. 2, 14 ArchG Bay; §§ 15 Abs. 1 Nr. 2, 18 ABKG B; §§ 12 Abs. 1 lit. b, 14 ArchG HB; §§ 12 lit. b, 14 ArchG HH; §§ 12 Abs. 1 Nr. 2, 14 ArchG He; §§ 18 Abs. 1 Nr. 2, 21 ArchG Ns; §§ 10 Abs. 1 Nr. 2, 13 ArchG NW; §§ 12 Nr. 2, 19 ArchG RhPf; §§ 11 Abs. 1 Nr. 2, 13 ArchG Sa; §§ 15 Abs. 1 Nr. 2, 17 ArchIngKG SH.

118 So der Eintragungsausschuß in Berlin, §§ 15 Abs. 1 Nr. 3, 20 f.; in Hamburg, §§ 12 lit. c, 15 ArchG; in Hessen, §§ 12 Abs. 1 Nr. 3, 15 ArchG; in Niedersachsen, §§ 18 Abs. 1 Nr. 3, 22 ArchG; im Saarland, §§ 11 Abs. 1 Nr. 3, 14 ArchG und in Schleswig-Holstein, §§ 15 Abs. 1 Nr. 3, 18 ArchIngG SH; sowie der Ehrenausschuß in Berlin, §§ 15 Abs. 1 Nr. 4, 22 ABKG; in Hessen, §§ 12 Abs. 1 Nr. 4, 17 ArchG und in Schleswig-Holstein, §§ 15 Abs. 1 Nr. 4, 19 ArchIngKG SH.

anderen Organ der Kammer ist und in dessen Zuständigkeit die Eintragung in die Architektenliste fällt[119]. Die Kammerversammlung ist in einigen Ländern Repräsentativorgan, das von allen Mitgliedern gewählt wird[120], in anderen Vollversammlung, die sich aus sämtlichen Kammermitgliedern mit gleichem Stimmrecht zusammensetzt[121]. Zu ihren Aufgaben gehört es, den Vorstand zu wählen[122], die Satzung[123], die Berufsordnung[124] und die Beitrags- und Gebührenordnung zu beschliessen[125] sowie Fürsorge- und Versorgungseinrichtungen zu schaffen[126].

---

119 Die Zuständigkeit ergibt sich aus: § 7 Abs. 2 ArchG BW; Art. 3 Abs. 2 ArchG Bay; § 5 ABKG B; § 7 Abs. 3 ArchG HB; § 3 Abs. 2 ArchG HH; § 3 Abs. 2 ArchG He; § 2 Abs. 2 ArchG Ns; § 7 Abs. 2 ArchG NW; § 4 Abs. 2 ArchG RhPf; § 3 Abs. 2 ArchG Sa; § 4 Abs. 2 ArchIngKG SH. Der Eintragungsausschuß ist staatliche Behörde in: Baden-Württemberg, § 15 ArchG BW; Bayern, Art. 23 f. ArchG Bay; Bremen, § 7 Abs. 3 ArchG HB; Nordrhein-Westfalen, § 15 ArchG NW; Rheinland-Pfalz §§ 24 ff. ArchG RhPf.

120 Hinsichtlich der Zusammensetzung der Vertreterversammlung fehlt in Baden-Württemberg eine gesetzliche Regelung. Diese bleibt der Satzung überlassen, § 14 Abs. 2 Nr. 5 und 6 ArchG BW, dürfte aber als *Vertreter*versammlung repräsentativ ausgestaltet sein; in Bayern wird die Vertreterversammlung von allen Kammermitgliedern gewählt, Artikel 12 ArchG; ebenso in Berlin, § 16 ABKG B; in Hessen, § 13 Abs. 1 ArchG He; in Niedersachsen, § 19 Abs. 1 ArchG Ns; in Nordrhein-Westfalen, § 11 Abs. 1 ArchG NW und in Rheinland-Pfalz, § 14 ArchG RhPf.

121 § 12 Abs. 2 ArchG HB; § 13 Abs. 1 ArchG HH; § 12 Abs. 1 S. 1 ArchG Sa; § 16 Abs. 1 ArchIngKG SH.

122 Artikel 13 Abs. 1 Nr. 7 ArchG Bay; § 17 Abs. 1 Nr. 8 ABKG B; § 13 Abs. 1 Nr. 12 ArchG HB; § 13 Abs. 2 lit. b ArchG HH; § 13 Abs. 5 ArchG He; § 20 Abs. 1 Nr. 12 ArchG Ns; § 12 Abs. 1 Nr. 8 ArchG NW; § 16 Nr. 1 ArchG RhPf; § 12 Abs. 1 S. 2 Nr. 9 ArchG Sa; § 16 Abs. 2 Nr. 2 ArchIngKG SH; in Baden-Württemberg wird die Zuständigkeit zu Vorstandswahlen nicht im Gesetz, sondern in der Satzung geregelt, § 14 Abs. 2 Nr. 5 ArchG BW.

123 § 14 Abs. 1 ArchG BW; Artikel 13 Abs. 1 Nr. 1 ArchG Bay; § 17 Abs. 1 Nr. 1 ABKG B; § 13 Abs. 1 Nr. 1 ArchG HB; § 13 Abs. 2 lit. a ArchG HH; § 13 Abs. 5 Nr. 1 ArchG He; § 20 Abs. 1 Nr. 1 ArchG Ns; § 12 Abs. 1 Nr. 1 ArchG NW; § 15 Abs. 1 ArchG RhPf; § 12 Abs. 1 S. 2 Nr. 1 ArchG Sa; § 16 Abs. 2 Nr. 1 ArchIngKG SH.

124 §§ 14 Abs. 2 Nr. 7, 16 ArchG BW; Artikel 13 Abs. 1 Nr. 3 ArchG Bay; § 17 Abs. 1 Nr. 2 ABKG B; § 13 Abs. 1 Nr. 2 ArchG HB; § 13 Abs. 2 lit. a ArchG HH; § 18 Abs. 1 Nr. 5 i.V. m. § 13 Abs. 5 Nr. 1 ArchG He; § 20 Abs. 1 Nr. 2 ArchG Ns; §§ 14a, 12 Abs. 1 Nr. 1 ArchG NW; § 12 Abs. 1 S. 2 Nr. 4 ArchG Sa; § 16 Abs. 2 Nr. 1, § 26 ArchIngKG SH; in Rheinland-Pfalz ist eine Berufsordnung im ArchG nicht vorgesehen, so daß auch eine Aufgabenzuweisung an ein bestimmtes Organ fehlt.

125 § 14 Abs. 2, Nr. 3 ArchG BW; Artikel 13 Abs. 1 Nr. 4 ArchG Bay; § 17 Abs. 1 Nr. 4 ABKG B (nur Beitragsordnung); § 13 Abs. 1 Nr. 4 ArchG HB; § 13 Abs. 2 lit. c ArchG HH (Bestimmung des Beitrags); § 19 ArchG Hessen enthält eine Ermächtigungsgrundlage, ohne jedoch eine interne Zuständigkeit zuzuweisen; § 20 Abs. 1 Nr. 4 ArchG Ns; § 12 Abs. 1 Nr. 3 ArchG NW (Beitragsordnung), § 12 Abs. 1 Nr. 4 (Gebührenordnung); § 15 Abs. 5 Nr. 1 ArchG RhPf (Beitragsordnung), § 15 Abs. 5 Nr. 2 (Gebührenordnung); § 12 Abs. 1 S. 2 Nr. 3 ArchG Sa; § 16 Abs. 1 Nr. 1 i.V. m. § 30 Abs. 1 ArchIngKG SH (Beitragsordnung) und i.V. m. § 30 Abs. 2 (Gebührenordnung).

126 § 12 ArchG BW; Artikel 13 Abs. 1 Nr. 9 ArchG Bay; §§ 13 Abs. 4, 17 Abs. 1 Nr. 12 ABKG B; § 13 Abs. 1 Nr. 16 ArchG HB; § 13 Abs. 2 lit. e HH; § 11 Abs. 2 ArchG He enthält lediglich eine Ermächtigunggrundlage, aber keine interne Zuständigkeitszuweisung; § 20 Abs. 1 Nr. 16 ArchG Ns; § 12 Abs. 1 Nr. 11 ArchG NW; § 12

Einige der oben genannten Satzungen bedürfen zu ihrer Wirksamkeit der behördlichen Genehmigung[127]. Im übrigen unterliegen die Architektenkammern der staatlichen Rechtsaufsicht[128].

b) Normative Regelungen mit Außenwirkung

aa) Zulassungsregelungen

Nach den übereinstimmenden Regelungen aller Architektengesetze darf sich nur als „Architekt" bezeichnen, wer in die bei der Architektenkammer geführte Architektenliste eingetragen ist[129]. Die Eintragungsvoraussetzungen sind in den Architektengesetzen festgelegt und verlangen grundsätzlich neben einer entsprechenden Berufsausbildung und praktischer Berufserfahrung, daß der Wohnsitz oder die Niederlassung in dem jeweiligen Bundesland genommen wird. Die erforderliche praktische Berufserfahrung beträgt zwei bzw. drei Jahre[130]. Daraus ergibt sich zunächst, daß zwischen einer Tätigkeit als Architekt und dem Recht, sich als solcher zu bezeichnen, unterschieden werden muß. Erst mit der Berechtigung, sich als solcher zu bezeichnen, wird man Architekt mit allen Rechten und Pflichten[131], so daß die Eintragung in die Architektenliste die eigentliche Berufszulassung ist[132].

Abs. 1 S. 2 Nr. 12 ArchG Sa; §§ 16 Abs. 3 Nr. 3, 25 ArchIngKG SH; keine entsprechende Regelung in Rheinland-Pfalz.

127 § 14 Abs. 3 ArchG BW; Artikel 13 Abs. 5 ArchG Bay; § 13 Abs. 5 ABKG B (nur Hauptsatzung und Berufsordnung); § 13 Abs. 4 ArchG HB, die Genehmigung der Fürsorgewerke ist erforderlich nach § 11 Abs. 2; § 13 Abs. 3 ArchG HH (keine Genehmigung erforderlich hinsichtlich der Beitragsfestsetzung); § 18 Abs. 3 ArchG He (keine Regelung hinsichtlich des Versorgungswerks); § 20 Abs. 4 ArchG Ns, Genehmigung des Versorgungswerks erforderlich nach § 9 Abs. 2 S. 4; § 14 Abs. 3 ArchG NW (nur Hauptsatzung); § 23 Abs. 1 Nr. 1 ArchG RhPf (nur Hauptsatzung), § 23 Abs. 1 Nr. 2 (nur Beitragsordnung); § 12 Abs. 6 ArchG Sa; § 31 Abs. 3 ArchIngKG SH, § 25 Abs. 4 ArchIngKG SH (nur Versorgungswerk).

128 § 24 ArchG BW; Artikel 21 ArchG Bay; § 30 Abs. 1 ABKG B; § 17 ArchG HB; § 24 ArchG HH; § 21 ArchG He; § 13 ArchG Ns; § 64 ArchG NW; § 22 ArchG RhPf; § 21 ArchG Sa; § 31 ArchIngKG SH.

129 § 2 ArchG BW; Artikel 2 ArchG Bay; § 4 ABKG B; § 3 ArchG HB; § 2 ArchG HH; § 1 ArchG He; § 1 ArchG Ns; § 2 ArchG NW, § 3 ArchG RhPf; § 2 Abs. 1 ArchG Sa; § 3 Abs. 1 Arch IngKG SH.

130 § 3 ArchG BW (2 Jahre); Artikel 4 ArchG Bay (3 Jahre); § 6 ABKG B (2 Jahre); § 4 ArchG HB (2 Jahre); § 4 ArchG HH (3 Jahre); § 4 ArchG He (2 bzw. 3 Jahre); §§ 3, 4 ArchG Ns (2 Jahre); § 4 Abs. 1 ArchG NW (2 Jahre); § 5 ArchG RhPf (2 Jahre); § 4 ArchG Sa (3 Jahre); § 5 ArchIngKG SH (3 Jahre).

131 Z. B. das Recht Bauvorlagen zu unterschreiben, vgl.: § 53 Abs. 5 LBO BW i. d. F. v. 28.11.1983 (GBl. S. 770) z. g. d. G. v. 22. 2. 1988 (GBl. S. 54); Art. 70 Abs. 2 Nr. 1 BayBO i. d. F. d. B. v. 2.7.1982 (Bay RS 2132-1-I) z. g. d. G. v. 6.8.1986 (GVBl. S. 214); § 58 Abs. 1 BauO Bln v. 28.2.1985 (GVBl. S. 522); § 90 Abs. 2 Nr. 1 LBO HB v. 23.3.1983 (GBl. S. 89); § 64 Abs. 3 BauO HH vom 1.7.1986 (GVBl. S. 183);

Auch die zwingenden Versagungsgründe der Eintragung sind gesetzlich festgelegt[133]. Autonome Zulassungsregelungen gibt es insoweit nicht.

Anders verhält es sich mit den Versagungsgründen, die in das Ermessen des Eintragungsausschusses gestellt sind. In den meisten Bundesländern[134] kann die Eintragung versagt werden, wenn sich der Bewerber „gröblich oder wiederholt berufsunwürdig verhalten hat"[135]. Was unter „berufsunwürdigem Verhalten" zu verstehen ist, bestimmen die Architektengesetze — wenn überhaupt — nur ganz vage. Berufswidrig ist danach ein Verhalten, das gegen die Pflichten verstößt, die einem Architekten zur Wahrung des Ansehens seines Berufes obliegen[136]. Die Berufspflichten ihrerseits werden durch die Architektengesetze ebenfalls nur ganz unbestimmt genannt[137] und erst durch die von den Architektenkammern erlassenen Berufsordnungen im einzelnen festgelegt[138].

Eine ausdrückliche Verbindung zwischen der Eintragungsversagung und der Berufsordnung stellt das Hessische Architektengesetz her:

---

§ 91 Abs. 2 Nr. 1 HBO He i. d. F. v. 16.12.1977 (GVBl. I S. 1) z. g. d. G. v. 24.3.1986 (GVBl. I S. 102); § 58 Abs. 3 Nr. 1 NBauO i. d. F. v. 6.6.1986 (GVBl. S. 157) i.V. m. § 2 Abs. 5 BauVorlVO (Bauvorlagenverordnung) vom 14.12.1973 (GVBl. S. 251) g. d. VO v. 25.6.1976 (GVBl. S. 135); § 65 Abs. 3 Nr. 1 BauO NW v. 26.6.1984 (GV NW S. 419) g. d. G. v. 18.12.1984 (GV NW S. 803); § 63 Abs. 2 Nr. 1 LBauO RhPf v. 28.11.1986 (GVBl. S. 307 ber. GVBl. 1987 S. 48); § 78 Abs. 3 S. 1 i.V. m. § 91 Abs. 4 S. 1 LBO Sa i. d. F. d. B. v. 27.12.1974 (Amtsbl. 1975 S. 85) z. g. d. G. Nr. 1136 v. 10.12.1981 (Amtsbl. S. 949); § 64 Abs. 3 Nr. 1 LBO SH v. 24.2.1983 (GVOBl. S. 86).

132 Vgl. zu diesem Problem auch *BVerfGE* 28, 364 (372 ff.); 68, 272 (281 f.).

133 § 5 Abs. 1 ArchG BW; Artikel 5 Abs. 1 ArchG Bay; § 8 Abs. 1 ABKG B; § 5 Abs. 1 ArchG HB; § 6 Abs. 1 ArchG HH; § 7 Abs. 1 ArchG He; § 5 Abs. 1 ArchG Ns; § 4 Abs. 4 ArchG NW; § 6 Abs. 1 ArchG RhPf; § 5 Abs. 1 ArchG Sa; § 8 Abs. 1 ArchIngKG SH.

134 Eine derartige Regelung fehlt lediglich in NordrheinWestfalen, Berlin und Rheinland-Pfalz.

135 Mit dieser oder ähnlicher Formulierung: § 5 Abs. 2 Nr. ArchG BW; Artikel 5 Abs. 2 Nr. 2 ArchG Bay; § 5 Abs. 2 lit. a ArchG HB; § 6 Abs. 2 lit. b ArchG HH; § 7 Abs. 2 Nr. 3 ArchG He; § 5 Abs. 2 Nr. 3 ArchG Ns; § 5 Abs. 2 Nr. 3 ArchG Sa; § 8 Abs. 2 Nr. 2 ArchG SH.

136 Baden-Württemberg: § 16 (Berufspflichten), § 17 Abs. 2 (Berufsunwürdigkeit); Berlin: § 14 Abs. 1 (Berufspflichten), § 23 Abs. 1 S. 2 (Berufsunwürdigkeit); Hamburg: § 16 Abs. 2 (Berufsunwürdigkeit); Hessen: § 16 Abs. 2 (Berufsunwürdigkeit); Niedersachsen: § 24 Abs. 1 (Berufspflichten), § 24 Abs. 2 und 3 (Berufsunwürdigkeit); Nordrhein-Westfalen: § 14a (Berufspflichten); Rheinland-Pfalz: § 2 Abs. 1 (Berufspflichten); Saarland: § 23 Abs. 2 (Berufsunwürdigkeit); Schleswig-Holstein: § 26 Abs. 1 (Berufspflichten), § 20 Abs. 1 (Berufsunwürdigkeit); in Bremen gibt es diesbezüglich nur die Regelung, daß die Verletzung der Geheimhaltungspflicht als Verletzung der Berufspflichten angesehen wird, § 19 Abs. 2 ArchG HB.

137 Siehe die vorangegangene Fußnote.

138 § 16 ArchG BW; Art. 13 Abs. 1 Nr. 3 ArchG Bay; § 14 ArchG B; § 13 Abs. 1 Nr. 2 ArchG HB; § 16 Abs. 2 i.V. m. § 11 lit. b ArchG HH; § 16 ArchG He; § 20 Abs. 1 Nr. 2 ArchG Ns; § 14a ArchG NW; § 16 ArchG Sa; § 26 ArchG SH. Die Berufsordnung der Architektenkammer Rheinland-Pfalz, abgedruckt im StAnz. vom 21.4.1980, ist im ArchG nicht vorgesehen.

§ 7 Abs. 2 Nr. 3: Die Eintragung kann einem Bewerber versagt werden, „wenn er sich gröblich oder wiederholt berufsunwürdig verhalten hat (§ 16 Abs. 2)“.

§ 16 Abs. 2: „Berufsunwürdig ist ein Verhalten, das gegen die Pflicht verstößt, die einem Architekten bei Ausübung seiner Berufsaufgaben und zur Wahrung des Ansehens seines Berufes obliegen. Das Nähere wird in der Berufsordnung geregelt.“

In den übrigen Bundesländern mit einer entsprechenden Versagungsmöglichkeit ergibt sich die Verbindung entweder ebenfalls unmittelbar aus dem Gesetz [139] oder eindeutig aus dem Regelungszusammenhang.

Will der ausgebildete Architekt einmal in die Architektenliste eingetragen werden und damit die Rechte eines Architekten in Anspruch nehmen, darf er während seiner vorhergehenden praktischen Tätigkeit nicht gröblich oder wiederholt gegen die Berufsordnung verstoßen. Daraus ergibt sich zwangsläufig, daß die Berufsordnung nicht nur für die Kammermitglieder Geltung beansprucht, sondern auch für die nichteingetragenen Architekten. Die Berufsordnung soll nicht nur die eingetragenen (internen), sondern auch die nichteingetragenen (externen) Architekten zu berufswürdigem Verhalten anhalten. Sie schlägt über die Versagungsgründe auf die Zulassung zum „Architekten“ durch und entfaltet damit eine ähnliche Wirkung, wie Zulassungsordnungen sonst auch. Man kann daher sagen, daß im Zulassungsbereich des Architektenberufes in den meisten Bundesländern autonome normative Regelungen mit unmittelbarer Außenwirkung bestehen [140].

bb) Berufsordnungen

Die meisten Architektenkammern erlassen Berufsordnungen. Zuständig dafür ist die Vertreter- bzw. Kammerversammlung [141]. Anders als bei den entsprechenden Ermächtigungsgrundlagen für die Berufsordnungen der Ärztekammern [142] statuieren nur einige Architektengesetze allgemeine Berufspflichten [143]. Besondere Berufspflichten werden — mit Ausnahme der Verpflichtung zur Verschwiegenheit — nicht festgelegt. Die Regelung der Berufspflichten wird den Berufsordnungen überlassen. Gesetzliche Vorgaben über den Inhalt der Berufsordnungen bestehen nur in einigen Bundesländern und auch dort nur als Kann-Vorschriften, die die Regelungsmaterie nennen, auf konkrete inhaltliche Vorgaben aber verzichten [144]. Nachfolgend werden exemplarisch die Regelungen der Berufsordnungen in NordrheinWestfalen [145] und Rheinland-Pfalz [146] untersucht.

---

[139] §§ 6 Abs. 2 lit. b, 11 lit. b, 16 Abs. 2 ArchG HH; §§ 8 Abs. 2 Nr. 2, 26 ArchG SH.

[140] Nicht in Nordrhein-Westfalen, Berlin und Rheinland-Pfalz.

[141] S. o. 1. Kap. B III 4 a.

[142] S. o. 1. Kap. B III 2 b bb.

[143] S. o. 1. Kap. B III 4 b aa.

[144] § 16 ArchG BW; § 14 ABKG B; § 14a ArchG NW; § 26 ArchG SH; in Bayern, Art. 10 Abs. 1 Nr. 1, 13 Abs. 1 Nr. 3 ArchG Bay, Bremen, § 11 Abs. 3 S. 3 lit. a ArchG

Adressaten der Berufsordnungen sind zunächst die eingetragenen Architekten, also Interne. Adressaten sind aber auch diejenigen Personen, die die Ausbildung zum Beruf des Architekten abgeschlossen haben, aber (noch) nicht in die Architektenliste eingetragen sind (nichteingetragene Architekten). Dieser Adressatenkreis ergibt sich aus der oben dargestellten Kombination von in der Berufsordnung festgelegten Berufspflichten einerseits und den Versagungsgründen für die Eintragung in die Architektenliste andererseits [147]. Will der nichteingetragene Architekt irgendwann eingetragen werden und damit das Recht erwerben, sich als Architekt bezeichnen zu dürfen und als solcher nach außen aufzutreten (z. B. bei der Stellung von Bauanträgen), muß er sich an die Berufsordnung halten, da der Eintragungsausschuß sonst die Eintragung versagen kann. Da diese Festlegung mit der Berufsordnung auch bezweckt wird und der nichteingetragene Architekt kein Wahl- oder sonstiges Stimmrecht in der Architektenkammer hat und daher Externer ist, entfalten die Berufsordnungen unmittelbare Außenwirkung [148].

Darüber hinaus können sie mittelbare Außenwirkung entfalten, soweit sie das Verhältnis des Architekten zu seinem Auftraggeber, zu Behörden oder zu Bauunternehmern regeln.

Den Architekten ist unlautere oder aufdringliche Werbung untersagt [149]. Soweit die unlautere Werbung verboten wird, fehlt den Vorschriften der eigenständige Regelungsgehalt, da diese bereits durch § 1 UWG untersagt wird [150]. Soweit aufdringliche Werbung untersagt wird, entfaltet dies ebenso mittelbare Außenwirkung, wie das Werbeverbot der Ärzte [151].

Dem Architekten ist es darüber hinaus untersagt, als Teilnehmer, Preisrichter oder Vorprüfer an Wettbewerben teilzunehmen, die nicht in Übereinstimmung

---

HB, Hamburg, § 11 lit. b ArchG HH, und Hessen, § 11 Abs. 1 Nr. 3 ArchG He taucht die Berufsordnung lediglich im Aufgabenkatalog der Architektenkammer auf, ohne inhaltliche Bestimmungen vorzugeben; in Niedersachsen, § 9 Abs. 1 Nr. 5 ArchG, und im Saarland, § 10 Abs. 1 Nr. 7 erscheint der Erlaß einer Berufsordnung ebenfalls im Aufgabenkatalog der Architektenkammer; während in § 24 Abs. 1 ArchG Ns zusätzlich noch eine ganz allgemein gehaltene Bestimmung der Berufspflichten enthalten ist, fehlen in § 16 ArchG Sa jedwede inhaltliche Vorgaben; in Rheinland-Pfalz ist die Berufsordnung im Architektengesetz nicht vorgesehen.

145 Die Berufsgrundsätze sind in Nordrhein-Westfalen in § 2 Abs. 2 der Satzung der Architektenkammer NW vom 7. 12. 1985 festgelegt und durch Richtlinien zu den Berufsgrundsätzen gemäß § 2 Abs. 2 der Satzung, Stand: 17. 12. 1988, konkretisiert. Die Richtlinien haben keinen Normcharakter.

146 Satzung über eine Berufsordnung der Architektenkammer Rheinland-Pfalz vom 23. 11. 1979, StAnz. Nr. 14/21. 4. 1980.

147 S. o. 1. Kap. B III 4 b aa.

148 Nicht in Berlin, Nordrhein-Westfalen und Rheinland-Pfalz.

149 Nr. 7 BerufsO RhPf; § 2 Abs. 2 lit. h Satzung NW.

150 Vgl. zum Fehlen eines eigenständigen Regelungsgehaltes *OVG BW*, NJW 1987, S. 1350 (1351).

151 S. o. 1. Kap. B III 2 b bb.

mit den anerkannten Wettbewerbsregeln stehen[152]. Wettbewerbe haben den Zweck, die Ermittlung von Alternativlösungen in unabhängiger sachlicher Entscheidung zu ermöglichen[153]. Die den Wettbewerb betreffenden Regelungen sollen sicherstellen, daß dieser nach den von den Architektenkammern erlassenen bzw. anerkannten Grundsätzen stattfindet. Durch diese Vorschriften werden Bauherren gezwungen, Wettbewerbe nach diesen Grundsätzen durchzuführen, da sich andernfalls keine Architekten beteiligen dürfen. Zwischen der Regelung und den Bauherren besteht die erforderliche persönliche und sachliche Nähe. Die außenregelnde Tendenz ist objektiv deutlich erkennbar. Die Vorschriften der Berufsordnungen haben deshalb mittelbare Außenwirkung.

Den Architekten ist das Abwerben eines Auftraggebers, für den ein anderer Architekt für das gleiche Bauvorhaben mit Einverständnis des Bauherrn bereits tätig ist, untersagt[154]. Abwerben i.S. dieser Vorschriften liegt nicht vor, wenn das Auftragsverhältnis zum ersten Architekten bereits gelöst oder die angemessene Honorierung beider Architekten gewährleistet ist[155]. Mit diesem Inhalt haben die Satzungsvorschriften keinen eigenständigen Regelungsgehalt, da das Abwerben in diesen Fällen als Verleitung zum Vertragsbruch nach § 1 UWG ohnehin unzulässig wäre.

cc) Prüfungs- und Ausbildungsordnungen

Autonome Prüfungs- und Ausbildungsordnungen gibt es im Bereich des Architektenrechts nicht.

dd) Honorarordnungen

Die Vergütung der Architekten ist bundesrechtlich[156] durch § 2 des Gesetzes zur Regelung der Ingenieur- und Architektenleistungen[157] i.V.m. der Verordnung über die Honorare für Leistungen der Architekten und der Ingenieure (HOAI)[158]

---

[152] Nr. 6.9, Nr. 2.7 BerufsO RhPf; § 2 Abs. 2 lit. f Satzung NW.

[153] Vgl. Nr. 2.7 BerufsO RhPf.

[154] Nr. 2.8, Nr. 6.4 BerufsO RhPf; § 2 Abs. 2 lit. c Satzung NW, in der Auslegung durch Richtlinie zu III lit. b.

[155] S. vorangegangene Fußnote.

[156] Die Gesetzgebungskompetenz des Bundes wurde aus Artikel 74 Nr. 18 GG hergeleitet, da die Honorarordnung mit dazu beitragen sollte, den Wohnungsbau wirtschaftlich zu gestalten. (Vgl. die amtliche Begründung des Gesetzentwurfs über Maßnahmen zur Verbesserung des Mietrechts und der Begrenzung des Mietanstiegs, dessen Artikel 6 das Gesetz über Ingenieur- und Architektenleistungen ist, BT DR VI/1549, S. 6). Richtiger erscheint es dagegen, die Bundeskompetenz wie bei der GOÄ aus Artikel 74 Nr. 11 GG „Recht der Wirtschaft" abzuleiten.

[157] Gesetz vom 4.11.1971 (BGBl. I, S. 1749), z. g. d. G. v. 12.11.1984 (BGBl. I, S. 1379).

[158] Verordnung vom 7.9.1976 (BGBl. I, S. 2805, 3616) z. g. d. VO v. 17.3.1988 (BGBl. I, S. 359); vgl. dazu *BVerfG*, NJW 1982 S. 373.

geregelt. Die die Honorare betreffenden Vorschriften in den Satzungen bzw. Berufsordnungen[159] verweisen nur auf die Gebührenordnungen und haben daher keinen eigenständigen Regelungsgehalt. Autonome normative Regelungen gibt es insoweit nicht.

ee) Beitrags- und Gebührenordnungen

Von den Beitragsordnungen der Architektenkammern werden lediglich die Mitglieder erfaßt[160]. Die Beitragsordnungen entfalten keine Außenwirkung[161]. Die Architektengesetze der Länder ermächtigen die Architektenkammern, Gebühren für die Inanspruchnahme (a) ihrer Einrichtungen allgemein bzw. (b) ihrer Leistungen allgemein zu erheben. In einigen Gesetzen ist die Ermächtigung konkretisiert auf die Inanspruchnahme bestimmter Kammereinrichtungen oder -leistungen, wie z. B. (c) die Eintragung in die Architektenliste, (d) die Inanspruchnahme des Schlichtungsausschusses, (e) die Hilfe bei Wettbewerben und (f) das Ehrengerichtsverfahren[162]. Die diesbezüglichen Gebührenordnungen entfalten unmittelbare Außenwirkung, da sie nicht nur Interne erfassen, sondern z. B. auch Bauherren oder die Bewerber um eine Eintragung in die Architektenliste.

IV. Handwerk

1. Allgemeines

Gemäß Art. 72, 74 Nr. 11 GG hat der Bund die konkurrierende Regelungskompetenz hinsichtlich des Handwerks. Er hat davon mit der Handwerksordnung (HandwO)[1] Gebrauch gemacht. Das Handwerk ist in den Handwerkskammern und den Handwerksinnungen organisiert.

---

159 Vgl. Nr. 6.7 BerufsO RhPf; § 2 Abs. 2 lit. g Satzung NW.

160 § 22 S. 1 ArchG BW (ohne den Adressaten zu nennen); Artikel 18 Abs. 2 ArchG Bay; § 27 ABKG B; § 16 Abs. 1 ArchG HB; § 20 Abs. 2 ArchG HH; § 19 Abs. 1 ArchG He; § 12 Abs. 1 ArchG Ns; § 15 Abs. 1 ArchG NW; § 21 Abs. 1 ArchG RhPf; § 18 Abs. 1 ArchG Sa; § 30 Abs. 1 ArchIngKG SH.

161 S. o. 1. Kap. B III 2 b ff.

162 § 22 S. 2 ArchG BW (c, d, f.); Artikel 18 Abs. 3 ArchG Bay (a, c, d); § 16 Abs. 2 ArchG HB (a); § 20 Abs. 1 ArchG HH (c, f); § 19 Abs. 2 ArchG He (c, f); § 12 Abs. 1 S. 2 Nr. 1 ArchG Ns (Amtshandlungen), § 12 Abs. 1 S. 2 Nr. 2 (a, b, soweit es sich nicht um Amtshandlungen handelt); § 15 Abs. 2 ArchG NW (a, c); § 15 Abs. 5 Nr. 2 ArchG RhPf (a), es handelt sich lediglich um eine Zuständigkeitvorschrift; § 18 Abs. 2 ArchG Sa (a, c, d, f); § 30 Abs. 2 ArchIngKG SH (c, d, f). In Berlin fehlt eine entsprechende Regelung.

1 Gesetz zur Ordnung des Handwerks (Handwerksordnung) i. d. F. v. 28.12.1965 (BGBl. 1966 I, S. 1) z. g. d. G. v. 24.4.1986 (BGBl. I S. 560) u. VO v. 19.3.1989 (BGBl. I S. 551).

a) Handwerkskammer

Gemäß § 90 Abs. 1 HandwO werden zur Vertretung der Interessen des Handwerks Handwerkskammern als Körperschaften des öffentlichen Rechts von der obersten Landesbehörde, § 90 Abs. 3 HandwO, errichtet. Der Handwerkskammer gehören die selbständigen Handwerker, die Inhaber handwerksähnlicher Betriebe sowie die Gesellen und Lehrlinge dieser Gewerbetreibenden an, § 90 Abs. 2 HandwO (Zugehörige). Es handelt sich um Zwangsmitgliedschaft bzw. Zwangszugehörigkeit, die mit der Eintragung in die Handwerksrolle (selbständige Handwerker), durch Abschluß des Arbeitsvertrages (Gesellen)[2] bzw. des Ausbildungsvertrages (Lehrlinge) kraft Gesetzes beginnt.

Zu den Hauptaufgaben der Handwerkskammer gehört neben der Förderung der Interessen des Handwerks, § 91 Abs. 1 Nr. 1 HandwO, der Erlaß von Ausbildungsordnungen, §§ 41, 91 Abs. 1 Nr. 4 HandwO[3], sowie von Prüfungsordnungen für Fortbildung und Umschulung, § 91 Abs. 1 Nr. 4a HandwO, für Gesellenprüfungen, §§ 38, 91 Abs. 1 Nr. 5 HandwO, und für Meisterprüfungen, § 91 Abs. 1 Nr. 6 HandwO. Darüber hinaus erlassen sie Vorschriften über die Bestellung und Vereidigung von Sachverständigen, §§ 91 Abs. 1 Nr. 8, 106 Nr. 10 HandwO.

Organe der Handwerkskammer sind die Mitgliederversammlung (Vollversammlung), § 92 Nr. 1 HandwO, der Vorstand, § 92 Nr. 2 HandwO, und die Ausschüsse, § 92 Nr. 3 HandwO. Die Mitglieder der Vollversammlung werden von den Zugehörigen gewählt, wobei sowohl hinsichtlich des aktiven, wie auch hinsichtlich des passiven Wahlrechts eine ganze Reihe von Reglementierungen zu beachten sind:

— Mitglieder der Vollversammlung können nur Vertreter des selbständigen Handwerks, des handwerksähnlichen Gewerbes und Gesellen, nicht aber Lehrlinge sein, §§ 93 ff., insbesondere § 97 HandwO.

— Ein Drittel der Mitglieder müssen Gesellen sein, § 93 Abs. 1 HandwO.

— Berechtigt, die Mitglieder des selbständigen Handwerks und des handwerksähnlichen Gewerbes zu wählen, sind nur die selbständigen Handwerker bzw. die entsprechenden juristischen Personen oder Personengesellschaften, § 96 HandwO. Die Gesellen wählen ihre Vertreter aus ihrem Kreis über Wahlmänner, §§ 98 f. HandwO. Lehrlinge haben weder das aktive noch das passive Wahlrecht.

— Die Mitglieder müssen sich insgesamt so auf die verschiedenen in den Anlagen A und B zur Handwerksordnung aufgeführten Gewerbegruppen verteilen, daß diese jeweils entsprechend ihrer wirtschaftlichen Bedeutung vertreten sind, § 93 Abs. 2 HandwO.

---

[2] Vgl. *Siegert-Musielak,* § 90 Rdn. 7; *Spohn,* S. 173.

[3] S. dazu aber unten 1. Kap. B IV 2 d.

— Die Vollversammlung kann sich um bis zu einem Fünftel ihrer Mitgliederzahl durch Zuwahl von sachverständigen Personen ergänzen, § 93 Abs. 4 HandwO. Von diesen Personen wird ein Drittel auf Vorschlag der Mehrheit der Gesellenvertreter gewählt, um den Drittelanteil der Gesellen zu erhalten, § 93 Abs. 4 HandwO. Die kooptierten Mitglieder haben die gleichen Rechte und Pflichten wie die übrigen Mitglieder, § 93 Abs. 4 HandwO.

— In § 95 Abs. 2 HandwO i.V.m. § 20 Anlage C zur Handwerksordnung ist die Möglichkeit der „Friedenswahl" vorgesehen. D.h. wird nur ein Wahlvorschlag zugelassen, gelten die darauf bezeichneten Bewerber als gewählt, ohne daß es einer Wahlhandlung bedarf.

Die Vollversammlung ist das Beschlußorgan der Handwerkskammer, deren — nicht delegierbare — Vorbehaltsaufgaben im § 106 HandwO aufgeführt sind und neben der Wahl von Vorstand, Ausschüssen, § 106 Abs. 1 Nr. 1 HandwO, und der Geschäftsführung, § 106 Abs. 1 Nr. 3 HandwO, insbesondere den Erlaß von Vorschriften über die Berufsausbildung, berufliche Fortbildung und berufliche Umschulung, § 106 Abs. 1 Nr. 8 HandwO, den Erlaß der Gesellen- und Meisterprüfungsordnungen, § 106 Abs. 1 Nr. 9 HandwO, und den Erlaß der Vorschriften über die öffentliche Bestellung und Vereidigung von Sachverständigen, § 106 Abs. 1 Nr. 10 HandwO, umfassen. Die Hauptsatzung der Handwerkskammer wird nicht von der Vollversammlung, sondern als Teil des Errichtungsaktes von der obersten Landesbehörde erlassen, § 105 Abs. 1 HandwO[4]. Die Satzungsänderung ist dagegen Aufgabe der Vollversammlung, § 105 Abs. 1 S. 2 HandwO. Die Satzungsänderung bedarf ebenso wie der Erlaß der sonstigen normativen Regelungen der Genehmigung durch die oberste Landesbehörde, § 105 Abs. 1 S. 2, § 106 Abs. 2 HandwO.

Dem Vorstand, dessen Mitglieder ebenfalls zu einem Drittel Gesellen sein müssen, § 108 Abs. 1 HandwO, obliegt die Verwaltung und Vertretung der Handwerkskammer, § 109 HandwO.

Die Handwerkskammer kann verschiedene Ausschüsse als Organe errichten. Zwingend vorgeschrieben ist lediglich die Errichtung des Berufsbildungsausschusses, § 43 HandwO[5].

Der Berufsbildungsausschuß setzt sich aus je sechs selbständigen Handwerkern, Arbeitnehmern und Lehrern an berufbildenden Schulen zusammen. Arbeitnehmer ist jeder unselbständig Beschäftigte, unabhängig von seinem Beruf oder Arbeitgeber. Arbeitnehmer müssen also nicht Handwerksgesellen sein[6]. Die Lehrer an berufsbildenden Schulen haben nur beratende Stimme, § 43 Abs. 1

[4] Vgl. *Siegert / Musielak* § 105 Rdn. 1; anders *Eyermann / Fröhler / Honig,* § 105 Rdn. 1: die Hauptsatzung ist ein die Errichtung ergänzender und mit dieser gleichzubehandelnder Organisationsakt.

[5] *Siegert / Musielak,* § 92 Rdn. 4.

[6] *Siegert / Musielak,* § 43 Rdn. 7; *Eyermann / Fröhler / Honig,* § 43 Rdn. 4.

HandwO. Die stimmberechtigten Mitglieder werden gruppenweise von der Vollversammlung gewählt, wobei die Arbeitnehmervertreter von der Gruppe der Gesellen gewählt werden, § 43 Abs. 2 S. 1 HandwO. Die Berufsschullehrer werden von der zuständigen Behörde berufen, § 43 Abs. 2 S. 2 HandwO. Der Berufsbildungsausschuß hat in allen wichtigen Angelegenheiten der beruflichen Bildung, wie z. B. dem Erlaß von Prüfungsordnungen, ein Informations-, Anhörungs- und Initiativrecht, § 44 HandwO. Die Stellungnahmen und Vorschläge des Berufsbildungsausschusses haben deshalb besondere Bedeutung, weil sie, soweit sie zu keiner finanziellen Belastung der Kammer führen, die Wirkung von Vollversammlungsbeschlüssen haben, wenn sie in der nächsten Vollversammlung nicht mit dreiviertel Mehrheit abgelehnt oder abgeändert werden, § 44 Abs. 2 S. 1 HandwO.

Die Gesellenprüfungsausschüsse werden für die Abnahme der Gesellenprüfung errichtet, § 33 Abs. 1 HandwO. Die Errichtung des Gesellenprüfungsausschusses kann auf die Handwerksinnung übertragen werden, § 33 Abs. 1 S. 2 HandwO. Der Ausschuß ist in diesem Fall Organ der Innung[7]. Der Gesellenprüfungsausschuß hat keine normativen Befugnisse.

Der Meisterprüfungsausschuß ist kein Organ der Kammer, sondern eine staatliche Prüfungsbehörde, deren Träger die höhere Landesbehörde ist, § 47 HandwO[8]. Auch er hat keine normativen Befugnisse.

b) Handwerksinnung

Selbständige Handwerker, § 1 HandwO, gleicher oder nahestehender Handwerke können sich zur Förderung ihrer gemeinschaftlichen gewerblichen Interessen zu einer Handwerksinnung zusammenschließen, § 52 HandwO. Die Handwerksinnung ist ebenso wie die Handwerkskammer eine Körperschaft des öffentlichen Rechts, § 53 HandwO. Mitglied der Handwerksinnung kann jeder selbständige Handwerker werden, der das jeweilige Innungshandwerk ausübt, § 58 Abs. 1 HandwO. Beruflich oder wirtschaftlich Nahestehende können als Gastmitglieder aufgeommen werden, § 59 HandwO. Die Innung ist — anders als die Handwerkskammer — ein freiwilliger Zusammenschluß von selbständigen Handwerkern. Die Mitgliedschaft beginnt mit der öffentlich-rechtlichen Aufnahmeverfügung der Innung, einem antragsbedürftigen Verwaltungsakt[9].

Aufgabe der Innung ist, die gemeinsamen gewerblichen Interessen ihrer Mitglieder zu fördern, § 54 Abs. 1 S. 1 HandwO. Dazu hat sie u. a. entsprechend den Vorschriften der Handwerkskammer die Lehrlingsausbildung zu regeln, § 54

[7] Vgl. *Siegert / Musielak*, § 92 Rdn. 2; *Eyermann / Fröhler / Honig*, § 92 Rdn. 1.
[8] Vgl. *Siegert / Musielak*, § 92 Rdn. 3; *Wolff / Bachof / Stober*, VwR II, § 95 Rdn. 22.
[9] Vgl. *Siegert / Musielak*, § 58 Rdn. 5; *Eyermann / Fröhler / Honig*, § 58 Rdn. 10.

Abs. 1 Nr. 3 HandwO. Diese Regelungsbefugnis ist gegenüber der der Handwerkskammer, § 91 Abs. 1 Nr. 4 HandwO, subsidiär[10]. Handwerksinnungen können bei Vorliegen der Voraussetzungen der §§ 250, 251 RVO Innungskrankenkassen als gesetzliche Krankenkassen errichten, § 54 Abs. 5 HandwO, die eine eigene Rechtspersönlichkeit haben[11].

Organe der Innung sind die Innungsversammlung, der Vorstand und die Ausschüsse, § 60 HandwO. Die Innungsversammlung besteht grundsätzlich aus allen Mitgliedern der Handwerksinnung, § 61 Abs. 1 S. 2, die Satzung kann jedoch bestimmen, daß sie als Vertreterversammlung und damit als Repräsentativorgan ausgestaltet wird, § 61 Abs. 1 S. 3 HandwO. Die Innungsversammlung beschließt über alle Angelegenheiten der Handwerksinnung, soweit sie nicht vom Vorstand oder den Ausschüssen wahrzunehmen sind, § 61 Abs. 1 S. 1 HandwO. Die in § 61 Abs. 2 HandwO genannten Aufgaben müssen in jedem Fall von der Innungsversammlung wahrgenommen werden. Eine Delegation ist unzulässig[12]. Zu diesen Aufgaben gehört insbesondere

— die Beschlußfassung über die Höhe der Innungsbeiträge und über die Festsetzung von Gebühren, § 61 Abs. 2 Nr. 2 HandwO;

— der Erlaß von Vorschriften über die Lehrlingsausbildung, § 61 Abs. 2 Nr. 6 HandwO;

— die Beschlußfassung über die Änderung der Satzung, § 61 Abs. 2 Nr. 8 HandwO;

— die Wahl von Vorstand und Ausschußmitgliedern, § 61 Abs. 2 Nr. 4 HandwO.

Der Vorstand wird von der Innungsversammlung gewählt, § 61 Abs. 1 HandwO. Gewählt werden können nur Mitglieder[13]. Der Vorstand vertritt die Innung gerichtlich und außergerichtlich, § 66 Abs. 3 HandwO.

Zwingend vorgeschrieben ist die Errichtung eines Berufsbildungsausschusses, der sich aus Innungsmitgliedern und Gesellen zusammensetzt, § 67 Abs. 2 HandwO, und sich mit allen die Berufsausbildung betreffenden Angelegenheiten der Innung zu befassen hat, § 54 Abs. 1 Nr. 3 HandwO[14]. Daneben kann ein Ausschuß für Lehrlingsstreitigkeiten errichtet werden, § 67 Abs. 2 HandwO.

Bei der Handwerksinnung ist ein Gesellenausschuß zu errichten, § 68 HandwO[15]. Die Mitglieder des Gesellenausschusses werden von den bei einem Innungsmitglied beschäftigten Gesellen gewählt, § 70 HandwO. Gewählt werden

---

[10] *Siegert / Musielak*, § 54 Rdn. 8; *Eyermann / Fröhler / Honig*, § 54 Rdn. 10 und § 91 Rdn. 12. Diese Regelungsbefugnis ist heute obsolet, s. u. 1. Kap. B IV 2 d.

[11] S. u. 1. Kap. B VI 2 a.

[12] Vgl. *Siegert / Musielak*, § 61 Rdn. 4; *Eyermann / Fröhler / Honig*, § 61 Rdn. 1, 6.

[13] Vgl. *Siegert / Musielak*, § 66 Rdn. 3; *Eyermann / Fröhler / Honig*, § 66 Rdn. 1.

[14] Vgl. *Siegert / Musielak*, § 67 Rdn. 5; *Eyermann / Fröhler / Honig*, § 66 Rdn. 5.

[15] Vgl. hierzu *Spohn*, S. 99 ff.

können nur volljährige deutsche Gesellen, die mindestens drei Monate im Betrieb eines Innungsmitglieds beschäftigt sind, § 71 Abs. 1 HandwO. Die Rechtsnatur des Gesellenausschusses ist umstritten. Ob er ein Organ der Innung [16] eine Einrichtung sui generis [17] oder eine selbständige teilrechtsfähige Körperschaft ist [18], kann hier jedoch dahingestellt bleiben. Zu den Aufgaben des Gesellenausschusses gehört neben einer ganzen Reihe von in § 68 Abs. 2 HandwO aufgezählten Angelegenheiten die Beteiligung

— beim Erlaß von Vorschriften über die Lehrlingsausbildung, § 68 Abs. 2 Nr. 1 HandwO;

— bei der Begründung und Verwaltung aller Einrichtungen, für welche Gesellen Beiträge entrichten oder eine besondere Mühewaltung übernehmen, oder die zu ihrer Unterstützung bestimmt sind, § 68 Abs. 2 Nr. 7 HandwO; in diesem Fall sind die Gesellen den Mitgliedern gleichzustellen, § 68 Abs. 2 Nr. 3 HandwO [19].

In den in § 68 Abs. 2 HandwO bezeichneten Angelegenheiten bedürfen Beschlüsse der Innungsversammlung der Zustimmung des Gesellenausschusses bzw. bei fehlender Zustimmung der Entscheidung der Handwerkskammer. Innungskrankenkassen können nur mit Zustimmung des Gesellenausschusses errichtet werden, § 250 Abs. 1 RVO.

Die Handwerksinnung unterliegt der Rechtsaufsicht der örtlich zuständigen Handwerkskammer, § 75 HandwO. Diese muß u. a. auch die Satzung, den Erlaß von Vorschriften über die Lehrlingsausbildung und die Satzungsänderung genehmigen, § 56 Abs. 1, § 61 Abs. 2 Nr. 6, 8 HandwO.

2. Normative Regelungen mit Außenwirkung

a) Zulassungsregelungen

aa) Selbständiger Betrieb eines Handwerks

Der selbständige Betrieb eines Handwerks als stehendes Gewerbe ist nur den in der Handwerksrolle eingetragenen Personen- und Personengesellschaften gestattet, § 1 Abs. 1 HandwO. Von der zuständigen Handwerkskammer, § 6 Abs. 2 HandwO, ist die Eintragung vorzunehmen, wenn der Antragsteller in dem von ihm zu betreibenden Handwerk, das in der Positivliste der Anlage A zur Hand-

[16] So *Eyermann / Fröhler / Honig*, § 67 Rdn. 3 und § 68 Rdn. 2; *Spohn*, S. 119 ff.; *Fröhler*, Handwerksinnung, S. 129 f.

[17] So *Siegert / Musielak*, § 68 Rdn. 2.

[18] So *Wolff / Bachof / Stober*, VerwR II, § 95 Rdn. 13.

[19] Vgl. *BVerfGE* 11, 310.

werksordnung aufgeführt sein muß, die Meisterprüfung bestanden hat, § 7 Abs. 1 HandwO, oder eine der sonstigen Eintragungsvoraussetzungen der Handwerksordnung, §§ 7 bis 9 HandwO, erfüllt. Alle materiellen Eintragungsvoraussetzungen sind durch die Handwerksordnung oder durch Rechtsverordnungen festgelegt.

Man könnte daran denken, die Aufnahme einer Tätigkeit in die Positivliste der Anlage A zur Handwerksordnung mit der Folge, daß die selbständige Ausübung dieser Tätigkeit dann nur noch unter den beschränkenden Voraussetzungen der Handwerksordnung zulässig ist, als Zulassungsregelung anzusehen. Ob dies der Fall ist, kann hier jedoch dahingestellt bleiben, da die Aufnahme in die Positivliste ursprünglich durch Gesetz erfolgte und Änderungen nach § 1 Abs. 2 HandwO nur durch Rechtsverordnung des Bundesministers für Wirtschaft zulässig sind. Für autonome Regelungen bleibt daher diesbezüglich kein Platz.

Nicht hierher gehört die Frage, wie die fachlichen Voraussetzungen zum Betrieb eines selbständigen Handwerks erworben werden (Meisterprüfung). Dies wird unter den Punkten Ausbildungs- und Prüfungsordnungen behandelt.

bb) Handwerklicher Beruf

Nicht jeder in einem handwerklichen Beruf[20] Tätige übt diese Tätigkeit als selbständiger Handwerker aus. Insbesondere Lehrlinge und Gesellen, aber auch Meister müssen bzw. können unselbständig beschäftigt sein.

Um Geselle zu werden, muß der Lehrling die Gesellenprüfung, die von einem von der zuständigen Handwerkskammer bzw. Handwerksinnung errichteten Prüfungsausschuß, §§ 33 ff. HandwO, abgenommen wird, bestehen. Zulassungsregelungen im eigentlichen Sinne gibt es insoweit nicht.

Um Meister zu werden, muß der Geselle — oder eine andere Person, die die Zulassungsvoraussetzungen zur Meisterprüfung erfüllt, § 49 Abs. 2 – 4 HandwO — die Meisterprüfung vor dem Meisterprüfungsausschuß, einer staatlichen Prüfungsbehörde, bestehen, §§ 47 f. HandwO. Zulassungsregelungen im eigentlichen Sinne bestehen insoweit ebenfalls nicht.

cc) Handwerkskammer

Zulassungsregelungen können aber nicht nur den Zugang zum Bereich des selbständigen Handwerks bzw. eines handwerklichen Berufs, sondern auch zu einer öffentlich-rechtlichen Handwerksorganisation betreffen. In Betracht kommen Handwerkskammer und Handwerksinnung. Die Handwerksordnung unter-

---

20 Die handwerklichen Berufe sind abschließend in der Positivliste der Anlage A zur Handwerksordnung i. d. F. d. B. v. 28. 12. 1965 (BGBl. 1966 I S. 1, 25) z. g. d. VO. v. 19.3.1989 (BGBl. I S. 551) aufgeführt.

scheidet zwischen „Zugehörigkeit" zur Handwerkskammer, § 90 Abs. 2 HandwO, und „Mitgliedschaft" in der Vollversammlung, §§ 92 Nr. 1, 93 HandwO[21].

Der Handwerkskammer gehören die selbständigen Handwerker, die Inhaber handwerksähnlicher Betriebe sowie die Gesellen und Lehrlinge dieser Gewerbetreibenden an, § 90 Abs. 2 HandwO. Die Zwangsmitgliedschaft bzw. Zwangszugehörigkeit ist in der Handwerksordnung geregelt, autonome Zulassungsregelungen gibt es nicht.

dd) Handwerksinnung

Mitglied der Handwerksinnung kann jeder selbständige Handwerker werden, der das jeweilige Innungshandwerk ausübt, § 58 Abs. 1 HandwO. Neben diesen gesetzlichen Voraussetzungen kann die Innungssatzung zusätzliche Anforderungen an die Mitgliedschaft stellen, §§ 58 Abs. 3, 55 Abs. 2 Nr. 3 HandwO[22]. Die Handwerksordnung enthält keine die zusätzlichen Anforderungen betreffenden inhaltlichen Vorgaben. Diese zusätzlichen Anforderungen sollen nur zulässig sein, wenn sie sich durch sachliche, im Interesse der Innung liegende Erwägungen rechtfertigen lassen[23]. Wer diese Anforderungen erfüllt, hat ein subjektives öffentliches Recht auf Aufnahme in die Innung, § 58 Abs. 2 HandwO[24]. Enthält die Satzung zusätzliche Anforderungen an die Mitgliedschaft, ist die Aufnahme in die Handwerksinnung von der Erfüllung dieser Anforderungen abhängig. Die Satzung hat also insofern den Charakter einer Zulassungsordnung. Die Satzung der Handwerksinnung wird von den Gründungsmitgliedern beschlossen und bedarf zu ihrer Wirksamkeit der Genehmigung durch die zuständige Handwerkskammer, §§ 53, 56 HandwO[25]. Die Änderung der Innungssatzung wird gem. § 61 Abs. 2 Nr. 8 von der Innungsversammlung beschlossen.

Da von der Möglichkeit, zusätzliche Anforderungen an die Mitgliedschaft zu stellen, tatsächlich Gebrauch gemacht wird[26], bestehen autonome normative Zulassungsregelungen, deren Adressaten aufnahmewillige Externe sind. Die Regelungen entfalten daher unmittelbare Außenwirkung.

---

[21] Vgl. *Siegert / Musielak,* § 90 Rdn. 7 und § 93 Rdn. 1.

[22] Vgl. *Siegert / Musielak,* § 58 Rdn. 4.

[23] *Siegert / Musielak,* § 58 Rdn. 4, die als Beispiel eine angemessene Aufnahmegebühr nennen; *Fröhler,* Handwerksinnung, S. 48 f.

[24] *Siegert / Musielak,* § 58 Rdn. 2; *Eyermann / Fröhler / Honig,* § 58 Rdn. 9; *Wolff / Bachof / Stober,* VerwR II, § 95 Rdn. 12.

[25] Vgl. *Fröhler,* Organisationsrecht, S. 8.

[26] Vgl. § 5 i.V. m. § 10 Mustersatzung der Bonner Handwerksinnung, entworfen von der Kreishandwerkerschaft Bonn, Stand November 1987.

b) Berufsordnungen

Welche Tätigkeiten als Handwerk ausgeübt werden können, ist in der Positivliste der Anlage A zur Handwerksordnung geregelt. Änderungen erfolgen durch Rechtsverordnung des Bundesministers für Wirtschaft, § 1 Abs. 3 HandwO. Auch das Berufsbild wird durch Rechtsverordnung des Bundesministers für Bildung und Wissenschaft festgelegt[27]. Autonome normative Regelungen gibt es insoweit nicht. Gemäß § 54 Abs. 1 Nr. 1 HandwO gehört es zu den Pflichtaufgaben der Handwerksinnung, den Gemeingeist und die Berufsehre zu pflegen. Welche Maßnahmen die Innung zur Erfüllung dieser Aufgaben ergreifen darf oder ergreifen muß, schreibt die Handwerksordnung nicht vor. Es besteht also Ermessen der Handwerksinnung[28]. Es wird vertreten, daß die Handwerksinnungen einen Verhaltenskodex für die Berufsausübung in der Satzung festlegen und Verstöße dagegen sanktionieren könnten[29]. Da die Handwerksinnungen einen derartigen Kodex, soweit ersichtlich, tatsächlich nicht erstellt haben[30], kann von autonomen Berufsordnungen im Bereich des Handwerks nicht gesprochen werden.

c) Prüfungsordnungen

Um ein Handwerk selbständig betreiben zu dürfen, bedarf es in der Regel des Bestehens der Gesellen- und der Meisterprüfung, §§ 1 Abs. 1, 7 Abs. 1, 49 Abs. 1, 31 HandwO. Durch die Gesellenprüfung wird festgestellt, ob der Prüfling die erforderlichen Fertigkeiten beherrscht, die notwendigen praktischen und theoretischen Kenntnisse besitzt und mit dem ihm im Berufsschulunterricht vermittelten, für die Berufsausbildung wesentlichen Lehrstoff vertraut ist, § 32 HandwO. Mit Bestehen der Gesellenprüfung wird die Lehrzeit abgeschlossen, der Lehrling zum Gesellen. Die Handwerkskammer hat eine Prüfungsordnung für die Gesellenprüfung zu erlassen, § 38 Abs. 1 S. 1 HandwO.

Es handelt sich um eine autonome normative Regelung[31], die innerhalb der Handwerkskammer von der Vollversammlung erlassen wird, § 106 Abs. 1 Nr. 6 HandwO[32], und der Genehmigung der zuständigen obersten Landesbehörde bedarf, § 38 Abs. 2 HandwO. § 38 Abs. 1 S. 2 HandwO schreibt die materiellen Mindestanforderungen an die Satzung zwingend vor. Danach muß die Prüfungsordnung die Zulassung, die Gliederung der Prüfung, die Bewertungsmaßstäbe,

---

27 Zur Verfassungsmäßigkeit der Festlegung von Berufsbildern *BVerfGE* 13, 97 (118).

28 *Fröhler*, Handwerksinnung, S. 110.

29 *Reuss*, § 49 Anm. II; *Eyermann / Fröhler / Honig*, § 54 Rdn. 2.

30 Vgl. die Mustersatzung der Bonner Handwerksinnung.

31 BT DR V/4260, S. 18; *Siegert / Musielak*, § 38 Rdn. 1; a. A. *Fröhler*, Handwerksinnung, S. 137, zu § 38 a. F. (ohne Begründung): Rechtsverordnung.

32 Zu dem besonderen inhaltlichen Einfluß des Berufsbildungsausschusses s. o. 1. Kap. B IV 1 a.

die Erteilung von Prüfungszeugnissen, die Folgen von Verstößen gegen die Prüfungsordnung und die Wiederholungsprüfung regeln. Die Prüfungsordnung kann jedoch nur formelle Bestimmungen treffen (z. B. über Formalien, Fristen und das Prüfungsverfahren), da der materielle Inhalt bereits in der als Rechtsverordnung ergehenden Ausbildungsordnung festgelegt ist, § 25 Abs. 2 S. 1 Nr. 4 HandwO[33].

Hinsichtlich der Zulassung hat der Satzunggeber praktisch keinen Entscheidungsspielraum, da die §§ 36 f. der HandwO insoweit zwingende Vorschriften enthalten. Im übrigen ist der Satzunggeber rechtlich nicht an die „Richtlinien für Prüfungsordnungen" nach § 38 Abs. 1 S. 2 HandwO gebunden, die als Anlage A I b) eine „Musterprüfungsordnung zur Durchführung von Gesellenprüfungen" enthalten[34]. Die Abnahme der Prüfung erfolgt durch die Gesellenprüfungsausschüsse, die bei der Handwerkskammer oder der Handwerksinnung errichtet werden. Unabhängig davon ist die Prüfungsordnung für sie verbindlich[35]. Die Prüfungsordnung entfaltet daneben selbstverständlich unmittelbare Geltung gegenüber den Lehrlingen, die an sie ebenso wie oder noch stärker als die Prüfungsausschüsse gebunden sind. Da die Lehrlinge zwar formal Zugehörige der Handwerkskammer sind, tatsächlich aber wegen Fehlens des aktiven und des passiven Wahlrechts zu den Entscheidungsgremien außerhalb des demokratischen Legitimationszusammenhangs stehen, sind sie Externe, so daß die Gesellenprüfungsordnungen der Handwerkskammern unmittelbare Außenwirkung entfalten.

Mit Bestehen der Meisterprüfung erlangt der Handwerker die Berechtigung zum selbständigen Betrieb eines Handwerks. Die Meisterprüfung wird von den Meisterprüfungsausschüssen, staatlichen Prüfungsbehörden, abgenommen, § 47 HandwO. Die materiellen Prüfungsvoraussetzungen sind, sowohl hinsichtlich der Zulassung als auch hinsichtlich der fachlichen Anforderungen durch formelles Gesetz, §§ 49, 46 HandwO, oder durch Rechtsverordnung, §§ 45, 46, 49 HandwO, geregelt. Lediglich die formellen Prüfungsfragen (Formalien, das Zulassungs- und Prüfungsverfahren) werden von der Handwerkskammer mit Genehmigung der obersten Landesbehörde als Satzung erlassen, § 50 S. 2 HandwO[36]. Die Satzung entfaltet ebenso wie die Gesellenprüfungsordnung Verbindlichkeit gegenüber dem Prüfungsausschuß und den Prüflingen. Da gemäß § 49 Abs. 1 HandwO der Prüfling eine mehrjährige Gesellentätigkeit zurückgelegt haben muß, um zur Prüfung zugelassen zu werden und er als Geselle aktives und

---

[33] Vgl. dazu auch *Siegert / Musielak*, § 25 Rdn. 8; *Eyermann / Fröhler / Honig*, § 38 Rdn. 1.

[34] Abgedruckt in BArbBl. 1971, S. 634; s. dazu *Siegert / Musielak*, § 38 Rdn. 2; *Eyermann / Fröhler / Honig*, § 38 Rdn. 4, die übereinstimmend meinen, die oberste Landesbehörde werde Abweichungen von den Richtlinien nur bei Bestehen von regionalen Besonderheiten zulassen.

[35] *Eyermann / Fröhler / Honig*, § 38 Rdn. 5; *Siegert / Musielak*, § 38 Rdn. 1.

[36] Vgl. *Siegert / Musielak*, § 50 Rdn. 2.

passives Wahlrecht in der Handwerkskammer hat, ist er kein Externer. Die Prüfungsordnung hat insofern keine unmittelbare Außenwirkung.

Unmittelbare Außenwirkung könnte die Prüfungsordnung jedoch im Hinblick auf den Meisterprüfungsausschuß haben. Der Ausschuß selbst ist kein Organ der Handwerkskammer, sondern eine staatliche Prüfungsbehörde, § 47 HandwO. Gleichwohl könnten Bedenken bestehen, der Prüfungsordnung Außenwirkung zuzuschreiben, wenn alle Ausschußmitglieder gleichzeitig Mitglieder der Handwerkskammer wären. Dies ist jedoch nicht notwendig der Fall. So braucht der Vorsitzende gar kein Handwerker zu sein, § 48 Abs. 2 HandwO. Das gleiche gilt für den Beisitzer, der aufgrund besonderer Kenntnisse in der wirtschaftlichen Betriebsführung sowie im kaufmännischen, rechtlichen und berufserzieherischen Bereich bestellt wird, § 48 Abs. 5 HandwO. Die Prüfungsordnung entfaltet gegenüber dem Meisterprüfungsausschuß zwar unmittelbare Außenwirkung, jedoch betrifft diese ein öffentlich-rechtliches Gremium und ist daher nicht Gegenstand dieser Untersuchung.

Fraglich ist, ob die Gesellenprüfungs- bzw. Meisterprüfungsordnungen mittelbare Außenwirkung entfalten. Dies wäre nach der hier verwendeten Definition der Fall, wenn diese Prüfungsordnungen „außenregelnde Tendenzen" aufwiesen. Betroffene Externe könnten mögliche Handwerkskunden sein. Zu denken wäre an Fragen des Vertrauens in die Qualifikation und Zuverlässigkeit des Handwerkers. Diesen Auswirkungen fehlt jedoch wegen der lediglich formalen Bestimmungen der Gesellen- und Meisterprüfungsordnungen die erforderliche Sachnähe. Die Regelungen binden nur die Lehrlinge bzw. Gesellen, die die entsprechende Prüfung absolvieren wollen. Das Verhältnis zu den Kunden wird dagegen durch die materiell-rechtlichen Regelungen betroffen, wie sie z. B. in den Ausbildungsordnungen festgelegt werden. Die Gesellen- und Meisterprüfungsordnungen entfalten daher keine mittelbare Außenwirkung.

Im Bereich der beruflichen Fortbildung werden Inhalt, Ziel, Prüfungsanforderungen, Prüfungsverfahren, Zulassungsvoraussetzungen und die Bezeichnung des Abschlusses durch Rechtsverordnung bestimmt, § 42 Abs. 2 HandwO. Im Bereich der beruflichen Umschulung sind die entsprechenden Regelungen von der Handwerkskammer zu treffen, § 42a Abs. 2 HandwO, wenn es sich nicht um die Umschulung für einen anerkannten Ausbildungsberuf handelt, § 42a Abs. 2 HandwO. Gegenstand dieser Untersuchung sind daher nur die Umschulungsordnungen nach § 42a Abs. 2 HandwO. Diese entfalten unmittelbare Außenwirkung, wenn Nichthandwerker umgeschult werden. Es ist jedoch zu berücksichtigen, daß alle Handwerksberufe Ausbildungsberufe sind.

d) Ausbildungsordnungen

Alle in der Positivliste der Anlage A zur Handwerksordnung aufgezählten Handwerke sind auch Ausbildungsberufe, § 25 Abs. 1 HandwO[37]. Ausbildungsordnungen für diese Berufe können vom Bundesminister für Wirtschaft im Einvernehmen mit dem Bundesminister für Bildung und Wissenschaft als Rechtsverordnungen erlassen werden, § 25 Abs. 1 HandwO. Soweit der Bundesminister für Wirtschaft für einzelne Ausbildungsberufe Rechtsverordnungen noch nicht erlassen hat, gelten gemäß § 122 Abs. 5 HandwO die „Fachlichen Vorschriften" weiter, die vor Inkrafttreten des Berufsbildungsgesetzes[38] von den Handwerkskammern als Satzungen erlassen worden waren. Die „Fachlichen Vorschriften" sollen jedoch nicht Gegenstand dieser Untersuchung sein, da der Gesetzgeber sie durch § 122 Abs. 5 HandwO in ihrer seinerzeit geltenden Fassung ausdrücklich anerkannt hat und die Handwerkskammern nicht mehr befugt sind, die „Fachlichen Vorschriften" zu ändern oder neu zu erlassen.

Eine konkurrierende Zuständigkeit der Handwerkskammer aus § 41 HandwO besteht auch für diesen Fall nicht[39]. Im Ergebnis ist also festzuhalten, daß es im Bereich des Handwerks autonome Ausbildungsordnungen nicht (mehr) gibt.

e) Honorarordnungen

Autonome Honorarordnungen gibt es im Bereich des Handwerks nicht.

f) Beitrags- und Gebührenordnungen

aa) Handwerkskammer

Die durch die Errichtung und Tätigkeit der Handwerkskammern entstehenden Kosten werden, soweit sie nicht anderweitig gedeckt sind, von den selbständigen Handwerkern und den Inhabern handwerksähnlicher Betriebe nach einem von der Handwerkskammer mit Genehmigung der obersten Landesbehörde festgesetzten Beitragsmaßstab getragen, § 113 Abs. 1 HandwO. Der Beitragsmaßstab ist eine Beitragsordnung im hier verstandenen Sinne, auch wenn sie lediglich den Maßstab für die Höhe der Beiträge festlegt, während die Beitragspflichtigen durch Gesetz bestimmt werden und die tatsächliche Höhe des Beitrags durch Verwaltungsakt der Handwerkskammer festgesetzt wird[40]. Der Beitragsmaßstab hat lediglich Geltung für die Beitragspflichtigen, also für die selbständigen Hand-

---

[37] Vgl. *Siegert / Musielak,* § 25 Rdn. 2.

[38] Gesetz vom 14.8.1969, (BGBl. I, S. 1112).

[39] *Siegert / Musielak,* § 25 Rdn. 3; *Eyermann / Fröhler / Honig,* § 25 Rdn. 2; widersprüchlich *Eyermann / Fröhler / Honig,* §91 Rdn. 10-12 und § 41 Rdn. 1, die die Durchführungsbestimmungen der Handwerkskammer nach § 41 Abs. 1 Nr. 4 und subsidiär der Innung nach § 54 Abs. 1 Nr. 3 als subsidiär geltende autonome Satzungen annehmen; ebenso *Fröhler,*Handwerksinnung, S. 106.

[40] Vgl. dazu *Eyermann / Fröhler / Honig,* § 113 Rdn. 6.

werker und die Inhaber handwerksähnlicher Betriebe, die stimmberechtigte Mitglieder (Zugehörige) der erlassenden Körperschaft, der Handwerkskammer, sind, §§ 90 Abs. 2, 93 ff. HandwO. Der Beitragsmaßstab hat keine Außenwirkung[41].

Anders stellt sich die Lage bei der nach § 113 Abs. 3 HandwO von der Handwerkskammer zu erlassenden Gebührenordnung dar. Danach kann die Handwerkskammer für Amtshandlungen (wie z. B. die Eintragung in die Handwerksrolle oder die Abnahme der Gesellen- und Meisterprüfungen) und für die Inanspruchnahme besonderer Einrichtungen (wie z. B. der Schlichtungsstellen nach § 91 Abs. 1 Nr. 10 HandwO) oder Tätigkeiten (wie z. B. die Durchführung von Lehrgängen und Fachkursen) Gebühren erheben[42]. Die Gebührenordnung, in der der Gebührentatbestand, die Gebührenhöhe und die Gebührenschuldner festgelegt werden, wird von der Vollversammlung der Handwerkskammer erlassen, § 106 Abs. 1 Nr. 4 HandwO, und bedarf zu ihrer Wirksamkeit der Genehmigung der obersten Landesbehörde und der öffentlichen Bekanntmachung, § 106 Abs. 2 HandwO[43]. Es handelt sich um eine autonome normative Regelung[44]. Adressat der Gebührenordnung ist jeder potentielle Gebührenschuldner, also jeder, der Amtshandlungen oder besondere Einrichtungen oder Tätigkeiten der Handwerkskammer in Anspruch nehmen kann[45]. Dies sind nicht nur die mitwirkungsberechtigten Kammerzugehörigen, sondern auch Externe (z. B. Berufsschullehrer, die an Fachlehrgängen teilnehmen, Kunden, die die Schlichtungsstelle anrufen). Die Gebührenordnungen der Handwerkskammern entfalten daher unmittelbare Außenwirkung.

bb) Handwerksinnung

Auch die Handwerksinnung ist berechtigt, Beiträge, § 73 Abs. 1 HandwO, und Gebühren (z. B. für die Teilnahme an Lehrgängen), § 73 Abs. 2 HandwO, zu erheben. Besonderheiten gegenüber den entsprechenden Regelungen der Handwerkskammer ergeben sich aus der besonderen Stellung der Gesellen innerhalb der Handwerksinnung, insbesondere aus ihren vollen Beteiligungsrechten bei der Begründung und Verwaltung aller Einrichtungen, für welche die Gesellen Beiträge entrichten oder eine besondere Mühewaltung übernehmen oder die zu ihrer Unterstützung bestimmt sind, § 68 Abs. 2 Nr. 7 HandwO. Aus dieser Vorschrift folgert zunächst, daß auch die Gesellen zu Beiträgen herangezogen werden können. Tatsächlich wird von diesem Recht regelmäßig kein Gebrauch gemacht[46].

---

41 S. dazu oben 1. Kap. B III 2 b ff.

42 Vgl. *Siegert / Musielak*, § 113 Rdn. 11.

43 Vgl. auch *Hess VGH*, BB 1969, S. 328; *Eyermann / Fröhler / Honig*, § 113 Rdn. 3 für Beitragsordnungen.

44 Vgl. *BVerwG*, MDR 1963, S. 784.

45 Eine Ausnahme besteht für die Lehrlinge, die zu den Prüfungsgebühren nicht herangezogen werden dürfen, § 31 Abs. 3 HandwO.

46 Vgl. § 52 der Mustersatzung der Bonner Handwerksinnung.

Im übrigen wären die Gesellen wegen ihrer Mitwirkungsrechte aus § 68 Abs. 2 Nr. 7 HandwO keine Externen.

Hinsichtlich der von der Handwerksinnung erhobenen Gebühren kann zunächst auf die Ausführungen bei der Handwerkskammer verwiesen werden[47]. Bei der Gebührenordnung der Handwerksinnung handelt es sich also um eine autonome normative Regelung mit unmittelbarer Außenwirkung, die der Genehmigung der zuständigen Handwerkskammer nicht bedarf, § 61 Abs. 3 HandwO. Eine Besonderheit besteht darin, daß durch § 61 Abs. 2 Nr. 2 HandwO die Berechtigung der Innung, Gebühren auch von Nichtmitgliedern zu erheben, ausdrücklich gesetzlich vorgesehen ist.

V. Industrie und Handel

1. Allgemeines

Industrie und Handel sind in den Industrie- und Handelskammern (IHK) zusammengeschlossen. Das Recht der IHK ist durch Bundesgesetz grundlegend und durch Landesgesetze ergänzend geregelt, § 12 IHKG i.V.m. den Landes-IHKGen[1].

---

47 Beispielhaft kann hier auf § 3 der Gebührenordnung aller dreiunddreißig Bonner Handwerksinnungen hingewiesen werden:
„(1) Zur Zahlung der Gebühren und Auslagen ist unbeschadet einer Mitgliedschaft verpflichtet, wer
a) die Amtshandlung veranlaßt und zu wessen Gunsten sie vorgenommen wird,
b) besondere Einrichtungen oder Tätigkeiten in Anspruch nimmt."

1 Gesetzliche Regelungen: Bund: Gesetz zur vorläufigen Regelung des Rechts der Industrie- und Handelskammern vom 18.12.1956 (BGBl. I S. 920) z. g. d. G. v. 14.12.1976 (BGBl. I S. 3341); Länder: Gesetz über die Industrie- und Handelskammern in Baden-Württemberg (IHK) vom 27.1.1958 (GBl. S. 77), z. g. d. Anp-VO vom 19.3.1985 (GBl. S. 71); Bay: Gesetz zur Ergänzung und Ausführung des Gesetzes zur vorläufigen Regelung des Rechts der Industrie- und Handelskammern (AGIHKG) vom 25.3.1958 (Bay RS 701/1/W); Gesetz über die Industrie- und Handelskammer zu Berlin (IHKG) vom 17. 10. 1957 (GVBl. S. 1636) i. d. F. v. 21.3.1967 (GVBl. S. 512) z. g. d. G. v. 22.6.1983 (GVBl. S. 933); Gesetz über die Industrie- und Handelskammern im Lande Bremen vom 6.5.1958 (GBl. S. 47) z. g. d. G. v. 22.3.1976 (GBl. S. 106), Zuständigkeit geändert durch Änderung der Geschäftsverteilung vom 10.11.1983, bekanntgemacht am 4.6.1984 (GBl. S. 173); Gesetz über die vorläufige Regelung der Rechtsverhältnisse der Handelskammer Hamburg vom 27.2.1956 z. g. d. G. v. 12.3.1984 (GVBl. S. 61); Hessisches Ausführungsgesetz zum Bundesgesetz zur vorläufigen Regelung des Rechts der Industrie- und Handelskammern vom 6.11.1957 (GVBl. S. 147); Niedersächsisches Ausführungsgesetz zum Bundesgesetz zur vorläufigen Regelung des Rechts der Industrie- und Handelskammern vom 20.12.1957 (GVBl. I, S. 552); Gesetz über die Industrie- und Handelskammern im Lande Nordrhein-Westfalen (IHKG) vom 23.7.1957 (GV NW S. 187/228) g. d. G. v. 6.10.1987 (GV NW S. 342); RhPf: Landesgesetz zur Ergänzung und Ausführung des Gesetzes zur vorläufigen Regelung des Rechts der Industrie- und Handelskammern vom 24.2.1958 (GVBl. S. 43) z. G. d. VO v. 25.10.1961 (GVBl. S. 211); Gesetz über die Industrie- und Handelskammer des Saarlan-

Das IHKG unterscheidet zwischen den „Zugehörigen“, die wahlberechtigt und beitragspflichtig sind, und den „Mitgliedern“ als Organmitgliedern, §§ 2 Abs. 1, 5 Abs. 1, 6 Abs. 1 IHKG. Zwangsmitglieder bzw. Zwangszugehörige der Industrie- und Handelskammern sind alle zur Gewerbesteuer veranlagten natürlichen und juristischen Personen sowie Handelsgesellschaften und andere nichtrechtsfähige Personenmehrheiten, die im jeweiligen Kammerbezirk eine gewerbliche Niederlassung, Betriebsstätte oder Verkaufsstelle unterhalten, § 2 Abs. 1 IHKG, und kein Handwerk ausüben, § 2 Abs. 3 IHKG. Die IHK ist eine Körperschaft des öffentlichen Rechts, § 3 Abs. 1 IHKG, die durch Rechtsverordnung der Landesregierung bzw. des zuständigen Landesministers errichtet wird[2]. Zu den wichtigsten Aufgaben der IHK gehört die Förderung der gewerblichen Wirtschaft, § 1 Abs. 1 IHKG, und die Förderung und Durchführung der kaufmännischen und gewerblichen Berufsbildung, § 1 Abs. 2 IHKG.

Organe der IHK sind[3] die Vollversammlung als Beschlußorgan, § 4 IHKG, das Präsidium, § 6 Abs. 1 IHKG, der Präses als Vorsitzender des Präsidiums, § 6 Abs. 1 und Abs. 2 IHKG, der zusammen mit dem Hauptgeschäftsführer, § 7 Abs. 1 IHKG, Vertretungsorgan der IHK ist, § 7 Abs. 2 IHKG. Die Mitglieder der Vollversammlung werden von den Kammerzugehörigen nach Gewerbegruppen getrennt, § 5 IHKG, das Präsidium und der Präses von der Vollversammlung gewählt, § 6 Abs. 1 IHKG. Der Hauptgeschäftsführer wird von der Vollversammlung bestellt, § 7 Abs. 1 IHKG.

Da die IHK „zuständige Stelle“ im Sinne des Berufsbildungsgesetzes ist, ist der Berufsbildungsausschuß ein weiteres Beschlußorgan der IHK[4], dessen Zusammensetzung, Organisation und Aufgaben sich nicht aus den IHKGen des Bundes oder der Länder — § 8 IHKG nimmt den Berufsbildungsausschuß ausdrücklich aus — sondern aus §§ 56 ff. BBiG ergeben[5]. Wichtigste Aufgabe des

---

des, Gesetz Nr. 707 vom 29.3.1960 (Amtsbl. S. 261) g. d. G. v. 27.3.1974 (Amtsbl. S. 430); SH: Gesetz über die Industrie- und Handelskammern vom 24.2.1870 / 19. 8. 1897 i. d. F. d. B. v. 22.8.1897 (GS S. 355) z. g. d. G. v. 27.9.1974 (GVBl. 357 (359)). Das Bundes-IHKG wird im folgenden IHKG, die Landes-IHKG mit dem jeweiligen Landeszusatz bezeichnet.

2 § 1 IHKG BW; Art. 8 AGIHKG Bay; § 1 AGIHKG He; § 1 AGIHKG Ns; § 1 AGIHKG NW; § 1 IHKG Sa; in Bremen und Hamburg wurde die IHK (in Hamburg Handelskammer) unmittelbar durch Gesetz errichtet, § 1 Abs. 1 IHKG HB und § 1 HKG HH; in Berlin gibt es keine ausdrückliche gesetzliche Regelung, es besteht eine IHK; in Rheinland-Pfalz gibt es keine ausdrückliche gesetzliche Regelung, aber § 1 Abs. 1 IHKG RhPf enthält eine Aufzählung und Gebietszuordnung der Kammern; gem. § 2 Abs. 1 IHKG SH ist für die Errichtung der IHK lediglich eine Genehmigung erforderlich, die Abgrenzung, Auflösung und Zusammenlegung erfolgt durch den Landesminister.

3 Vgl. *Frentzel / Jäkel / Junge,* § 6 Anm. 1.

4 Zur Organstellung s. *Frentzel / Jäkel / Junge,* § 8 Anm. 10, 5. Abs. (S. 221); *Knopp / Kraegeloh,* § 58 Rdn. 2.

5 Zu Zusammensetzung, Vorschlags- und Berufungsrechten s. o. 1. Kap. B III 2 b cc. Die Arbeitgebervertreter werden von der IHK vorgeschlagen.

Berufsbildungsausschusses ist es, die Rechtsvorschriften zur Durchführung der Berufsbildung zu beschließen, § 58 Abs. 2 BBiG. Hierzu gehören insbesondere die Prüfungsordnungen nach § 41 BBiG (Ausbildung), nach § 46 Abs. 1 i.V. m. § 41 BBiG (Fortbildung) und nach § 47 Abs. 2 i.V. m. § 41 BBiG (Umschulung)[6].

Der Vollversammlung obliegt insbesondere die Beschlußfassung über die Satzung, § 4 S. 2 Nr. 1 IHKG, und die Beitrags-, Sonderbeitrags- und Gebührenordnung, § 4 S. 2 Nr. 2 IHKG.

Die IHK unterliegen der Landesaufsicht, die sich grundsätzlich auf die Rechtsaufsicht beschränkt, § 11 Abs. 1 IHKG. Zum Teil bestehen jedoch besondere landesrechtliche Bestimmungen, § 12 Abs. 1 Nr. 3 und 4 i.V. m. Landes-IHKG[7]. Die Beschlüsse über die oben genannten normativen Regelungen der Vollversammlung und des Berufsbildungsausschusses bedürfen der staatlichen Genehmigung, § 11 Abs. 2 IHKG, § 41 S. 4 BBiG.

2. Normative Regelungen mit Auswirkung

a) Zulassungsregelungen

Normative autonome Regelungen, die die Zulassung zu einer Betätigung im Bereich von Industrie und Handel betreffen, bestehen nicht. Zugehöriger der Industrie- und Handelskammer ist gemäß § 2 Abs. 1 IHKG jeder Gewerbetreibende, der zur Gewerbesteuer veranlagt wird, kraft Gesetzes. Die Kammer hat hinsichtlich der Mitgliedschaft keinen eigenen Entscheidungsspielraum, da sie an die Festsetzung des Finanzamtes hinsichtlich der Gewerbesteuerpflicht gebunden ist[8]. Normative autonome Zulassungsregelungen gibt es im Bereich von Industrie und Handel nicht.

b) Berufsordnungen

Berufsordnungen gibt es im Bereich von Industrie und Handel ebenfalls nicht.

c) Prüfungsordnungen

Der Berufsbildungsausschuß der IHK erläßt für die Abschlußprüfung in den anerkannten nichthandwerklichen Ausbildungsberufen, §§ 25, 73 BBiG, mit Ge-

---

6 Vgl. *Frentzel / Jäkel / Junge*, § 8 Anm. 10.

7 § 2 IHKG BW; Art. 1 AGIHKG Bay; § 1 IHKG B; § 1 Abs. 2 IHKG HB; § 15 HKG HH; § 2 AGIHKG He; § 2 AGIHKG Ns; § 2 IHKG NW, § 1 AGIHKG RhPf; § 2 IHKG Sa; § 43 IHKG SH.

8 *Frentzel / Jäkel / Junge*, S. 104 f.

nehmigung der zuständigen Landesbehörde eine Prüfungsordnung, die die Zulassung, die Gliederung der Prüfung, und die Bewertungsmaßstäbe, die Erteilung der Prüfungszeugnisse, die Folgen von Verstößen gegen die Prüfungsordnung und die Wiederholungsprüfung regelt, § 41 BBiG. Die Zulassungskriterien sind detailliert in §§ 39 f. BBiG geregelt. Der Bundesausschuß für Berufsbildung[9] erläßt für die Prüfungsordnung Richtlinien, § 41 S. 3 BBiG. Diese Richtlinien wurden vom Bundesausschuß aufgrund der durch § 19 Nr. 1 BerBiFG aufgehobenen §§ 50-53 BBiG erlassen. Ihnen wurden Musterprüfungsordnungen beigefügt[10].Die Richtlinien sind zwar durch die Aufhebung der §§ 50-53 BBiG nicht gegenstandslos geworden[11], doch haben sie weder Normcharakter noch haben sie für den Berufsbildungsausschuß beim Erlaß der Prüfungsordnung Bindungswirkung[12]. Die Prüfungsordnung enthält inhaltlich lediglich Formvorschriften und Regeln über das Prüfungsverfahren, da die materiellen Fragen bereits in der als Rechtsverordnung ergehenden Ausbildungsordnung geregelt werden, § 25 BBiG[13]. Adressat der Prüfungsordnung ist nicht nur der Prüfungsausschuß, §§ 36 ff. BBiG, sondern auch der Auszubildende, der, will er seine Berufsausbildung zum Abschluß bringen, die Regelungen der Prüfungsordnung beachten muß. Der Auszubildende ist weder Zugehöriger der IHK, noch hat er Mitwirkungs- oder Wahlrechte. Er ist daher Externer. Die vom Berufsbildungsausschuß als Organ der IHK erlassene Prüfungsordnung entfaltet also unmittelbare Außenwirkung. Sie entfaltet daneben keine mittelbare Außenwirkung[14].

Der Berufsbildungsausschuß erläßt Prüfungsordnungen auch für die berufliche Fortbildung (hierzu gehören z. B. die Meisterprüfungsordnungen im Bereich von Industrie und Handel), §§ 58 Abs. 2, 46, 41 BBiG, und für die Umschulung, §§ 58 Abs. 2, 47, 41 BBiG. Gegenüber der Prüfungsordnung für die Abschlußprüfung besteht die Besonderheit, daß der Bundesminister für Bildung und Wissenschaft die materiell-rechtlichen Regelungen durch Rechtsverordnung, die nicht der Zustimmung des Bundesrates bedarf, treffen kann, § 46 Abs. 2 bzw. § 47 Abs. 2 S. 2 i.V. m. § 46 Abs. 2 BBiG. Hat der Bundesminister für Bildung und Wissenschaft eine derartige Regelung getroffen, hat die IHK ihre Regelungsbefugnis verloren[15]. Die vom Berufsbildungsausschuß erlassenen Prüfungsordnun-

---

9 Seit Inkrafttreten des BerBiFG vom 23.12.1981 (BGBl. I S. 1692) g. d. G. v. 4.12.1986 (BGBl. I S. 2190) ist an die Stelle des Bundesausschusses der Hauptausschuß des Bundesinstituts für Berufsbildung getreten, § 19 Nr. 1 S. 3, § 8 BerBiFG.

10 Z. B. Richtlinien für Prüfungsordnungen gem. § 41 BBiG, § 38 HandwO nebst Musterprüfungsordnungen für die Durchführung von Abschlußprüfungen und Gesellenprüfungen, BArbBl. 1971, S. 631; Richtlinien für die Umschulungsprüfungsordnungen gemäß §§ 47 und 41 BBiG, §§ 42a und 38 HandwO nebst Musterprüfungsordnung für die Durchführung von Umschulungsprüfungen, BArbBl. 1971, S. 752.

11 *Knopp / Kraegeloh,* §§ 50-53 Rdn. 3.

12 *Knopp / Kraegeloh,* §§ 50-53 Rdn. 2.

13 Vgl. oben 1. Kap. B III 2 b dd.

14 Vgl. oben 1. Kap. B III 2 b cc.

gen im Bereich der beruflichen Fortbildung und Umschulung haben unmittelbare Außenwirkung, da zwar auch, aber nicht nur mitwirkungs- und wahlberechtigte IHK-Zugehörige an der Fortbildung und Umschulung teilnehmen. Dies gilt insbesondere für Umschulungsordnungen nach § 47 Abs. 2 BBiG, da die berufliche Umschulung zu einer anderen beruflichen Tätigkeit befähigen soll, § 1 Abs. 4 BBiG, die Umschüler also häufig aus einem ganz anderen beruflichen Bereich kommen.

d) Ausbildungsordnungen

Ausbildungsordnungen im Bereich von Industrie und Handel werden vom Bundesminister für Wirtschaft oder dem sonst zuständigen Fachminister durch Rechtsverordnung erlassen, § 25 Abs. 1 BBiG. Autonome normative Regelungen gibt es nicht.

e) Honorarordnungen

Autonome Honorarordnungen im Bereich von Industrie und Handel gibt es nicht.

f) Beitrags- und Gebührenordnungen

Die Industrie- und Handelskammern finanzieren sich durch Beiträge der Kammerzugehörigen, die gemäß einer Beitragsordnung aufzubringen sind. Außenwirkung besteht insofern nicht[16]. Auch die Sonderbeitragsordnung entfaltet keine Außenwirkung, da die Sonderbeiträge ausschließlich von Kammerzugehörigen erhoben werden, § 3 Abs. 5 IHKG.

Die IHK kann für die Inanspruchnahme besonderer Anlagen und Einrichtungen oder Tätigkeiten Gebühren nach Maßgabe einer Gebührenordnung erheben, § 3 Abs. 6 und Abs. 7 IHKG. Die Gebührenordnung wird von der Vollversammlung erlassen, § 4 S. 2 Nr. 2 IHKG, sie bedarf der staatlichen Genehmigung, § 11 Abs. 2 IHKG.

---

[15] Vgl. *Knopp / Kraegeloh*, § 46 Rdn. 3; zu den vom Bundesminister für Bildung und Wissenschaft erlassenen Prüfungsordnungen nach § 46 Abs. 2 siehe die Bekanntmachung des Verzeichnisses der anerkannten Ausbildungsberufe und des Verzeichnisses der zuständigen Stellen vom 20. August 1987, Bundesanzeiger vom 10.11.1987 Nr. 211a, S. 130 f. (Meisterprüfungen), S. 132 (sonstige Prüfungen). Es sind bislang nur zwei Umschulungsprüfungsordnungen nach § 47 als Rechtsverordnungen ergangen, Bundesanzeiger v. 10.11.1987, S. 132; s. auch zu den autonomen Regelungen der beruflichen Fortbildung, Bundesanzeiger Nr. 211a, S. 108 ff., zu denen der beruflichen Umschulung, Bundesanzeiger Nr. 211a, S. 122.

[16] S. dazu oben 1. Kap. B III 2 b ff.

Als Gebührentatbestände kommen insbesondere in Betracht die Ausstellung von Ursprungszeugnissen, Bescheinigungen und Carnets, die öffentliche Bestellung und Vereidigung von Sachverständigen, Handelsmaklern und Versteigerern, Sach- und Fachkundeprüfungen und die Abnahme von sonstigen Prüfungen[17]. All diese besonderen Tätigkeiten können von Kammerzugehörigen, aber auch von nichtmitwirkungs- bzw. wahlberechtigten Nichtzugehörigen, also Externen, in Anspruch genommen werden[18]. Die Gebührenordnung entfaltet also unmittelbare Außenwirkung.

VI. Sozialversicherung

1. Allgemeines

Zur Sozialversicherung rechnet man neben den drei „klassischen" Bereichen, nämlich der Kranken-, Unfall- und Rentenversicherung, auch die Arbeitslosenversicherung. Im nachfolgenden werden lediglich die drei klassischen Sozialversicherungsbereiche untersucht, da die Arbeitslosenversicherung nach allgemeiner Ansicht anstaltlich organisiert ist.

Die Bedeutung der Sozialversicherung kann kaum überschätzt werden. Mehr als 90 % der Bevölkerung der Bundesrepublik Deutschland werden mindestens von einem der drei klassischen Sozialversicherungszweige erfaßt[1], deren Aufgaben von ca. 1750 Sozialversicherungsträgern erfüllt werden[2]. Die Gesetzgebungskompetenz des Bundes ergibt sich aus Art. 74 Nr. 12 GG. Die Zuordnung der Sozialversicherung zum großen Bereich der Selbstverwaltung ist nicht unbestritten[3]. Es soll hier jedoch zunächst davon ausgegangen werden, daß auch die Sozialversicherung dem Bereich der Selbstverwaltung zugerechnet werden muß[4].

Die Sozialversicherungsträger sind gemäß § 29 Abs. 1 SGB IV[5] rechtsfähige Körperschaften des öffentlichen Rechts[6]. Die Organisation der Sozialversiche-

[17] Vgl. *Frentzel / Jäkel / Junge*, § 3 Anm. 8a.

[18] Von den Auszubildenden werden keine Prüfungsgebühren erhoben, §§ 34 Abs. 3, 42 S. 2 BBiG.

[1] Vgl. *Schnapp*,von Unruh FG, S. 881 (883).

[2] *Stober*, JA 1986, 534 (537); *Wolff / Bachof / Stober*, VerwR II, § 96 Rdn. 10.

[3] Dafür: *Hendler*, Selbstverwaltung, S. 225 f.; *Krause*, in: GK SGB IV § 29 Rdn. 27 ff.; dagegen: *Wertenbruch*, Peters FS, S. 203 (insbesondere 214); zweifelnd *BVerfGE* 39, 302 (313 f.).

[4] So auch *Bley*, S. 155.

[5] Sozialgesetzbuch (SGB) — Gemeinsame Vorschriften für die Sozialversicherung vom 23. 12. 1976 (BGBl. S. 3845) z. g. d. G. v. 20. 12. 1988 (BGBl. S. 2477).

[6] Der Streit, ob es sich tatsächlich um Körperschaften im technischen Sinne handelt, soll hier nicht vertieft werden, vgl. dafür: *Wolff / Bachof / Stober*, VerwR II, § 96 Rdn. 11, *Rüfner*, § 11 S. 28; *Hendler*, Selbstverwaltung, S. 219; *Ossenbühl*, Satzung, Rdn. 10; *Leopold*, S. 45; dagegen: *BVerfGE* 21, 362 (368) für die Rentenversicherung; *Werten-*

rungsträger ist in ihren Grundzügen in den §§ 29 ff. SGB IV geregelt. In den speziellen Vorschriften für die einzelnen Versicherungsträger werden diese Grundzüge konkretisiert.

Organe der Versicherungsträger sind die Vertreterversammlung, der Vorstand und der Geschäftsführer, wobei nur die Vertreterversammlung und der Vorstand Selbstverwaltungsorgane sind, § 31 Abs. 1 SGB IV. Die Selbstverwaltungsorgane setzen sich paritätisch aus Vertretern der Versicherten und der Arbeitgeber zusammen, lediglich in der Landwirtschaftlichen Unfallversicherung sind als zusätzliche Gruppe die Selbständigen ohne fremde Arbeitskräfte — ebenfalls paritätisch — vertreten, § 44 Abs. 1 SGB IV. Die Zuordnung zu den genannten Gruppen erfolgt durch Gesetz und für jeden Versicherungszweig gesondert, § 47 SGB IV. Der Begriff der Mitgliedschaft taucht in diesem Zusammenhang nur für die Versicherten bei den Krankenkassen auf, § 47 Abs. 1 Nr. 1 SGB IV, was darauf zurückzuführen ist, daß die Mitgliedschaft in den verschiedenen Versicherungszweigen nicht hinreichend bestimmt und nicht einheitlich geregelt ist[7].

Die Unterscheidung zwischen Mitgliedern und Nichtmitgliedern kann, wie bereits oben ausgeführt[8], dahingestellt bleiben, da es für die Unterscheidung zwischen Internen und Externen, unabhängig von der Bezeichnung, lediglich auf die Wahl- und Mitwirkungsbefugnisse ankommt[9].

Die Mitglieder der Selbstverwaltungsorgane, die ein Ehrenamt ausüben, § 40 SGB IV, werden nach Gruppen getrennt aufgrund von Vorschlagslisten gewählt, § 46 Abs. 1 SGB IV (Vertreterversammlung), § 52 SGB IV (Vorstand). Vorschlagslisten für die Vertreterversammlung dürfen eingereicht werden von

— Gewerkschaften sowie anderen selbständigen Arbeitnehmervereinigungen mit sozial- oder berufspolitischer Zwecksetzung (sonstige Arbeitnehmervereinigungen) sowie deren Verbänden, § 48 Abs. 1 Nr. 1 SGB IV;

— Vereinigungen von Arbeitgebern sowie deren Verbänden, § 48 Abs. 1 Nr. 2 SGB IV;

— berufsständischen Vereinigungen der Landwirtschaft sowie deren Verbänden für die Gruppe der Selbständigen ohne fremde Arbeitskräfte und Landesfeuerwehrverbänden für die Gruppe der Versicherten bei den besonderen Trägern der Unfallversicherung für die Feuerwehren, § 48 Abs. 1 Nr. 3 SGB IV;

— Versicherten, Selbständigen ohne fremde Arbeitskräfte und Arbeitgebern (freie Listen), § 48 Abs. 1 Nr. 4 SGB IV.

---

bruch, Peters FS, S. 203 (insbesondere 211 f.), beide jedoch für die Zeit vor dem Inkrafttreten des SGB IV; offengelassen von *Krause*, in: GK SGB IV, § 29 Rdn. 26.

7 Vgl. *Krause*, in: GK SGB IV, § 47 Rdn. 41.

8 S. oben 1. Kap. A IV.

9 Vgl. auch *Krause*, in: GK SGB IV, § 47 Rdn. 41, der Mitgliedschaft als die Mitwirkungsberechtigung im Rahmen der Selbstverwaltung definiert.

Die Listen müssen grundsätzlich ein Unterschriftenquorum erfüllen, wobei jedoch für alle Berechtigten mit Ausnahme der freien Listen Befreiungen vorgesehen sind, § 48 Abs. 4 und Abs. 5 SGB IV. Der Einzelne ist demnach in seinem passiven Wahlrecht gegenüber entsprechenden Vereinigungen benachteiligt (in Berlin sind freie Listen sogar unzulässig[10]). Die Beauftragten der vorschlagsberechtigten Organisationen haben auch das passive Wahlrecht und dürfen bis zu einem Drittel der Mitglieder ihrer Gruppe in den Selbstverwaltungsorganen stellen, § 51 Abs. 4 SGB IV[11].

Eine Besonderheit bei den sozialversicherungsrechtlichen Wahlen, die alle sechs Jahre stattfinden, § 58 Abs. 2 SGB IV, und bei der nur Briefwahl zulässig ist, § 54 Abs. 1 SGB IV, sind die „Friedenswahlen“, d.h. Wahlen ohne Wahlhandlung. Nach § 46 Abs. 2 SGB IV gelten die Vorgeschlagenen als gewählt, wenn aus einer Gruppe nur eine Vorschlagsliste zugelassen wird oder auf mehreren Vorschlagslisten insgesamt nicht mehr Bewerber benannt werden, als Mitglieder zu wählen sind. Tatsächlich ist die „Friedenswahl“ im Bereich der Sozialversicherung die Regel. So wurden bei den Sozialversicherungswahlen 1974 nur bei 38[12], 1980 nur bei 49[13] und 1986 nur bei 35[14] Versicherungsträgern Wahlen mit Wahlhandlung durchgeführt.

Hauptaufgaben der Vertreterversammlung sind, die Satzung und das sonstige autonome Recht zu beschließen, den Vorstand und den Geschäftsführer zu wählen und den Versicherungsträger gegenüber dem Vorstand zu vertreten, § 33 SGB IV.

Der Vorstand verwaltet grundsätzlich den Versicherungsträger und vertritt ihn gerichtlich und außergerichtlich, § 35 Abs. 1 SGB IV.

Die Sozialversicherungsträger unterliegen der staatlichen Aufsicht, die sich grundsätzlich auf die Rechtsaufsicht beschränkt, § 37 Abs. 1 SGB IV. Auf dem Gebiet der Unfallverhütung und der Ersten Hilfe bei Arbeitsunfällen erweitert sie sich zur Fachaufsicht, § 87 Abs. 2 SGB IV.

2. Krankenversicherung

a) Allgemeines

Der Bereich der gesetzlichen Krankenversicherung ist rechtlich äußerst kompliziert ausgestaltet, so daß die Darstellung von Einzelbereichen unverständlich

---

10 Artikel 2 § 21 Abs. 1 Nr. 1 SGB — Gemeinsame Vorschriften für die Sozialversicherung — vom 23.12.1976 (BGBl. I S. 3845) i.V.m. § 35 Abs. 1 SVwG (i.d.F. v. 23.8.1967, BGBl. I S. 918) z.g.d.G. v. 20.12.1988 (BGBl. I S. 2477).

11 S. zu den Sozialversicherungswahlen allgemein *Leopold*, S. 88 ff.

12 Vgl. Selbstverwaltungsbericht der Bundesregierung BT DR 7/4244, S. 12.

13 *Glombig*, BArbBl. 9/1980, S. 9, insbesondere die Aufstellung S. 11 ff.

14 BAnz 1986 Nr. 42, S. 2441; *Bley*, S. 154.

bleiben muß, wenn nicht vorab die Strukturen und Regelungsmechanismen in einem — wenn auch nur groben — Überblick aufgezeigt werden.

Das System der gesetzlichen Krankenversicherung ist im Fünften Buch des SGB (SGB V) geregelt[15]. Kernstück der gesetzlichen Krankenversicherung ist die kassenärztliche Versorgung, §§ 72 ff. SGB V. Es handelt sich um ein „subtil organisiertes öffentlich-rechtliches System“[16], auf das sich die nachfolgende Darstellung der Krankenversicherung beschränkt. An diesem System beteiligt sind auf der einen Seite die Versicherten selbst, die Krankenkassen, die Landes- sowie die Bundesverbände der Krankenkassen, auf der anderen die Kassenärzte, die Kassenärztlichen Vereinigungen und deren Zusammenschluß, die Kassenärztliche Bundesvereinigung.

Die Krankenversicherung ist in verschiedene Kassenarten gegliedert, § 4 Abs. 2, §§ 143 ff. SGB V: Allgemeine Ortskrankenkassen, Betriebs-, Innungskrankenkassen, die See-Krankenkasse, die Bundesknappschaft und die Ersatzkassen. Die nachfolgende Darstellung läßt die Besonderheiten der drei letztgenannten Kassenarten außer Betracht, wenn nicht ausdrücklich etwas anderes erwähnt wird.

Sowohl die Kassenärztlichen Vereinigungen[17] und die Kassenärztliche Bundesvereinigung[18] als auch die Krankenkassen[19], die Landesverbände der Krankenkassen[20] und die Bundesverbände der Krankenkassen[21] sind Körperschaften des öffentlichen Rechts. Sie unterstehen der Staatsaufsicht, §§ 78, 208, 214 SGB V, §§ 87 ff. SGB IV. Die Krankenversicherung hat die Aufgabe, die Gesundheit der Versicherten zu erhalten, wiederherzustellen oder ihren Gesundheitszustand zu bessern, § 1 SGB V. Die Kassenärztlichen Vereinigungen haben die Aufgabe, die Erfüllung der den Kassenärzten übertragenen Aufgaben der kassenärztlichen Versorgung sicherzustellen, § 77 Abs. 1 SGB V.

Mitglieder der Kassenärztlichen Vereinigung sind alle in das Arztregister eingetragenen Ärzte. Die als Kassenarzt zugelassenen sind ordentliche, die übrigen Ärzte außerordentliche Mitglieder.

Die Organe der Kassenärztlichen Vereinigungen (und entsprechend die der Kassenärztlichen Bundesvereinigung) sind die Vertreterversammlung und der Vorstand, § 79 Abs. 1 SGB V. Der Vorstand vertritt die Kassenärztliche Vereinigung (Kassenärztliche Bundesvereinigung) gerichtlich und außergerichtlich, § 77 Abs. 6 SGB V.

---

[15] Sozialgesetzbuch — Fünftes Buch — Gesetzliche Krankenversicherung vom 20.12.1988 (BGBl. S. 2482) g. d. G. v. 20.12.1988 (BGBl. S. 2606).

[16] *BVerfGE* 11, 30 (39); vgl. auch die Einführung bei *Schulin / Düe*, JuS 1984, S. 920 ff.

[17] § 77 Abs. 5 SGB V.

[18] § 77 Abs. 5 SGB V.

[19] § 4 Abs. 1 SGB V.

[20] § 207 Abs. 1 S. 2 SGB V.

[21] § 212 Abs. 4 SGB V.

Für die Wahl der Organmitglieder enthält das Gesetz in § 80 SGB V einige Vorschriften, doch sind die eigentlichen Wahlmodalitäten in den jeweiligen Satzungen bzw. Wahlordnungen (als Teil der Satzungen) enthalten.

Die ordentlichen und außerordentlichen Mitglieder wählen getrennt die Mitglieder der Vertreterversammlung, § 80 Abs. 1 S. 1 SGB V. Die außerordentlichen Mitglieder dürfen höchstens ein Fünftel der Mitglieder der Vertreterversammlung stellen, § 80 Abs. 1 S. 2 SGB V. Die Vertreterversammlung wählt nach ordentlichen und außerordentlichen Mitgliedern getrennt die auf die Kassenärztliche Vereinigung entfallenden Mitglieder der Vertreterversammlung der Kassenärztlichen Bundesvereinigung, § 80 Abs. 1 S. 3, 4 SGB V. Die jeweilige Vertreterversammlung wählt den Vorstand der Kassenärztlichen Vereinigung bzw. der Kassenärztlichen Bundesvereinigung, ohne daß eine Unterscheidung zwischen ordentlichen und außerordentlichen Mitgliedern getroffen wird, § 80 Abs. 2 SGB V[22].

Gesetzliche Organe der Krankenkassen sowie der Landes- und Bundesverbände der Krankenkassen sind ebenfalls jeweils die Vertreterversammlung und der Vorstand, § 31 SGB IV, §§ 209, 215 SGB V. Die Organe der Krankenkassen setzen sich grundsätzlich je zur Hälfte aus Vertretern der Versicherten und der Arbeitgeber zusammen, § 44 Abs. 1 Nr. 1 SGB IV[23]. Dasselbe gilt für die Zusammensetzung der Verbandsorgane, § 209 Abs. 2, § 215 Abs. 1 SGB V. Die Wahl der Mitglieder ist in §§ 45 ff. SGB IV bzw. ergänzend in §§ 209, 215 SGB V und den jeweiligen Satzungen geregelt. Danach werden die Versichertenvertreter von den Versicherten, die Arbeitgebervertreter von den Arbeitgebern gewählt, § 209 Abs. 2 S. 2 SGB V. Die Mitglieder der Vertreterversammlung werden von den Vorstandsmitgliedern der Mitgliedskassen für die Landesverbände, § 209 Abs. 3 SGB V, bzw. von den Vorstandsmitgliedern der Landesverbände für die Bundesverbände, § 215 Abs. 1 i.V.m. § 209 Abs. 3 SGB V, aus deren jeweiligen Reihen gewählt. Das SGB V sieht eine Vielzahl von gemeinsamen Gremien der jeweiligen Selbstverwaltungskörperschaften vor, in denen letztlich die die kassenärztliche Versorgung bestimmenden Regelungen getroffen werden. Besonders hervorzuheben sind die Landes-, § 90 SGB V, und die Bundesausschüsse, § 91 SGB V, das Landes- und das Bundesschiedsamt, § 89 SGB V, die Zulassungsausschüsse, § 96 SGB V, und der Bewertungsausschuß, § 87 Abs. 3, 4 SGB V.

---

22 Anders noch § 368l Abs. 5 RVO a. F.

23 Eine Ausnahme besteht für die Bundesknappschaft: ⅔ sind Versichertenvertreter, ⅓ Arbeitgebervertreter, § 44 Abs. 1 Nr. 3 SGB IV. Eine Ausnahme besteht auch für die Ersatzkassen, deren Organe ausschließlich von Versichertenvertretern besetzt werden, § 44 Abs. 1 Nr. 4 SGB IV. Zu den Besonderheiten der See-Krankenkasse s. § 165 SGB V.

b) Normative Regelungen mit Außenwirkung

aa) Zulassungsregelungen

Die Mitgliedschaft der Versicherten in den gesetzlichen Krankenkassen ist durch formelles Gesetz geregelt, § 5 SGB V[24]. Konnten die Ersatzkassen vor dem 1. Januar 1989 noch durch Satzung den Personenkreis bestimmen, für den sie errichtet wurden und den sie verpflichtet waren, zu versichern, § 505 Abs. 1 RVO a.F., legt seitdem § 168 SGB V den Mitgliederkreis durch formelles Gesetz fest, der nur durch Rechtsverordnung, nicht aber durch Satzung geändert werden kann, § 168 Abs. 4 SGB V.

Anders stellt sich die Rechtslage im Hinblick auf die Zulassung zum Kassenarzt dar. Die Zulassung ist erforderlich, damit der Arzt Mitglied der zuständigen Kassenärztlichen Vereinigung wird und zur Teilnahme an der kassenärztlichen Versorgung berechtigt und verpflichtet ist, § 95 Abs. 3 SGB V. Voraussetzung dafür ist die rechtswirksame Eintragung in ein Arztregister, die Bewerbung und die Erfüllung der Voraussetzungen der Zulassungsverordnung (Ärzte-ZV)[25], § 95 Abs. 2 SGB V. Die Zulassungsverordnung wird vom Bundesminister für Arbeit und Sozialordnung mit Zustimmung des Bundesrates als Rechtsverordnung erlassen. Sie ist daher nicht Gegenstand dieser Untersuchung.

Werden die Zulassungsvoraussetzungen nach § 95 Abs. 2 SGB V, §§ 3, 17, 18 Ärzte-ZV erfüllt, liegen keine schwerwiegenden persönlichen Mängel, insbesondere Rauschgift- oder Trunksucht vor, § 21 Ärzte-ZV, und hat der Arzt das 55. Lebensjahr noch nicht vollendet, § 25 ÄrzteZV, besteht grundsätzlich ein Anspruch auf Zulassung als Kassenarzt[26].

Dieser Grundsatz erfährt dann eine Ausnahme, wenn der Landesausschuß[27] Zulassungsbeschränkungen angeordnet hat, § 100 Abs. 2, § 103 SGB V. Die Anordnung der Zulassungsbeschränkungen ist ein Einzelakt[28] und als solcher nicht Gegenstand dieser Untersuchung.

Die Zulassungsbeschränkungen können für den Fall der Unterversorgung, § 100 SGB V, aber auch für den Fall der Überversorgung, § 103 SGB V, angeordnet werden. Ob eine Unter- oder Überversorgung besteht, hat der Landesausschuß festzustellen, §§ 16, 16b Ärzte-ZV. Der Landesausschuß hat seine Entscheidung

[24] Zu den Mitwirkungsrechten der Arbeitgeber s. oben 1. Kap. B VI 2 a.

[25] Zulassungsverordnung für Kassenärzte (Ärzte-ZV) vom 28.5.1957 (BGBl. I S. 572, 608) z. g. d. G. v. 20.12.1988 (BGBl. I S. 2572).

[26] *Horst Peters*, Krankenversicherung, § 368a, Anm. 3b S. 1510-1 (Stand Januar 1986).

[27] Zur personellen Zusammensetzung s. § 90 SGB V.

[28] Vgl. *Horst Peters*, Krankenversicherung, § 368t, Anm. 5 S. 1863-6 (Stand Januar 1987).

auf der Grundlage des Bedarfsplans[29] zu treffen und die in den Richtlinien des Bundesausschusses vorgesehenen Maßstäbe, Grundlagen und Verfahren zu berücksichtigen, § 16 Abs. 1, § 16b Abs. 1 Ärzte-ZV. Weder der Bedarfsplan noch die Richtlinien des Bundesausschusses haben normativen Charakter, da sie den Landesausschüssen gegenüber keine verbindliche Wirkung entfalten[30]. Sie sind daher ebenfalls nicht Gegenstand dieser Untersuchung.

Autonome normative Zulassungsregelungen bestehen demnach für die Kassenärzte nicht.

bb) Berufsordnungen

Der Bundesmantelvertrag-Ärzte enthält eine Reihe von berufsregelnden Bestimmungen[31], die gegenüber den Regelungen der Berufsordnungen der Ärztekammern inhaltlich keine wesentlichen Besonderheiten aufweisen. Die Probleme, die sich aus dem Zustandekommen im Rahmen der gemeinsamen Selbstverwaltung ergeben, sollen hier nicht vertieft werden.

cc) Prüfungs- und Ausbildungsordnungen

Der Kassenarzt muß vor seiner Zulassung einen Einführungslehrgang absolvieren, § 17 Ärzte-KV. Erforderlich ist lediglich die Teilnahme, eine Abschlußprüfung ist nicht vorgesehen. Autonome Prüfungs- oder Ausbildungsordnungen gibt es im Krankenversicherungsrecht nicht.

dd) Honorarordnungen

Als Honorarordnungen im hier verstandenen Sinn kommen im Bereich der Krankenversicherung der Honorarverteilungsmaßstab (HVM), § 85 Abs. 4 SGB V, und der einheitliche Bewertungsmaßstab (EBM), § 87 SGB V, in Betracht. Die Frage, ob HVM und / oder EBM autonome normative Regelungen mit Außenwirkung sind, kann nur in Kenntnis des Organisations- und Vertragssystems (Leistungs- und Vergütungssystems) der kassenärztlichen Versorgung beantwortet werden[32]. Die kassenärztliche Versorgung wird nicht aufgrund von Individualverträgen, sondern innerhalb eines Kollektivvertragssystems erbracht[33]. Die Rechtsbeziehungen zwischen den Beteiligen können mit *Heinemann / Liebold*[34] grob als Fünfeckbeziehung dargestellt werden.

---

29 § 99 SGB V.

30 Vgl. *Horst Peters*, Krankenversicherung, § 368p Anm. 3 S. 1853-2, 1854 (Stand Januar 1987) m.w.N.

31 Vgl. *Schulin / Düe*, JuS 1984, S. 920 (925 f.).

32 Zum Organisationssystem siehe oben, 1. Kap B III 2 a.

33 *Tiemann / Tiemann*, S. 20 f.

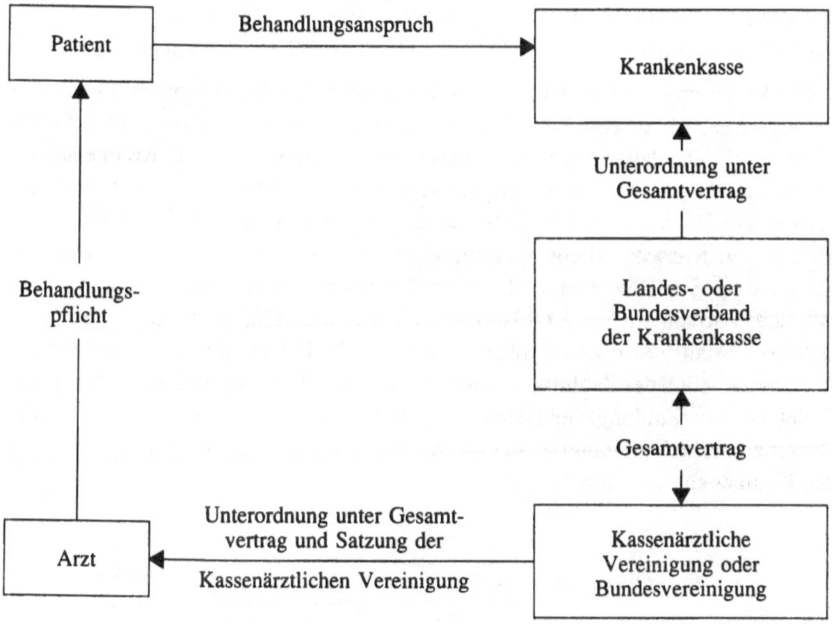

Das Vertragssystem ist ebenso wie das Organisationssystem äußerst kompliziert und in seiner rechtlichen Einordnung und Bewertung in weiten Bereichen noch ungeklärt.

Die Kassenärztlichen Vereinigungen schließen mit den Landesverbänden der Krankenkassen mit Wirkung für die beteiligten Krankenkassen Gesamtverträge über die kassenärztliche Versorgung, § 83 Abs. 1 S. 1 SGB V[35]. Die Vertragsparteien können den Inhalt des Vertrages nicht vollständig festlegen. Ihr wesentlicher Regelungsgegenstand ist, die Gesamtvergütung und den Vergütungsmaßstab[36] sowie Verfahren zur Prüfung der Abrechnungen durch die Kassenärztlichen Vereinigungen zu vereinbaren. Der allgemeine Inhalt des Gesamtvertrags wird dagegen von der Kassenärztlichen Bundesvereinigung und den Bundesverbänden der Krankenkassen in den Bundesmantelverträgen (BMV), § 82 Abs. 1, § 87 Abs. 1 SGB V, festgelegt. Als Bestandteil des BMV vereinbaren die Vertragspart-

[34] *Heinemann / Liebold,* Anm. A 79 (Stand April 1982).

[35] Gesamtverträge für Krankenkassen, die sich über den Bereich einer Kassenärztlichen Vereinigung erstrecken, werden von der Kassenärztlichen Bundesvereinigung mit dem Bundes- oder Landesverband geschlossen, dessen Mitglied die betreffende Krankenkasse ist, § 83 Abs. 1 S. 2 SGB V.

[36] D. h. das Berechnungssystem, nach dem die Gesamtvergütung ermittelt wird. Vgl. zu den verschiedenen nach § 85 Abs. 2 SGB V zulässigen Berechnungssystemen *Horst Peters,* Krankenversicherung, § 368 f Anm. 5 ff. (zeitlich verschiedene Nachträge); *Tiemann / Tiemann,* S. 82 ff.; *Horst Schneider,* S. 73 ff.

ner (des BMV) durch die Bewertungsausschüsse einen einheitlichen Bewertungsmaßstab, § 87 SGB V, der damit zugleich Bestandteil des Gesamtvertrages wird.

Die Vergütung des Kassenarztes erfolgt ebenfalls im Rahmen des Kollektivvertragssystems, d.h. direkte Zahlungen des Versicherten an den Kassenarzt erfolgen nicht. Vielmehr leistet der Versicherte seine Beiträge an die Krankenkasse, §§ 249 ff. SGB V, die die im Gesamtvertrag vereinbarte Gesamtvergütung mit befreiender Wirkung an die Kassenärztliche Vereinigung bezahlt, § 85 Abs. 1 SGB V. Die Kassenärztliche Vereinigung verteilt die Gesamtvergütung unter die Kassenärzte. Sie wendet dabei den Verteilungsmaßstab an, den sie im Benehmen mit den Verbänden der Krankenkassen festgesetzt hat, § 85 Abs. 4 SGB V, (HVM)[37]. Auch zwischen dem Kassenarzt und der Krankenkasse besteht demzufolge hinsichtlich der Zahlungen keine unmittelbare Rechtsbeziehung[38]. Vielmehr findet mit der Zahlung der Gesamtvergütung durch die Krankenkassen an die Kassenärztliche Vereinigung eine Zäsur statt, an der die unmittelbare Mitwirkung der Krankenkassen endet[39].

(1) Unmittelbare Außenwirkung des Honorarverteilungsmaßstabs

Fraglich ist, ob der HVM gegenüber den Kassenärzten unmittelbare Außenwirkung entfaltet. Dies wäre dann der Fall, wenn der Kassenarzt das Entscheidungsorgan nicht wählte oder auf die Entscheidung selbst keinen bestimmenden Einfluß hätte.

Der HVM ist unstreitig eine autonome normative Regelung der Kassenärztlichen Vereinigung[40], so daß das Erfordernis des „Benehmens" mit den Landesver-

---

[37] Dem Vergütungssystem liegen verschiedene Bemessungsmaßstäbe zugrunde, die nicht miteinander verwechselt werden dürfen, da sie nicht notwendig dasselbe rechtliche Schicksal teilen; vgl. dazu *Horst Peters*, Krankenversicherung, § 368 f Anm. 13a S. 1660 (Stand Januar 1987); *Fauvet*, S. 88 ff. für die Rechtslage vor dem KVKG, *Heinemann / Liebold*, Anm. C 284 ff. (Stand Januar 1986). Der *Vergütungsmaßstab* dient der Krankenkasse zur Errechnung der Gesamtvergütung und wird im Gesamtvertrag vereinbart. Der *Abrechnungsmaßstab* wird von den Kassenärzten zur Abrechnung ihrer Leistungen gegenüber der Kassenärztlichen Vereinigung verwendet und umschließt den EBM. Der *Verteilungsmaßstab*, der von der Kassenärztlichen Vereinigung im Benehmen mit den Verbänden der Krankenkassen erlassen wird, dient der Verteilung der Gesamtvergütung unter die Kassenärzte.

[38] *BSGE* 31, 23 (28); *Horst Peters*, Krankenversicherung, § 368 f Anm. 12a (Stand Januar 1987); *Horst Schneider*, S. 70, 45; *Matzke / Schirmer*, BKK 1978, S. 273 (274).

[39] *Horst Peters*, Krankenversicherung, § 368 f Anm. 12a (Stand Januar 1987); *Horst Schneider*, S. 99 ff.

[40] *BVerfGE*, 33, 171 (182 f.); *BSGE*, 21, 235 (236); 22, 218, (219); 29, 111 (113); *Horst Peters*, Krankenversicherung, § 368 f Anm. 13a S. 1660 (Stand Januar 1987); *Heinemann / Liebold*, Anm. C 293 (Stand Oktober 1983); *Fauvet*, S. 93 ff.; *Küchenhoff*, Weber FS, S. 833 (846); *derselbe*, Molitor FS, S. 253 (259 FN 14); *Tiemann / Tiemann*, S. 51.

bänden der Krankenkassen, nicht im Sinne eines Zustimmungserfordernisses verstanden werden kann. Die Kassenärztliche Vereinigung muß sich vielmehr mit den beteiligten Kassenverbänden „an einen Tisch setzen", um evtl. Differenzen nach Möglichkeit auszugleichen. Eine bloße Anhörung genügt nicht[41]. Lassen sich Meinungsverschiedenheiten nicht überbrücken, ist der Wille der Kassenärztlichen Vereinigung entscheidend[42]. Zuständiges Beschlußorgan der Kassenärztlichen Vereinigung ist die Vertreterversammlung[43], die beim Erlaß des HVM nicht durch den Gesamtvertrag gebunden werden kann[44]. Die Mitglieder der Vertreterversammlung werden von den Kassenärzten gewählt. Sie sind also Interne. Demnach entfaltet der HVM keine unmittelbare Außenwirkung, da er von der Kassenärztlichen Vereinigung mit unmittelbarer Wirkung nur für die Kassenärzte erlassen wird.

(2) Unmittelbare Außenwirkung des Einheitlichen Bewertungsmaßstabs

Fraglich ist, ob der EBM unmittelbare Außenwirkung entfaltet. Um diese Frage beantworten zu können, ist es nötig, näher auf den EBM, seine Entstehung, Funktions- und Wirkungsweise einzugehen.

Durch den EBM wird der Inhalt der abrechnungsfähigen ärztlichen Leistungen und ihr wertmäßiges, in Punkten ausgedrückes Verhältnis zueinander, bestimmt, § 87 Abs. 2 S. 1 SGB V. Der EBM ist in bestimmten Zeitabständen darauf zu überprüfen, ob die Leistungsbeschreibungen und ihre Bewertungen noch dem Stand der medizinischen Wissenschaft und Technik sowie dem Erfordernis der Rationalisierung im Rahmen wirtschaftlicher Leistungserbringung entsprechen, § 87 Abs. 2 S. 2 SGB V. Da § 87 Abs. 2 SGB V einen einheitlichen Bewertungsmaßstab fordert, gelten seine Bestimmungen bundesweit für alle Kassenarten, ohne daß strukturelle Abweichungen zulässig wären[45].

Der EBM legt nur Punktwerte, nicht aber unmittelbar Preise fest, ist also keine Honorarordnung im eigentlichen Sinn[46]. Gleichwohl soll die Frage, ob es sich

---

[41] *BSGE*, 29, 111 (113); *Horst Peters*, Krankenversicherung, § 368 f Anm. 13b, S. 17/1661 f. (Stand nicht bekannt).

[42] *BSGE*, 21, 237 (241); 29, 111 (113); *Horst Peters*, Krankenversicherung, § 368 f Anm. 13a, S. 1660/2 (Stand Januar 1987).

[43] *Horst Peters*, Krankenversicherung, § 368 f Anm. 13a, S. 1660/2 (Stand Januar 1987).

[44] *Schellen*, S. 269; *Horst Peters*, Krankenversicherung, § 368 f Anm. 13a, S. 1660/2 (Stand Januar 1987); *Tiemann / Tiemann*, S. 52 f.

[45] Vgl. *Heinemann / Liebold* Anm. C 478 (Stand unbekannt); *Schirmer*, DOK 1978, S. 38 (42); *Schellen*, S. 266; *Horst Peters*, Krankenversicherung, § 368g Anm. 9b bb S. 1695 (Stand Januar 1987).

[46] Vgl. *Horst Peters*, Krankenversicherung, § 368g Anm. 9b bb S. 1695 (Stand Januar 1987); *Schirmer*, DOK 1978, S. 38 (42); *derselbe*, BKK 1977, S. 218 (226).

bei dem EBM um eine normative Regelung mit unmittelbarer Außenwirkung handelt, hier im Zusammenhang abgehandelt werden.

Der EBM wird gemäß § 87 Abs. 1 SGB V vom Bewertungsausschuß als Bestandteil des Bundesmantelvertrages vereinbart und entfaltet damit wie dieser Bindungswirkung über den Gesamtvertrag, § 82 Abs. 1 S. 2 SGB V. Der Bewertungsausschuß setzt sich als einfacher Bewertungsausschuß nach § 87 Abs. 3 SGB V aus sieben Vertretern der Kassenärztliche Bundesvereinigung und sieben Vertretern der Spitzenverbände der Krankenkassen zusammen[47]. Der einfache Bewertungsausschuß kann den EBM nur einstimmig bei Anwesenheit sämtlicher Mitglieder beschließen. Auch eine Stimmenthaltung verhindert die Einstimmigkeit[48]. Kommt ein einstimmiger Beschluß nicht zustande, kann der Bewertungsausschuß um einen unparteiischen Vorsitzenden und vier weitere unparteiische Mitglieder erweitert werden, § 87 Abs. 4 SGB V. Der unparteiische Vorsitzende wird aufgrund einer Einigung der beteiligten Verbände oder — wenn eine Einigung nicht möglich ist — aufgrund eines Losentscheides bestimmt, § 87 Abs. 4 i.V.m. § 89 Abs. 3 SGB V. Zwei der weiteren Mitglieder werden von der Kassenärztlichen Bundesvereinigung, ein weiteres Mitglied gemeinsam von den Bundesverbänden der Krankenkassen und der Bundesknappschaft und ein weiteres Mitglied von den Verbänden der Ersatzkassen ernannt, § 87 Abs. 4 SGB V[49]. Der erweiterte Bewertungsausschuß setzt den EBM mit der Mehrheit seiner Mitglieder fest, § 87 Abs. 5 SGB V. Weder die Zuordnung des Entsendungsrechts an ein bestimmtes Organ der jeweiligen Selbstverwaltungskörperschaft noch das Entsendungsverfahren sind gesetzlich festgelegt. Das SGB V schweigt dazu ebenso wie die Satzungen der Verbände. In der Praxis werden die Vertreter der Verbände im Bewertungsausschuß vom jeweiligen Vorstand ernannt, ohne daß die Vertreterversammlungen in irgendeiner Form in das Ernennungsverfahren einbezogen würden.

Die Rechtsnatur des Bewertungsausschusses ist noch ungeklärt. Einigkeit besteht lediglich darüber, daß es sich um eine organisationsrechtlich selbständige Einheit handelt, die mit eigenen Aufgaben versehen ist, ohne eigene Rechtspersönlichkeit zu haben[50]. Ohne auf den weiteren Streit über die Rechtsnatur des Bewertungsausschusses näher einzugehen[51], kann jedenfalls festgestellt werden,

---

47 Je ein Vertreter der Bundesverbände der Orts-, Betriebs-, Innungs- und Landwirtschaftlichen Krankenkassen, der Arbeiter- und der Angestellten-Ersatzkassen, sowie der Bundesknappschaft.

48 *Horst Peters*, Krankenversicherung, § 368i, Anm. 11 S. 1728/4 (28. Nachtrag, Stand unbekannt); *Heinemann / Liebold*, Anm. C 584 (Stand August 1979).

49 Vgl. *Horst Peters*, Krankenversicherung, § 368i Anm. 11 S. 1728/4 f. (verschiedene Nachträge).

50 *Schellen*, S. 153; *Tiemann / Tiemann*, S. 61; *Schirmer*, BKK 1977, S. 218 (226); *derselbe*, DOK 1978, S. 38, (42); *Horst Peters*, Krankenversicherung, § 368i Anm. 12 S. 1728/5 (Stand Januar 1987); *Wekel*, DOK 1978, S. 697 (699).

daß der Bewertungsausschuß als Selbstverwaltungseinrichtung Teil der Exekutive ist.

Ebenfalls noch nicht geklärt ist die Rechtsnatur des EBM.

Umstritten ist schon die Rechtsnatur des nach § 87 Abs. 3 SGB V vereinbarten EBM. Unter Berufung auf den Wortlaut des § 87 Abs. 1 SGB V „vereinbaren" wird er als öffentlich-rechtlicher Vertrag angesehen[52]. Mit Blick auf den Wortlaut des § 87 Abs. 4 SGB V „durch übereinstimmenden Beschluß" könnte er auch als Verwaltungsakt angesehen werden[53]. Der Beschluß des EBM wird auch als nichtobrigkeitlicher Kollegialakt qualifiziert, dem durch Gesetz unmittelbar die Rechtswirkung eines Vertrages beigemessen wird[54]. In keinem Fall wäre der EBM Gegenstand dieser Untersuchung, da ihm das normative Element fehlte. Richtigerweise dürfte es sich jedoch bei dem EBM um eine im Weg der gemeinsamen Selbstverwaltung erlassene normative Regelung handeln. Der EBM ist gemäß § 87 Abs. 1 SGB V Bestandteil der Bundesmantelverträge, die den allgemeinen Inhalt der Gesamtverträge festlegen, § 82 Abs. 1 SGB V. Der Inhalt der Verträge und damit des EBM ist durch gesetzliche Bestimmung für jeden Kassenarzt, jede Kassenärztliche Vereinigung und jede Krankenkasse verbindlich, §§ 95 Abs. 3 S. 2, 81 Abs. 3, 210 Abs. 2 SGB V. Der EBM bestimmt verbindlich den Umfang der kassenärztlichen Versorgung und damit die Abrechenbarkeit der Leistungen des Kassenarztes[55]. Es werden also nicht nur die am Zustandekommen des EBM beteiligten Spitzenverbände und die den Gesamtvertrag abschließenden Kassenärztlichen Vereinigungen und Landesverbände der Krankenkassen gebunden, sondern auch die Ärzte, Krankenkassen und Versicherten, so daß die generell abstrakte Regelung des EBM normativen Charakter hat. Ob es sich insoweit um eine Satzung oder um eine normsetzende Vereinbarung handelt[56], kann hier dahinstehen, da die Zuordnung für den Untersuchungsgegenstand unerheblich ist.

Anders als bei der Vereinbarung des EBM durch einstimmigen Beschluß nach § 87 Abs. 3 SGB V besteht über die Rechtsnatur des durch Mehrheitsbeschluß nach § 87 Abs. 4 SGB V zustandegekommenen EBM kein Streit. Es soll sich

---

[51] Vgl. dazu *Schellen,* S. 153; *Schirmer,* DOK 1978, S. 38 (42); *Wekel,* DOK 1978, S. 697 (699); *Heinemann / Liebold,* Anm. C 580 (Stand August 1979); *Horst Peters,* Krankenversicherung, § 368e Anm. 12 S. 1728/5 (Stand Januar 1987).

[52] So *Schirmer,* DOK 1978, S. 38 (42); *Heinemann / Liebold,* Anm. C 580 und C 584 (Stand August 1979); *Wekel,* DOK 1978, S. 697 (699); *Schnapp,* ErsK 1978, S. 497 (503); *Matzke / Schirmer,* BKK 1978, S. 273 (278).

[53] So *Horst Peters,* Krankenversicherung, § 368i Anm. 14 S. 1728/6 (Stand Januar 1987), der seine Auffassung mit dem Hinweis in § 368i Abs. 10 S. 2 auf § 368h Abs. 1 S. 1 RVO a. F. begründet.

[54] *Schellen,* S. 118.

[55] S. o. 1. Kap. B VI 2 b dd FN 37.

[56] Vgl. dazu *Wolff / Bachof,* VerwR I, S. 138 f.; für die Bundesmantelverträge auch *Küchenhoff,* Molitor FS, S. 253 (263).

nach einhelliger Auffassung um einen Verwaltungsakt handeln[57]. Dieser Auffassung kann jedoch nicht gefolgt werden. Die Art des Zustandekommens des EBM durch Mehrheitsbeschluß nach § 87 Abs. 4 SGB V ändert weder etwas am generell abstrakten Charakter, noch an der Bindungswirkung des EBM. Er bleibt daher eine normative Regelung. Der Umstand, daß diese Regelung nunmehr nicht einstimmig, sondern durch Mehrheitsbeschluß erfolgt, hat allenfalls Auswirkungen auf die Rechtmäßigkeit des EBM[58], nicht aber auf die Bestimmung seiner Rechtsnatur.

Nachdem der normative Charakter des EBM festgestellt ist, ist die Frage nach der unmittelbaren Außenwirkung zu beantworten.

Sie hängt zunächst davon ab, ob und für welchen der drei Bemessungsmaßstäbe[59] er Bindungswirkung entfaltet.

Unproblematisch ist die Antwort, soweit die Gesamtvergütung nach Einzelleistungen berechnet wird, weil dann der EBM kraft Gesetzes zur Berechnung herangezogen werden muß, § 87 Abs. 2 S. 2 SGB V, der EBM also mit dem Vergütungsmaßstab identisch ist. Der Vergütungsmaßstab seinerseits wirkt aber unmittelbar nur zwischen den Vertragsparteien, den Kassenärztlichen Vereinigungen und den Landesverbänden der Krankenkassen, hat also keine unmittelbare Außenwirkung.

Unstreitig ist auch, daß dem HVM der EBM nicht als Bemessungsgrundlage zugrunde liegen muß[60]. Der Verweis im HVM auf den EBM[61] beruht auf einem autonomen Beschluß der Vertreterversammlung der Kassenärztlichen Vereinigung. Die Bindungswirkung des EBM über den HVM für die Kassenärzte geht also auf ihre eigene Vertretung zurück. Der EBM entfaltet deshalb insoweit keine unmittelbare Außenwirkung.

Der EBM ist mit dem Abrechnungsmaßstab, also dem Maßstab, nach dem die Kassenärzte ihre Leistungen gegenüber der Kassenärztlichen Vereinigung abrechnen, identisch[62]. Fraglich ist, ob er dies auch sein muß. Dafür spricht schon der

---

57 *Schellen*, S. 129; *Schirmer*, DOK 1978, S. 38 (42); *Horst Peters*, Krankenversicherung, § 368i Anm. 14 S. 1728/6 (Stand Januar 1987), der schon die Vereinbarung nach § 368i Abs. 8 als Verwaltungsakt charakterisiert; *Heinemann / Liebold*, Anm. C 592 (Stand August 1979).

58 So ist eine normsetzende Vereinbarung durch Mehrheitsbeschluß unzulässig, vgl. *Wolff / Bachof* VerwR I, S. 139.

59 S. o. 1. Kap. B VI 2 b dd FN 37.

60 *Schellen*, S. 268; *Tiemann / Tiemann*, S. 52 f.; *Schmittke*, S. 18; *Schirmer*, DOK 1978, S. 38 (40); *Horst Peters*, Krankenversicherung, § 368 f Anm. 13a S. 1660/2 (Stand Januar 1987); *Heinemann / Liebold*, Anm. C 314 (Stand Januar 1986) mit praktischen Beispielen für die Diskrepanz.

61 Vgl. auch *Schulin / Düe*, JuS 1984, S. 920 (926).

62 *Heinemann / Liebold*, Anm. C 285; nach *Horst Peters*, Krankenversicherung, § 368 f Anm. 13a S. 1660 (Stand Januar 1987), wird der EBM vom Abrechnungsmaßstab „umschlossen“.

Wortlaut des § 87 Abs. 2 S. 1 SGB V, wonach der EBM den Inhalt der abrechnungsfähigen ärztlichen Leistungen bestimmt. Damit legt der EBM zunächst fest, welche Leistungen überhaupt zur kassenärztlichen Versorgung gehören[63]. Sinnvollerweise kann sich die Festlegung des Leistungsumfangs nicht nur auf das Verhältnis der Kassenärztlichen Vereinigung zu den Krankenkassen, sondern auch auf die Abrechenbarkeit von Leistungen im Verhältnis des Kassenarztes zur Kassenärztlichen Vereinigung beziehen. D. h. der Kassenarzt kann nur die Leistungen mit der Kassenärztlichen Vereinigung abrechnen und von ihr honoriert verlangen, die im EBM aufgeführt sind[64]. Der EBM bindet also die Kassenärzte unmittelbar.

Ob mit dieser Bindung unmittelbare Außenwirkung verbunden ist, hängt davon ab, ob die Kassenärzte im Hinblick auf den EBM Externe sind. Die Kassenärzte könnten unter dem Gesichtspunkt der fehlenden Wahlberechtigung hinsichtlich der Ärztevertreter im Bewertungsausschuß Externe sein. Kassenärzte wählen die Mitglieder der Vertreterversammlung ihrer Kassenärztlichen Vereinigung, § 80 Abs. 1 SGB V. Diese wählen einerseits den Vorstand der Kassenärztlichen Vereinigung, § 80 Abs. 2 SGB V, andererseits die auf ihre kassenärztliche Vereinigung entfallenden Mitglieder in der Vertreterversammlung der Kassenärztlichen Bundesvereinigung, § 80 Abs. 1 S. 3, 4 SGB V. Die Wahl des Vorstandes der Kassenärztlichen Bundesvereinigung erfolgt durch deren Vertreterversammlung, § 80 Abs. 2 SGB V. Der Vorstand der Kassenärztlichen Bundesvereinigung seinerseits benennt die Mitglieder der Kassenärzte im Bewertungsausschuß. Bei dieser Konstellation besteht auch unter Berücksichtigung des Umstandes, daß die kassenärztlichen Organisationen repräsentativ organisiert sind, unmittelbare Außenwirkung gegenüber den einzelnen Kassenärzten, weil die ärztlichen Vertreter im Bewertungsausschuß die einzelnen Kassenärzte nicht repräsentieren:

Die ärztlichen Mitglieder des Bewertungsausschusses werden nicht gewählt, sondern vom Vorstand der Kassenärztlichen Bundesvereinigung ernannt. Die Ernennung wird durch die Vertreterversammlung der Kassenärztlichen Bundesvereinigung weder bestätigt, noch nimmt die Vertreterversammlung sonst in irgendeiner Weise am Ernennungsverfahren teil. Die Mitglieder des Bewertungsausschusses sind unabhängig von den sie entsendenden Körperschaften und nicht weisungsgebunden[65]. Diese Umstände führen dazu, daß die Legitimationskette zum Bewertungsausschuß abreißt. Hinzu kommt, daß nach § 6 der Geschäftsordnung des Bewertungsausschusses die Verhandlungen und Beschlußfassungen im Bewertungsausschuß nicht öffentlich sind und über den Hergang der Verhandlungen und über das Stimmverhältnis Stillschweigen zu wahren ist.

---

[63] Vgl. *Horst Peters*, Krankenversicherung, § 368g Anm. 9b bb S. 1695 (Stand Januar 1987); *Schirmer*, BKK 1977, S. 218 (226).

[64] Vgl. *Schirmer*, BKK 1977, S. 218 (226); anders *Tiemann / Tiemann*, S. 52 f.

[65] *Schellen*, S. 231 ff.; *Tiemann / Tiemann*, S. 60 f., 200.

Sind die Kassenärzte schon gegenüber dem durch einstimmigen Beschluß vereinbarten EBM nach § 87 Abs. 3 SGB V Externe, gilt dies erst recht für den durch Mehrheitsbeschluß zustandekommenden EBM nach § 87 Abs. 4 SGB V. Dieser kann — theoretisch — beschlossen werden, ohne daß ein einziger „eigener" Vertreter zugestimmt hat. In diesem Fall bindet der Beschluß des Bewertungsausschusses eindeutig die Kassenärzte als Externe, entfaltet der EBM ihnen gegenüber also unmittelbare Außenwirkung.

Der EBM könnte darüber hinaus aus einem anderen Gesichtspunkt unmittelbare Außenwirkung entfalten.

Die ärztliche Versorgung in der Bundesrepublik Deutschland beruht im wesentlichen auf der kassenärztlichen Versorgung, weil reine Privatpraxen kaum lebensfähig und daher äußerst selten sind. Die Festlegung der abrechenbaren Leistungen im EBM und die Verteilung des Honorars nach einem am EBM ausgerichteten HVM führt zu strukturellen Entscheidungen im Bereich der ärztlichen Versorgung allgemein. Werden bestimmte technische Leistungen (Röntgenologie, Laborleistungen etc.) wegen der Festlegungen und Bewertungen im EBM und entsprechender Honorierung aufgrund des HVM für den Kassenarzt wirtschaftlich besonders attraktiv, wird er die entsprechenden technischen Einrichtungen in seiner Praxis eher vorhalten, als wenn diese Leistungen nicht oder nur geringfügig bewertet werden. Die darauf fußenden Strukturen im Kassenarztbereich schlagen auch auf die Nichtkassenmitglieder durch, die sich mit entsprechend ausgestatteten und verteilten Arztpraxen konfrontiert sehen. Die Nichtmitglieder einer Krankenkasse sind in jedem Fall Externe.

Läßt sich feststellen, daß der EBM final auf derartige Strukturveränderungen ausgerichtet ist, entfaltet er auch insoweit unmittelbare Außenwirkung. Die Zielrichtung des EBM läßt sich eindeutig aus der Diskussion zu seiner Neuordnung belegen[66]. Danach sollte der am 13. März 1987 verabschiedete und am 1. Oktober 1987 in Kraft getretene neue EBM eine Strukturreform im Gesundheitswesen durch Veränderung der Punktwerte herbeiführen. Ziel war, den allgemein-praktischen Ärzten ein zahlenmäßiges Übergewicht über die Gebietsärzte zu verschaffen, die „sprechende" gegenüber der „technischen" Medizin aufzuwerten und eine Umverteilung des zur Verfügung stehenden Gesamthonorars herbeizuführen.

Gleichwohl entfaltet die EBM gegenüber den Nichtkassenmitgliedern keine unmittelbare Außenwirkung, da die mit ihm verbundenen Strukturveränderungen final nur auf das Kassenarztsystem, also den Bereich der Sozialversicherung bezogen sind.

---

66 Vgl. *Häußler*, DÄ 1987, A 220 f.; *derselbe*, Medical Tribune vom 12.9.1986, S. 15; *Blüm*, Bulletin der Bundesregierung Nr. 30, S. 245 ff.; *Bourmer*, DÄ 1987, B 1546; *Lang*, DÄ 1987, A 961; *Tätigkeitsbericht der KBV* 1985, S. 75 ff.; 1986, S. 66 f.

(3) Mittelbare Außenwirkung des Honorarverteilungs und des Einheitlichen Bewertungsmaßstabs

Die soeben festgestellten weitergehenden Auswirkungen des EBM stehen in engem Zusammenhang zur Gesundheitsversorgung der Allgemeinheit und der freien Arztwahl der Patienten. Der EBM läßt objektiv deutlich eine außenregelnde Tendenz erkennen. Der EBM entfaltet daher mittelbare Außenwirkung. Aus den selben Gründen hat der HVM, dem der EBM zugrunde liegt, ebenfalls mittelbare Außenwirkung.

ee) Beitrags- und Gebührenordnungen

Die Mittel für die Krankenversicherung sind von den Versicherten, den Arbeitgebern, den Rehabilitationsträgern, der Künstlersozialkasse und dem Bund aufzubringen, §§ 249 ff. SGB V. Gegenstand der weiteren Untersuchung soll der Übersichtlichkeit halber lediglich die Beitragspflicht der nach § 5 SGB V Pflichtversicherten und der Arbeitgeber sein. Die Versicherten und die Arbeitgeber tragen die Beiträge grundsätzlich je zur Hälfte, § 249 Abs. 1 SGB V. Für Versicherte mit geringfügigem Entgelt hat allein der Arbeitgeber die Beiträge zu tragen, § 249 Abs. 2 SGB V. Die Höhe der Beiträge wird durch Satzung der Krankenkassen festgelegt, § 241 SGB V. Das zuständige Organ innerhalb der Krankenkassen ist die Vertreterversammlung, § 33 Abs. 1 SGB IV, die sich gemäß § 44 Abs. 1 Nr. 1 SGB IV je zur Hälfte aus Vertretern der Versicherten und der Arbeitgeber zusammensetzt. Arbeitgeber und Versicherte sind Interne, die Satzungsbestimmungen über die Beiträge entfalten daher keine Außenwirkung.

3. Unfallversicherung

a) Allgemeines

Die Unfallversicherung ist im Dritten Buch der RVO geregelt[67]. Neben der allgemeinen[68], gibt es die landwirtschaftliche[69], sowie die See-Unfallversicherung[70]. Träger der allgemeinen Unfallversicherung sind 34 gewerbliche Berufsgenossenschaften, § 646 Abs. 1 RVO[71], die Eigenunfallversicherungsträger, (Bund,

---

[67] §§ 537-1147 Reichsversicherungsordnung vom 19.7.1911 (RGBl. S. 509) i. d. F. d. B. v. 15.12.1924 (RGBl. I S. 799) z. g. d. G. v. 20.12.1988 (BGBl. I S. 2477); zur Bundeskompetenz s. *BVerfGE* 23, 12 (19 ff.).

[68] §§ 643-775 RVO

[69] §§ 776-834 RVO.

[70] §§ 835-895 RVO.

[71] Siehe Anlage 1 zu § 646 Abs. 1 RVO (Nr. 13 ist aufgehoben).

Länder, Gemeinden, die Bundesanstalt für Arbeit)[72], sechs Feuer-Unfallversicherungskassen[73] und 13 Gemeindeunfallversicherungsverbände[74]. Träger der Landwirtschaftlichen Unfallversicherung sind 19 landwirtschaftliche Berufsgenossenschaften, § 790 Abs. 1 RVO[75]. Träger der See-Unfallversicherung ist die See-Berufsgenossenschaft, § 850 Abs. 1 RVO. Die gewerblichen Berufsgenossenschaften und die See-Berufsgenossenschaft haben sich zum Hauptverband der gewerblichen Berufsgenossenschaften, die landwirtschaftlichen Berufsgenossenschaften zum Bundesverband der landwirtschaftlichen Berufsgenossenschaften zusammengeschlossen. Beide Verbände sind eingetragene Vereine[76].

Die weitere Untersuchung beschränkt sich — soweit nichts abweichendes erwähnt wird — auf die gewerblichen Berufsgenossenschaften als Träger der allgemeinen Unfallversicherung.

Die Berufsgenossenschaften sind als Sozialversicherungsträger rechtsfähige Körperschaften des öffentlichen Rechts, § 29 Abs. 1 SGB IV[77]. Zwangsmitglieder der sachlich zuständigen Berufsgenossenschaft sind alle Unternehmer, deren Unternehmen ihren Sitz im örtlichen Zuständigkeitsbereich dieser Berufsgenossenschaft haben, § 658 Abs. 1 RVO. „Unternehmen" im Sinne des § 658 RVO ist gekennzeichnet durch eine planmäßige, für eine gewisse Dauer bestimmte Vielzahl von Tätigkeiten, die auf ein einheitliches Ziel gerichtet sind und mit einer gewissen Regelmäßigkeit ausgeübt werden[78]. Unternehmer im Sinne des § 658 RVO ist derjenige, für dessen Rechnung das Unternehmen geht, § 658 Abs. 2 Nr. 1 RVO, der also das wirtschaftliche Wagnis trägt, d.h. dem Gewinn und Verlust unmittelbar zum Vor- bzw. Nachteil gereichen[79]. Unternehmer ist unter diesen Voraussetzungen auch, wer keine Arbeitnehmer beschäftigt[80], ja sogar, wer keinen wirtschaftlichen Geschäftsbetrieb unterhält, § 658 Abs. 2 Nr. 2 und 3 RVO[81].

Die Mitgliedschaft beginnt mit der Eröffnung des Unternehmens, ist also von einem Beitritt unabhängig, § 659 RVO[82]. Die Bestimmung der sachlich zuständigen Berufsgenossenschaft soll gemäß § 646 Abs. 2 RVO durch Rechtsverordnung

72 §§ 653 ff., 766 ff. RVO. Von Eigenunfallversicherung spricht man dann, wenn die Träger öffentlicher Gebäude die Unfallversicherung durch eigene, unselbständige Ausführungsbehörden, §§ 766 ff. RVO, durchführen, vgl. *Bley*, S. 158.

73 § 656 Abs. 4 RVO. *Lauterbach*, § 656 Anm. 7 (Stand Juli 1986).

74 § 656 Abs. 2 RVO. *Lauterbach*, § 656 Anm. 3 (Stand Juli 1986).

75 Siehe Anlage 2 zu § 790 Abs. 1 RVO.

76 Vgl. *Bley*, S. 158; *Lauterbach*, § 646 Anm. 15 (Stand Mai 1978).

77 Vgl. oben 1. Kap. B VI 1 FN 6.

78 *BSGE* 36, 111 (115); 42, 126 (128); *Bley*, S. 160.

79 *BSGE* 14, 142 (145 ff.); 18, 219 (220); 22, 87 (88 f.); 23, 83; 33, 78 (80 f.); 45, 238 (239); *Bley*, S. 160.

80 *Bley*, S. 160.

81 Vgl. *Bley*, S. 160.

82 *Rüfner*, S. 106.

des Bundesministers für Arbeit und Sozialordnung erfolgen. Bisher ist eine entsprechende Rechtsverordnung jedoch nicht ergangen, so daß nach Art. 4 § 11 UVNG jeder Träger der Unfallversicherung weiter für die Unternehmen zuständig ist, für die er bisher zuständig war[83]. Die bisherige Zuständigkeit richtet sich grundsätzlich nach der Bekanntmachung betreffend die Bildung der Berufsgenossenschaften vom 21.5.1885, die der Bundesrat aufgrund der §§ 11 und 15 Unfallversicherungsgesetz vom 6.7.1884[84] beschlossen hat[85] und die noch immer geltendes Recht ist[86]. Es kann hier dahingestellt bleiben, ob es sich bei dem Beschluß des Bundesrates um ein Gesetz, eine Rechtsverordnung, eine Verwaltungsverordnung oder einen Einzelakt handelt, da der Beschluß in keinem Fall eine autonome, sondern eine staatliche Regelung ist.

Für die später errichteten Berufsgenossenschaften ist die sachliche Zuständigkeit in den jeweiligen Errichtungsbeschlüssen geregelt[87]. Zur Bestimmung der sachlich zuständigen Berufsgenossenschaft kann im übrigen das vom Reichsversicherungsamt aufgestellte Verzeichnis der Gewerbezweige nach ihrer berufsgenossenschaftlichen Zugehörigkeit (alphabetisches Verzeichnis) herangezogen werden, ohne daß es sich dabei allerdings um eine verbindliche Regelung handelt[88]. Die sachliche Zuständigkeit von Berufsgenossenschaften, ebenso wie deren Errichtung, Vereinigung, Abgrenzung und Auflösung konnte zeitweilig durch Rechtsverordnung[89], später durch Beschluß der Berufsgenossenschaft selbst, §§ 636, 643 RVO a.F., geregelt werden[90]. Seit Inkrafttreten des UVNG am 1.7.1963 kann eine Berufsgenossenschaft nur durch Gesetz errichtet, aufgelöst oder in ihrem Bestand geändert werden, Art. 87 Abs. 3 S. 1 GG[91].

Die Unfallversicherung hat die Aufgabe, Arbeitsunfälle zu verhüten, und nach Eintritt eines Arbeitsunfalles den Verletzten, seine Angehörigen und Hinterbliebenen zu entschädigen, § 537 RVO. Selbstverwaltungsorgane der Träger der allgemeinen Unfallversicherung sind die Vertreterversammlung und der Vorstand, § 31 Abs. 1 SGB IV[92].

Die Unfallversicherungsträger unterliegen staatlicher Aufsicht, die grundsätzlich auf die Rechtsaufsicht beschränkt ist, § 37 Abs. 1 SGB IV[93]. Die Satzung

---

[83] Dies gilt jedoch nur, soweit keine anderweitige Regelung, wie z. B. im § 657 Abs. 2 RVO besteht.

[84] RGBl. S. 69.

[85] *Lauterbach,* § 646 Anm. 19 (Stand Januar 1984).

[86] *BSGE* 39, 112 (113).

[87] *Lauterbach,* § 646 Anm. 7 (Stand Juli 1977) und Anm. 19 (Stand Januar 1984).

[88] *BSGE* 39, 112 (114 f.).

[89] Vgl. *Lauterbach,* § 646 Anm. 7 (Stand Januar 1984).

[90] Vgl. *Lauterbach,* § 646 Anm. 7 (Stand Januar 1984).

[91] Vgl. *Lauterbach* § 646 Anm. 7 (Stand Januar 1984).

[92] Zu Wahl, Zusammensetzung und Aufgaben der Organe, s. o. 1. Kap. B VI 1.

[93] Zu den Besonderheiten bei den Unfallverhütungsvorschriften s. o. 1. Kap. B VI 1 und unten 1. Kap. B VI 3 b dd.

des Unfallversicherungsträgers bedarf der Genehmigung der Aufsichtsbehörde. Wird die Genehmigung versagt und nicht innerhalb einer von der Aufsichtsbehörde festgesetzten Frist eine neue Satzung erlassen oder diese wiederum nicht genehmigt, so erläßt die Aufsichtsbehörde die Satzung, § 672 RVO.

b) Normative Regelungen mit Außenwirkung

aa) Zulassungsregelungen

Die Mitgliedschaft in einer Berufsgenossenschaft ist allgemeinen in § 658 RVO geregelt. Die Bestimmung der sachlichen Zuständigkeit ist abhängig vom Bestand und der Abgrenzung der Berufsgenossenschaften. Die Bestimmung erfolgt, wie oben dargestellt, grundsätzlich nach dem Beschluß des Bundesrats vom 21.5.1885. Die Errichtung, Auflösung und Bestandsänderung muß heute durch formelles Gesetz erfolgen. Es gibt demzufolge keine autonomen normativen Zulassungsregelungen im Bereich der Unfallversicherung, soweit es um die Mitgliedschaft in den Versicherungsträgern geht.

Von den Mitgliedern der Versicherungsträger zu unterscheiden sind die Versicherten, also diejenigen, die den Unfallversicherungsschutz genießen, d.h. durch die Versicherung vor einem Versicherungsfall und dessen Folgen bewahrt werden sollen[94]. Zu den Versicherten gehören die Pflichtversicherten, §§ 539 ff. RVO, und die freiwillig Versicherten, § 545 RVO.

Die Versicherungspflichtigen kraft Gesetzes sind in den §§ 539, 540 RVO im einzelnen aufgezählt. Zu ihnen gehören nicht nur Arbeitnehmer, § 539 Abs. 1 Nr. 1 RVO, sondern auch selbständig Tätige, deren wirtschaftliche Lage sich nicht wesentlich von der eines Arbeitnehmers unterscheidet (z. B. Heimarbeiter, Schausteller, Hebammen, § 539 Abs. 1 Nr. 2, 3, 7 RVO), Schüler und Studenten, § 539 Abs. 1 Nr. 14 lit. b und d RVO sowie weitere Personengruppen aufgrund ihrer Tätigkeit im allgemeinen (z. B. Entwicklungshelfer, § 539 Abs. 1 Nr. 16 RVO, Kinder im Kindergarten, § 539 Abs. 1 Nr. 14 lit. a RVO) oder ihrer Tätigkeit konkret (z. B. Hilfeleistende bei Unglücksfällen, § 539 Abs. 1 Nr. 9 lit. a RVO, Blutspender, § 539 Abs. 1 Nr. 10 RVO).

Die Versicherungspflicht kann auch durch die Satzung des Trägers der Unfallversicherung angeordnet werden, §§ 543 f. RVO. Von dieser Möglichkeit haben 18 gewerbliche Berufsgenossenschaften — zum Teil mit Einschränkungen und Befreiungsmöglichkeiten — Gebrauch gemacht[95]. Ist ein Personenkreis durch die Satzung der Berufsgenossenschaft in den Kreis der Versicherungspflichtigen

---

[94] *Bley*, S. 128.

[95] Siehe Anlage zu VB 50/85 des Hauptverbandes der gewerblichen Berufsgenossenschaften vom 27.6.1985; vgl. auch *BVerfG*, NJW 1986, S. 1095.

einbezogen worden, beginnt das Versicherungsverhältnis — wie bei der gesetzlich begründeten Pflichtversicherung — ohne Zutun des Versicherten mit Aufnahme der die Versicherungspflicht auslösenden Tätigkeit[96].Bei diesen Satzungen handelt es sich um Zulassungsregelungen im hier verstandenen Sinne, da die Betroffenen dadurch zwangsweise dem Ordnungsbereich der Unfallversicherung als Versicherte zugeordnet werden. Die entsprechenden Satzungsbestimmungen müßten an sich wie alle Zulassungsregelungen unmittelbare Außenwirkung entfalten. Es stellt sich hier jedoch die Frage, ob dies für die Zulassungsregelungen der Unfallversicherungsträger ausnahmsweise nicht gilt. Die Antwort läßt sich nur finden, wenn man nach den durch § 543 und § 544 RVO in die Unfallversicherung einbezogenen Personenkreisen differenziert.

Die Vorschrift des § 543 Abs. 1 RVO eröffnet die Möglichkeit, durch Satzung die Unfallversicherung auf Unternehmer zu erstrecken. Der Unternehmerbegriff des § 543 RVO ist mit dem des § 658 RVO identisch[97]. Die von § 543 Abs. 1 RVO erfaßten Unternehmer sind nach § 658 Abs. 1 RVO mitwirkungs- und wahlberechtigte Mitglieder der Berufsgenossenschaften, also Interne. Die aufgrund von § 543 Abs. 1 RVO erlassenen Satzungsvorschriften haben demzufolge keine unmittelbare Außenwirkung[98].

Nach § 543 Abs. 2 RVO können die im Unternehmen tätigen Ehegatten durch Satzung zum Kreis der Pflichtversicherten gezogen werden, wenn ihr Ehegatte nach § 543 Abs. 1 RVO versichert ist und für sie selbst keine Pflichtversicherung nach § 539 Abs. 1 Nr. 1 RVO besteht[99]. Die Ehegatten sind zunächst keine mitwirkungs- und wahlberechtigten Mitglieder der Berufsgenossenschaften, sie sind also Externe hinsichtlich der Zulassungsregelung. Daran ändert sich auch nichts dadurch, daß sie gemäß § 44 SGB IV Mitwirkungs- und Wahlrechte ab dem Zeitpunkt des Versicherungseintritts haben. Die Satzungsvorschriften, durch die die Ehegatten zu Pflichtversicherten werden, entfalten demzufolge unmittelbare Außenwirkung.

Nach § 544 RVO kann die Satzung des Trägers der Unfallversicherung bestimmen, daß und unter welchen Bedingungen Personen, die nicht im Unternehmen beschäftigt sind, aber die Stätte des Unternehmens besuchen oder auf ihr verkehren, § 544 Nr. 1 RVO, sowie die Mitglieder der Organe und Ausschüsse der Versicherungsträger bei ihrer Tätigkeit in den Organen und Ausschüssen der Verbände der Versicherungsträger, § 544 Nr. 2 RVO, gegen Arbeitsunfälle versichert sind, soweit sie dies nicht schon nach anderen Vorschriften sind. Von den

---

[96] *Lauterbach*, § 543 Anm. 1 (Stand Juli 1986) und Anm. 7 (Stand Juni 1983).

[97] *Lauterbach*, § 543 Anm. 5 (Stand Juli 1986); *Gitter*, in: Gesamtkommentar, § 543 Anm. 3 (Stand Juli 1980).

[98] Vgl. dazu *Gitter*, in: Gesamtkommentar, § 543 Anm. 1 (Stand Juli 1986).

[99] Vgl. *Lauterbach*, § 543 Anm. 12 (Stand Juni 1983); *Gitter*, in: Gesamtkommentar, § 543 Anm. 7 (Stand Juli 1980).

Möglichkeiten des § 544 Nr. 1 und 2 RVO haben alle gewerblichen Berufsgenossenschaften mit unterschiedlichen Einschränkungen Gebrauch gemacht.

Die Pflichtversicherten nach § 544 Nr. 1 RVO sind ebenso wie die nach § 543 Abs. 2 RVO keine mitwirkungs- und wahlberechtigten Mitglieder der Berufsgenossenschaften und daher Externe. Anders verhält es sich mit den Pflichtversicherten nach § 544 Nr. 2 RVO. Danach sind die Vorstands- und Vertreterversammlungsmitglieder (§ 39 Abs. 1 SGB IV) der Berufsgenossenschaften bei ihrer Tätigkeit in den Organen und Ausschüssen der Verbände, also z. B. dem Hauptverband der gewerblichen Berufsgenossenschaften e. V. und dem Bundesverband der landwirtschaftlichen Berufsgenossenschaften e.V., pflichtversichert. Für die als öffentlich-rechtliche Körperschaften organisierten Verbände, wie z. B. die Landesverbände der Krankenkassen oder die Bundesverbände der Krankenkassen bzw. die Kassenärztlichen Vereinigungen oder die Kassenärztliche Bundesvereinigung, hat § 544 Nr. 2 keine Bedeutung, da die dort ehrenamtlich Tätigen bereits nach § 539 Abs. 1 Nr. 13 pflichtversichert sind[100]. Diese Organ- bzw. Ausschußmitglieder können nur Unternehmer im Sinne des § 658 RVO sein, die nicht nach § 539 oder § 543 RVO pflichtversichert sind, da diese Versicherten durch die Subsidiaritätsklausel „soweit sie dies nicht schon nach anderen Vorschriften sind" aus dem Bereich des § 544 Nr. 2 ohne weiteres herausfallen. Die Unternehmer sind stets Mitglieder der Träger der Unfallversicherung, eine auf sie bezogene Ausweitung der Versicherungspflicht betrifft demnach Interne. Die entsprechenden Satzungsvorschriften haben keine unmittelbare Außenwirkung.

Autonome normative Zulassungsregelungen mit unmittelbarer Außenwirkung im Bereich der Unfallversicherung sind daher nur die Satzungsnormen nach § 543 Abs. 2 RVO (Ehegatten) und 544 Nr. 1 RVO (Besucher).

Folge der Einbeziehung in die Pflichtversicherung ist zunächst, daß die Betroffenen Unfallversicherungsschutz genießen, d.h. im Falle eines Arbeitsunfalles in den Genuß der Versicherungsleistungen des jeweiligen Unfallversicherungsträgers kommen, §§ 547 ff. RVO. Die Einbeziehung in die Unfallversicherung durch Satzungsnormen der Versicherungsträger hat Auswirkungen auf die Beitragspflicht lediglich für Unternehmer, § 723 Abs. 1 RVO, also nur in den Fällen, in denen Interne betroffen sind. Versicherungspflichtig werdende Externe sind nicht beitragspflichtig, § 723 RVO.

Durch die Einbeziehung in die Unfallversicherungspflicht werden den Nichtmitgliedern Wahlrechte und Vertretungsrechte in den Organen der Versicherungsträger eröffnet, §§ 43 ff. SGB IV.

Der Externe wird durch die Einbeziehung jedoch vom Regelungsbereich der Unfallverhütungsvorschriften erfaßt, §§ 708 ff. RVO. Ein schuldhafter Verstoß des Versicherten gegen die Unfallverhütungsvorschriften oder gegen Anordnun-

100 Vgl. *Lauterbach*, § 544 Anm. 11 (Stand März 1979); *Gitter*, in: Gesamtkommentar, § 544 Anm. 7 (Stand Juli 1980).

gen der Aufsichtsbeamten kann als Ordnungswidrigkeit mit einem Bußgeld bis zu 20.000,— DM geahndet werden, §§ 710, 717a RVO.

bb) Berufs-, Prüfungs-, Ausbildungs- und Honorarordnungen

Im Bereich der Unfallversicherung gibt es keine autonomen Berufs-, Prüfungs-, Ausbildungs- und Honorarordnungen.

cc) Beitrags- und Gebührenordnungen

Die Mittel für die Aufgaben der Berufsgenossenschaften werden ausschließlich von den Unternehmern erbracht, § 723 Abs. 1 RVO. Die Höhe der Beiträge, die Berechnung und die Erhebung werden durch die RVO selbst oder durch die Satzung der Berufsgenossenschaften festgelegt, §§ 723 ff. RVO[101]. Zuständiges Organ innerhalb der Berufsgenossenschaften zum Erlaß der Satzung ist die Vertreterversammlung, § 33 Abs. 1 SGB IV. Die die Beiträge betreffenden Satzungsvorschriften richten sich lediglich an die Organe der Berufsgenossenschaft und die Unternehmer als allein Beitragspflichtige. Die Unternehmer sind als Mitwirkungs- und Wahlberechtigte keine Externen. Autonome normative Beitrags- oder Gebührenregelungen mit unmittelbarer oder mittelbarer[102] Außenwirkung gibt es im Bereich der Unfallversicherung daher nicht.

dd) Unfallverhütungsvorschriften

Nach § 708 Abs. 1 RVO erlassen die Berufsgenossenschaften Vorschriften über

Einrichtungen, Anordnungen und Maßnahmen, welche die Unternehmer zur Verhütung von Arbeitsunfällen zu treffen haben, § 708 Abs. 1 S. 1 Nr. 1 RVO;

— das Verhalten, das die Versicherten zur Verhütung von Arbeitsunfällen zu beobachten haben, § 708 Abs. 1 S. 1 Nr. 2 RVO;

— ärztliche Untersuchungen von Versicherten, die vor der Beschäftigung mit Arbeiten durchzuführen sind, deren Verrichtung mit außergewöhnlichen Unfall- oder Gesundheitsgefahren für sie oder Dritte verbunden ist, § 708 Abs. 1 S. 1 Nr. 3 RVO;

— die Maßnahmen, die der Unternehmer zur Erfüllung der sich aus dem Gesetz über Betriebsärzte, Sicherheitsingenieure und andere Fachkräfte für Arbeitssicherheit ergebenden Pflichten zu treffen hat, § 708 Abs. 1 S. 1 Nr. 4 RVO.

---

[101] Die Höhe der Gesamtbeiträge wird z. B. durch § 724 Abs. 1 RVO abstrakt festgelegt.

[102] S. dazu oben 1. Kap. B III 2 b ff.

Die Vorschriften werden von der Vertreterversammlung beschlossen, § 708 Abs. 1 S. 2 RVO. Durch diese Unfallverhütungsvorschriften werden die Unternehmer und die Versicherten gebunden. Beide sind Interne, da sie nach §§ 43 ff. SGB IV wahl- und mitwirkungsberechtigt sind. Die Unfallverhütungsvorschriften entfalten daher keine unmittelbare Außenwirkung[103]. Die Unfallverhütungsvorschriften haben mittelbare Außenwirkung, da sie zur Verhinderung von Arbeitsunfällen insgesamt führen sollen und damit auch die Sicherheit Dritter, die in irgendeiner Form mit dem Bereich der von den Berufsgenossenschaften geregelten Arbeiten zu tun haben, erhöhen. Diese Wirkungen stehen in engem Zusammenhang zu den Unfallverhütungsvorschriften, die eine objektiv deutlich erkennbare außenregelnde Tendenz aufweisen, was sich insbesondere aus § 708 Abs. 1 S. 1 Nr. 3 RVO, „Dritte", ergibt. Diese mittelbare Außenwirkung schränkt jedoch die Handlungsmöglichkeiten der Dritten in keiner Weise ein. Den Externen werden durch die Unfallverhütungsvorschriften keine Pflichten auferlegt. Auch die Sanktionen bei Verstößen nach § 710 RVO treffen nur Mitglieder und Versicherte, also Interne.

Gemäß § 87 Abs. 2 SGB IV erstreckt sich die staatliche Aufsicht auf den Gebieten der Unfallverhütung und der Ersten Hilfe bei Arbeitsunfällen auch auf den Umfang und die Zweckmäßigkeit der Maßnahmen.

4. Rentenversicherung

a) Allgemeines

Die Aufgabe der Rentenversicherung ist neben der Gewährung von Renten an Versicherte wegen Berufs- oder Erwerbsunfähigkeit und der Gewährung von Altersruhegeld sowie von Renten an Hinterbliebene u. a. die Erhaltung, Besserung und Wiederherstellung der Erwerbsfähigkeit der Versicherten, § 1 AVG[104], § 1226 RVO. Die wichtigsten Träger der Rentenversicherung sind die 18 Landesversicherungsanstalten (LVA) für die Arbeiter[105], § 1326 RVO, und die Bundesversicherungsanstalt für Angestellte (BfA) für die Angestelltenrentenversicherung[106]. Daneben gibt es noch die Bundesknappschaft, für die im Bergbau Be-

---

103 *Hans Schneider*, Möhring FS, S. 521 (532), rechnet die Unfallverhütungsvorschriften zu den außenwirkenden Vorschriften. Er kommt zu dem Ergebnis durch die Zugrundelegung des rein formellen Mitgliedschaftsbegriffs in der Unfallversicherung, der jedoch — wie oben dargelegt — zur Abgrenzung der Internen von den Externen ungeeignet ist.

104 Angestelltenversicherungsgesetz vom 20.12.1911 (RGBl. S. 989) i. d. F. d. B. v. 28.5.1924 (RGBl. I S. 563) z. g. d. G. v. 20. 12. 1988 (BGBl. I S. 2330, 2477, 2606).

105 Träger der Arbeiterrentenversicherung sind neben den Landesversicherungsanstalten die Sonderanstalten „Seekasse" und „Bundesbahn-Versicherungsanstalt", §§ 1360 ff. RVO.

106 § 1 des Gesetzes über die Errichtung der Bundesversicherungsanstalt für Angestellte vom 7.8.1953 (BGBl. I S. 857).

schäftigten, §§ 2, 7 RKnG[107], und 19 Alterskassen für Landwirte, § 16 Gesetz über eine Altershilfe für Landwirte[108]. Die weiteren Ausführungen beschränken sich — soweit nichts anderes erwähnt — auf die Rentenversicherung der Arbeiter, soweit diese von den Landesversicherungsanstalten getragen wird und die Angestellten-Rentenversicherung. Da die entsprechenden Regelungen der RVO mit denen des AVG weitgehend wörtlich übereinstimmen[109], können die beiden Versicherungsarten gemeinsam abgehandelt werden.

Trotz ihrer Bezeichnung als Landesversicherungs- bzw. Bundesversicherungsanstalt handelt es sich bei den Rentenversicherungsträgern gemäß § 29 Abs. 1 SGB IV um rechtsfähige Körperschaften des öffentlichen Rechts[110]. Dies ist zwar nicht unbestritten[111], soll hier aber nicht vertieft werden. Die innere Organisation der Rentenversicherungsträger ist in den §§ 29 ff. SGB IV geregelt, so daß insoweit auf die allgemeinen Ausführungen zur Sozialversicherung verwiesen werden kann[112]. Besondere Regelungen gegenüber den allgemeinen Vorschriften der §§ 29 ff. SGB IV bestehen nur hinsichtlich des Mindestinhalts der Satzung, § 1338 RVO[113] und der Bestimmung der zuständigen Genehmigungsbehörde[114].

b) Normative Regelungen mit Außenwirkung

aa) Zulassungsregelungen

Zulassungsregelungen im Bereich der Rentenversicherung legen die Voraussetzungen fest, unter denen jemand auf Versicherten- oder Arbeitgeberseite zwangsweise oder freiwillig in die öffentliche Versicherung einbezogen wird bzw. einbezogen werden kann. Für diesen Personenkreis wird in den rentenversicherungsrechtlichen Vorschriften der Begriff des Mitglieds nicht verwendet. Dieser Begriff findet nur hinsichtlich der Mitglieder der Selbstverwaltungsorgane

---

107 Reichsknappschaftsgesetz vom 23.6.1923 (RGBl. I S. 431) i. d. F. d. B. v. 1.7.1926 (RGBl. I S. 369) z. g. d. G. v. 14.12.1987 (BGBl. I S. 2602).

108 Gesetz vom 27.7.1957 (BGBl. I S. 1063) i. d. F. d. B. v. 14. 9. 1965 (BGBl. I S. 1448), z. g. d. G. v. 21.7.1988 (BGBl. I S. 1053); vgl. zur Bundesknappschaft und zur Alterskasse für Landwirte auch *Rüfner*, § 40, S. 141 f.

109 Vgl. *Rüfner*, § 36, S. 123.

110 *Lilge*, in: GK RVO, § 1326 Anm. 4 (Stand August 1987) *Wolff / Bachof / Stober*, VerwR II, § 96 Rdn. 11, für Rentenversicherung konkret Rdn. 40; *Rüfner*, § 11 S. 28; *Hendler*, Selbstverwaltung, S. 219.

111 Vgl. dazu oben 1. Kap. B VI 1 FN 6.

112 S. oben 1. Kap. B VI 1.

113 § 1338 RVO ist ebenfalls z. T. durch das SGB IV gegenstandslos oder aber in den Regelungsmöglichkeiten zusätzlich spezifiziert worden.

114 Wobei die Bestimmung der RVO insoweit überholt ist, als die dort genannten Behörden nicht mehr bestehen und sich die Zuständigkeit der Behörden nunmehr aus verschiedenen Rechtsvorschriften ergibt, vgl. *Paul Müller*, in GK RVO, § 1339 Anm. 1.

Anwendung. Das Bundesverfassungsgericht spricht daher von „Beteiligten" als denjenigen, die die Mittel des Versicherungsträgers durch Beiträge aufbringen[115]. Dies sind in der Regel die Versicherten und die Arbeitgeber, die als solche regelmäßig mitwirkungsberechtigt sind[116], es aber nicht unbedingt sein müssen[117].

Bei den Versicherten ist zwischen den Pflichtversicherten kraft Gesetzes, § 1227 Abs. 1 Nr. 1-7, § 1227a RVO, § 2 Abs. 1 Nr. 1-9, § 2a AVG, den Pflichtversicherten aufgrund Antrags, § 1227 Abs. 1 Nr. 8 und 9 RVO, § 2 Abs. 1 Nr. 10 und 11 AVG, und den freiwillig Versicherten, § 1233 RVO, § 10 AVG, zu unterscheiden. In allen Fällen werden die Voraussetzungen im Gesetz festgelegt, autonome normative Zulassungsregelungen der Rentenversicherungsträger gibt es nicht.

Die Arbeitgeber der Versicherten sind Beteiligte, deren Beteiligtenstatus sich aus den entsprechenden Vorschriften des SGB IV[118] und der RVO[119] bzw. des AVG[120] ergibt[121]. Auch insoweit gibt es keine autonomen normativen Zulassungsregelungen der Rentenversicherungsträger.

bb) Berufs-, Prüfungs-, Ausbildungs- und Honorarordnungen

Autonome Berufs-, Prüfungs-, Ausbildungs- oder Honorarordnungen gibt es im Bereich der Rentenversicherung nicht.

cc) Beitrags- und Gebührenordnungen

Die Finanzierung der Rentenversicherung ist vollständig durch formelles Gesetz und ergänzende Rechtsverordnungen[122] geregelt und zwar sowohl hinsichtlich der Festlegung der Beitragsschuldner und der Höhe der Beiträge als auch hinsichtlich des Beitragsverfahrens, §§ 1382 ff. RVO, §§ 109 ff. AVG. Autonome normative Beitragsregelungen gibt es nicht.

---

115 *BVerfGE* 11, 105 (113); 75, 108 (146 f.).

116 Vgl. *BVerfGE* 11, 105 (113).

117 Z. B. die Abgabepflichtigen nach § 24 Künstler-Sozialversicherungsgesetz, Gesetz vom 27.7.1981 (BGBl. I S. 705) z. g. d. G. v. 18.12.1987 (BGBl. I S. 2794), die weder Versicherte noch Arbeitgeber sind. Die Besonderheiten des KSVG sollen hier jedoch außer Betracht bleiben.

118 Z. B. §§ 29 Abs. 2, 44 Abs. 1 Nr. 1 SGB IV.

119 Z. B. §§ 1382, 1338 Nr. 2 RVO.

120 Z. B. § 109 AVG.

121 Vgl. *Wolff / Bachof / Stober*, VerwR II, § 96 Rdn. 40; Merten, in: GK SGB IV, § 2 Rdn. 11; Bley, S. 160.

122 Z. B. nach § 1385 Abs. 5, § 1387 Abs. 2, 3 RVO, § 112 Abs. 5, § 114 Abs. 2, 3 AVG.

VII. Akademische Selbstverwaltung

1. Allgemeines

Die nachfolgenden Ausführungen beschränken sich auf die Wissenschaftlichen Hochschulen und lassen dabei die Besonderheiten, die sich aus der Rechtsstellung und Funktion der Studentenschaft und der Fachbereiche ergeben, weitgehend außer Betracht. Die Grundlagen des Hochschulwesens sind in Ausübung der Rahmenkompetenz aus Art. 75 Nr. 1a GG bundesrechtlich durch das Hochschulrahmengesetz (HRG)[1] festgelegt. Das HRG enthält Anweisungsnormen, die — vorbehaltlich § 72 Abs. 2 S. 2 HRG — nicht unmittelbar gelten, sondern durch die Landeshochschulgesetze[2] umgesetzt werden[3].

Die einzelnen Hochschulen sind keine homogenen Gebilde. Neben den Hochschulen als Körperschaften des öffentlichen Rechts, § 58 Abs. 1 HRG, kann z. B. die Studentenschaft, § 41 HRG i.V. m. den Landeshochschulgesetzen als eigene (Teil- bzw. Glied-)Körperschaft des öffentlichen Rechts ausgestaltet sein[4]. Auch die Fachbereiche als organisatorische Grundeinheiten der Hochschule, § 64 HRG, werden als Teil- oder Gliedkörperschaften der Hochschule angesehen, ohne daß ihnen eigene Rechtsfähigkeit zuerkannt würde[5]. Mitglieder der Hochschule sind die an Hochschulen hauptberuflich tätigen Angehörigen des öffentlichen Dienstes

---

[1] HRG in der Fassung der Bekanntmachung vom 9. April 1987 (BGBl. I S. 1170).

[2] Beschränkt auf die Wissenschaftlichen Hochschulen: Gesetz über die Universitäten im Lande Baden-Württemberg (Universitätsgesetz — UG) i. d. F. v. 30. Oktober 1987 (GBl. S. 545); Bayerisches Hochschulgesetz (BayHSchG) i. d. F. d. B. v. 8.12.1988 (GVBl. S. 399); Gesetz über die Hochschulen im Land Berlin vom 13.11.1986 (GVBl. S. 1771); Bremisches Hochschulgesetz i. d. F. d. B. v. 21.7.1982 (GBl. S. 183) z. g. d. G. v. 21.2.1986 (GBl. S. 31); Hamburgisches Hochschulgesetz (HmbHG) vom 22. Mai 1978 (GVBl. S. 109) g. d. G. v. 2.7.1981 (GVBl. S. 161); Hessisches Hochschulgesetz (HHG) vom 6. Juni 1978 (GVBl. I S. 319) z. g. d. G. v. 28.10.1987 (GVBl. I, S. 181) und Gesetz über die Universitäten des Landes Hessen, (Universitätsgesetz — HUG —) vom 6.6.1978 (GVBl. S. 348) z. d. g. d. G. v. 28.10.1987 (GVBl. I S. 181); Niedersächsisches Hochschulgesetz (NHG)i. d. F. v. 23.10.1981 (GVBl. S. 263) z. g. d. G. v. 30. Juli 1985 (GVBl. S. 246); Gesetz über die Wissenschaftlichen Hochschulen des Landes Nordrhein-Westfalen (WissHG) v. 20. November 1979 (GV S. 926), z. g. d. G. v. 15.3.1988 (GV S. 144); Landesgesetz über die Wissenschaftlichen Hochschulen in Rheinland-Pfalz (Hochschulgesetz — HochSchG) i. d. F. v. 9. September 1987 (GVBl. S. 249); Gesetz über die Hochschule des Saarlandes, Gesetz Nr. 917 vom 29.4.1970 (Amtsbl. S. 510) g. d. G. v. 7.7.1971 (Amtsbl. S. 506) und Saarländisches Universitätsgesetz, Gesetz Nr. 1093 v. 14.12.1978 (Amtsbl. S. 1085) z. g. d. G. Nr. 1218 v. 15.7.1987 (Amtsbl. S. 921); Gesetz über die Hochschulen im Lande Schleswig-Holstein i. d. Neufassung d. B. v. 31.3.1987 (GVOBl. S. 177).

[3] Vgl. *Bode,* in: Dallinger / Bode / Dellian, § 72 Rdn. 6; *Seifert / Hömig,* Artikel 75 Rdn. 1.

[4] So in Bremen, § 45 HSG; Hamburg, § 131 HmbHG; Hessen, § 62 HSG; Niedersachsen, § 50 NHG; Nordrhein-Westfalen, § 71 WissHG; Rheinland-Pfalz, § 106 HSG; Saarland, § 83 UniG; Schleswig-Holstein, § 28 HSG; s. dazu auch *BVerwGE* 59, 231.

[5] Vgl. dazu *Schrimpf,* in: Denninger, § 64 Rdn. 5 ff.

und die eingeschriebenen Studenten, § 36 Abs. 1 HRG. Zur ersten Gruppe gehören das hauptberufliche wissenschaftliche und künstlerische Personal nach § 42 HRG:

— die Professoren, § 43 HRG,

— die wissenschaftlichen und künstlerischen Assistenten, § 47 HRG,

— die Oberassistenten und Oberingenieure, § 48a HRG,

— die wissenschaftlichen und künstlerischen Mitarbeiter, § 53 HRG,

— die Lehrkräfte für besondere Aufgaben, § 56 HRG,

sowie die sonstigen Beamten, Arbeiter und Angestellten des öffentlichen Dienstes, insbesondere das technische und das Verwaltungspersonal[6].

Die Rechte und Pflichten von Mitgliedern haben die Personen nach § 36 Abs. 2 HRG, ohne selbst Mitglieder zu sein. Zu dieser Gruppe zählen insbesondere die Drittmittelbediensteten[7]. Die Mitglieder sind berechtigt und verpflichtet, an der Selbstverwaltung mitzuwirken, § 37 Abs. 1 HRG[8]. Entscheidungsbefugnisse haben grundsätzlich die zentralen Organe und die Organe der Fachbereiche, § 61 Abs. 1 S. 1 HRG[9]. Die zentralen Organe sind die Leitung der Hochschule, also der Rektor (Rektorat) oder der Präsident (Präsidialkollegium), § 62 Abs. 1 S. 1 Nr. 1 und 2 HRG[10], sowie die zentralen Kollegialorgane, § 63 HRG[11].

Grundsätzlich werden an den Hochschulen mindestens zwei zentrale Kollegialorgane gebildet, § 63 HRG[12]. Dem Kollegialorgan nach § 63 Abs. 1 HRG[13] obliegt die Beschlußfassung über die Grundordnung und die Wahl der Leitung

---

6 Vgl. *Dallinger*, in: Dallinger, § 36 Rdn. 1, und die landesgesetzlichen Regelungen, die zum Teil eine stärkere, zum Teil eine abweichende Differenzierung der Mitglieder vornehmen: § 6 UniG BW; Art. 17 HSG Bay; § 43 BerlHG; § 5 Abs. 1 HSG HB;§ 8 HambHG; § 4 UniG He; § 44 NHG N; § 11 WissHG NW; § 92 HSG RhPf; § 57 UniG Sa.; § 23 HSG SH.

7 Vgl. *Nagel*, in: Denninger, § 36 Rdn. 1; *Dallinger*, in: Dallinger, § 36 Rdn. 2.

8 §§ 96, 97 UniG BW; Art. 10 HSG Bay; § 44 BerlHG; § 97 Abs. 1 HSG HB; § 9 HmbHG; § 10 HSG He; § 45 NHG; § 12 WissHG NW; § 33 HSG RhPf; § 52 UniG Sa.; keine ausdrückliche Regelung in Schleswig-Holstein.

9 Die örtlichen Organe nach § 61 Abs. 1 S. 2 HRG sollen hier außer Betracht bleiben.

10 Zu den Leitungsaufgaben s. *Lüthje*, in: Denninger, § 62 Rdn. 15 ff.

11 §§ 11 ff. UniG BW; Art. 19 ff. HSG Bay; §§ 51 ff. BerlHG;§§ 78 ff. HSG HB; §§ 80, 84 ff. 93 ff. HambHG; §§ 10 ff. UniG He; §§ 78 ff. NHG; §§ 18 ff. WissHG NW; §§ 66 ff. HSG RhPf; §§ 25 ff. UniG Sa; §§ 36 ff. HSG SH.

12 Zu den Ausnahmen s. § 63 Abs. 3 HRG.

13 Das Kollegialorgan hat in den Ländern unterschiedliche Namen: in Baden-Württemberg: „Großer Senat", § 18 UniG; in Bayern und Rheinland-Pfalz „Versammlung", Art. 27 HSG Bayern, §§ 66 Abs. 2, 69 HSG RhPf; in Berlin, Hamburg, Niedersachsen und im Saarland: „Konzil", §§ 51 Abs. 1 Nr. 3, 62 ff. BerlHG, § 93 HmbHG, §§ 90, 78 Abs. 1 Nr. 2 NHG, §§ 25 Nr. 1, 26 UniG Sa; in Bremen, Hessen und Nordrhein-Westfalen: „Konvent", § 79 HSG HB, § 14 UniG He, §§ 18 Nr. 4, 23 WissHG NW; in Schleswig-Holstein: „Konsistorium", §§ 36 Nr. 1, 37 HSG SH.

der Hochschule[14]. Das zentrale Kollegialorgan nach § 63 Abs. 2 HRG ist der „Senat" oder „Akademische Senat"[15]. Zu seinen Aufgaben gehört

— das Vorschlagsrecht für die Wahl der Leitung der Hochschule, § 63 Abs. 2 Nr. 1 HRG[16],

— die Beschlußfassung im Zusammenhang mit der Festsetzung von Zulassungszahlen, § 63 Abs. 2 Nr. 3 HRG[17],

— die Beschlußfassung über bzw. Stellungnahme zu Ordnungen für Hochschulprüfungen (Diplom- und Magisterprüfungsordnungen, aber auch Promotions- und Habilitationsordnungen)[18],

— die Beschlußfassung über oder Stellungnahme zu Vorschlägen für die Berufung von Professoren, § 63 Abs. 2 Nr. 7 HRG[19].

Der Fachbereich ist die organisatorische Grundeinheit der Hochschule. Er erfüllt für sein Gebiet die Aufgaben der Hochschule, soweit nicht die Zuständigkeit der zentralen Hochschulorgane gegeben ist, § 64 Abs. 1 S. 1 HRG. Organe des Fachbereichs sind der Fachbereichsrat und der Fachbereichssprecher, § 64

---

[14] § 18 Abs. 1 UniG BW; Art. 27 Abs. 1 Nr. 1 u. 2 HSG Bay; § 63 Abs. 1 BerlHG; § 79 Abs. 1 Nr. 1 u. 2 HSG HB; § 93 Abs. 1 Nr. 1 u. 2 HmbHG; § 14 Abs. 1 Nr. 1 – 3 UniG He; § 90 Abs. 1 Nr. 1 u. 2 NHG; § 23 Abs. 1 Nr. 1 u. 2 WissHG NW; § 69 Abs. 1 Nr. 1 u. 2 HSG RhPf; § 26 Abs. 1 UniG Sa; § 37 Abs. 1 Nr. 1 u. 2 HSG SH.

[15] In Berlin, Bremen und Hamburg heißt es „Akademischer Senat", § 51 Abs. 1 Nr. 2, §§ 60 ff. BerlHG, § 80 HSG HB, § 84 Abs. 5 HmbHG; in allen anderen Ländern „Senat", § 19 UniG BW, Art. 28 HSG Bay, § 80 HSG HB, § 16 UniG He, §§ 78 Abs. 1 Nr. 3, 91 NHG, §§ 18 Nr. 3, 21 WissHG NW, §§ 66 Abs. 2, 71 HSG RhPf, §§ 25 Nr. 2, 27 UniG Sa, §§ 36 Nr. 2, 39 HSG SH.

[16] § 19 Abs. 1 S. 2 Nr. 1 UniG BW; Art. 28 Abs. 1 Nr. 2 HSG Bay; § 54 Abs. 1 BerlHG; § 83 Abs. 1 HSG HB; §§ 11 Abs. 1, 16 Abs. 2 Nr. 1 UniG He; § 83 Abs. 4 NHG; § 21 Abs. 1 S. 2 Nr. 10 WissHG NW; § 71 Abs. 2 Nr. 10 HSG RhPf; § 27 Abs. 1 Nr. 13 UniG Sa; in Hamburg hat das Konzil das Vorschlagsrecht, § 81 Abs. 1 S. 2 HmbHG, in Schleswig-Holstein fehlt eine ausdrückliche Regelung, sind die grundsätzlichen Aufgaben aber nach § 39 Abs. 1 HSG dem Senat übertragen.

[17] § 19 Abs. 1 S. 2 Nr. 2 UniG BW; § 61 Abs. 1 Nr. 10 BerlHG; § 80 Abs. 2 Nr. 4 HSG HB; § 84 Abs. 2 Nr. 7 HmbHG; § 91 Abs. 1 S. 2 Nr. 4 NHG; § 21 Abs. 1 S. 2 Nr. 3 WissHG NW; § 71 Abs. 2 Nr. 12 HSG RhPf; § 27 Abs. 1 Nr. 12 UniG Sa; eine entsprechende Regelung fehlt in Bayern, Hessen und Schleswig-Holstein; in Schleswig-Holstein folgt die grundsätzliche Kompetenz des Senats aus § 39 Abs. 1 HSG SH.

[18] Vgl. *Schrimpf*, in: Denninger, § 63 Rdn. 37; § 19 Abs. 1 S. 2 Nr. 5 UniG BW; Art. 28 Abs. 1 Nr. 1 HSG Bay; § 61 Abs. 1 Nr. 5 BerlHG; § 80 Abs. 2 Nr. 8, 9 HSG HB; § 84 Abs. 2 HmbHG; § 16 Abs. 2 Nr. 6-8 UniG He; § 91 Abs. 1 S. 2 Nr. 11, 12 NHG; § 91 i.V. m. § 21 Abs. 1 S. 2 Nr. 7 (Prüfungsordnung), § 94 Abs. 4 (Promotionsordnung), § 95 Abs. 5 (Habilitationsordnung) WissHG NW; § 71 Abs. 2 Nr. 5 HSG RhPf; § 27 Abs. 1 Nr. 1 i.V. m. § 5 (Prüfungsordnung), § 27 Abs. 1 Nr. 2 i.V. m. § 23 Abs. 2 Nr. 4 (Promotionsordnung), § 27 Abs. 1 Nr. 2 i.V. m. § 23 Abs. 2 Nr. 7 (Habilitationsordnung) UniG Sa; § 39 Abs. 2 Nr. 6 HSG SH.

[19] § 19 Abs. 1 S. 2 Nr. 6 UniG BW; Artikel 28 Abs. 1 Nr. 14 HSG Bay; § 61 Abs. 1 Nr. 7 BerlHG; § 80 Abs. 2 Nr. 11 HSG HB; § 84 Abs. 2 Nr. 10 HmbHG; § 16 Abs. 2 Nr. 4, 5 UniG He; § 91 Abs. 1 S. 2 Nr. 13 NHG; § 21 Abs. 1 S. 2 Nr. 8 WissHG NW; § 71 Abs. 2 Nr. 11 HSG RhPf; § 27 Abs. 1 Nr. 7 UniG Sa; § 39 Abs. 2 Nr. 8 HSG SH.

Abs. 2 HRG[20]. Der Fachbereich ist eine Teil- oder Gliedkörperschaft der Hochschule, deren Mitglieder die Mitglieder der Hochschule sind, die in ihm arbeiten bzw. studieren[21]. Die Hochschule ist als Gruppenhochschule konzipiert, d.h. daß die Mitglieder der Hochschule zu folgenden Gruppen zusammengefaßt werden:

— Professoren,

— Studenten,

— Oberassistenten, Oberingenieure, wissenschaftliche und künstlerische Assistenten sowie wissenschaftliche und künstlerische Mitarbeiter

— sonstige Mitarbeiter[22].

Die Vertreter der einzelnen Gruppen werden von den jeweiligen Gruppenmitgliedern gewählt, § 39 Abs. 1 HRG[23]. Die Leitung der Hochschule durch die jeweiligen Gruppenmitglieder des zentralen Kollegialorgans nach § 63 Abs. 1 HRG. Wahl und Zusammensetzung der zentralen Kolligialorgane selbst sind in den Landeshochschulgesetzen unterschiedlich geregelt[24]. In den zentralen Organen nach § 63 Abs. 1 und Abs. 2 und dem Fachbereichsrat müssen grundsätzlich alle Gruppen stimmberechtigt vertreten sein, § 38 Abs. 3 HRG. Das Stimmrecht der einzelnen Gruppen hingegen muß nicht gleich sein. In unmittelbaren Fragen der Lehre, Forschung und der Berufung von Professoren darf es nicht gleich

---

20 Die Terminologie ist nicht einheitlich: in Baden-Württemberg sind die Organe der „Fakultät", § 21 UniG BW, der „Fakultätsrat" und der „Dekan", § 23 UniG BW. Die Begriffe „Fachbereich", „Fachbereichsrat" und „Fachbereichssprecher" werden verwendet in Art. 36, 38 HSG Bay (wobei die Fachbereiche der Universitäten „Fakultät", Art. 36 Abs. 1 S. 2, und der Fachbereichssprecher „Dekan", Art. 38 S. 2 HSG Bay, heißen); § 86 Abs. 3 HSG HB; § 98 HmbHG; die Begriffe „Fachbereich", „Fachbereichsrat" und „Dekan" werden verwendet in § 70 Abs. 1 BerlHG; §§ 23, 7 Abs. 3 UniG He; §§ 78 Abs. 2, 96, 97 NHG; § 25 Abs. 3 WissHG NW; §§ 81 f. HSG RhPf; in Schleswig-Holstein werden die Begriffe „Fachbereich", „Fachbereichskonvent", § 54 HSG SH, und „Dekan", § 56 HSG SH, verwendet; im Saarland (es werden die Begriffe „Fachbereich", „Fachbereichsrat" und „Fachbereichsvorsitzender", § 44 UniG Sa, verwendet), besteht die Besonderheit, daß vier Fakultäten als „gemeinsame Kommissionen" gebildet werden, § 23 UniG Saarl, die die Beschlußaufgaben, die sonst den Fachbereichen obliegen, wahrnehmen.

21 Vgl. dazu *Schrimpf*, in: Denninger, § 64 Rdn. 5 f.

22 § 38 Abs. 2 S. 1 HRG; § 106 UniG BW; Art. 17 Abs. 2 HSG Bay;§ 45 BerlHG; § 5 Abs. 2 HSG HB; § 10 HmbHG; § 4 Abs. 1 und Abs. 3 UniG He; § 46 NHG; § 13 WissHG NW; § 32 Abs. 2 HSG RhPf; §§ 23 Abs. 1, Nr. 1-4, 26 Abs. 2 HSG SH; im Saarland ergibt sich die Gruppenzuordnung aus den jeweiligen Einzelvorschriften.

23 § 107 UniG BW; Art. 45 HSG Bay; § 48 Abs. 4 BerlHG; § 99Abs. 3 – 6 HSG HB; § 85 Abs. 1 HmbHG (für akademischenSenat, keine gesetzliche Regelung für das Konzil); §§ 14 Abs. 2, 17 Abs. 2 UniG He; § 48 NHG; § 16 WissHG NW;§ 36 Abs. 3 HSG RhPf; § 26 Abs. 2 HSG SH; im Saarland fehlt eine ausdrückliche Regelung.

24 Zu dem zentralen Kollegialorgan nach § 63 Abs. 1 HRG siehe §§ 18, 106 f. UniG BW; Art. 27, 28, 45 HSG Bay; §§ 46 ff., 62 BerlHG; §§ 99, 79 Abs. 3 HSG HB; § 93 HmbHG (nur Zusammensetzung); § 14 Abs. 2 UniG He; §§ 79, 48, 90 Abs. 4 NHG; §§ 16, 23 Abs. 2 WissHG NW; §§ 36, 70 HSG RhPf; §§ 26, 38 UniG Sa; §§ 26, 38 HSG SH.

sein, vielmehr dürfen die Professoren in Fragen der Lehre nicht überstimmt werden und müssen sie in Fragen der Forschung und der Berufung von Professoren ausschlaggebenden Einfluß erhalten[25]. So verfügen dann auch in den Kollegialorganen nach § 63 Abs. 1 HRG die Professoren über die absolute Mehrheit der Sitze und der Stimmen, § 63 Abs. 1 S. 2 HRG[26]. Für das zentrale Kollegialorgan nach § 63 Abs. 2 HRG (Senat) ist im HRG eine ausdrückliche Stimmrechtsregelung nicht festgelegt, doch ist in § 38 Abs. 3 S. 5 HRG zwingend vorgeschrieben, daß in allen Gremien mit Entscheidungsbefugnissen in Angelegenheiten, die Forschung, künstlerische Entwicklungsvorhaben, Lehre oder die Berufung von Professoren berühren, die Professoren über die absolute Mehrheit der Sitze und der Stimmen verfügen. Diese Vorschrift wird zu Gunsten der Professoren dahin verstärkt, daß Entscheidungen, die Forschung, künstlerische Entwicklungsvorhaben und die Berufung von Professoren unmittelbar berühren außer der Mehrheit des Gremiums die der dem Gremium angehörenden Professoren bedürfen, § 38 Abs. 6 HRG. Entsprechend haben die Landeshochschulgesetze regelmäßig eine Mehrheit der Professoren im Senat vorgesehen[27].

Die Hochschulen unterstehen grundsätzlich der Rechtsaufsicht des jeweiligen Landes, § 59 Abs. 1 HRG. Soweit die Hochschulen staatliche Aufgaben wahrnehmen, besteht eine weitergehende Aufsicht, § 59 Abs. 2 HRG[28].

---

[25] *BVerfGE* 35, 79 (131 ff.); *Nagel,* in: Denninger, § 38 Rdn. 1.

[26] § 18 UniG BW; Art. 27 Abs. 2 S. 2 HSG Bay; § 62 BerlHG; § 79 NHG; § 23 Abs. 2 WissHG NW; § 70 HSG RhPf; § 26 Abs. 2 UniG Sa; § 38 Abs. 1 HSG SH; in *Bremen* ist das Stimmverhältnis 20 : 20 : 20, wobei die wissenschaftlichen und sonstigen Mitarbeiter eine Gruppe im Verhältnis 10 : 10 bilden, die sonstigen Mitarbeiter haben bei Angelegenheiten, die unmittelbar die Lehre, Forschung, etc. betreffen, nur beratende Stimme, § 79 Abs. 3 HSG Bremen. In *Hamburg* ist das Verhältnis der vier Gruppen gemäß § 94 Abs. 1 HambHG 1 : 1 :1 :1. In *Hessen* ist das Verhältnis der Gruppen 35 : 30 : 15 : 10, § 14 Abs. 2 UniG, wobei in Fragen, die unmittelbar Forschung und Lehre betreffen, die sonstigen Mitarbeiter nur beratende Stimme haben, § 9a Abs. 1 UniG. Auf zentraler Ebene gibt es in Hessen die weitere Besonderheit der „ständigen Ausschüsse“ mit Entscheidungsbefugnissen, §§ 7 Abs. 1 Nr. 4, 18 UniG, in denen die Professoren die Mehrheit von Sitz und Stimme haben, § 19 UniG He (Ausnahme Haushaltsausschuß). Die Regelungen in Bremen, Hamburg und Hessen sind mit § 63 Abs. 1 HRG nicht vereinbar. Vgl. die Übersicht bei *Nagel,* in: Denninger, § 38 Rdn. 22.

[27] § 19 UniG BW; Artikel 28 Abs. 2 HSG Bay; § 60 BerlHG; § 79 NHG; § 21 Abs. 3 WissHG NW; § 72 HSG RhPf; § 27 Abs. 2 UniG Sa; § 40 Abs. 1 HSG SH; in Bremen haben die Professoren nicht die Mehrheit der Sitze, aber Stimmenmehrheit durch Mehrstimmrecht, § 80 Abs. 5 HSG HB; die Hamburger Sitzverteilung im Verhältnis 10 : 4 : 4 : 2, § 85 HmbHG, dürfte verfassungswidrig sein; in Hessen ist das Verhältnis 3 : 6 : 3 : 2, wobei die Gruppe der Professoren allerdings um den Vizepräsidenten und die Dekane der Fachbereiche erweitert wird, § 17 UniG Hessen, eine Stimmrechtsbeschränkung der sonstigen Mitarbeiter ergibt sich aus § 9a UniG. Im übrigen sind auch hier die Besonderheiten der „ständigen Ausschüsse“ zu beachten, s. vorangegangene Fußnote.

[28] § 24 Abs. 1 UniG BW (Rechtsaufsicht); § 124 Abs. 2 UniG BW (Fachaufsicht); Art. 117 f. HSG Bay; § 89 BerlHG; § 111 HSG HB; § 5 Abs. 1 HmbHG (Rechtsaufsicht), § 6 Abs. 4 HmbHG (Fachaufsicht); § 19 HSG He (Rechtsaufsicht), § 20 Abs. 4 HSG He (Fachaufsicht); § 76 NHG (Rechtsaufsicht), § 75 Abs. 3 NHG (Fachaufsicht); § 106 WissHG NW (Rechtsaufsicht), § 107 WissHG NW (Fachaufsicht); § 103 Abs. 1 HSG

2. Normative Regelungen mit Außenwirkung

a) Zulassungsregelungen

Die Zulassungsregelungen im Hochschulbereich sind entsprechend der Konzeption der Hochschule als Gruppenhochschule nach Gruppen getrennt zu untersuchen.

aa) Studenten

Bei der Untersuchung der Zulassungsregelungen für Studenten ist zunächst zwischen der allgemeinen Studienberechtigung und der Berechtigung, an einer bestimmten Hochschule ein bestimmtes Fach zu studieren[29], zu unterscheiden.

(1) Zugang zum Studium allgemein

Der Zugang zum Studium allgemein steht jedem Deutschen im Sinne des Artikel 116 GG frei, wenn er die erforderliche Qualifikation nachweist, § 27 Abs. 1 HRG. Die Qualifikationsanforderungen sind in den einzelnen Hochschulgesetzen der Länder näher umschrieben, wobei die Detailregelungen regelmäßig durch Rechtsverordnungen erfolgen[30]. Autonome normative Regelungen gibt es in diesem Bereich nicht.

(2) Zulassung zum Studium in zulassungsbeschränkten Studiengängen

Die Zulassung zu einem bestimmten Studiengang an einer bestimmten Hochschule hängt zunächst davon ab, ob es sich um einen zulassungsbeschränkten Studiengang handelt. Die Zulassung zu einem zulassungsbeschränkten Studiengang ist im Staatsvertrag über die Vergabe von Studienplätzen vom 23.6.1978 geregelt[31]. Der Staatsvertrag vom 14.6.1985[32] ist gemäß Art. 21 Abs. 1 S. 1 noch nicht in Kraft getreten, weil ihn noch nicht alle Bundesländer ratifiziert haben[33].

RhPf (Rechtsaufsicht), § 103 Abs. 2 HSG RhPf (Fachaufsicht); § 97 UniG Sa (Rechtsaufsicht), § 98 UniG Sa (Fachaufsicht); § 13 Abs. 1 HSG SH.

29 *Hammer*, in: Denninger, § 27 Rdn. 3 ff. unterscheidet terminologisch zwischen dem „Zugangsrecht" (Qualifikation zumStudium) und dem „Zulassungsrecht" (Kapazitäten der Hochschulen); diese Terminologie wird nicht einheitlich verwendet.

30 § 85 UniG BW; Art. 59 f. HSG Bay; §§ 10 f. BerlHG; §§ 32 f. HSG HB; § 31 HmbHG; § 35 HSG He; § 37 NHG; §§ 65 f. WissHG NW; §§ 61 f. HSG RhPf; §§ 76 f. UniG Sa; §§ 72 f. HSG SH.

31 Abgedruckt z. B. in der Hamburger Gesetzessammlung Nr. 221-6.

32 Abgedruckt z. B. bei *Bahro*, S. 39 ff.; und bei *Hümmerich / Kopp*, Saarländische Gesetze unter Nr. 614.

33 Vgl. zu dem Ratifizierungsgesetzen *Bahro*, S. 40 f. und ergänzend Gesetz über die Zulassung zu den Hochschulen des Landes Berlin in zulassungsbeschränkten Studiengän-

Der Staatsvertrag '78 (StV '78) regelt die Zulassung entsprechend den Vorschriften der §§ 29-35 HRG. Die Vergabe der Studienplätze im Verteilungs- oder Auswahlverfahren erfolgt nach Art. 1 StV '78 durch die Zentralstelle für die Vergabe von Studienplätzen (Zentralstelle — ZVS —) mit Sitz in Dortmund, die auch für einheitliche Maßstäbe zur Festsetzung von Zulassungszahlen zu sorgen hat, Art. 1 Abs. 1 Nr. 2 StV '78. Die ZVS ist eine rechtsfähige Anstalt des öffentlichen Rechts, Art. 1 S. 1 StV '78, und daher nicht Gegenstand dieser Untersuchung[34].

(3) Zulassung zum Studium in nicht zulassungsbeschränkten Studiengängen

Die qualifikationsunabhängigen Voraussetzungen zur Zulassung zu nicht zulassungsbeschränkten Studiengängen sind in den Hochschulgesetzen der Länder geregelt[35]. Durch die Immatrikulation (Einschreibung) wird der Bewerber zu einem bestimmten Studium an einer bestimmten Hochschule zugelassen. Die Immatrikulationsvoraussetzungen sind inhaltlich in den Hochschulgesetzen der Länder geregelt[36]. Die Einzelheiten der Einschreibung (Verhalten, Rückmeldung, Beurlaubung, Exmatrikulation), sind regelmäßig in den Immatrikulationsordnungen (Einschreibeordnungen) geregelt, die als Satzungen der Hochschulen oder Rechtsverordnungen der Länder ergehen[37] und keine materiellen Regelungen treffen. Wo dies nicht der Fall ist, findet auf das Verfahren das allgemeine Verwaltungsrecht Anwendung[38]. Soweit Immatrikulationsordnungen (Einschreibeordnungen) als Satzungen ergehen, handelt es sich um normative Regelungen der Selbstverwaltung, die vom Senat erlassen werden[39]. Adressat der Immatriku-

---

gen (BerlHZG) vom 30.6.1986 (GVBl. S. 1862) und im Saarland das Gesetz über die Zustimmung zum Staatsvertrag über die Vergabe von Studienplätzen, Gesetz Nr. 1204 vom 24.9.1986 (Amtsbl. S. 1021). Eine Ratifizierung durch Hamburg und Hessen ist noch nicht erfolgt.

34 Vgl. zur gesamten Problematik *BVerfGE* 33, 303; *Bahro*, S. 39 ff.; *Hauck*, NVwZ 1986, S. 348.

35 §§ 85 ff. UniG BW; Art. 59 ff. HSG Bay; §§ 10 ff. BerlHG; §§ 32 ff. HSG HB; §§ 29 ff. HmbHG; §§ 35 ff. HSG He; §§ 37 ff. NHG; §§ 64 ff. WissHG NW; §§ 61 ff. HSG RhPf; §§ 75 ff. UniG Sa; §§ 72 ff. HSG SH.

36 §§ 85 ff. UniG BW; Art. 59 ff. HSG Bay; § 14 BerlHG; §§ 36 ff. HSG HB; § 30 HmbHG; §§ 36 ff. HSG He; §§ 38 f. NHG; §§ 64 ff. WissHG NW; §§ 61 ff. HSG RhPf; §§ 75 ff. UniG Sa; §§ 72 ff. HSG SH.

37 Als *Satzungen* ergehen die Immatrikulationsordnungen in Baden-Württemberg, § 94 Abs. 3 UniG BW; Bremen, § 44 HSG HB; Hamburg, § 30 Abs. 6 HmbHG; Niedersachsen, § 38 i.V. m.§ 74 Nr. 8 NHG; Nordrhein-Westfalen, § 64 Abs. 1 S. 2 WissHG NW; Rheinland-Pfalz, § 63 Abs. 3 HSG RhPf; Saarland, § 82 UniG Sa; Schleswig-Holstein, § 79 HSG SH. Als *Rechtsverordnungen* ergehen sie in Bayern, Art. 59 ff. HSG Bay und in Hessen, § 36 Abs. 8 HSG He. Das Berliner HG sieht eine Immatrikulationsordnung nicht ausdrücklich vor.

38 *Thieme*, Hochschulrecht, Rdn. 550.

39 So ausdrücklich § 94 Abs. 3 UniG BW; § 71 Abs. 2 Nr. 2 HSG RhPf; § 82 UniG Sa; § 79 HSG SH; für die übrigen Bundesländer ergibt sich die Zuständigkeit des Senats

lationsordnung sind einschreibewillige Studenten, die noch nicht Mitglieder der Hochschule, also Externe, sind. Die Immatrikulationsordnung entfaltet unmittelbare Außenwirkung.

bb) Professoren

Professoren werden grundsätzlich zu Beamten auf Lebenszeit ernannt, § 46 HRG, § 3 Abs. 1 S. 2 BRRG[40]. Denkbar ist auch die Ernennung auf Zeit und die Beschäftigung im Angestelltenverhältnis, § 46 HRG. Die Einstellungsvoraussetzungen sind in § 44 HRG vorgegeben und in den einzelnen Landesgesetzen mit geringen Abweichungen geregelt[41]. Normative Regelungen der Universitäten haben in diesem Bereich nur hinsichtlich der geforderten Qualifikation über die Promotions- und Habilitationsordnungen Auswirkungen[42]. Die Professoren werden auf Vorschlag der Hochschule von der nach Landesrecht zuständigen Behörde berufen, § 45 Abs. 2 S. 1 HRG, es sind also zwei Willensfaktoren erforderlich[43]. Das Vorschlags- und Verfahrensrecht ist in den Landesgesetzen genau geregelt[44]. Normative Regelungen der Hochschulen, die das Vorschlagsrecht inhaltlich betreffen, bestehen nicht. Die Berufung der Professoren ist somit nicht Gegenstand dieser Untersuchung.

cc) Wissenschaftliches, künstlerisches und technisches Personal

Zu den Mitgliedern der Hochschule gehört neben den Studenten und den Professoren der sogenannte wissenschaftliche Mittelbau. Nach § 42 HRG gehören dazu die wissenschaftlichen und künstlerischen Assistenten, die Oberassistenten und Oberingenieure, die wissenschaftlichen und künstlerischen Mitarbeiter sowie die Lehrkräfte für besondere Aufgaben[45].

---

daraus, daß es sich um eine Angelegenheit von grundsätzlicher Bedeutung handelt, die die gesamte Hochschule betrifft, vgl. *Bender,* in: Leuze / Bender, § 64 Rdn. 4.

40 Vgl. *Kehler,* in: Denninger, § 46 Rdn. 8; *Thieme,* Hochschulrecht, Rdn. 459, und die landesrechtlichen Regelungen: § 67 Abs. 1 S. 1 UniG BW; Art. 10 Abs. 1 S. 1 Bay HSchLG v. 24.8.1978 (BayRS 2030-1-2-K) z. g. d. G. v. 3.8.1986 (GVBl. S. 205); § 102 BerlHG (auf Lebenszeit oder auf Zeit);§ 16 Abs. 1 HmbHG; § 39 Abs. 3 S. 1 UniG He; § 59 Abs. 2 S. 1 NHG; § 52 Abs. 1 WissHG NW i.V. m. § 5 Abs. 2 LBG NW; § 48 Abs. 1 HSG RhPf; § 58 Abs. 1 UniG Sa; § 96 Abs. 1 S. 2HSG SH; keine entsprechende Regelung in Bremen.

41 § 65 UniG BW; Art. 127 BayBG i. d. F. d. B. v. 11.5.1987 (GVBl. 149 ber. S. 301) g. d. G. v. 19.2.1988 (GVBl. S. 21) i.V. m. Art. 11 BayHSchLG; § 100 BerlHG; LGB Bremen; § 15 HmbHG; § 39a UniG He, wonach jedoch die Habilitation als Einstellungsvoraussetzung unzulässig ist, § 39a Abs. 6 UniG He; § 56 NHG; § 49 WissHG NW; § 46 HSG RhPf; § 49 UniG Sa; § 54 HSG SH.

42 Zu den damit verbundenen Fragen siehe dort.

43 Vgl. dazu *BVerfGE* 15, 256 (265).

44 § 66 UniG BW; Art. 56 f. HSG Bay; § 101 BerlHG; §§ 18 f. HSG HB; § 13, 15 HmbHG; § 40 UniG He; §§ 57 f. NHG; §§ 50 f. WissHG NW; § 47 HSG RhPf; §§ 58, 61 UniG Sa; §§ 96 ff. HSG SH.

Die Einstellung bzw. Ernennung des sonstigen wissenschaftlichen Personals und deren Voraussetzungen sind in den Hochschulgesetzen[46] und ergänzend in den Beamtengesetzen der Länder geregelt. Vereinzelt werden auch Regelungen durch Rechtsverordnungen getroffen[47]. Autonome normative Regelungen sind nicht vorgesehen[48].

dd) Sonstige (nichtwissenschaftliche) Mitarbeiter

Autonome normative Regelungen, die die Einstellung der sonstigen Mitarbeiter betreffen, bestehen nicht.

b) Berufsordnungen

Berufsordnungen im Bereich der akademischen Selbstverwaltung gibt es nicht.

c) Prüfungsordnungen

Im Bereich der akademischen Selbstverwaltung gibt es neben den Prüfungen, die zum Abschluß des Studiums führen, Prüfungen, die zum Abschluß des Promotions- bzw. Habilitationsverfahrens führen. Die entsprechenden Prüfungsbestimmungen sind in der Prüfungsordnung im engeren Sinne, d.h. in den Prüfungsord-

---

45 Im folgenden wird aus sprachlichen Gründen einheitlich von sonstigem wissenschaftlichem Personal gesprochen.

46 Regelungen hinsichtlich der wissenschaftlichen und künftlerischen Assistenten in §§ 47 f. HRG; § 104, 105 BerlHG; §§ 51 f. HSG RhPf; § 99 HSG SH. Regelungen hinsichtlich der Oberassistenten und Oberingenieure in §§ 48a, 48b HRG; §§ 106, 107 BerlHG; § 52a HSG RhPf; § 99a HSG SH. Regelungen hinsichtlich der wissenschaftlichen und künstlerischen Mitarbeiter in § 53 HRG; §§ 72-74 UniG BW (nur wissenschaftliche Mitarbeiter); Art. 22-25 Bay HSchLG; § 110 BerlHG; § 22 HSG HB; §§ 23 f. HmbHG; § 45 UniG He, nähere Richtlinien für die Einstellungsvoraussetzungen werden vom ständigen Ausschuß II festgelegt, § 45 Abs. 2 S. 3 UniG He, Zusammensetzung und Befugnisse des ständigen Ausschusses II ist geregelt in §§ 7 Abs. 1 Nr. 4, 18 Abs. 2 Nr. 2, 19 Abs. 2 Nr. 2 UniG He; § 65 NHG; § 60 WissHG NW; § 53 HSG RhPf; § 71, 71 Abs. 8 UniG Sa (vom Universitätspräsidenten eingestellt); § 102 HSG SH. Regelungen hinsichtlich der Lehrkräfte für besondere Aufgaben in § 77 UniG BW; Art. 27 Bay HSchLG, (gemäß Art. 27 Abs. 2 S. 3 können die Einstellungsvoraussetzungen durch Rechtsverordnung näher bestimmt werden); § 112 BerlHG; § 24 HSG HB; § 45c UniG He; § 69 NHG; § 55 HSG RhPf; § 72 UniG Sa, nach § 72 Abs. 4 UniG Sa werden die Dienstverhältnisse durch Ordnung des Senats geregelt; § 103 HSG SH. Entsprechende Regelungen fehlen in Hamburg und Nordrhein-Westfalen.

47 Vgl. z. B. § 65 Abs. 5 S. 2 NHG und Art. 27 Abs. 2 S. 3 BayHSchLG.

48 Die Regelung in § 72 Abs. 4 UniG Sa, wonach das Dienstverhältnis der Lehrkräfte für besondere Aufgaben durch eine Ordnung des Senats geregelt wird, betrifft schon bestehende Dienstverhältnisse und nicht die Ernennung.

nungen der Hochschulen über die Diplom- und Magisterprüfung, sowie in den Promotions- und Habilitationsordnungen geregelt.

aa) Prüfungsordnungen im engeren Sinne

Das Studium wird in der Regel mit einer Hochschulprüfung, einer staatlichen oder kirchlichen Prüfung abgeschlossen.

Hochschulprüfungen werden auf der Grundlage einer Prüfungsordnung abgenommen, die von den Hochschulen erlassen wird[49]. Die Prüfungsordnungen müssen u. a. die (1) Regelstudienzeit, (2) die Fristen für die Meldung zu der Prüfung, (3) die Voraussetzungen für die Zulassung zur Prüfung und (4) deren Wiederholung, (5) die Anrechnung von Prüfungsleistungen, (6) die Bearbeitungszeiten, insbesondere der schriftlichen Prüfungsarbeiten, (7) die Prüfungsanforderungen, (8) das Prüfungsverfahren, (9) den Zweck der Prüfung, (10) die Gegenstände der Prüfung, (11) die Prüfungsorgane, (12) die Grundsätze der Bewertung der Prüfungsleistungen, (13) den zu verleihenden Hochschulgrad und (14) die Folgen von Verstößen gegen die Prüfungsordnung festlegen[50]. Die Prüfungsordnungen werden in der Regel vom Fachbereich und dort vom Fachbereichsrat nach Stellungnahme durch den Senat erlassen[51], zum Teil werden sie aber auch vom Senat erlassen. Entscheidet der Senat, ist dem Fachbereich auch ohne gesetzliche Vorschriften Gelegenheit zur Stellungnahme zu geben[52]. Die Prüfungsord-

---

[49] Nur diese sollen Gegenstand dieser Untersuchung sein. Vgl. zum ganzen *Thieme*, Hochschulrecht, Rdn. 324 ff.; § 51 UniG BW; Art. 81 HSG Bay; § 31 BerlHG; § 62 HSG HB; § 54 HmbHG; § 57 HSG He; § 20 NHG; § 91 WissHG NW; § 25 HSG RhPf; § 5 UniG Sa; § 86 HSG SH. Zwischenprüfungsordnungen sollen hier nicht behandelt werden.

[50] Vgl. § 51 Abs. 1 UniG BW (1-5, 7-14); Art. 81 Abs. 3 HSG Bay (1-5, 7-12, 14); § 31 Abs. 1 BerlHG (1-8); § 62 Abs. 4 HSG HB mit genauen inhaltlichen Vorgaben in § 62 Abs. 2 (2-8, 10-14); § 54 Abs. 1 S. 3 HmbHG (1-10, 13); § 57 Abs. 1 HSG He (1-14); § 20 Abs. 3 NHG (2, 3, 5-8, 10-13); § 91 Abs. 2 WissHG NW (1-14); § 25 Abs. 1 S. 3 HSG RhPf (1-4, 6, 7, 9, 10, 12), § 25 Abs. 2 HSG RhPf (5 und darüber hinaus weitere Anforderungen); § 5 Abs. 2 UniG Sa (3-5, 7, 8), § 5 Abs. 3 UniG Sa (1, 2, 6); § 86 Abs. 7 S. 2 HSG SH mitgenauen inhaltlichen Vorgaben in § 86 (1, 3-12), § 86 Abs. 9 S. 2 (2).

[51] Die grundsätzliche Zuständigkeit des Fachbereichs ergibt sich daraus, daß es sich bei den Prüfungsordnungen um fachbezogene Angelegenheiten handelt (*Thieme*, Hochschulrecht, Rdn. 324 a.E.).

[52] Zu den Zuständigkeiten: In Baden-Württemberg erläßt die Prüfungsordnungen der Senat auf Vorschlag der Fakultät, § 19 Abs. 2 Nr. 5 UniG BW; in Bayern der Senat nach Art. 28 Abs. 1 Nr. 1 HSG Bay; in Berlin fehlt eine ausdrückliche Regelung, doch ergibt sich die Zuständigkeit des Fachbereichs aus § 71 Abs. 1 Nr. 1 i.V. m. § 31 Abs. 4 und 61 Abs. 1 Nr. 5 BerlHG (vgl. *Thieme*, Hochschulrecht, Rdn. 324 a.E.); in Bremen wird die Prüfungsordnung durch Beschluß des Fachbereichs, § 87 Abs. 2 Nr. 3 HSG HB und dort durch den Fachbereichsrat, § 88 Abs. 4 HSG HB, erlassen, der akademische Senat ist zuständig für die Beschlußfassung über die Grundsätze des Prüfungswesens und die allgemeinen Verfahrensvorschriften, § 80 Abs. 2 Nr. 9, für die Stellungnahme zur Prüfungsordnung, § 80 Abs. 2 Nr. 10, und hat nach § 80 Abs. 3 und 4 Zurückwei-

nungen bedürfen der staatlichen Genehmigung[53], die sich jedoch nicht auf die Rechtsaufsicht beschränkt, sondern auch Elemente der Fachaufsicht enthält[54]. Diese sehen als Gründe für die Versagung der Genehmigung vor,

(1) daß die Prüfungsordnung eine Regelstudienzeit von mehr vier Jahren vorsieht, ohne daß zwingende Gründe dies vorschrieben,

(2) daß die Prüfungsordnung einer aufgrund von § 9 Abs. 2 HRG ergangenen Empfehlung[55] nicht entspricht,

(3) daß durch die Prüfungsordnung die im Hochschulbereich erforderliche Einheitlichkeit oder die Gleichwertigkeit der Ausbildung oder der Abschlüsse nicht gewährleistet ist,

(4) daß die haushaltsmäßigen Voraussetzungen für die Durchführung der Prüfungsordnung nicht vorliegen[56].

---

sungs- und Selbsteintrittsrechte; in Hamburg wird die Prüfungsordnung durch den Fachbereich, § 97 Abs. 2 S. 1 HmbHG und dort durch den Fachbereichsrat, § 99 Abs. 1, nach Stellungnahme durch den akademischen Senat, § 84 Abs. 2 Nr. 8, erlassen; in Hessen wird die Prüfungsordnung durch den Fachbereich, § 22 Abs. 2 UniG He, und dort durch den Fachbereichsrat, § 24 Abs. 1 UniG He, erlassen, der Senat ist gemäß § 16 Abs. 2 Nr. 6 UniG He zum Erlaß von Rahmenbestimmungen zuständig, er muß, § 16 Abs. 2 Nr. 7 UniG He, die Zustimmung zur Prüfungsordnung erteilen; in Niedersachsen erläßt der Fachbereich, § 95 Abs. 4 NHG, durch den Fachbereichsrat, § 96 Abs. 1 NHG, nach Stellungnahme durch den Senat, § 91 Abs. 2 Nr. 12 NHG, die Prüfungsordnung; eine ausdrückliche gesetzliche Kompetenznorm fehlt im WissHG NW, die Zuständigkeit des Fachbereichs ergibt sich aus einer systematischen Auslegung (vgl. *Bender*, in: Leuze / Bender, § 91 Rdn. 1); in Rheinland-Pfalz erläßt der Fachbereich, § 80 Abs. 2 Nr. 3 HSG RhPf, durch den Fachbereichsrat, § 81 Abs. 1 HSG RhPf, nach Stellungnahme durch den Senat, § 71 Abs. 2 Nr. 5 HSG RhPf, die Prüfungsordnung; im Saarland erläßt die Fakultät (zur besonderen Organisationsform der Fakultät im Saarland s. o. 1. Kap. B VII 1 FN 20) gemäß § 23 Abs. 2 Nr. 5 UniG Sa auf Vorschlag des Fachbereichs, § 22 Nr. 3 UniG Sa, die Prüfungsordnungen, der Senat muß gemäß § 27 Abs. 1 Nr. 2 zustimmen; in Schleswig-Holstein erläßt der Fachbereich gemäß §§ 52 Abs. 1, 86 Abs. 8 HSG SH nach Stellungnahme durch den Senat, § 39 Abs. 6 HSG SH, die Prüfungsordnungen; vgl. dazu insgesamt *Schrimpf*, in: Denninger, § 63 Rdn. 36 ff.

[53] § 51 Abs. 1 S. 2 UniG BW (Zustimmung); Art. 81 Abs. 1 S. 1 HSG Bay; § 90 Abs. 1 BerlHG (Bestätigung); § 110 Abs. 2 Nr. 5 HSG HB; § 137 Abs. 2 Nr. 4 HmbHG; § 21 Abs. 1 Nr. 6 HSG He; § 77 Abs. 1 i.V. m. § 77 Abs. 3 Nr. 2 NHG; § 108 Abs. 1 i.V. m. § 91 Abs. 1 WissHG NW; § 5 Abs. 3 HSG RhPf; § 5 Abs. 1 UniG Sa (Zustimmung); § 14 Abs. 1 S. 1 HSG SH.

[54] § 51 Abs. 1 S. 5 Nr. 2, 3 UniG BW; Art. 81 Abs. 1 S. 3 Nr. 1-4 HSG Bay; § 91 BerlHG; § 110 Abs. 3 S. 3 HSG HB; § 137 Abs. 3 HmbHG; § 21 Abs. 2 HSG He; § 77 Abs. 3 NHG; § 108 Abs. 3 WissHG NW; § 5 Abs. 4 HSG RhPf; § 99 Abs. 5, 6 UniG Sa; § 14 Abs. 2, 3 HSG SH.

[55] In Hochschulgesetzen der Länder, die die Änderung des § 9 HRG noch nicht berücksichtigen, die Empfehlungen der Studienreformkommission, s. dazu unten 1. Kap. B VII 2 d.

[56] § 51 Abs. 1 S. 4, 5 UniG BW (1-3) in Baden-Württemberg ist eine Versagung der Genehmigung auch „aus sonstigen wichtigen Gründen" vorgesehen; Art. 70 Abs. 1 S. 3 HSG Bay (2-4); § 31 Abs. 3 BerlHG (1), darüber hinaus aber auch, wenn der Berliner Senat (= die Regierung) schwerwiegende Bedenken erhebt, § 31 Abs. 4 S. 1 BerlHG; § 110 Abs. 3 HSG HB; § 137 Abs. 3 HambHG (Regelstudienzeit ist kein Versagungs-

Die Prüfungsordnungen gehören nach § 60 Nr. 1 HRG zu den Materien, für die ein Zusammenwirken von Land und Hochschule gesetzlich zu regeln ist. Seit dem 1. 1. 1988 sind die Studienreformkommissionen im HRG nicht mehr vorgesehen. Stattdessen tragen die Länder im Rahmen ihrer Zuständigkeiten gemeinsam dafür Sorge, daß die Gleichwertigkeit einander entsprechender Studienabschlüsse und die Möglichkeit des Hochschulwechsels im Geltungsbereich des HRG durch eine entsprechende Gestaltung der Prüfungsordnungen gewährleistet wird, § 9 Abs. 2 S. 1 HRG. Bei Studiengängen, die mit einer Hochschulprüfung abgeschlossen werden, wirken die Länder und die für die im Geltungsbereich dieses Gesetzes bestehenden Vertretungen der Hochschulen zusammen, § 9 Abs. 2 S. 2 HRG. Vertreter des Bundes und Sachverständige aus der Berufspraxis sollen an der Vorbereitung entsprechender Empfehlungen beteiligt werden, § 9 Abs. 2 S. 3 HRG. Die zuständige Landesbehörde kann verlangen, daß bestehende Prüfungsordnungen der Hochschulen diesen Empfehlungen angepaßt werden; stimmt eine vorgelegte Prüfungsordnung nicht mit einer Empfehlung überein, so kann die zuständige Landesbehörde die Genehmigung versagen, § 9 Abs. 2 S. 4 HRG[57].

Gesetzlich sind dem Satzunggeber für die Gestaltung der Prüfungsordnungen im wesentlichen nur formelle Vorgaben gemacht worden. Materiell ist für die Prüfungsordnungen lediglich mittelbar etwas aus den Vorschriften über die Studienreform und über Lehre und Studium zu entnehmen[58].

Die Hochschulprüfungsordnungen entfalten keine unmittelbare Außenwirkung, da die Studenten mitwirkungsberechtige Mitglieder der Hochschulen sind. Es ginge zu weit, schon deshalb von unmittelbaren Außenwirkungen zu sprechen, weil die Professoren als Gruppe innerhalb der Hochschule in den jeweiligen Entscheidungsgremien die Mehrheit haben müssen und die Mitwirkungsrechte der Gruppe der Studenten entsprechend reduziert sind. Bei einer derartigen Sicht der Dinge müßte die Abgrenzung zwischen bloßer Innenwirkung und unmittelbarer Außenwirkung weitestgehend ihren Sinn verlieren, da dann immer von unmittelbarer Außenwirkung gesprochen werden müßte, wenn eine nach sachlichen Kriterien abgrenzbare Gruppe majorisiert werden könnte[59].

Da Prüfungen das Studienverhalten der Studenten entscheidend bestimmen, ergibt sich aus der Funktion der Prüfungsordnungen sowohl in zeitlicher als auch

grund); § 21 Abs. 2 (3), § 52 Abs. 6 HSG He (2), wenn der Kultusminister die Empfehlung für verbindlich erklärt hat; § 77 Abs. 3 NHG (3), § 12 NHG (2) aber als Änderungsbefugnis, nicht als Versagungsgrund; § 108 Abs. 3 WissHG NW (nicht vorgesehen ist (2) als Versagungsgrund); § 5 Abs. 4 HSG RhPf ((4) ist kein Versagungsgrund); § 99 Abs. 5 UniG Saarl ((1) ist kein Versagungsgrund); § 14 Abs. 2, 3 HSG SH (die Nichtübereinstimmung mit den Empfehlungen sind als Versagungsgrund nicht vorgesehen).

57 Entsprechende Regelungen sind bislang lediglich in Baden-Württemberg, § 41 Abs. 4 UniG BW, und Rheinland-Pfalz, § 5 Abs. 4 und Abs. 5 HSG RhPf, ergangen.

58 Vgl. *Bender*, in: Leuze / Bender, Vorbem. zu §§ 90 ff. Rdn. 1.

59 Ob bei derartigen Konstellationen die entsprechenden Satzungen rechtmäßig sind, ist eine andere Frage, die im Hochschulbereich durch Art. 5 Abs. 3 GG beantwortet wird, vgl. *BVerfGE* 35, 79; *Kleine-Cosack*, S. 206 ff.

in inhaltlicher Hinsicht eine wesentliche Strukturierung des Studiums[60]. Durch diese Wirkung bestimmen die Prüfungsordnungen in erheblichem Maß Umfang und Qualität der Ausbildung des Studenten. Beides hat Auswirkungen auf seine spätere Berufstätigkeit, soweit sie von seiner akademischen Ausbildung geprägt wird. Diese Auswirkungen betreffen nicht nur den Studenten, sondern jeden, der seine beruflichen Leistungen später in Anspruch nehmen will, wie z. B. den Unternehmer, der einen Diplom-Kaufmann beschäftigt. Der enge Sachzusammenhang zu den Prüfungsordnungen liegt auf der Hand. Die Regelungen sollen einen bestimmten Ausbildungsstandard gewährleisten, so daß ihre außenregelnde Tendenz objektiv deutlich erkennbar wird. Insofern haben die Prüfungsordnungen zumindest erhebliche mittelbare Außenwirkung[61].

bb) Promotions- und Habilitationsordnungen

Die Promotion dient dem Nachweis der Befähigung zu vertiefter, selbständiger wissenschaftlicher Arbeit. Die Habilitation dient dem Nachweis der Befähigung zu selbständiger wissenschaftlicher Arbeit in Forschung und Lehre. Promotion und Habilitation sind Hochschulprüfungen im Sinne der §§ 15 Abs. 4, 16 Abs. 1, 2 HRG[62]. Sie werden gemäß § 16 Abs. 1 HRG aufgrund von Prüfungsordnungen — den Promotions- bzw. Habilitationsordnungen abgelegt, die der Genehmigung der zuständigen Landesbehörde bedürfen. Aufgrund der einschlägigen landesrechtlichen Ermächtigungsgrundlagen erlassen die Universitäten die Promotions- bzw. Habilitationsordnungen als Satzungen[63]. Sie werden entweder durch den Fachbereich selbst — und dort durch den Fachbereichsrat — oder auf Vorschlag des Fachbereichs durch die zuständigen zentralen Kollegialorgane erlassen. Ist dem zentralen Kollegialorgan die Satzungsbefugnis nicht ausdrücklich zugesprochen, sind die Fachbereiche zuständig[64]. In jedem Fall hat die Gruppe der Professoren beim Erlaß der Promotions- bzw. Habilitationsordnung die Mehrheit[65].

---

60 Vgl. *Bender*, in: Leuze / Bender, Vorbem. zu §§ 90 ff. Rdn. 1.

61 Vgl. auch *Bender*, in: Leuze / Bender, Vorbem. zu §§ 90 ff. Rdn. 18.

62 *Lennartz*, in: Denninger, § 15 Rdn. 6 (Promotion) und Rdn. 12 (Habilitation); *Bode*, in: Dallinger, § 15 Rdn. 3 (Promotion und Habilitation); *Bender*, in: Leuze / Bender, § 94 Rdn. 2 (Promotion).

63 Vgl. zur Rechtsnatur als Satzungen: *Maurer*, Promotion, S. 830 (836); *Bode*, in: Dallinger, § 16 Rdn. 1; *Lennartz*,in: Denninger, § 15 Rdn. 7, § 16 Rdn. 3. Siehe die landesgesetzlichen Vorschriften zur Promotionsordnung: § 54 Abs. 3 S. 2 UniG BW; Art. 83 HSG Bay; § 35 Abs. 5 BerlHG; § 65 Abs. 4 HSG HB; § 63 Abs. 5 HmbHG; § 22 Abs. 2 UniG He; § 26 Abs. 5 NHG; § 94 Abs. 4 WissHG NW; § 25 Abs. 3 HSG RhPf; § 48 Abs. 3 UniG Sa; § 54 Abs. 1 i.V. m. § 52 Abs. 1 HSG SH.

64 *Thieme*, Hochschulrecht, Rdn. 343 (Promotion) und Rdn. 507 (Habilitation), vgl. auch *Maurer*, Promotion, S. 830 (841). *Der Fachbereich ist zuständig* in Baden-Württemberg, § 25 Abs. 1, 3 Nr. 3 UniG BW; Bayern, Art. 36, 40 HSG Bay; Berlin, §§ 70 Abs. 4, 71 Abs. 1 S. 1, Nr. 1 BerlHG; Hamburg, § 97 Abs. 2 HmbHG; Hessen, § 22 Abs. 2 UniG He; Niedersachsen (nur Promotionsordnung), § 95 Abs. 4 S. 1 NHG bzw. die Fakultät nach § 99 Abs. 4 S. 1 Nr. 2 NHG (die Fakultät ist eine gemeinsame Kommission ähnlich der im Saarland); § 80 Abs. 2 Nr. 3 HSG RhPf; in Schleswig-Holstein erläßt

Inhaltlich enthält das HRG weder Vorgaben für die Promotions- noch für die Habilitationsordnungen, sondern überläßt die entsprechenden Regelungen den Landeshochschulgesetzen, die einige, zum Teil übereinstimmende, inhaltliche Mindestvoraussetzungen vorschreiben[66].

Hinsichtlich der Zulassungsvoraussetzungen zum Promotionsverfahren gelten folgende Gemeinsamkeiten:

— Zeugnis, das zum wissenschaftlichen Hochschulstudium berechtigt[67],

— ein dem angestrebten Grad entsprechendes wissenschaftliches Studium, teilweise mit einer bestimmten Mindeststudiendauer[68],

— in der Regel die Ablegung einer entsprechenden Abschlußprüfung (erstes Staatsexamen, Diplom, Magister oder gleichwertige ausländische Prüfung)[69],

---

der Senat allgemeine Grundsätze für die Promotionsordnung und die Habilitationsordnung, § 39 Abs. 2 Nr. 6 HSG SH, während diese selbst vom Fachbereichskonvent erlassen werden, § 54 Abs. 1, 3, § 52 Abs. 1, § 86 Abs. 7 HSG SH; *der Senat ist zuständig:* für den Erlaß der Habilitationsordnung in Bremen, § 80 Abs. 2 Nr. 8 HSG Bremen; die Habilitationsordnung in Niedersachsen, § 91 Abs. 2 Nr. 11 NHG; die Promotions- und Habilitationsordnung in Nordrhein-Westfalen, § 94 Abs. 4 (Promotionsordnung) und § 95 Abs. 5 WissHG NW (Habilitationsordnung); in Bremen ist er darüber hinaus zuständig für den Erlaß allgemeiner Verfahrensvorschriften für die Promotionsordnung, § 80 Abs. 2 Nr. 9 HSG HB, die ihrerseits vom Fachbereich erlassen wird, § 87 Abs. 2 Nr. 3 HSG HB; im Saarland werden Promotions- und Habilitationsordnung von der gemeinsamen Kommission (Fakultät) nach § 23 Abs. 2 Nr. 5 (Promotionsordnung) bzw. § 23 Abs. 2 Nr. 7 UniG Sa (Habilitationsordnung) erlassen.

65 Für die Fachbereiche ist insoweit § 38 Abs. 5 HRG zu beachten, wonach, soweit ein Organ des Fachbereichs für den Erlaß von Habilitations- oder Promotionsordnungen zuständig ist, allen Professoren des Fachbereichs die Möglichkeit einzuräumen ist, an den Entscheidungen stimmberechtigt mitzuwirken. Ansonsten gehören auch das Promotions- und Habilitationsverfahren zum Bereich, der unmittelbar die Forschung, künstlerische Entwicklungsvorhaben oder die Lehre betrifft, so daß die „doppelte Professorenmehrheit" nach § 38 Abs. 3 S. 5, Abs. 6 S. 1 HRG bestehen muß. Für die zentralen Kollegialorgane s. o. 1. Kap. B VII 1. Vgl. Fakultätsrat Baden-Württemberg, § 25 Abs. 2, 3 Nr. 3 UniG BW; den Fachbereichsrat in Bayern, Art. 40 Abs. 2 HSG Bay; in Berlin, § 70 Abs. 3, 4 BerlHG; in Bremen, § 88 Abs. 1 HSG HB (Mehrstimmrecht), den Bremer Senat, § 80 Abs. 5 HSG HB (Mehrstimmrecht); den Fachbereichsrat in Hamburg, § 99 Abs. 2 HmbHG; in Hessen, § 24 UniG He; in Niedersachsen, § 96 Abs. 2 i.V. m. § 79 Abs. 1 NHG, den Senat in Niedersachsen, § 92 Abs. 1 i.V. m. § 79 Abs. 1 NHG; den Senat in Nordrhein-Westfalen, § 21 Abs. 3 WissHG NW; den Fachbereichsrat in Rheinland-Pfalz, § 81 HSG RhPf; den Großen Fakultätsrat im Saarland, § 48 Abs. 2 UniG Sa; den Fachbereichskonvent in Schleswig-Holstein, § 54 Abs. 2 HSG SH.

66 Siehe dazu *Thieme,* Hochschulrecht, Rdn. 345; beachte, daß inRheinland-Pfalz gemäß § 25 Abs. 3 HSG RhPf die wesentlichen Vorschriften zu den Hochschulprüfungsordnungen auch auf die Promotions- und Habilitationsordnungen übertragen werden, weitere darüber hinausgehende besondere Zulässigkeitsvoraussetzungen gibt es in Rheinland-Pfalz nicht.

67 § 65 Abs. 2 HSG HB.

68 § 54 Abs. 3 UniG BW (mindestens 4 Jahre); Art. 83 HSG Bay; § 35 Abs. 3 S. 1 BerlHG; § 65 Abs. 2 HSG HB;§ 63 Abs. 3 HmbHG; § 26 Abs. 3 NHG; § 94 Abs. 2 S. 1 lit. a bzw. lit. b, c WissHG NW.

— eine bestimmte Mindestnote[70].

Hinsichtlich der Zulassungsvoraussetzungen zum Habilitationsverfahren gelten folgende Gemeinsamkeiten[71]:

— Abschluß eines wissenschaftlichen Studiums[72],

— Erwerb des Doktorgrades[73],

— sonstige Spezialkenntnisse und[74]

— Vorlage einer Habilitationsschrift[75].

Jeder, der die Zulassungsvoraussetzungen erfüllt, ist zum Habilitationsverfahren zuzulassen. Einen Betreuer braucht der Habilitand nicht[76]. Die näheren Zulassungsvoraussetzungen werden durch die Promotions- und Habilitationsordnungen geregelt. Für das Promotions- bzw. Habilitationsverfahren schreiben die Landesgesetze einige Mindestvoraussetzungen vor, überlassen die Ausgestaltung aber weitgehend den Hochschulen[77]. Die Promotions- und Habilitationsordnungen bedürfen der staatlichen Genehmigung, die sich nicht auf die Rechtsaufsicht beschränkt, sondern Elemente der Fachaufsicht enthält[78].

---

69 § 54 Abs. 3 UniG BW; Art. 83 HSG Bay; § 35 Abs. 3 S. 1 BerlHG; § 65 Abs. 2 HSG HB; § 63 Abs. 3 HmbHG; § 26 Abs. 3 NHG; § 94 Abs. 2 S. 1 WissHG NW.

70 Fakultativ in Baden-Württemberg, § 54 Abs. 2 S. 2 UniG BW und in Nordrhein-Westfalen, § 94 Abs. 2 S. 3 WissHG NW.

71 Vgl. dazu *Thieme*, Hochschulrecht, Rdn. 508.

72 § 55 Abs. 2 S. 1 UniG BW; Art. 91 Abs. 5 S. 1 HSG Bay; § 36 Abs. 4 BerlHG; § 64 Abs. 2 HmbHG; § 95 Abs. 2 S. 1 HSG SH.

73 § 155 Abs. 2 S. 1 UniG BW; Art. 91 Abs. 5 S. 1 HSG Bay; § 36 Abs. 4 BerlHG; § 66 Abs. 2 HSG HB; § 64 Abs. 2 HmbHG (Ausnahmen möglich); § 95 Abs. 2 WissHG NW; § 95 Abs. 2 HSG SH (oder einer gleichwertigen wissenschaftlichen Qualifikation).

74 § 55 Abs. 2 S. 1 UniG BW (mehrjährige wissenschaftliche Tätigkeit); § 95 Abs. 2 S. 2 WissHG NW (fakultativ, wenn Besonderheiten des Fachs dies erfordern); § 95 Abs. 2 S. 4 HSG SH (wie NW).

75 Kann in Bayern durch die Habilitationsordnung vorgeschrieben werden, Art. 91 Abs. 5 S. 4 HSG Bay; in anderen Bundesländern ist die Vorlage einer Habilitationsschrift zwar vorgesehen, aber keine zwingende Zulassungsvoraussetzung, § 55 Abs. 2 S. 2 Nr. 1 UniG BW; § 36 Abs. 5 Nr. 1 BerlHG; § 66 Abs. 3 HSG HB; § 64 Abs. 3 HmbHG; § 95 Abs. 3 WissHG NW; in den anderen Bundesländern ist die Vorlage einer Habilitationsschrift gesetzlich nicht vorgesehen.

76 *Thieme*, Hochschulrecht, Rdn. 508; so ausdrücklich auch Art. 74 Abs. 4 S. 4 HSG Bay; § 27 Abs. 2 NHG; § 95 Abs. 2 S. 5 HSG SH.

77 § 54 (Promotion) und § 55 (Habilitation) UniG BW; Art. 83(Promotion) und Art. 91 (Habilitation) HSG Bay; § 35(Promotion) und § 36 (Habilitation) BerlHG; § 65 (Promotion) und § 66 (Habilitation) HSG HB; eine detaillierte Regelung gibt es in Hamburg, § 63 Abs. 5 (Promotion)und § 64 Abs. 5 (Habilitation) jeweils i.V. m. den einschlägigen Vorschriften der §§ 57 ff. HmbHG; § 94 Abs. 3,4 (Promotion) und § 95 Abs. 4, 5 (Habilitation) WissHG NW; § 25 Abs. 3 HSG RhPf; § 14 Abs. 2 UniG Saarl; § 95 Abs. 4 HSG SH; Hessen und Niedersachsen haben keine Verfahrensvorschriften.

78 Vgl. zunächst § 16 Abs. 1 HRG und die landesgesetzlichen Regelungen: Art. 83 S. 4 i.V. m. Art. 81 Abs. 1 (Promotion), Art. 91 Abs. 3 S. 2 i.V. m. Art. 81 Abs. 1 (Habilitation) HSG Bay; §§ 90 Abs. 1, 91 BerlHG; § 110 Abs. 2 Nr. 6, 110 Abs. 3 Nr. 2 HSG

Die Promotions- und Habilitationsordnungen entfalten häufig unmittelbare Außenwirkung. Zwar wird für die Promotion in der Regel eine persönliche Beziehung zu dem promovierenden Fachbereich verlangt, die sich in einem vorangegangenen Studium eben an diesem Fachbereich manifestiert[79], doch besteht das Mitgliedschaftsverhältnis zur Zeit des Promotionsverfahrens in der Regel tatsächlich nicht (mehr).

Die Habilitanden sind häufig als wissenschaftliche Assistenten oder Mitarbeiter Interne, doch ist dies nicht zwingend geboten. Vielmehr wird für das Habilitationsverfahren stets auf eine persönliche Anbindung und damit auf die Mitgliedschaft verzichtet[80].

Für die mittelbare Außenwirkung gilt das zu den Hochschulprüfungen im engeren Sinne Gesagte entsprechend, d.h. auch die Promotions- und Habilitationsordnungen entfalten mittelbare Außenwirkung.

d) Ausbildungsordnungen

Für jeden Studiengang soll die Hochschule eine Studienordnung aufstellen, § 11 Abs. 1 S. 1 HRG. Die Studienordnungen werden von den Hochschulen als Satzungen erlassen[81]. Zuständig innerhalb der Hochschule ist grundsätzlich der Fachbereich, in einigen Bundesländern der Senat[82].

HB; § 137 Abs. 2 Nr. 4, § 137 Abs. 2 HmbHG; Genehmigungserfordernis in § 21 Abs. 1 Nr. 6 (Promotion) und § 21 Abs. 1 Nr. 5 (Habilitation) HSG He (keine fachaufsichtlichen Elemente für die Habilitationsordnung, vgl. § 21 Abs. 2 HSG Hessen); § 77 Abs. 1, 3 NHG; § 108 Abs. 1 i.V. m. § 94 Abs. 4 (Promotion) und § 95 Abs. 1 (Habilitation), § 108 Abs. 3 WissHG NW; § 5 Abs. 3 HSG RhPf (keine Fachaufsicht); § 14 Abs. 2 i.V. m. § 99 Abs. 5 UniG Sa (nur Habilitation, kein Genehmigungserfordernis für die Promotionsordnung); § 14 Abs. 1 i.V. m. § 95 Abs. 4, § 14 Abs. 2 HSG SH (nur Habilitation, keine Regelung für Promotionsordnung); in Baden-Württemberg ist das Genehmigungserfordernis nicht vorgesehen.

79 Vgl. *Thieme*, Hochschulrecht, Rdn. 345, sowie z. B. § 3 der juristischen Promotionsordnung der Rechts- und Staatswissenschaftlichen Fakultät der Rheinischen Friedrich-Wilhelms-Universität Bonn, die zwei rechtswissenschaftliche Semester an der Universität Bonn voraussetzt.

80 *Thieme*, Hochschulrecht, Rdn. 8, sowie z. B. die Habilitationsordnung der Rechts- und Staatswissenschaftlichen Fakultät der Rheinischen Friedrich-Wilhelms-Universität Bonn.

81 Zum Rechtscharakter als Satzung vgl. *Bender*, in: Leuze / Bender, § 85 Rdn. 2; *Thieme*, Hochschulrecht, Rdn. 308; *Bode*, in: Dallinger, § 11 Rdn. 4; *Becker / Lennartz*, in: Denninger, § 11 Rdn. 12; s. zu den landesrechtlichen Regelungen § 45 Abs. 1 S. 1 UniG BW; Art. 72 Abs. 1 S. 1 HSG Bay; § 24 Abs. 1 BerlHG; § 54 Abs. 1 S. 1 HSG HB; § 48 Abs. 1 HmbHG; § 44 Abs. 1 HSG He; § 17 NHG; § 85 Abs. 1 S. 1 WissHG NW; § 19 Abs. 1 HSG RhPf; § 4 Abs. 6 UniG Sa; § 84 Abs. 1 HSG SH.

82 Vgl. zur grundsätzlichen Zuständigkeit des Fachbereichs *Becker / Lennartz*, in: Denninger, § 11 Rdn. 1. Siehe zu den landesgesetzlichen Regelungen § 45 Abs. 1 S. 1 UniG BW (Senat auf Vorschlag der Fakultät); Art. 28 Abs. 1 Nr. 1 HSG Bay (Senat); der Fachbereich ist zuständig gem. § 71 Abs. 1 Nr. 1 BerlHG; § 87 Abs. 2 Nr. 3 HSG

Die Studienordnung regelt auf der Grundlage der Prüfungsordnung und unter Berücksichtigung der fachlichen und hochschuldidaktischen Entwicklung und der Anforderungen der beruflichen Praxis Inhalt und Aufbau des Studiums, § 11 Abs. 1 S. 2 HRG, gegebenenfalls einschließlich einer in den Studiengang eingeordneten berufspraktischen Tätigkeit, § 11 Abs. 1 S. 2 HRG. Die Studienordnung sieht im Rahmen der Prüfungsordnung Schwerpunkte vor, die der Student nach eigener Wahl bestimmen kann, § 11 Abs. 1 S. 3 HRG. Darüber hinaus bezeichnet die Studienordnung Gegenstand und Art der Lehrveranstaltungen und der Studienleistungen, die für den erfolgreichen Abschluß des Studiums erforderlich sind, § 11, Abs. 2 S. 2 HRG. Sie bestimmt deren Anteil am zeitlichen Gesamtumfang, § 11 Abs. 2 S. 3[83].

Die genannten gesetzlichen Anforderungen an die Studienordnung sollen zwar lediglich formeller Natur sein und legen die materiellen Inhalte deshalb nicht fest[84], gleichwohl sind die Hochschulen bei der Erstellung der Studienordnungen nicht frei. Zwar sind seit dem am 1.1. 1988 die Studienreformkommissionen des § 9 HRG abgeschafft und eine Anpassung der Studienordnungen an deren Empfehlungen nicht mehr vorgesehen[85], doch besteht eine Bindung an die Prüfungs-

---

HB; § 97 Abs. 2 HmbHG; § 21 Abs. 5 HSG He; § 95 Abs. 3 NHG; § 80 Abs. 2 Nr. 1 HSG RhPf; § 22 Nr. 1 UniG Sa; § 84 Abs. 1 S. 1 HSG SH; keine ausdrückliche gesetzliche Regelung in Nordrhein-Westfalen.

[83] § 45 UniG BW; Art. 72 HSG Bay; § 24 Abs. 3 BerlHG; § 54 HSG HB;§ 48 HmbHG; § 44 HSG He; § 17 Abs. 2 NHG; § 85 Abs. 2-4 WissHG NW; § 19 HSG RhPf; § 4 Abs. 6 UniG Sa; § 84 HSG SH.

[84] So *Bender*, in: Leuze / Bender, § 85 Rdn. 1.

[85] Bis zum Inkrafttreten des den § 9 HRG betreffenden Teils des Artikels 1 des 3. Änderungsgesetzes zum HRG vom 14.11.1985 (BGBl. I S. 2090) am 1.1.1988 hatten die Studienreformkommissionen u. a. die Aufgabe, Empfehlungen zu Studiengängen und den abschließenden Prüfungen zu erlassen und den Empfehlungen Musterstudien- und -prüfungsordnungen beizufügen, § 9 Abs. 5 HRG a. F. Die zuständige Landesbehörde konnte von den Hochschulen verlangen, den Empfehlungen entsprechende Studien- und -prüfungsordnungen zu erlassen bzw. die bestehenden Ordnungen ensprechend anzupassen. Die Studienreformkommissionen wurden von der zuständigen Landesbehörde im Zusammenwirken mit den betroffenenen Hochschulen gebildet. Bundesweit wurden gemeinsame Studienreformkommissionen gebildet, § 9 Abs. 1 S. 2 HRG a. F. Sie setzten sich aus Vertretern aus dem Bereich der Hochschulen, von staatlichen Stellen sowie Fachvertretern aus der Berufspraxis zusammen, § 9 Abs. 3 S. 1 HRG a. F. Bei Studiengängen, die mit einer staatlichen Prüfung abgeschlossen wurden, verfügten die Vertreter von staatlichen Stellen über mehr als die Hälfte, in Studienreformkommissionen, die für den Geltungsbereich des ganzen HRG gebildet worden waren, über mindestens ⅔ der Stimmen, § 9 Abs. 3 S. 2 HRG a. F. Die Empfehlungen wurden den zuständigen Landesbehörden vorgelegt; vor ihrer Verabschiedung war den Hochschulen Gelegenheit zur Stellungnahme zu geben, § 9 Abs. 6 HRG a. F. Die zuständige Landesbehörde konnte nach Anhörung der Hochschulen verlangen, daß bestehende Studien- und Prüfungsordnungen der Hochschulen den Empfehlungen angepaßt oder den Empfehlungen entsprechende Studien- und Prüfungsordnungen erlassen wurden; statt einer Änderung bestehender Studien- und Prüfungsordnungen konnte sie auch verlangen, daß den Empfehlungen entsprechende besondere Studien- und Prüfungsordnungen erlassen wurden, § 9 Abs. 7 HRG a. F. Entsprechend sahen die Landeshochschulgesetze vor, daß die

ordnungen, § 9 Abs. 2 S. 4 HRG. Die Prüfungsordnungen ihrerseits — für die nach wie vor die Empfehlungen der Kommission nach § 9 Abs. 4 HRG gelten — legen den Inhalt der Studienordnung im wesentlichen fest[86], so daß die Studienordnungen tatsächlich in hohem Maße durch die Empfehlungen der Kommissionen nach § 9 Abs. 2 HRG festgelegt werden[87]. Nach § 60 Nr. 1 HRG gehört die Studienordnung zu den Materien, für die ein Zusammenwirken zwischen Hochschule und Staat (Land) gesetzlich zu regeln ist. Die Länder haben — entsprechend der Zugehörigkeit jeder Studienordnung zum Kernbereich des Art. 5 Abs. 3 GG[88] — lediglich die Rechtsaufsicht vorgesehen[89]. Die Genehmigungspflicht für die Studienordnung ist zwar durch die bloße Anzeigepflicht bei der zuständigen staatlichen Stelle ersetzt worden, § 11 Abs. 3 S. 1 HRG, doch kann diese eine Änderung verlangen, wenn die Studienordnungen nicht gewährleisten, daß das Studium entsprechend der Prüfungsordnung durchgeführt und abgeschlossen werden kann, § 11 Abs. 3 S. 2 HRG[90].

Adressaten der Studienordnung sind zunächst die Studenten, also Interne, so daß keine unmittelbare Außenwirkung besteht.

Inhalt und Aufbau des Studiums werden formell durch die Studienordnung festgelegt. Sie bestimmt an sich die Qualität der Ausbildung und damit die Wertschätzung des Hochschulabsolventen durch Dritte. Gegen die für die Annahme mittelbarer Außenwirkung erforderliche Sachnähe könnte allenfalls sprechen, daß die wesentlichen Studieninhalte nicht durch die Studienordnung, sondern durch die Prüfungsordnung bestimmt werden[91]. Dies ist zwar richtig, ändert aber nichts daran, daß die tatsächliche Gestaltung des Studiums auch von der Studienordnung entscheidend geprägt wird, diese also für den Ausbildungsstand der Studenten Bedeutung hat und dies für Dritte, wie künftige Arbeitgeber, von

---

Genehmigung der Prüfungs- bzw. Studienordnungen zu versagen war, wenn sie gegen die Empfehlungen verstießen bzw. daß die zuständige Landesbehörde eine Anpassung an die Empfehlungen verlangen konnte. Diese Regelungen sind zum Teil noch in Kraft: § 68 Abs. 8-11 HSG HB; § 48 Abs. 7 i.V. m. §§ 69, 71 HmbHG; § 21 Abs. 1 Nr. 7, § 21 Abs. 4 HSG He (Genehmigung), § 52 Abs. 6 HSG He (Änderungsverlangen, wenn die Empfehlungen vom Kultusminister für verbindlich erklärt worden waren); § 12 NHG; § 99 Abs. 5 S. 2 Nr. 1 UniG Sa.

86 S. 1. Kap. B VII 2 d FN 90.

87 Dies gilt nicht für Berlin.

88 Vgl. dazu *BVerfGE* 35, 79 (123); *Bode*, in: Dallinger, § 11 Rdn. 11; *Thieme*, Hochschulrecht, Rdn. 308; *Becker / Lennartz*, in: Denninger, § 11 Rdn. 1.

89 § 124 Abs. 1 UniG BW; § 90 Abs. 1 BerlHG (sieht ausdrücklich keine „Bestätigung" für Studienordnungen vor); §§ 106, 108 WissHG NW; § 103 Abs. 1 HSG RhPf; §§ 13, 15 HSG SH.

90 § 41 Abs. 4 S. 2 UniG BW; Art. 72 Abs. 3 S. 3 HSG Bay; § 24 Abs. 4 BerlHG; § 108 Abs. 1 i.V. m. § 85 Abs. 1 WissHG NW (ohne Änderungsmöglichkeit; beachte auch § 108 Abs. 1 S. 3 WissHG NW); § 5 Abs. 3, § 5 Abs. 5 S. 2 HSG RhPf; § 84 Abs. 4 HSG SH.

91 S. oben 1. Kap. B VII 2 c aa.

großem Interesse ist. Die erforderliche außenregelnde Tendenz ist objektiv deutlich erkennbar, weil die Studienordnung ein ordnungsgemäßes Studium gewährleisten soll, um eine hohe berufliche Wertschätzung bei Dritten zu erreichen. Die Studienordnung entfaltet daher mittelbare Außenwirkung.

e) Honorarordnungen

Honorarordnungen gibt es im Bereich der akademischen Selbstverwaltung nicht.

f) Beitrags- und Gebührenordnungen

Beiträge in Form von Studiengebühren werden von den Wissenschaftlichen Hochschulen von ihren Studenten nicht erhoben. Dagegen werden von den Studentenwerken, rechtsfähigen Anstalten des öffentlichen Rechts[92], die sogenannten Sozialbeiträge aufgrund einer vom Studentenwerk mit Genehmigung der zuständigen Landesbehörde zu erlassenden Beitragsordnung erhoben[93]. Die Studentenwerke sind aufgrund ihrer Ausgestaltung als Anstalt nicht Gegenstand dieser Untersuchung[94].

Als weitere Beiträge im Bereich der akademischen Selbstverwaltung sind die von den Studentenschaften aufgrund einer von ihnen zu erlassenen Beitragsordnung erhobenen Beiträge zu nennen[95]. Diese Beitragsordnungen entfalten jedoch keine Außenwirkung, da sie sich ausschließlich an die Studenten, mitwirkungsberechtigte Zwangsmitglieder der Studentenschaft, richten[96].

Die von den wissenschaftlichen Hochschulen erhobenen Gebühren (z. B. Gasthörer- oder Verwaltungsgebühren) beruhen nicht auf autonomen Satzungen, sondern auf Gebührengesetzen[97] oder Gebührenverordnungen[98].

---

[92] Vgl. z. B. § 110 Abs. 3 HSG RhPf.

[93] Vgl. die Nachweise bei *Thieme*, Hochschulrecht, Rdn. 601, FN 10.

[94] Vgl. zu den Studentenwerken allgemein *Hendler*, DVBl. 1986, S. 398; zu Sozialbeiträgen *BVerwGE* 32, 308.

[95] § 46 HSG Bremen; § 133 HambHG; § 62 Abs. 3, 70 HSG He, § 53 NHG; § 78 WissHG NW; §§ 106 Abs. 3 Nr. 3, 108 HSG RhPf; § 83 Abs. 5 UniG Sa; § 28 Abs. 7 HSG SH (allerdings ohne ausdrücklichen Hinweis auf eine Beitragsordnung); keine entsprechende Regelung in Baden-Württemberg, Bayern und Berlin.

[96] Vgl. zur verfaßten Studentenschaft allgemein *Wahlers*, NVwZ 1985, S. 804; zur Zulässigkeit von Beiträgen *BVerwGE* 59, 231 (236 f.).

[97] Baden-Württemberg: § 120 UniG BW; Nordrhein-Westfalen: Hochschulgebührengesetz i. d. F. d. B. v. 26.1.1982 (GVBl. S. 70) z. g. d. G. v. 20.10.1987 (GVBl. S. 366).

[98] Hamburg: Gebührenordnung für das Hochschulwesen vom 24.7.1984 (GVBl. S. 155) z. g. d. VO. v. 18.12.1984 (GVBl. S. 267); Hessen: Gebührenordnung für die Studenten an den Hochschulen des Landes Hessen vom 10.4.1984 (GVBl. S. 125); Niedersachsen: Gebührenordnung für die wissenschaftlichen Hochschulen vom 27.9.1967 (GVBl. S. 415) z. g. d. VO. v. 20.1.1970 (GVBl. S. 25).

VIII. Landwirtschaft

1. Allgemeines

Das Recht der Landwirtschaftskammern ist landesrechtlich geregelt, da der Bund von seiner konkurrierenden Gesetzgebungskompetenz, Art. 74 Nr. 17 GG, keinen Gebrauch gemacht hat[1]. Landwirtschaftskammern gibt es in sechs Bundesländern, nämlich in Bremen[2], Niedersachsen[3], Nordrhein-Westfalen[4], Rheinland-Pfalz[5], Saarland[6] und Schleswig-Holstein[7]. Alle Landwirtschaftskammern sind Körperschaften des öffentlichen Rechts[8]. Ebenfalls eine Körperschaft des öffentlichen Rechts ist der Bayerische Bauernverband, dem ähnlich gelagerte Aufgaben obliegen, der jedoch auf freiwilliger Mitgliedschaft beruht[9] und keine hoheitlichen Aufgaben wahrnimmt[10]. Er soll daher nicht Gegenstand dieser Untersuchung sein.

Aufgabe der Landwirtschaftskammern ist die Förderung der Landwirtschaft und die Wahrnehmung der landwirtschaftlichen Interessen[11]. Zu ihren Aufgaben gehört insbesondere die Regelung der Berufsaus- und -fortbildung[12] und der Erlaß von Richtlinien über das landwirtschaftliche Sachverständigen- und Buchführungswesen[13]. Die Landwirtschaftskammer kann ihre Angelegenheiten durch

---

1 Vgl. *Hendler,* Selbstverwaltung, S. 241.

2 Gesetz über die Landwirtschaftskammer Bremen vom 20.3.1956 (GBl. S. 13) z. g. d. G. v. 4.6.1984 (GBl. S. 173).

3 Gesetz über Landwirtschaftskammern i. d. F. v. 10.10.1986 (GVBl. S. 325).

4 Gesetz über die Errichtung von Landwirtschaftskammern im Lande Nordrhein-Westfalen vom 11.2.1949 (GS NW S. 706) z. g. d. G. v. 11.7.1978 (GV NW S. 290).

5 Landesgesetz über die Landwirtschaftskammer Rheinland-Pfalz vom 28.7.1970 (GVBl. S. 309) z. g. d. G. v. 31.10.1974 (GVBl. S. 464).

6 Gesetz über die Landwirtschaftskammer für das Saarland, Gesetz Nr. 532 vom 9.7.1956 (Amtsbl. S. 1042) i. d. F. d. B. v. 22.10.1975 (Amtsbl. S. 1150).

7 Gesetz über die Landwirtschaftskammer Schleswig-Holstein i. d. F. v. 9.3.1973 (GVOBl. S. 71) z. g. d. G. v. 1.9.1987 (GVOBl. S. 309).

8 § 1 Abs. 2 LandwKG HB; § 1 Abs. 2 LandwKG Ns, (es gibt in Niedersachsen die Landwirtschaftskammer Hannover und die Landwirtschaftskammer Oldenburg, § 1 Abs. 1 LandwKG Ns); keine ausdrückliche gesetzliche Regelung in NordrheinWestfalen; § 1 Abs. 2 LandwKG RhPf; § 1 Abs. 1 S. 2 LandwKG Sa; § 1 Abs. 1 S. 2 LandwKG SH; vgl. *Hendler,* Selbstverwaltung, S. 241; für Nordrhein-Westfalen *Sauer,* S. 213.

9 VO Nr. 106 über die Aufgaben des bayerischen Bauernverbandes vom 29.10.1946 (BayRS 7800/2/E); *Mronz,* S. 172 f.; *Hendler,* Selbstverwaltung, S. 246.

10 *Mronz,* S. 173.

11 § 2 Abs. 1 LandwKG HB; § 2 Abs. 1 LandwKG Ns; § 2 Abs. 1 LandwKG NW; § 3 Abs. 1 LandwKG RhPf; § 2 Abs. 1 LandwKG Sa; § 2 Abs. 1 LandwKG SH.

12 § 2 Abs. 2 lit. b LandwKG HB („betreuen und überwachen", „Fortbildung fördern"); § 2 Abs. 2 lit. b LandwKG Ns; § 2 Abs. 1 S. 2 lit. b LandwKG NW; § 3 Abs. 2 lit. a LandwKG RhPf; § 2 Abs. 1 S. 2 Nr. 2 LandwKG SH; im Saarland liegt die Regelungskompetenz beim zuständigen Minister, § 2 Abs. 4 LandwKG Sa.

13 § 2 Abs. 2 lit. b LandwKG HB; § 2 Abs. 2 lit. h LandwKG Ns; § 2 Abs. 1 S. 2 lit. f LandwKG NW.

Satzungen regeln[14]. Kammerorgane sind die Kammerversammlung[15], der Vorstand[16] und der Präsident[17].

Die Kammerversammlung besteht aus gewählten und berufenen Mitgliedern[18]. Erstere werden in zwei Gruppen von den Berufszugehörigen[19] gewählt[20]. Zur ersten Gruppe (Gruppe I), die zwei Drittel der zu wählenden Mitglieder der Kammerversammlung stellt[21], gehören die Betriebsinhaber, d.h. diejenigen Personen, die den Betrieb als Eigentümer, Nutznießer oder Pächter auf eigene Rechnung bewirtschaften, deren Ehegatten und vollmitarbeitenden Angehörigen. Lediglich in Niedersachsen gehören zu dieser Gruppe auch die Leitenden Angestellten[22]. Zur zweiten Gruppe (Gruppe II), die ein Drittel der zu wählenden Kammerversammlungsmitglieder stellt, gehören die in den landwirtschaftlichen Betrieben tätigen Arbeitnehmer sowie deren Ehegatten[23]. Das aktive Wahlrecht hängt in beiden Gruppen darüber hinaus von einigen weiteren Mindestvoraussetzungen ab:

— Vollendung des 18. Lebensjahres[24],

— Mindestdauer des Aufenthalts und / oder der landwirtschaftlichen Tätigkeit im jeweiligen Kammerbezirk (Bundesland) von drei bzw. sechs Monaten[25],

---

14 § 3 Abs. 1 LandwKG Ns; § 19 Abs. 1 S. 1 LandwKG NW; § 4 Abs. 1 LandwKG RhPf; § 24 Abs. 1 LandwKG Sa.

15 Die Terminologie variiert: Kammerversammlung in Bremen, §§ 4 ff. LandwKG HB, und in Niedersachsen, §§ 5 ff. LandwKG Ns; Hauptversammlung in Nordrhein-Westfalen, § 13 LandwKG NW, und in Schleswig Holstein, § 4 Nr. 1 LandwKG SH; Vollversammlung in Rheinland-Pfalz, §§ 5 ff. LandwKG RhPf, und im Saarland, § 4 Abs. 1 lit. a LandwKG Sa.

16 §§ 16 ff. LandwKG HB; §§ 19 ff. LandwKG Ns; § 17 LandwKG NW (Hauptausschuß); § 10 LandwKG RhPf; § 4 Abs. 1 lit. b LandwKG Sa; § 4 Nr. 2 LandwKG SH.

17 § 19 LandwKG HB; § 22 LandwKG Ns; § 16 LandwKG NW; § 11 LandwKG RhPf; § 4 Abs. 1 lit. c LandwKG Sa; der Präsident ist kein Organ in Schleswig-Holstein.

18 Zu der abweichenden Regelung in Rheinland-Pfalz vgl. §§ 5 ff. LandwKG RhPf.

19 Zum Begriff vgl. *Sauer*, S. 214.

20 Dies gilt nicht für das Saarland, §§ 5, 7 LandwKG Sa.

21 § 8 S. 1 LandwKG HB; §§ 6, 10 Abs. 2 LandwKG Ns; § 4 Abs. 2 LandwKG NW; § 5 Abs. 2, Nr. 1 LandwKG SH; abweichende Regelungen in Rheinland-Pfalz und Saarland.

22 § 6 Abs. 1 Nr. 1 LandwKG HB; § 7 Abs. 1 Nr. 1 LandwKG Ns; § 5 Abs. 1 und Abs. 2 LandwKG NW; § 6 Abs. 1 Nr. 1 LandwKG SH; im Saarland ist überhaupt nur diese Gruppe wahlberechtigt; in Rheinland-Pfalz ist eine gänzlich abweichende Regelung getroffen.

23 § 6 Abs. 1 Nr. 2 LandwKG HB; § 7 Abs. 1 Nr. 2 LandwKG Ns; § 5 Abs. 1 LandwKG NW (ohne Ehegatten); § 6 Abs. 1 Nr. 2 LandwKG SH (ohne Ehegatten).

24 § 6 Abs. 1 LandwKG HB; § 7 Abs. 2 LandwKG Ns; § 5 Abs. 1 LandwKG NW; § 8 Abs. 1 LandwKG RhPf i.V. m. § 2 Nr. 1 LWG RhPf; § 7 Abs. 1 LandwKG Sa i.V. m. § 13 LWG Sa; § 6 Abs. 2 Nr. 1 LandwKG SH.

25 § 6 Abs. 2 LandwKG HB (6 Monate); § 7 Abs. 2 Nr. 3 LandwKG Ns (Aufenthalt) und Nr. 4 (Tätigkeit) (jeweils 6 Monate); § 5 Abs. 1 LandwKG NW (Aufenthalt, 3 Monate); § 8 Abs. 1 lit. b LandwKG RhPf (Tätigkeit) und lit. a (Aufenthalt) (jeweils 2

— Innehaben der deutschen Staatsangehörigkeit[26]

— oder der Staatsangehörigkeit eines Vertragsstaates nach dem europäischen Niederlassungsabkommen vom 13.12.1955 (BGBl. II 1959, S. 998)[27].

Eine weitere Beschränkung besteht für das passive Wahlrecht, das nur Deutschen zusteht[28]. In einigen Ländern sind die Beschäftigten der Landwirtschaftskammer ausgeschlossen[29]. Die gewählten Mitglieder der Kammerversammlung berufen weitere Mitglieder nach einem gesetzlich vorgegebenen Schlüssel aus dem Kreis von im weiteren Sinn mit der Landwirtschaft verbundenen Personen und Personengruppen[30]. Die Arbeitnehmer (Gruppe II) können in einigen Bundesländern verlangen, daß bis zu einem Drittel der berufenen Mitglieder auf ihren Vorschlag berufen wird[31]. Die Kammerversammlung beschließt über alle Angelegenheiten von grundsätzlicher Bedeutung[32], insbesondere beschließt sie die Satzungen[33]. Zur Vorbereitung der Beschlüsse der Kammerversammlung und des Vorstandes bildet die Kammerversammlung Ausschüsse[34].

Monate); § 7 Abs. 1 i.V. m. § 13 LandwKG Sa (Aufenthalt, 3 Monate); § 6 Abs. 2 Nr. 4 LandwKG SH (Aufenthalt, 3 Monate).

26 § 6 Abs. 1 LandwKG HB; § 7 Abs. 2 Nr. 1 LandwKG Ns; § 5 Abs. 1 LandwKG NW; § 8 Abs. 1 LandwKG RhPf i.V. m. § 2 LandeswahlG; § 7 Abs. 1 LandwKG Sa i.V. m. § 13 LandeswahlG; § 6 Abs. 2 Nr. 3 LandwKG SH.

27 § 7 Abs. 2 Nr. 1 LandwKG Ns; § 5 Abs 1 LandwKG NW; § 8 Abs. 6 LandwKG RhPf; § 6 Abs. 2 Nr. 4 LandwKG SH; keine entsprechende Regelung in Bremen und im Saarland.

28 § 9 LandwKG HB; § 11 LandwKG Ns i.V. m. § 6 Abs. 1 Nr. 3 LWG (21 Jahre); § 7 Abs. 1 Nr. 2 LandwKG SH; im Saarland und in Rheinland-Pfalz steht das passive Wahlrecht auch den Staatsangehörigen eines Vertragsstaates nach dem europäischen Niederlassungsabkommen zu, § 8 Abs. 6 LandwKG RhPf, § 8 Abs. 2 LandwKG Sa; in Nordrhein-Westfalen ist das passive Wahlrecht unabhängig von der Staatsangehörigkeit, besteht aber nur bei einem Mindestaufenthalt von einem Jahr, § 6 LandwKG NW.

29 § 9 LandwKG HB; § 11 LandwKG Ns; § 8 Abs. 5 S. 3 LandwKG RhPf; § 8 Abs. 1 LandwKG Sa; § 7 Abs. 1 Nr. 3 LandwKG SH; keine entsprechende Regelung in Nordrhein-Westfalen.

30 § 12 LandwKG HB; § 14 Abs. 1 LandwKG Ns; § 13 Abs. 2 LandwKG NW; § 5 Abs. 1 S. 2 Nr. 4, § 7 Abs. 1 S. 2 LandwKG RhPf; § 5 Abs. 1 S. 3 LandwKG Sa; § 5 Abs. 3 S. 1 LandwKG SH (Wahl nur durch Gruppe 1).

31 § 12 Abs. 3 S. 2 LandwKG HB; § 14 Abs. 3 LandwKG Ns; Regelung in Durchführungsvorschriften, nicht im Gesetz in NordrheinWestfalen; nur für einige der kooptierten Mitglieder gilt diese Regelung in Schleswig-Holstein, § 5 Abs. 3 S. 3 LandwKG SH, im übrigen werden weitere Mitglieder vom Minister berufen, 20 % nach § 5 Abs. 1 Nr. 3 LandwKG; keine entsprechende Regelung in Rheinland-Pfalz und Saarland.

32 § 4 Abs. 1 LandwKG HB, § 5 Abs. 1 LandwKG Ns; § 14 LandwKG NW; § 6 Abs. 1 S. 1 LandwKG RhPf; § 11 Abs. 1 LandwKG Sa; § 12 LandwKG SH.

33 § 4 S. 2 lit. a LandwKG HB; § 5 S. 2 lit. a LandwKG Ns; § 14 S. 2 lit. a LandwKG NW; § 6 Abs. 2 lit. c LandwKG RhPf; § 11 Abs. 1 S. 3 lit. a LandwKG Sa; keine entsprechende Regeung in Schleswig-Holstein.

34 § 15 LandwKG HB; § 18 LandwKG Ns; § 15 LandwKG NW (Fachausschüsse für besondere Aufgaben); § 12 LandwKG Sa (für besondere Aufgaben); § 15 LandwKG SH (Fachausschüsse für besondere Aufgaben); keine Regelung in Rheinland-Pfalz.

Der Vorstand wird von der Kammerversammlung gewählt. In Bremen und Niedersachsen besteht die Möglichkeit einer Friedenswahl[35]. In den anderen Bundesländern bzw. wenn die Voraussetzungen der Friedenswahl nicht vorliegen, wird der Vorstand von der Kammerversammlung so gewählt, daß er sich zu zwei Dritteln aus der Gruppe I und zu einem Drittel aus der Gruppe II zusammensetzt[36]. Der Vorstand ist das Exekutivorgan der Landwirtschaftskammer. Er führt die Beschlüsse der Vertreterversammlung aus[37]. Er ist darüber hinaus das subsidiäre Beschlußorgan der Landwirtschaftskammer, d. h. für alle Angelegenheiten zuständig, die nicht der Kammerversammlung oder dem Präsidenten vorbehalten sind[38].

Der Präsident ist der Vorsitzende der Kammerversammlung und des Vorstandes[39]. In Niedersachsen und NordrheinWestfalen muß er der Gruppe I angehören[40]. Er wird aber in jedem Fall von allen Mitgliedern der Kammerversammlung gewählt[41].

Die Landwirtschaftskammer unterliegt in Selbstverwaltungsangelegenheiten der Rechtsaufsicht des zuständigen Ministers[42]. Satzungen bedürfen der Genehmigung der Aufsichtsbehörde[43]. Die Art der Bekanntmachung wird in der Hauptsatzung geregelt[44].

---

[35] § 17 Abs. 3 S. 1 LandwKG HB; § 20 Abs. 3 S. 1 LandwKG Ns: einigen sich die Mitglieder der Kammerversammlung auf einen gemeinsamen Vorschlag für die Zusammensetzung des Vorstandes, gelten die Vorgeschlagenen als gewählt.

[36] § 17 Abs. 3 LandwKG HB: der Präsident wird von allen, je ein Stellvertreter von jeder Gruppe gewählt; § 20 Abs. 3 S. 4 LandwKG Ns: Wahl nach Gruppen getrennt; § 17 Abs. 1 LandwKG NW: es wird nicht nach Gruppen getrennt gewählt, lediglich das Ergebnis muß im Verhältnis ⅔ : ⅓ sein, ähnlich §§ 13, 14 LandwKG Sa und § 11 LandwKG SH; abweichend die Regelung in Rheinland-Pfalz, § 10 Abs. 1 LandwKG RhPf.

[37] § 16 Abs. 1 S. 1 LandwKG HB; § 19 Abs. 1 S. 1 LandwKG Ns; § 10 Abs. 3 LandwKG RhPf; § 12 Abs. 1 S. 1 LandwKG SH; keine ausdrückliche Regelung in Nordrhein-Westfalen und Saarland.

[38] § 16 Abs. 1 S. 2 LandwKG HB; § 19 Abs. 1 S. 2 LandwKG Ns; § 17 Abs. 2 LandwKG NW; § 10 Abs. 3 S. 2 lit. a LandwKG RhPf; § 14 Abs. 2 LandwKG Sa; § 12 Abs. 1 S. 2 LandwKG SH.

[39] § 19 Abs. 1 S. 1 LandwKG HB; § 22 Abs. 1 S. 1 LandwKG Ns; § 16 Abs. 1 LandwKG NW; § 13 Abs. 2 S. 1 LandwKG Sa; keine Regelung in Rheinland-Pfalz und Schleswig-Holstein.

[40] § 22 Abs. 1 S. 2 LandwKG Ns; § 16 Abs. 2 LandwKG NW.

[41] § 17 Abs. 3 LandwKG HB; § 20 Abs. 3 S. 3 LandwKG Ns; § 14 S. 2 lit. b LandwKG NW; § 10 Abs. 1 LandwKG RhPf (als Teil des Vorstandes); § 13 Abs. 1 LandwKG Sa; § 13 S. 1 LandwKG SH.

[42] §§ 27 ff. LandwKG HB; § 34 Abs. 1 S. 1 LandwKG Ns; § 23 Abs. 1, Abs. 3 LandwKG NW i.V.m. § 20 LOG NW; § 23 Abs. 1 LandwKG RhPf; § 1 Abs. 2 LandwKG Sa; § 25 LandwKG SH.

[43] § 27 Abs. 2 lit. a LandwKG HB (Hauptsatzung) und lit. b (Gebührenordnung); § 3 Abs. 2 S. 1 i.V.m. § 34 Abs. 2 lit. a LandwKG Ns (Hauptsatzung und Beitragssatzung); § 19 Abs. 1 S. 2 LandwKG NW; § 23 Abs. 2 LandwKG RhPf; § 24 Abs. 1 S. 2 LandwKG Sa; keine Regelung in Schleswig-Holstein.

2. Normative Regelungen mit Außenwirkung

a) Zulassungsregelungen

Weder der Zugang zu einer landwirtschaftlichen Tätigkeit als solcher, noch der Zugang zu den Landwirtschaftskammern wird von den Kammern geregelt. Der Zugang zur Landwirtschaft als solcher ist nicht normiert. Der Zugang zu den Landwirtschaftskammern ist durch formelles Gesetz und Rechtsverordnung geregelt[45]. Autonome normative Zulassungsregelungen im Bereich der Landwirtschaft gibt es daher nicht.

b) Berufsordnungen

Berufsordnungen im Bereich der Landwirtschaft gibt es nicht.

c) Prüfungsordnungen

Die Ausbildung zu den landwirtschaftlichen Berufen wird mit einer Prüfung abgeschlossen. Für diese Abschlußprüfung erläßt der Berufsbildungsausschuß der zuständigen Stelle — also der Landwirtschaftskammer in den Ländern, in denen Kammern bestehen — eine Prüfungsordnung, §§ 41, 58, 79 BBiG. Die Prüfungsordnung muß die Zulassung, die Gliederung der Prüfung, die Bewertungsmaßstäbe, die Erteilung der Prüfungszeugnisse, die Folgen von Verstößen gegen die Prüfungsordnung und die Wiederholungsprüfung regeln, § 41 Abs. 1 BBiG. Die Regelungsbefugnis ist inhaltlich jedoch sehr begrenzt. Die Zulassung zur Prüfung ist gesetzlich in §§ 39 f. BBiG geregelt. Die Zusammensetzung des Prüfungsausschusses ist in § 37 BBiG vorgeschrieben. Die Prüfungsanforderungen ergeben sich im wesentlichen aus den — als Rechtsverordnungen ergangenen — Ausbildungsordnungen, §§ 35, 25 Abs. 2 Nr. 5 BBiG. Im Ergebnis beschränkt

---

44 § 22 Abs. 2 LandwKG HB (GBL.); § 3 Abs. 2 S. 3 LandwKG Ns; § 19 Abs. 4 i.V. m. § 19 Abs. 2 lit. g LandwKG NW; § 4 Abs. 2 LandwKG RhPf (im Verkündungsblatt der Landwirtschaftskammer, Hauptsatzung und Haushaltssatzung zusätzlich im Staatsanzeiger); § 24 Abs. 2 S. 2 lit. c LandwKG Sa; keine Regelung in Schleswig-Holstein.

45 Soweit von formaler Mitgliedschaft ausgegangen wird (NordrheinWestfalen und Schleswig-Holstein) sind die Zugangsvoraussetzungen (Wahl) bereits im Gesetz oder in ergänzenden Wahlordnungen, die als Rechtsverordnungen ergehen, enthalten. In den übrigen Ländern ist der Zugang zu der Vertreterversammlung ebenfalls gesetzlich geregelt und gegebenenfalls durch Rechtsverordnung ergänzt, vgl. 4. DVO zum LandwKG vom 14.8.1978 (Amtsbl. Saarland, S. 755) und Landesverordnung für zur Landwirtschaftskammer Rheinland-Pfalz vom 18.9.1970 (GVBl. S. 380).

sich die Regelungsbefugnis des Berufsbildungsausschusses der Landwirtschaftskammern nach § 41 BBiG auf Verfahrens- und Formfragen[46].

Diese Prüfungsordnungen sind autonome normative Regelungen, die dann unmittelbare Außenwirkungen entfalten, wenn die Auszubildenden in der Landwirtschaft außerhalb des Legitimationszusammenhanges zum erlassenden Organ, also dem Berufsbildungsausschuß der Landwirtschaftskammer, stehen. Die Auszubildenden in der Landwirtschaft sind — anders als im Handwerk — als hauptberuflich Tätige ebenso in der einen oder anderen Gruppe wahlberechtigt, wie alle anderen in der Landwirtschaft Tätigen auch. Sie sind daher Interne. Eine unmittelbare Außenwirkung der Prüfungsordnungen besteht nicht.

Fraglich ist, ob die Prüfungsordnungen das Verhältnis zwischen den künftigen Landwirten[47] und Dritten so stark prägt, daß die für das Vorliegen mittelbarer Außenwirkung erforderliche Sachnähe besteht. Hierbei ist zunächst zu beachten, daß der Satzunggeber beim Erlaß der Prüfungsordnungen inhaltlich erheblich beschränkt ist und lediglich Form- und Verfahrensfragen regeln kann[48].

Darüber hinaus ist davon auszugehen, daß spätere Arbeitgeber, auf deren Wertschätzung des Ausbildungsstandes die Prüfungsordnung möglicherweise Einfluß haben könnte, Interne sind. Die Abnehmer landwirtschaftlicher Erzeugnisse dagegen sind insbesondere im Hinblick auf den geringen Regelungsgehalt der Prüfungsordnung nicht in dem Maß von der Materie betroffen, als daß man von dem erforderlichen engen Sachzusammenhang sprechen könnte. Die Prüfungsordnungen der Landwirtschaftskammern entfalten daher keine mittelbare Außenwirkung.

Zu fragen ist, ob die Prüfungsordnungen im Bereich der beruflichen Fortbildung, §§ 58 Abs. 2, 46, 41 BBiG, und der Umschulung, §§ 58 Abs. 2, 47, 41 BBiG, unmittelbare Außenwirkung entfalten. Die Regelungsbefugnis der Landwirtschaftskammer ist subsidiär zu der des Bundesministers für Wissenschaft und Forschung, §§ 46 Abs. 2 bzw. 47 Abs. 2 i.V.m. 46 Abs. 2 BBiG[49]. Die Fortbildungsordnung der Landwirtschaftskammer ist ebenso wie die Umschulungsordnung der Landwirtschaftskammer eine autonome normative Regelung[50]. Die Adressaten der Fortbildungsordnung sind regelmäßig bereits hauptberuflich im Bereich der Landwirtschaft tätig, da die berufliche Fortbildung es ermöglichen soll, die beruflichen Kenntnisse und Fertigkeiten zu erhalten, zu erweitern und den technischen Entwicklungen anzupassen oder beruflich aufzusteigen, § 1

46 Vgl. dazu oben 1. Kap. B III 2 b cc.

47 Oder einen sonstigen landwirtschaftlichen Beruf Ausübenden.

48 Vgl. oben 1. Kap. B III 2 b cc.

49 Beachte, daß die Meisterprüfung im Bereich der Landwirtschaft gem. § 81 Abs. 4 BBiG ausschließlich durch Rechtsverordnung geregelt wird (s. Bekanntmachung des Verzeichnisses der anerkannten Ausbildungsberufe und des Verzeichnisses der zuständigen Stellen vom 20. August 1987, Bundesanzeiger vom 10.11.1987 Nr. 211a, S. 131).

50 *Knopp / Kraegeloh*, § 46 Rdn. 3.

Abs. 3 BBiG, also bereits eine landwirtschaftliche Tätigkeit voraussetzt. Als solche sind die Adressaten — anders als die sich Fortbildenden im Bereich der IHK — Interne. Die Fortbildungsordnung entfaltet daher ebenso wie die Prüfungsordnung keine Außenwirkung.

Anderes gilt für die Umschulungsordnungen. Ihre Adressaten sind häufig Personen aus anderen Berufsbereichen. Diese sind als nicht in der Landwirtschaft Tätige oder sonst in den Landwirtschaftskammern Stimmberechtigte Externe. Ihnen gegenüber entfaltet die Umschulungsordnung unmittelbare Außenwirkung[51].

Alle autonomen Prüfungsordnungen im Bereich der beruflichen Bildung nach dem Berufsbildungsgesetz müssen von der zuständigen obersten Landesbehörde genehmigt werden, § 41 S. 4, § 46 Abs. 1 S. 2 i.V. m. § 41 S. 4, § 47 Abs. 2 S. 2 i.V. m. § 41 S. 4 BBiG. Sie bedürfen der Verkündung[52].

d) Ausbildungsordnungen

Die Ausbildung zu landwirtschaftlichen Berufen (z. B. Land-, Fisch-, Forst-, Pferde-, Tierwirt) wird durch das Berufsbildungsgesetz geregelt. Ausbildungsordnungen ergehen nach § 25 Abs. 1 BBiG als Rechtsverordnungen[53]. Autonome normative Regelungen bestehen nicht.

e) Beitrags- und Gebührenordnungen

Die Landwirtschaftskammern erheben zur Erlangung der für die Durchführung ihrer Aufgaben erforderlichen Mittel Beiträge[54]. Die grundlegenden Bestimmungen über die Beiträge sind in den Kammergesetzen geregelt[55]. Beitragsgegenstand ist der landwirtschaftliche Betrieb, der in dem jeweiligen Gesetz genauer definiert wird[56]. Beitragsmaßstab ist der Grundsteuermeßbetrag[57]. Die Höhe des Beitrags

---

51 Vgl. oben 1. Kap. B IV 2 c, V 2 c.

52 *Knopp / Kraegeloh*, § 46 Rdn. 3.

53 Z. B., VO über die Berufsausbildung zum Landwirt vom 14.8 1972 (BGBl. I S. 1468) g. d. VO. v. 20.7.1979 (BGBl. I S. 1145).

54 § 23 Abs. 1 LandwKG HB; § 26 Abs. 1 LandwKG Ns; § 14 LandwKG RhPf; § 17 LandwKG Sa; in Nordrhein-Westfalen und SchleswigHolstein werden keine Beiträge, sondern Umlagen erhoben, Gesetz über eine Umlage der Landwirtschaftskammern im Lande NW (UmlageG) vom 17.7.1951 (GV NW S. 715) z. g. d. G. v. 6.10.1987 (GV NW S. 342); §§ 19 ff. LandwKG SH.

55 In Nordrhein-Westfalen im UmlageG.

56 § 23 Abs. 1 LandwKG HB; § 26 Abs. 1 LandwKG Ns; § 3 UmlageG NW (Umlagegegenstand); § 15 Abs. 1, 2 LandwKG RhPf; § 18 Abs. 1, § 3 LandwKG Sa; § 19 Abs. 1 LandwKG SH (Umlagegegenstand).

wird als Vomhundertsatz des Grundsteuermeßbetrages mit dem Beschluß des Haushaltsplanes[58] bzw. nach Beitragssatzung[59] von der Vertreterversammlung der Landwirtschaftskammer festgesetzt. Die Festsetzung bedarf der Genehmigung der Aufsichtsbehörde[60]. Diese autonome normative Regelung hat nur dann unmittelbare Außenwirkung, wenn der Beitragsschuldner Externer ist. Es ist also zunächst festzustellen, wer Beitragsschuldner ist. Beitragsschuldner ist der Schuldner der Grundsteuer[61]. Neben diesen Schuldnern haften als Gesamtschuldner diejenigen Personen, die für die Grundsteuer haften[62]. Soweit ein Betrieb verpachtet ist, haften für die Beiträge / Umlagen Eigentümer und Pächter nach den Kammergesetzen wie Gesamtschuldner[63]. Im Verhältnis zueinander ist der Pächter zur Zahlung der Beiträge / Umlagen verpflichtet, soweit nicht anders vereinbart ist[64]. Wer Beitragsschuldner ist, richtet sich also zunächst nach dem Steuerrecht. Gemäß § 10 Abs. 1 Grundsteuergesetz (GStG)[65] ist derjenige Schuldner der Grundsteuer, dem der Steuergegenstand zugerechnet ist. Dies ist gemäß § 39 Abs. 1 Abgabenordnung (AO)[66] grundsätzlich der Eigentümer. Übt dagegen ein anderer als der Eigentümer die tatsächliche Herrschaft über ein Wirtschaftsgut in der Weise aus, daß er den Eigentümer im Regelfall für die gewöhnliche Nutzungsdauer von der Einwirkung auf das Wirtschaftsgut wirtschaftlich ausschließen kann, so ist ihm das Wirtschaftsgut zuzurechnen, § 39 Abs. 2 Nr. 1

[57] § 23 Abs. 6 LandwKG HB; § 27 LandwKG Ns; § 6 UmlageG NW; § 15 Abs. 2 LandwKG RhPf; § 19 Abs. 1 LandwKG Sa; § 19 S. 1 LandwKG SH.

[58] § 16 Abs. 1 LandwKG RhPf; § 19 Abs. 1 S. 2 LandwKG Sa; in Bremen durch Beschluß der Vertreterversammlung außerhalb des Haushaltsplans, § 23 Abs. 8 LandwKG HB; in Nordrhein-Westfalen und Schleswig-Holstein zwar Beschluß der Landwirtschaftskammer, aber Festsetzung der Beiträge durch eine Rechtsverordnung, die vom Beschluß abweichen kann, § 1 Abs. 2 i.V. m. § 2 UmlageG NW, § 21 LandwKG SH.

[59] § 27 Abs. 3 LandwKG Ns.

[60] § 27 Abs. 2 lit. c LandwKG HB; § 34 Abs. 2 lit. a LandwKG Ns; § 23 Abs. 2 LandwKG RhPf; § 17 Abs. 2 LandwKG Sa; nicht erforderlich in Nordrhein-Westfalen und Schleswig-Holstein.

[61] § 23 Abs. 4 LandwKG HB; § 28 Abs. 2 lit. a LandwKG Ns; § 5 UmlageG NW; § 17 Abs. 2 S. 1 LandwKG RhPf; § 20 Abs. 2 S. 1 LandwKG Sa; § 19 Abs. 2 LandwKG SH.

[62] § 23 Abs. 5 1. HS LandwKG HB; § 28 Abs. 3 S. 1 LandwKG Ns; § 5 Abs. 2 S. 1 UmlageG NW; § 17 Abs. 2 S. 2 LandwKG RhPf; § 20 Abs. 2 S. 2 LandwKG Sa; § 19 Abs. 3 S. 2 LandwKG SH.

[63] § 28 Abs. 3 S. 2 LandwKG Ns; § 5 Abs. 2 S. 2 UmlageG NW; § 17 Abs. 2 S. 3 LandwKG RhPf; § 19 Abs. 3 S. 2 LandwKG SH; keine Regelung in Bremen und Saarland.

[64] § 23 Abs. 5 2. HS LandwKG HB; § 28 Abs. 3 S. 3 LandwKG Ns; § 5 Abs. 2 S. 3 UmlageG NW; § 17 S. 2, 4 LandwKG RhPf; § 20 Abs. 2 S. 3 LandwKG Sa; keine Regelung in SchleswigHolstein.

[65] Gesetz vom 7.8.1973 (BGBl. S. 965) g. d. G. v. 14.12.1976 (BGBl. S. 3341).

[66] AO 1977 vom 16.3.1976 (BGBl. S. 613/1977 S. 269) z. g. d. G. v. 25.7.1988 (BGBl. S. 1093).

AO. Mietern und Pächtern sind die ihnen überlassenen Wirtschaftsgüter regelmäßig nicht zuzurechnen[67]. Eine weitere Ausnahme bestimmt § 10 Abs. 2 GStG. Danach ist derjenige, dem ein Erbbaurecht, ein Wohnungserbbaurecht oder ein Teilerbbaurecht zugerechnet ist, auch Schuldner der Grundsteuer. Die Haftung für die Grundsteuerschuld trifft gemäß § 11 Abs. 1 GStG den Nießbraucher und denjenigen, dem ein dem Nießbrauch ähnliches Recht zusteht.

Beitragsschuldner ist im Ergebnis der Eigentümer des landwirtschaftlichen Betriebes (die Ausnahmen nach § 10 Abs. 2 GStG, § 39 Abs. 2 AO sollen hier außer Betracht bleiben), die Haftung für die (fremde) Schuld trifft den Pächter nach den Kammergesetzen direkt[68], den Nießbraucher u.ä. nach dem Kammergesetz i.V.m. § 11 Abs. 1 GStG. Sind als unmittelbare Adressaten der Beitragsnormen somit die Eigentümer, Pächter und Nießbraucher bestimmt, fragt sich, ob diese Externe sein können. Pächter und Nießbraucher sind als Betriebsinhaber i. S. d. Kammergesetze stets Interne[69]. Fraglich ist, ob Eigentümer Externe sein können. Alle Kammergesetze machen das aktive Wahlrecht von einem Mindestaufenthalt bzw. einer Mindesttätigkeit im Kammerbezirk abhängig[70]. Der Eigentümer, der seinen landwirtschaftlichen Betrieb verpachtet und auch sonst nicht im Kammerbezirk auf eigene Rechnung oder als Arbeitnehmer Landwirtschaft betreibt, ist daher nicht wahlberechtigt und deshalb Externer. Die autonomen normativen Beitragsregelungen in Bremen, Niedersachsen, Rheinland-Pfalz und Saarland entfalten daher diesen Eigentümern gegenüber unmittelbare Außenwirkung.

Die Landwirtschaftskammern sind befugt, für Amtshandlungen und für die Benutzung ihrer Einrichtungen Gebühren zu erheben[71]. Die Gebührentatbestände und die Höhe der Gebühren werden durch die Gebührenordnung bzw. Gebührensatzung festgelegt[72]. Die Gebührenordnung wird von der Vertreterversammlung beschlossen[73]. Sie bedürfen der Genehmigung der Aufsichtsbehörde[74]. Adressaten der Gebührentatbestände sind auch Externe, so daß die Gebührenordnungen unmittelbare Außenwirkung entfalten.

---

67 *Tipke*, S. 120.

68 Außer in Bremen und im Saarland.

69 Vgl. oben 1. Kap. B VIII 1.

70 S. oben 1. Kap. B VIII 1.

71 § 24 Abs. 1 LandwKG HB (für Handlungen auf Antrag); § 30 Abs. 1 LandwKG Ns; § 21 Abs. 2 LandwKG NW (nur für Benutzung der Einrichtungen); § 19 LandwKG RhPf; § 22 LandwKG Sa; § 18 Abs. 1 Nr. 1 LandwKG SH.

72 § 24 Abs. 1 LandwKG HB; § 30 Abs. 1 LandwKG Ns; § 21 Abs. 2 LandwKG NW; § 19 Abs. 1 LandwKG RhPf; § 22 LandwKG Sa; § 18 Abs. 1 Nr. 1 LandwKG SH.

73 § 4 S. 2 lit. a LandwKG HB; § 5 S. 2 lit. a LandwKG Ns; § 21 Abs. 2 LandwKG NW; § 6 Abs. 2 lit. c LandwKG RhPf; § 11 S. 3 lit. a LandwKG Sa; § 18 Abs. 1 Nr. 1 LandwKG SH.

74 § 27 Abs. 2 lit. b LandwKG HB; § 21 Abs. 2 LandwKG NW; § 23 Abs. 2 LandwKG RhPf; § 23 LandwKG SH; keine Regelung in Niedersachsen und im Saarland.

IX. Wasser- und Bodenverbände

Wasser- und Bodenverbände sind Körperschaften des öffentlichen Rechts, § 1 WVVO[1]. Deren Mitglieder können sein die jeweiligen Eigentümer von Grundstücken, Bergwerken und Anlagen (dingliche Mitglieder); Personen, denen der Verband die Pflicht, Gewässer und Ufer zu unterhalten, abnimmt oder erleichtert (Unterhalter); öffentlich-rechtliche Körperschaften sowie andere Personen, wenn die oberste Aufsichtsbehörde sie zuläßt (§ 3 WVVO).

Obwohl den Wasser- und Bodenverbänden das Recht der Selbstverwaltung ausdrücklich zuerkannt wird, § 4 Abs. 1 S. 2 WVVO, sind sie nicht Gegenstand dieser Untersuchung, da sie keine normativen Befugnisse haben. Die Satzung wird von der Gründungsbehörde erlassen, § 169. Abs. 1 WVVO, und von der Aufsichtsbehörde ergänzt und geändert, § 10 Abs. 1 WVVO[2]. Ob es insoweit überhaupt zulässig ist, von Satzung und Autonomie zu sprechen, erscheint sehr zweifelhaft, soll hier aber nicht vertieft werden[3]. Erwerb und Verlust der Mitgliedschaft erfolgen durch Hoheitsakte der Aufsichtsbehörde, §§ 11 ff. WVVO[4]. Die Beitragspflicht ist in der WVVO normiert, §§ 78 ff. WVVO. Die Anlegung des Beitragsbuches, das das Beitragsverhältnis festlegt, ist keine Norm, sondern ein Verwaltungsakt[5].

Sonstige autonome normative Regelungen werden von den Wasser- und Bodenverbänden nicht erlassen, so daß ein Eingehen auf die vielfältigen Spezialprobleme dieses Selbstverwaltungsbereiches nicht erforderlich ist.

---

[1] VO über Wasser- und Bodenverbände (1. Wasserverbandsverordnung) vom 3.9.1937 (RGBl. S. 933; BGBl. III, 753-2-1).

[2] Vgl. *BVerwGE* 7, 30 (34 f.). Zwar ist § 10 WVVO dahin zu verstehen, daß einer Satzungsänderung eine Beschlußfassung des willensbildenden oder beschließenden Verbandsorgans grundsätzlich vorausgehen muß. Auch sprechen neuere Satzungen lediglich von einer „Genehmigung“ durch die Aufsichtsbehörde. Doch ist damit nicht eine Genehmigung im technischen Sinne gemeint, sondern kann die Satzung rechtswirksam nur von der Gründungs- bzw. Aufsichtsbehörde erlassen oder geändert werden. Sie ist dabei an die Beschlüsse der Verbandsorgane nicht gebunden, vgl. *BVerwGE* 7, 30 (34 f.); 18, 324 (325 f.); *Dornheim*, S. 39; *Kaiser / Linckelmann / Schleberger*, § 10 Anm. 1.

[3] Vgl. zu diesem Problem *BVerfGE*, 10, 20 (49 ff.), *Bochalli / von Arenstorff*, S. 10 f.; *Küttner*, S. 72.

[4] Vgl. *Bochalli / von Arenstorff*, S. 13; *Dornheim*, S. 31 ff.

[5] *BVerwGE* 10, 238 (241 f.); *Kaiser / Linckelmann / Schleberger*, § 87 Anm. 1.

2. Kapitel

Die Zulässigkeit der Bindung Externer durch autonome normative Regelungen öffentlich-rechtlicher Körperschaften — abstrakt

Im folgenden Kapitel geht es darum, die verfassungsrechtlichen Kriterien zu entwickeln, mit deren Hilfe die personellen Grenzen der Autonomie öffentlich-rechtlicher Körperschaften gezogen werden können.

Da die Grenzen abhängig sind von Funktion und Legitimation der Autonomie und die Funktion ihrerseits ein wesentlicher Bestimmungsfaktor der Legitimation ist, sollen zunächst die Funktionen der Autonomie kurz dargestellt werden.

In einem zweiten Schritt wird geprüft, ob, unter welchen Voraussetzungen und in welchem Umfang der parlamentarische Gesetzgeber den Selbstverwaltungskörperschaften die Legitimation zum Erlaß von außenwirkenden Normen vermitteln kann, d.h. wie weit er berechtigt ist, derartige Regelungen auf den Satzunggeber zu delegieren. Der Umfang dieser Befugnis bestimmt sich wegen der fehlenden ausdrücklichen verfassungsrechtlichen Vorgaben nach dem Gesetzesvorbehalt. Die Reichweite des Gesetzesvorbehalts wird wiederum im Wege einer funktionell-strukturellen Betrachtung anhand der demokratischen Legitimation, der Zusammensetzung des Entscheidungsträgers, des Entscheidungsverfahrens, der Integrationskraft und der Sachgerechtigkeit jeweils unter Zugrundelegung der legitimen Funktionen der Autonomie ermittelt.

In einem dritten Schritt wird geprüft, ob die autonomen normativen Regelungen mit unmittelbarer oder mittelbarer Außenwirkung noch vom Gesetzesvorbehalt gedeckt sind bzw. welche Anforderungen zu erfüllen sind, damit sie dem Gesetzesvorbehalt genügen.

A. Funktionen

I. Allgemeines

Welche Anforderungen an die Legitimation von autonomen Normen zu stellen sind, hängt in erster Linie davon ab, welche legitimen Funktionen die Autonomie im System des Grundgesetzes einnimmt. Das Bundesverfassungsgericht hat dazu im Facharztbeschluß ausgeführt:

„Die Verleihung von Satzungsautonomie hat ihren guten Sinn darin, gesellschaftliche Kräfte zu aktivieren, den entsprechenden gesellschaftlichen Gruppen die Regelung solcher Angelegenheiten, die sie selbst betreffen und die sie in überschaubaren Bereichen am sachkundigsten beurteilen können, eigenverantwortlich zu überlassen und dadurch den Abstand zwischen Normgeber und Normadressat zu verringern. Zugleich wird der Gesetzgeber davon entlastet, sachliche und örtliche Verschiedenheiten berücksichtigen zu müssen, die für ihn oft schwer erkennbar sind und auf deren Veränderungen er nicht rasch genug reagieren könnte.“[1]

Damit hat das Bundesverfassungsgericht die wesentlichen Funktionen genannt. Sie sollen im folgenden kurz präzisiert werden.

II. Die Funktionen im einzelnen

1. Dezentralisierung

Eine wesentliche Funktion der Autonomie ist die *Dezentralisation der Rechtsetzung*[2] im Sinne einer vertikalen Gewaltenteilung[3], d.h. die Regelung eigener Angelegenheiten durch selbständige Rechtssubjekte.

2. Demokratisierung

Autonomie als Instrument der Selbstverwaltung[4] erfüllt aber auch eine wichtige *Demokratisierungsfunktion*. In einer von zunehmender Komplexität geprägten Gesellschaft[5] fehlt dem Einzelnen in weiten Bereichen des staatlichen und gesellschaftlichen Lebens die Sachkenntnis, sich über die Lösung der zur Entscheidung anstehenden Probleme ein sachkundiges Urteil bilden zu können. Dies hat zur Folge, daß er die getroffenen Entscheidungen kaum kontrollieren, geschweige denn an den zu treffenden Entscheidungen aufgrund rationaler Überlegungen mitwirken kann. *Hendler* bezeichnet diese Entwicklung schlagwortartig als „Demokratieverlust durch Komplexität“[6]. Dieser Verlust kann bis zu einem gewissen Grad dadurch ausgeglichen werden, daß dem Einzelnen in kleineren, überschau-

---

1 *BVerfGE* 33, 125 (156 f.).

2 So schon *Hans Peters*, Anschütz / Thoma II, S. 264 (270); s. auch *Ossenbühl*, Satzung, Rdn. 36 f.; *Hendler*, Selbstverwaltung, S. 345 ff.; *Kleine-Cosack*, S. 74 f.; *Stern*, Staatsrecht I, S. 397; *Scheuner*, Grundbegriffe, S. 7 (15); *Schmidt-Jortzig*, DVBl. 1980, S. 1 (2); *Stober*, Rechtsfragen, S. 37; *v. Unruh*, DÖV 1984, S. 649 (653 f.).

3 *Schmidt-Jortzig*, DVBl. 1980, S. 1 (2) zur kommunalen Selbstverwaltung; *Stern*, Staatsrecht I, S. 403; *Hendler*, Selbstverwaltung, S. 320 und 347; *Wentzel*, S. 120 ff.

4 *V. Mutius*, JURA 1979, S. 167.

5 Zum Begriff s. *Luhmann*, Legitimation, S. 41, 143 ff.; *derselbe*, Komplexität, S. 35 (insbes. S. 44).

6 *Hendler*, Selbstverwaltung, S. 347; vgl. auch *Brohm*, Strukturen, S. 25 ff.

baren Bereichen eine erhöhte Mitwirkungs- und Entscheidungsbefugnis im Rahmen der Selbstverwaltung eingeräumt wird[7]. Aber auch aus einem weiteren Gesichtspunkt erfüllen Selbstverwaltung und Autonomie Funktionen der Demokratie. Weil sich mit der zunehmenden Komplexität der Bereich staatlicher Tätigkeit, insbesondere im Bereich der Daseinsvorsorge, zwangsläufig erweitert, vergrößert sich der Abstand zwischen Regierenden und Regierten, deren Mitwirkung sich häufig in der „unspezifischen Willenskundgabe“[8] in den allgemeinen Wahlen erschöpft[9]. Selbstverwaltung und Autonomie können diesem „Entfremdungsprozeß“[10], der allerdings dem repräsentativen System immanent und als solcher nicht ohne weiteres „demokratiefeindlich“ ist[11], entgegenwirken, indem sie dem Einzelnen zumindest die Möglichkeit geben, näher an die Entscheidungen, die ihn selbst betreffen, heranzurücken[12].

3. Pluralisierung

Fraglich ist, ob die dritte Hauptfunktion der Selbstverwaltung, die mit den Begriffen *„Differenzierung“* und *„Pluralisierung“* umschrieben werden kann, auch für die Autonomie gilt.

Die Meinungsbildung im Gesamtstaat erfolgt nach dem pluralistischen Demokratiekonzept des Grundgesetzes[13] in einem offenen und freien Prozeß der politischen Meinungs- und Willensbildung[14]. In diesen Prozeß werden eine Vielzahl von Einzelinteressen und Einzelmeinungen ein- und idealtypisch von den staatlichen Entscheidungsträgern im Sinne des Gemeinwohls zum Ausgleich gebracht. Das Ergebnis dieses Vorgangs, nämlich eine Entscheidung, die dem Gemeinwohl am förderlichsten ist, ist umso sicherer und genauer, je mehr und je vollständiger Einzelmeinungen und -interessen in den Entscheidungsfindungsprozeß eingebracht werden[15]. Da es eine Hauptaufgabe der Selbstverwaltungskörperschaften

---

7 *Hendler*, Selbstverwaltung, S. 347; vgl. zur kommunalen Selbstverwaltung auch *v. Arnim*, AöR 113 (1988), S. 1 (16 f.); *Scheuner*, Grundbegriffe, S. 7 (14 f.); *Schmidt-Jortzig*, DVBl. 1980, S. 1 (8 f.).

8 *Mayntz*, S. 50 (51).

9 S. dazu *Mayntz*, S. 50 ff.; *Frotscher*, v. UnruhFG, S. 127 (132).

10 *Frotscher*, v. Unruh FG, S. 127 (132).

11 Vgl. zu den politischen Wahlen *Luhmann*, Legitimation, S. 155 ff.

12 S. dazu *Frotscher*, v. Unruh FG, S. 127 (132, 142); *Wolff / Bachof / Stober*, VerwR II, § 84 Rdn. 5; *Wentzel*, S. 124 ff.; *Kleine-Cosack*, S. 122 ff.; *v. Arnim*, AöR 113 (1988), S. 1 (15 ff.) (für Kommunale Selbstverwaltung); diese letzten Erwägungen werden auch unter dem Stichwort *„Integrationsfunktion“* behandelt, vgl. *Frotscher*, v. Unruh FG, S. 127 (132); *Hendler*, Selbstverwaltung, S. 351; aus einer anderen Perspektive *Schmidt-Jortzig*, DVBl. 1980, S. 1 (6 ff.); *Stober*, Rechtsfragen, S. 38; *Dölker*, S. 134 f.

13 S. dazu *Frotscher*, v. Unruh FG, S. 127 (133 FN 29).

14 *Frotscher*, v. Unruh FG, S. 127 (133); *Kleine-Cosack*, S. 110; *Hesse*, Rdn. 135.

15 *Sontheimer*, Staatsidee, S. 17 (22 f.); *Frotscher*, v. Unruh FG, S. 127 (133).

ist, die Interessen ihrer Mitglieder auch nach außen wahrzunehmen, leisten sie einen wichtigen Beitrag zur Pluralisierung[16].

Dieser Gesichtspunkt greift jedoch nur für die Selbstverwaltung als solche, läßt sich aber nicht auf die Autonomie übertragen. Autonome Rechtsetzung bringt eben nicht Sondermeinungen und Sonderinteressen in einen zentralen Willensbildungs- und Entscheidungsprozeß ein, sondern macht die Sonderinteressen unmittelbar verbindlich, ohne daß ein Ausgleich mit widerstreitenden Sonderinteressen anderer stattgefunden hätte. Die Autonomie nimmt daher nicht die Funktion wahr, zur Pluralität der Gesellschaft beizutragen.

4. Sachgerechtigkeit

Eine wesentliche Funktion der Autonomie, die das Bundesverfassungsgericht in der Facharztentscheidung auch besonders hervorgehoben hat[17], ist die Sachgerechtigkeit der zu treffenden Regelung. In einer hochkomplexen Industriegesellschaft wie der Bundesrepublik Deutschland ist es nicht nur so, daß der Einzelne das Gesamte nicht mehr überschauen kann, sondern umgekehrt auch so, daß die zentralen staatlichen Entscheidungsträger nicht oder nur unter großen Schwierigkeiten alle Bereiche des politischen, gesellschaftlichen und rechtlichen Lebens mit der erforderlichen Sachkunde verwalten und regeln können. Spezielle, sich aus der Sach- und Ortsnähe ergebende Kenntnisse setzen dagegen die Träger der Selbstverwaltung in weit höherem Maße in den Stand, sachgerechte Entscheidungen zu treffen[18].

5. Entlastung des staatlichen Gesetzgebers

Gewissermaßen die Kehrseite der Aktivierung des Gruppensachverstandes ist eine entsprechende Entlastung des staatlichen Gesetzgebers, der die besonderen sachlichen und örtlichen Verschiedenheiten nicht in dem sonst erforderlichen Maße berücksichtigen muß[19].

Die Entlastung ist darüber hinaus finanzieller Natur. Wollte der Staat die Regelungen selbst treffen, müßte er einen ensprechend umfangreichen Verwal-

---

[16] Im Ergebnis auch *Kleine-Cosack*, S. 114 ff.; *Frotscher*, v. Unruh FG, S. 127 (133).

[17] *BVerfGE* 33, 125 (156 f., 159).

[18] S. auch *BVerfGE* 15, 235 (240); *Stern*, Staatsrecht II, S. 589; *Kleine-Cosack*, S. 126 f.; *Hendler*, Selbstverwaltung, S. 357; *Hoffmann-Riem*, v. Unruh FG, S. 951 (953); *Frotscher*, v. Unruh FG, S. 127 (133); *v. Arnim*, AöR 113 (1988), S. 1 (17); *Weber*, Staatsverwaltung, S. 109 f.; zu den damit verbundenen Gefahren s. aber auch unten 2. Kap. B III 4 b cc (5) (b).

[19] *BVerfGE* 33, 125 (156 f.); s. auch *Kleine-Cosack*, S. 120 f., 126; *Hendler*, Selbstverwaltung, S. 356; *Stern*, Staatsrecht II, S. 589; *Starck*, AöR 92 (1967), S. 449 (451 f.).

tungs- und Kontrollapparat vorhalten und aus eigenen (Steuer-)Mitteln unterhalten, während sich die Selbstverwaltungskörperschaften grundsätzlich durch Beiträge und Gebühren selbst finanzieren. Ob diese Art der Entlastung eine legitime Funktion sein kann, mag hier dahinstehen.

B. Legitimation

Hält man sich die soeben dargelegten verfassungskonformen Hauptfunktionen[1] der Autonomie vor Augen, bestehen keine Bedenken gegen die Feststellung des Bundesverfassungsgerichts, daß sich die Autonomie sinnvoll in das System der grundgesetzlichen Ordnung einfügt[2]. Damit steht fest, daß die Autonomie aus verfassungsrechtlicher Sicht grundsätzlich zulässig ist. Über die Voraussetzungen und die Grenzen der Autonomie ist damit jedoch noch nichts gesagt.

Satzungen sind objektives Recht[3]. Da im demokratischen Rechtsstaat des Grundgesetzes ein prinzipielles staatliches Rechtsetzungsmonopol besteht[4], muß auch die Autonomie, also das Satzungsrecht, letztlich auf den Staat zurückgeführt werden können. Die Autonomie bedarf daher der staatlichen Legitimation[5].

I. Legitimationsmodelle

Diese Feststellung bedeutet eine klare Absage an die Legitimationsmodelle[1], die eine Verleihung der Autonomie durch den Staat nicht verlangen, sondern von einer eigenen Rechtsetzungsmacht des Autonomieträgers ausgehen, die der Staat lediglich anerkennt[2]. Sei es, daß die autonome Rechtsetzungsmacht naturrechtlich vorgegeben, also originär, sein soll (Originaritätstheorie)[3], sei es, daß

---

1 Zu den sonstigen Funktionen der Autonomie s. *Hendler*, Selbstverwaltung, S. 349 ff.

2 *BVerfGE* 1, 91 (94); 10, 89 (104); 12, 319 (325); 33, 125 (157); *Ossenbühl*, Rechtsquellen, S. 63 (106); *derselbe*, Satzung, Rdn. 2; *Stern*, Staatsrecht I, S. 820; *Kleine-Cosack*, S. 130; zur Problematik der Effizienzverminderung durch Partizipation s. *Hendler*, Selbstverwaltung, S. 356 ff.; *Kleine-Cosack*, S. 129.

3 *BVerfGE* 10, 20 (50).

4 *Ossenbühl*, Satzung, Rdn. 21; *Badura*, DÖV 1963, S. 561; *Kleine-Cosack*, S. 80 f.

5 Vgl. *BVerfGE* 12, 319 (325); *Ossenbühl*, Satzung, Rdn. 21; *Kleine-Cosack*, S. 82; *Badura*, DÖV 1963, S. 561; *Isensee*, DB 1985, S. 2681 (2684).

1 S. zu den verschiedenen Legitimationsmodellen im Überblick *Friehe*, JuS 1979, S. 465; *Ossenbühl*, Satzung, Rdn. 18 ff.; *Lohr*, S. 41 ff. (insbesondere zur Originaritätstheorie).

2 Die nachfolgende Einteilung beruht im wesentlichen auf der Einteilung von *Friehe*, JuS 1979, S. 465, obwohl diese durchaus angreifbar ist, jedenfalls was die Zuordnung der regelmäßig zitierten prominenten Vertreter der jeweiligen Modelle anbelangt. *Brohm*, Strukturen, S. 251, hält den Streit um die Legitimationsmodelle für bedeutungslos, *Stern*, Staatsrecht I, S. 402, hält ihn für eher theoretischer Natur.

3 So jedenfalls wird *Fleiner*, S. 80, verstanden, obwohl er auf S. 70 ausdrücklich ausführt: „Die Staatsgesetzgebung bestimmt Bereich und Schranken der Autonomie“

die autonome Rechtsetzungsmacht als Folge staatlichen Regelungsverzichts bestehen soll (Dereliktionstheorie)[4]. Grundgesetzkonform kann dagegen nur die Delegationstheorie sein. Danach muß die Autonomie vom Staat auf die Selbstverwaltungsträger übertragen, delegiert, werden. Die Satzungen selbst sind abgeleitete Rechtsquellen[5]. Steht somit fest, daß die Autonomie vom Staat verliehen werden muß, also der staatlichen Legitimation bedarf, ist zu klären, wie und mit welchem Inhalt die Verleihung zu erfolgen hat. Es geht also um die Frage nach der „Enge und Weite der legislativen Gestaltungsfreiheit"[6].

II. Ausdrückliche verfassungsrechtliche Vorgaben

Es ist zunächst zu untersuchen, ob sich im Grundgesetz oder in den Länderverfassungen ausdrückliche Vorgaben darüber finden, welche Anforderungen an die staatliche Legitimation zu stellen sind. Im Grundgesetz finden sich ausdrückliche Aussagen zur Selbstverwaltung allgemein nur hinsichtlich der kommunalen Selbstverwaltung, Art. 28 Abs. 2 GG. Einige Länderverfassungen haben darüber hinaus die akademische Selbstverwaltung ausdrücklich garantiert[7]. Weitergehende ausdrückliche verfassungsrechtliche Vorgaben bestehen nur ganz vereinzelt[8].

---

und in FN 45 (S. 79 f.) *Husser* dahin zustimmt, daß in der Autonomie das Recht von einer engeren Rechtsgemeinschaft erzeugt wird, soweit die von der Gesamtheit (vom Staat) freigelassene Freiheitssphäre reicht. Ähnlich, aber terminologisch ungenau *Hans Schneider*, Möhring FS, S. 521 (523 f.); *derselbe*, Gesetzgebung, Rdn. 278. *Friehe*, JuS 1979, S. 465 (468), und *Ossenbühl*, Satzung, Rdn. 19, betrachten Hans Schneider als Vertreter der Dereliktionstheorie.

[4] *Salzwedel*, VVDStRL 22, S. 206 (222 f.); ähnlich *Stern*, Staatsrecht II, S. 589; *Ossenbühl*, Satzung, meint dagegen, die Dereliktionstheorie erkenne das staatliche Regelungsmonopol im Prinzip an (Rdn. 19) und unterscheide sich daher kaum von der Delegationstheorie (Rdn. 21); wie hier dagegen *Kleine-Cosack*, S. 79.

[5] Vgl. *BVerwGE* 6, 247 (249 f.); *Ossenbühl*, Rechtsquellen, S. 63 (106); *derselbe*, Satzung, Rdn. 21; *Kleine-Cosack*, S. 82; *Lohr*, S. 49 ff.; *Badura*, DÖV 1963, S. 561; *Olshausen*, JA 1983, S. 177 (182); *Nawiasky*, S. 78; *Kiess*, S. 42 ff.; *Hamann*, S. 21; *Otto Mayer*, DVwR I, S. 85; *Westbomke*, S. 72; differenzierend für die kommunale Selbstverwaltung *v. Arnim*, AöR 113 (1988), S. 1 (18 f.): teils originär, teils staatlich abgeleitet.

[6] *Ossenbühl*, Satzung, Rdn. 24.

[7] Art. 20 Abs. 2 Verfassung des Landes Baden-Württemberg vom 11.11.1953 (GBl. S. 173) z. g. d. G. v. 14.5.1984 (GBl. S. 301); Art. 138 Abs. 2 Verfassung des Freistaates Bayern vom 2.12.1946 (GVBl. S. 333) z. g. d. G. v. 20.6.1984 (GVBl. S. 223); Art. 60 Abs. 1 Verfassung des Landes Hessen vom 1.12.1946 (GVBl. S. 229) z. g. d. G. v. 23.3.1970 (GVBl. S. 281); Art. 16 Abs. 1 Verfassung des Landes Nordrhein-Westfalen v. 18. 6. 1950 (GV S. 127) z. g. d. G. v. 19.3.1985 (GV S. 255); Art. 39 Abs. 1 Verfassung für Rheinland-Pfalz vom 18.5.1947 (VOBl. S. 209) z. g. d. G. v. 19.11.1985 (GVBl. S. 260); Art. 33 Abs. 2 Verfassung des Saarlandes (SVerf) vom 15.12.1947 (Amtsbl. S. 1077) z. g. d. G. Nr. 1183 v. 25.1.1985 (Amtsbl. S. 106).

[8] Vgl. Art. 71 Verf BW, in dem die Selbstverwaltung auch der öffentlich-rechtlichen Körperschaften und Anstalten in den durch Gesetz gezogenen Grenzen gewährleistet wird und Art. 154 und 155 Verf Bay für die berufsständische und wirtschaftliche Selbstverwaltung.

Keine dieser verfassungsrechtlichen Vorschriften ist geeignet, die Voraussetzungen und die Grenzen für die Verleihung von Autonomie definitiv festzulegen.

Auch Art. 80 Abs. 1 GG hilft nicht weiter, da er auf die Autonomie nicht anwendbar ist. Unmittelbar nicht, da er ausdrücklich nur die Ermächtigung zum Erlaß von Rechtsverordnungen betrifft, analog nicht, weil es einen erheblichen Unterschied macht,

> „ob der Gesetzgeber seine — der Materie nach prinzipiell unbeschränkte und allen Bürgern gegenüber wirksame — Normsetzungsbefugnis an eine Stelle der bürokratisch-hierarchisch organisierten staatlichen Exekutive abgibt oder ob er innerhalb eines von vornherein durch Wesen und Aufgabenstellung der Körperschaft begrenzten Bereichs einen bestimmten Kreis von Bürgern ermächtigt, durch demokratisch gebildete Organe ihre eigenen Angelegenheiten zu regeln."[9]

Voraussetzungen und Grenzen der Autonomie müssen daher mangels eindeutiger Aussage des Grundgesetzes aus den allgemeinen Verfassungsprinzipien bestimmt werden.

III. Gesetzesvorbehalt

1. Geltung für Autonomie

Spätestens seit dem Facharztbeschluß des Bundesverfassungsgerichts aus dem Jahre 1972[10] ist — zumindest für die funktionale Selbstverwaltung — anerkannt, daß auch die Selbstverwaltung dem Gesetzesvorbehalt unterliegt und zwar sowohl hinsichtlich ihrer Errichtung als auch hinsichtlich ihrer Rechtsetzungsbefugnis[11]. Es soll hier nicht die Frage untersucht werden, ob die Schaffung von Selbstverwaltungseinrichtungen, insbesondere von Körperschaften mit Zwangsmitgliedschaft zulässig ist. Es soll genügen festzustellen, daß das Bundesverfassungsgericht die Zulässigkeitsvoraussetzungen an Art. 2 Abs. 1 GG mißt[12] und Zwangskorporationen schon für zulässig hält, wenn eine „legitime öffentliche Aufgabe" verfolgt

---

9 *BVerfGE* 33, 125 (157); vgl. auch *BVerfGE* 12, 319 (325); 19, 253 (266 f.); 21, 54 (62 f.); 32, 346 (360 f.); 73, 388 (400); vgl. auch *BVerwGE* 6, 247 (251 f.); *Isensee*, DB 1985, S. 2681 (2684); *Ossenbühl*, Satzung, Rdn. 31; *Stern*, Staatsrecht II, S. 588; *Kleine-Cosack*, S. 222; *Badura*, DÖV 1963, S. 561 (562).

10 *BVerfGE* 33, 125.

11 Vgl. *Ossenbühl*, Satzung, Rdn. 27; *Schmidt-Aßmann*, v. Unruh FG, S. 607, (608 f.); *derselbe*, Kommunale Rechtsetzung, S. 8 ff.; *Bethge*, NVwZ 1983, S. 577 (578); *Hill*, NJW 1982, S. 2104 (2105); *Püttner*, BB 1987, S. 1122 (1124); *Kiess*, S. 164 ff.; gegen eine Übertragung auf den Bereich der kommunalen Selbstverwaltung *v. Arnim*, AöR 113 (1988), S. 1 (21 f.).

12 Eine starke Meinung in der Literatur hält dagegen Art. 9 Abs. 1 für einschlägig, vgl. *Bethge*, JA 1979, S. 281 (284); *Wolff / Bachof / Stober*, VwR II, § 84 Rdn. 29; *Fröhler / Oberndorfer*, S. 18 f.; *Jung*, JA 1984, S. 467 (468); differenzierend: *Mronz*, Körperschaften und Zwangsmitgliedschaft. Die Frage soll hier nicht vertieft werden.

wird und der Grundsatz der Verhältnismäßigkeit gewahrt bleibt[13]. Während die Festlegung der öffentlichen Aufgabe danach dem Gesetzgeber überlassen bleibt, sind Kriterien zur Bestimmung des Grundsatzes der Verhältnismäßigkeit nicht zu erkennen. Festzuhalten bleibt jedoch, daß das Bundesverfassungsgericht — soweit ersichtlich — noch in keinem Fall die Grenze der Zulässigkeit als überschritten angesehen hat[14]. Fest steht jedoch, daß die Einrichtung von Selbstverwaltungskörperschaften der gesetzlichen Grundlage bedarf.

Viel ist mit diesen Feststellungen für den Untersuchungsgegenstand allerdings noch nicht gewonnen, da Inhalt und Grenzen des Gesetzesvorbehalts alles andere als klar umrissen sind.

2. Terminologie

Schon die Terminologie ist uneinheitlich[15], so daß auch hier eine kurze Begriffsklärung unerläßlich ist.

a) Allgemeiner Gesetzesvorbehalt

Vom allgemeinen Gesetzesvorbehalt werden diejenigen Sachbereiche erfaßt, zu deren Regelung eine gesetzliche Grundlage erforderlich ist, unabhängig davon, ob die Regelungskompetenz delegiert werden darf oder nicht. Der allgemeine Gesetzesvorbehalt ist so ein ungeschriebener Vorbehalt und von den im Grundgesetz geregelten Vorbehalten[16] (grundrechtliche Gesetzesvorbehalte, institutionell-organisatorische Gesetzesvorbehalte[17], finanz- und haushaltsrechtliche Gesetzesvorbehalte[18] und Gesetzesvorbehalte für internationale Beziehungen[19]) zu differenzieren.

Der allgemeine Gesetzesvorbehalt bildet den Oberbegriff, er umfaßt den Parlamentsvorbehalt und den Eingriffsvorbehalt. Die Begriffe „Gesetzesvorbehalt" und „Vorbehalt des Gesetzes" werden im folgenden synonym verwendet.

---

[13] Vgl. *BVerfGE* 10, 89 (102 ff.); 10, 354 (363 ff.); 15, 235 (239 ff.); 38, 281 (299 ff.); *BVerfG*, NJW 1986, S. 1095 (1096); *BVerfG*, GewArch 1986, S. 291 (292).

[14] Vgl. die Entscheidungen in der vorigen FN, vgl. auch *Kleine-Cosack*, S. 145 ff.; *Brohm*, v. Unruh FG, S. 777 (789 ff.).

[15] Vgl. dazu *Staupe*, S. 28 ff. m. w. N.

[16] Vgl. zur Typologie *Ossenbühl*, Vorrang, Rdn. 26 ff.

[17] Z. B. Art. 28 Abs. 2, 33 Abs. 5, 21 Abs. 3, 54 Abs. 7, 94 Abs. 2, 95 Abs. 3 S. 2, 84 Abs. 2, 85 Abs. 2, 87 Abs. 1 S. 2, 87 Abs. 3, 87b Abs. 1 S. 2, 87b Abs. 2, 87d Abs. 2, 91a Abs. 2, 108 Abs. 1 S. 2, 38 Abs. 2, 41 Abs. 2, 45b Abs. 2, 48 Abs. 3 S. 3.

[18] Z. B. Art. 110, 107 Abs. 2, 109 Abs. 2, 106 Abs. 2 S. 3.

[19] Art. 24 Abs. 1, 59 Abs. 2.

b) Parlamentsvorbehalt

Der Parlamentsvorbehalt erfaßt diejenigen Sachbereiche, die der Gesetzgeber selbst regeln muß, ohne delegationsbefugt zu sein[20]. Die durch den Parlamentsvorbehalt geforderte Regelung wird zwar regelmäßig in Gestalt eines förmlichen Gesetzes ergehen, kann jedoch auch durch einfachen Parlamentsbeschluß erfolgen, da das dem Parlamentsvorbehalt zugrundeliegende Demokratieprinzip über die Frage, in welcher Form das Parlament zu entscheiden hat, nichts aussagt[21].

c) Eingriffsvorbehalt

Der aus dem Rechtsstaatsprinzip entwickelte Eingriffsvorbehalt erfaßt staatliche Grundrechtseingriffe. Soll durch eine Regelung in grundrechtlich geschützte Positionen eingegriffen werden, bedarf der Eingriff einer gesetzlichen Grundlage. Ob das Parlament delegationsbefugt ist, entscheidet sich nach der Schwere des Eingriffs.

Wie schon aus diesen kurzen Definitionen ersichtlich, schließen sich die verschiedenen „Vorbehalte" nicht aus, sondern ergänzen sich. So unterliegt z. B. ein geringfügiges Bußgeld zwar dem Eingriffsvorbehalt, wegen der geringen Schwere des Eingriffs aber nicht dem Parlamentsvorbehalt. Ein Berufsverbot hingegen ist ein Eingriff, der wegen seiner Schwere auch dem Parlamentsvorbehalt unterfällt, so daß eine Entscheidung durch den Gesetzgeber erforderlich ist, die dieser nicht delegieren darf.

Es ist dabei zu beachten, daß der Gesetzesvorbehalt mit dem Bestimmtheitsgebot korrespondiert. Je stärker der Gesetzgeber gefordert ist, desto größer hat die Regelungsdichte seiner Entscheidung zu sein[22]. Unterfällt eine Regelungsmaterie dem Parlamentsvorbehalt, verliert der Gesetzgeber die Delegationsbefugnis und muß über die Grundentscheidungen hinaus auch Regelung im einzelnen treffen.

3. Dogmatische Herleitung

Der Grundsatz des Vorbehalts des Gesetzes wird im Grundgesetz zwar nicht ausdrücklich erwähnt, seine Geltung ergibt sich jedoch aus Art. 20 Abs. 3 GG[23].

---

20 *BVerfGE* 57, 295 (321); 58, 257 (268); *Ossenbühl*, Vorbehalt, S. 9 (18); *Staupe*, S. 136 ff.; *Kloepfer*, JZ 1984, S. 685 (691); *Böckenförde*, Gesetz, S. 393; *Pietzcker*, JuS 1979, S. 710 (712).

21 Vgl. *Ossenbühl*, Vorrang, Rdn. 39; a. A. *Bethge*, NVwZ 1983, S. 577: ein förmliches Gesetz ist erforderlich.

22 Vgl. *Kloepfer*, JZ 1984, S. 685 (691); *Püttner*, BB 1987, 1122 (1125); *Heußner*, Stein FS, S. 111 (125); *Umbach*, Faller FS, S. 111 (128).

23 *BVerfGE* 40, 237 (248); 49, 89 (126).

Sein Inhalt hat sich unter der Herrschaft des Grundgesetzes verändert[24]. Den Veränderungen der Verfassungswirklichkeit[25] und der Verfassungstheorie[26] konnte mit dem bloßen Eingriffsvorbehalt nicht mehr begegnet werden, der Eingriffsvorbehalt erwies sich als zu eng.

Als Folge davon trat zunehmend neben die rechtsstaatliche Komponente des Eingriffsvorbehaltes wieder das Demokratieprinzip[27]. Mit dem Demokratieprinzip änderte sich die Zielrichtung des Gesetzesvorbehaltes. War die Funktion des Eingriffsvorbehaltes lediglich defensiv in dem Sinne, als dem Parlament Kompetenzen vor einer machthungrigen Exekutive bewahrt werden sollten, ist die Funktion des demokratischen Gesetzesvorbehaltes offensiv in dem Sinne, als das Parlament nunmehr in die Pflicht genommen wird, von den ihm zustehenden Kompetenzen auch Gebrauch zu machen[28]. Der Gesetzesvorbehalt richtet sich also nicht mehr nur gegen die Exekutive, sondern auch (fordernd) gegen das Parlament[29].

4. Inhalt und Grenzen des Gesetzesvorbehaltes

a) Allgemeines

Nach der Erweiterung des Gesetzesvorbehaltes um das demokratische Element bestehen ganz erhebliche Probleme bei der Bestimmung des Inhalts und der Grenzen des Gesetzesvorbehaltes.

Der demokratische Gesetzesvorbehalt verpflichtet den Gesetzgeber — losgelöst vom Merkmal des Eingriffs — in grundlegenden normativen Bereichen, zumal im Bereich der Grundrechtsausübung, soweit diese staatlicher Regelung

---

[24] Zur historischen Entwicklung s. *Staupe*, S. 42 ff.

[25] Vgl. *Kloepfer*, JZ 1984, 685 (686); *Kisker*, NJW 1977, S. 1313 (1314); *Ossenbühl*, Vorrang, Rdn. 15:
— volle Ausbildung der parlamentarischen Demokratie;
— erhebliche Ausweitung der Staatsaufgaben im Bereich der Daseinsvorsorge (Leistungs- und Lenkungsverwaltung);
— lückenloser Grundrechtsschutz;
— partielle Auflösung des Gegensatzes von Exekutive und Legislative in der parlamentarischen Wirklichkeit (z. B. einheitliche politische Lager der Regierung und der Regierungsfraktionen; der Bundeskanzler ist gleichzeitig Parteivorsitzender etc.).

[26] Es setzte sich zunehmend die Erkenntnis durch, daß die Grundrechte nicht bloße Abwehrrechte sind, sondern daß der Staat zu ihrer Verwirklichung aktiv beizutragen hat. Die Grundrechte wurden also auch als Teilhabe- und Leistungsrechte verstanden; vgl. *Ossenbühl*, Vorrang, Rdn. 16 ff.

[27] Schon in den Vormärzverfassungen hatte die demokratisch-partizipatorische Komponente im Vordergrund gestanden, vgl. *Staupe*, S. 46.

[28] Vgl. *Ossenbühl*, Bosch FS, S. 751 (755); *Püttner*, BB 1987, S. 1122 (1126).

[29] Vgl. *Hill*, NJW 1982, S. 2104 (2105).

zugänglich sind, alle wesentlichen Entscheidungen selbst zu treffen[30]. Dieser vom Bundesverfassungsgericht entwickelte und allgemein unter dem Begriff „Wesentlichkeitstheorie“ bekannte Versuch, Inhalt und Grenzen des Gesetzesvorbehaltes konkret zu erfassen, führt naturgemäß zu dem Problem, im konkreten Fall bestimmen zu müssen, was „wesentlich“ ist. Von generellen Kriterien zur sicheren Bestimmung eines Regelungsgegenstandes als wesentlich kann hierbei nicht ausgegangen werden, da es bislang weder der Rechtsprechung noch der Lehre gelungen ist, derartige Kriterien zu entwickeln[31]. Wenig hilfreich ist insbesondere der Bestimmungsversuch des Bundesverfassungsgerichts, als wesentlich zu bezeichnen, was wesentlich zur Verwirklichung der Grundrechte ist[32]. Angesichts der Vielgestaltigkeit denkbarer Regelungsmaterien darf im übrigen bezweifelt werden, ob eine sichere dogmatische Verankerung je gelingen wird[33].

b) Eingrenzung des Begriffs „wesentlich“ im Hinblick auf die Autonomie

Nach den einschlägigen Entscheidungen des Bundeverfassungsgerichts bedeutet „wesentlich“ „wesentlich für die Verwirklichung der Grundrechte“[34].

Erstes Kriterium für die Bestimmung des Gesetzesvorbehaltes ist danach die Grundrechtsrelevanz der hoheitlichen Maßnahme. Es ist also zuerst zu fragen, ob durch die hoheitliche Entscheidung Grundrechte überhaupt tangiert werden. Als zweiter Schritt ist dann nach der Intensität der individuellen Betroffenheit zu fragen. Je intensiver eine Regelung die Grundrechte berührt, desto eher muß sie in Form eines Parlamentsgesetzes erfolgen[35]. Darüber hinaus gibt die Bedeutung der Frage für die Öffentlichkeit einen weiteren Anhaltspunkt[36].

Die hier aufgeführten Kriterien lassen jedoch die Frage offen, wo die Grenze des Gesetzesvorbehaltes im Einzelfall tatsächlich verläuft und vor allem die Frage, wann der Parlamentsvorbehalt eingreift, eine wie auch immer geartete Delegation mithin unzulässig ist.

aa) Kein Gewaltenmonismus

Will man die Beantwortung dieser Frage rationalisieren, muß man sich zunächst vor Augen führen, daß das Demokratieprinzip nicht zu einem Gewaltenmonismus

---

30 *BVerfGE* 49, 89 (126).

31 Vgl. *Umbach*, Faller FS, S. 111 (124).

32 Vgl. *BVerfGE* 47, 46 (79).

33 Vgl. *Ossenbühl*, Vorbehalt, S. 9 (25); *Kisker*, NJW 1977, S. 1313 (1317); *Kloepfer*, JZ 1984, S. 685 (692).

34 *BVerfGE* 34, 165 (192 f.); 40, 237 (248 f.); 41, 251 (260 f.); 47, 46 (79); 57, 295 (321).

35 Vgl. *Eberle*, DÖV 1984, S. 485 (487).

36 Vgl. *Umbach*, Faller FS, S. 111 (127).

in Form eines allumfassenden Parlamentsvorbehaltes führt, sondern, daß auch die Exekutive demokratisch legitimierte Entscheidungen treffen kann[37]. Demokratische Legitimation ist die Summe aus institutioneller, funktioneller und personeller Legitimation[38]. Auf gesamtstaatlicher Ebene folgert daraus: Die institutionelle Legitimation wird im Wege der Konstitution der Staatsorgane durch den Verfassunggeber selbst begründet[39]. Die funktionelle ergibt sich aus der institutionellen Legitimation, da Organe nur geschaffen werden, um Funktionen zu erfüllen[40]. Die personelle Legitimation besteht in einer ununterbrochenen Legitimationskette vom Volk zum jeweiligen Amtswalter und der konkreten Entscheidung[41]. Die personelle demokratische Legitimation wird über eine Kette individueller, auf die Aktiv-Bürgerschaft zurückführender Berufungs- und Abberufungsakte vermittelt[42]. Dies zugrunde gelegt, ist in einer rechtsstaatlichen Demokratie auch die Exekutive demokratisch legitimiert und zwar durch Art. 20 Abs. 2 und Abs. 3 GG unmittelbar funktionell und institutionell und durch die Verfahren zur Bestellung der Regierung mittelbar personell im Sinne von Art. 20 Abs. 2 GG[43]. Dieser grundsätzliche Ansatz gilt zunächst nur für die hierarchische Staatverwaltung (Ministerialbürokratie), deren personelle demokratische Legitimation über eine Kette individueller, auf die Aktivbürgerschaft zurückführender Berufungs- und Abberufungsakte, insbesondere gemäß Art. 38, 63, 64 und 67 GG vermittelt wird[44] und deren Spitze, nämlich die Minister, der parlamentarischen Kontrolle untersteht, Art. 65 S. 2 GG[45].

Es stellt sich die Frage, ob die Selbstverwaltungsträger ihre demokratische Legitimation auf dieselbe Weise begründen können. Dafür spricht zwar, daß sie — auch soweit sie im Rahmen der Autonomie rechtsetzend tätig werden — Teil der Exekutive sind[46], doch können sie — anders als die Ministerialbürokratie — ihre personelle Legitimation nicht einmal mittelbar über das Parlament auf das Staatsvolk zurückführen. Die Entscheidungsorgane der Selbstverwaltungs-

---

[37] *BVerfGE* 49, 89 (125 f.); 68, 1 (87).

[38] Vgl. *BVerfGE* 49, 89 (125); *Ossenbühl*, Verwaltungsvorschriften, S. 196 ff.; *Böckenförde*, Demokratie, Rdn. 15 ff.; *Hermes*, S. 39 f.

[39] Vgl. *Ossenbühl*, Verwaltungsvorschriften, S. 197; *Böckenförde*, Demokratie, Rdn. 15; *v. Arnim*, AöR 113 (1988), S. 1 (19); *Hermes*, S. 39.

[40] Vgl. *Ossenbühl*, Verwaltungsvorschriften, S. 198; *Hermes*, S. 40, begründet die funktionelle Legitimation unmittelbar aus der Kompetenzzuweisung des Grundgesetzes.

[41] *Böckenförde*, Demokratie, Rdn. 16; *Kleine-Cosack*, S. 105; *Frotscher*, v. Unruh FG, S. 127 (137).

[42] *BVerfGE* 68, 1 (88).

[43] *BVerfGE* 49, 89 (125); 68, 1 (88); *Ossenbühl*, Verwaltungsvorschriften, S. 187 ff., insbes. S. 199; *Kleine-Cosack*, S. 246; *Umbach*, Faller FS, S. 111 (125 f.); *Staupe*, S. 167 ff., der sogar eine unmittelbare persönliche Legitimation der Regierung annimmt.

[44] *BVerfGE* 68, 1 (88).

[45] Vgl. *Seifert*, in: Seifert / Hömig, vor Art. 62 Rdn. 3.

[46] *BVerfGE* 65, 283 (289); *Kleine-Cosack*, S. 96 ff.; *H. H. Klein*, Demokratie, S. 165 (183); *Dölker*, S. 73 ff.

körperschaften werden grundsätzlich von den Mitgliedern individuell bestimmt, ohne daß das Parlament oder die hierarchische Staatsverwaltung darauf entscheidend einwirken könnte.

Trotz dieses Legitimationsdefizits hat das Bundesverfassungsgericht festgestellt, daß sich der Autonomiegedanke sinnvoll in das System der grundgesetzlichen Ordnung eingefügt[47]. Das heißt aber zunächst, daß es den Selbstverwaltungsorganen nicht von vornherein verwehrt ist, autonomes Recht zu setzen.

bb) Funktionell-strukturelle Betrachtung

Noch nicht beantwortet ist damit die Frage, ob, unter welchen Voraussetzungen und in welchem Umfang Autonomie innerhalb der soeben gezogenen Grenzen verliehen werden darf. Das Bundesverfassungsgericht geht bei der Beantwortung dieser Frage regelmäßig — und zwar sowohl für den Bereich der Selbstverwaltung als auch für den Bereich der hierarchischen Staatsverwaltung — von einer funktionellrechtlichen Betrachtung der Rechtsetzungsorgane, dem Gesetzgeber (Parlament) einerseits und dem Verordnunggeber (Ministerialbürokratie)[48] bzw. Satzunggeber (Selbstverwaltungsträger) andererseits, aus, um die Rechtsetzung unter Berücksichtigung der Intensität der Grundrechtswirkung (Grundrechtseingriffs) dem einen oder anderen Organ zuzuordnen[49]. Es macht im Ergebnis dabei keinen Unterschied, ob man die funktionelle und strukturelle Betrachtung am Entscheidungsorgan oder an der Regelung festmacht[50], weil sich beide in ihren Besonderheiten bedingen und ergänzen[51].

Dem funktionell-strukturellen Ansatz ist zuzustimmen. Der Gewaltenteilungsgrundsatz verlangt nämlich auch, daß die zu treffenden Entscheidungen vom „richtigen" Entscheidungsträger „richtig" getroffen werden[52]. Dieser zum Verhältnis der klassischen drei Gewalten entwickelte Ansatz gilt sowohl für die Kompetenzabgrenzung zwischen den Verwaltungsträgern und dem Parlament, als auch für die zwischen den Selbstverwaltungsträgern und der hierarchischen

---

47 *BVerfGE* 33, 125 (157); 33, 303 (342).

48 Beachte, daß sich die Frage des Gesetzesvorbehalts im Verhältnis des Parlaments zur Ministerialbürokratie nicht nur im Hinblick auf Rechtsverordnungen, sondern auch im Hinblick auf einfache Regierungsentscheidungen stellt, *BVerfGE* 68, 1.

49 Vgl. für *Ministerialbürokratie: BVerfGE* 49, 89 (124 ff.); 68, 1 (86 ff.); *Ossenbühl,* DÖV 1980, S. 545 (548 f.); *Staupe,* S. 201 ff.; *Umbach,* Faller FS, S. 111 (130 f.), der von einer möglichen Entwicklung zur Grundrechtsgewährleistung durch Verfahren spricht (dazu ausdrücklich *Staupe,* S. 210 f.); für *Selbstverwaltungsträger: BVerfGE* 33, 125 (158 ff.); 33, 171 (182 ff.); 33, 303 (340 ff.); 38, 373 (381 ff.); 71, 162 (172 f.).

50 So *Umbach,* Faller FS, S. 111 (113).

51 So prüft *Staupe,* S. 213 ff. unter dem Punkt „Strukturelle und funktionelle Unterschiede von Parlamentsgesetz und Rechtsverordnung" Organ-, Verfahrens- und Regelungsstruktur.

52 Vgl. *BVerfGE* 68, 1 (86); *Ossenbühl,* DÖV 1980, S. 545 (548 f.).

Ministerialbürokratie. Andernfalls wäre die Selbstverwaltungsfunktion der Dezentralisierung als vertikaler Gewaltenteilung eine bloße Worthülse[53].

Zur Ermittlung der sachstrukturellen Kriterien ist der verfassungsrechtliche Status, aber auch die Leistungsfähigkeit des jeweiligen Entscheidungsorgans zugrunde zu legen. Beides wird durch die Zusammensetzung, die demokratische Legitimation, das Entscheidungsverfahren, die Integrationskraft und die Sachkunde des Entscheidungsorgans bestimmt[54], wobei Zusammensetzung und Entscheidungsverfahren Teilaspekte des übergeordneten Kriteriums der demokratischen Legitimation sind.

Erst bei der Prüfung der Intensität der Grundrechtsberührung sind die herkömmlichen Methoden zur Bestimmung der „Wesentlichkeit" und zwar unter Berücksichtigung der funktionell-strukturellen Vorgaben heranzuziehen, nämlich Grundrechtsrelevanz und Intensität der individuellen Betroffenheit[55].

cc) Funktionelle und strukturelle Besonderheiten von Gesetz-, Verordnung- und Satzunggebung

Anhand der soeben genannten sachstrukturellen Kriterien sind die Besonderheiten von Gesetz- und Verordnunggebung einerseits und Satzunggebung andererseits herauszuarbeiten, um eine Grundlage dafür zu haben, die gefundenen Satzungstypen mit Außenwirkung zwingend dem Gesetzgeber zu überantworten oder beim Satzunggeber zu belassen. Die Schwierigkeiten dieses Vorgehens liegen angesichts des im ersten Kapitel dieser Untersuchung dargelegten Befunds auf der Hand. Anders als der parlamentarische Gesetzgeber oder die Ministerialbürokratie gibt es den typischen, einheitlich strukturierten Satzunggeber nicht. Auch das Satzunggebungsverfahren ist von starken Unterschieden geprägt. Gleichwohl müssen die Organ- und Entscheidungsstrukturen grundlegende Gemeinsamkeiten aufweisen, die zur Erfüllung der Autonomiefunktionen geeignet sind. Sind sie es nicht, stehen die entsprechenden Normen von vornherein außerhalb des legitimen Funktionszusammenhangs und können sich nicht „sinnvoll in das System des Grundgesetzes" einordnen. Stehen sie grundsätzlich innerhalb des legitimen Funktionszusammenhangs, muß im Einzelfall geklärt werden, ob die Regelungsmaterie oder die konkrete normative Regelung im Hinblick auf

---

53 Vgl. zum Erfordernis der funktionellen Kompetenzabgrenzung für den Bereich Selbstverwaltung und Parlament *Meyn*, DVBl. 1977, S. 593 (598).

54 Vgl. *BVerfGE* 68, 1 (86); vgl. auch *Ossenbühl*, DÖV 1980, S. 545 (548 f.); *Zimmer*, S. 51 ff.; *Staupe*, S. 211 ff., der es bezogen auf das Verhältnis des Parlaments zur Ministerialbürokratie für notwendig hält, aus der jeweiligen Organ-, Verfahrens- und Regelungsstruktur Rückschlüsse auf die Wahl des „richtigen" Entscheidungsorgans und -verfahrens zur optimalen Grundrechtsverwirklichung zu ziehen.

55 Vgl. *Eberle*, DÖV 1984, S. 485 (487).

ihre Entstehung oder Bindungswirkung in die Zuständigkeit des Staates fällt oder beim Selbstverwaltungsträger verbleiben darf.

(1) Demokratische Legitimation

(a) Personelles demokratisches Legitimationsdefizit

Sowohl die Gesetzgebung als auch die Satzunggebung sind Akte staatlicher Gewalt und bedürfen daher gemäß Art. 20 Abs. 2 S. 1 GG der demokratischen Legitimation. Das verfassungsrechtliche Demokratieprinzip erfordert, daß sich die Wahrnehmung staatlicher Aufgaben und die Ausübung staatlicher Befugnisse auf die Gesamtheit der Bürger als dem Volk, von dem alle Staatsgewalt ausgeht, zurückführen läßt[56]. Erforderlich ist die institutionelle, funktionelle und personelle Legitimation[57]. Die verfassungsrechtlich notwendige personelle demokratische Legitimation erfordert eine ununterbrochene Legitimationskette vom Volk zu den mit staatlichen Aufgaben betrauten Organen und Amtswaltern[58]. Die Legitimation muß allerdings nicht in jedem Fall durch unmittelbare Volkswahl erfolgen. In aller Regel genügt es, daß sie sich mittelbar auf das Volk als Träger der Staatsgewalt zurückführen läßt[59]. Die Legitimation muß also durch eine ununterbrochene Kette individueller Berufungsakte vermittelt werden, wobei der Berufende selbst legitimierter Amtswalter sein muß[60].

Der parlamentarische Gesetzgeber ist das einzige unmittelbar personell demokratisch legitimierte Verfassungsorgan im System des Grundgesetzes und genießt deshalb eine „besondere demokratische Weihe"[61]. Darüber hinaus ist er ebenfalls unmittelbar institutionell und funktionell demokratisch legitimiert, so daß beim parlamentarischen Gesetzgeber fraglos die umfassendste demokratische Legitimation innerhalb der grundgesetzlichen Ordnung festgestellt werden kann.

Demgegenüber fehlt den Selbstverwaltungskörperschaften in der Regel die unmittelbare institutionelle, funktionelle und personelle demokratische Legitimation. Die Selbstverwaltungskörperschaften leiten ihre Legitimation vielmehr vom staatlichen Gesetzgeber ab. Diese Ableitung betrifft zunächst nur die institutionelle und die funktionelle Legitimation. Es stellt sich die Frage, ob durch den staatlichen Kreationsakt zur Schaffung von Selbstverwaltungskörperschaften und

56 *BVerfGE* 47, 253 (272).

57 S. o. 2. Kap. B III 4 b aa.

58 *BVerfGE* 47, 253 (275); *VerfGH NW*, DVBl. 1986, S. 1196.

59 *BVerfGE* 47, 253 (275).

60 Vgl. *VerfGH NW*, DVBl. 1986, S. 1196; *Ossenbühl*, Mitbestimmung, S. 39; *Schäfer*, S. 40; *Böckenförde*, Demokratie, Rdn. 16; *Herzog*, in: Maunz / Dürig, Art. 20 II Rdn. 52 f. (Stand Juni 1978); *Hermes*, S. 39.

61 *Ossenbühl*, Verwaltungsvorschriften, S. 198.

der damit einhergehenden Festlegung der korporativ miteinander verbundenen Mitglieder[62] eine mittelbare personelle Legitimation entsteht. Die Antwort läßt sich nur im Vergleich mit der Ministerialbürokratie finden, die zwar gegenüber dem Parlament eine geringere demokratische Legitimation aufweist, deren mittelbare personelle Legitimation aber heute weitgehend unbestritten ist.

Die einzelnen Entscheidungsträger der Ministerialbürokratie haben auf Bundesebene nur eine sehr mittelbare personelle Legitimation durch die Aktivbürgerschaft. Der Bundestag als das einzige unmittelbar personell legitimierte Staatsorgan, Art. 38 GG, vermittelt diese personelle Legitimation der Exekutive nur über den Bundeskanzler, Art. 63 GG, den sie über das konstruktive Mißtrauensvotum auch abwählen kann, Art. 67 GG. Weiteren direkten Einfluß auf die personelle Zusammensetzung der Exekutive hat der Bundestag nicht. Insbesondere wählt er die Bundesminister ebensowenig, wie er die Möglichkeit hat, einzelne Bundesminister ihres Amtes zu entheben. Die Bundesminister werden vielmehr vom Bundespräsidenten auf Vorschlag des Bundeskanzlers ernannt und entlassen, Art. 64 GG. Die Legitimationskette der Bundesminister und der nachgeordneten Ministerialbürokratie zur Aktivbürgerschaft wird daher lediglich über die Wahl des Bundeskanzlers durch den Bundestag vermittelt. Die Bundesminister können nur mittelbar über das konstruktive Mißtrauensvotum gegen den Bundeskanzler, Art. 67 Abs. 1 GG, vom Bundestag aus dem Amt entfernt werden.

In den Bundesländern gibt es zum Teil erheblich ausgeprägtere Einflußmöglichkeiten des Parlaments auf Berufung und Abberufung der Minister. Sei es, daß diese vom Parlament direkt gewählt oder abgewählt werden[63], sei es, daß die gesamte Landesregierung der Zustimmung des Parlaments bedarf[64], sei es, daß jede nachfolgende Ernennung oder Entlassung eines Ministers der Zustimmung des Parlaments bedarf[65] oder daß einzelne Minister durch das Parlament zum Rücktritt gezwungen werden können[66]. Lediglich in Schleswig-Holstein fehlen Sanktionsmöglichkeiten des Parlaments gegen einzelne Minister[67].

---

[62] Im untechnischen Sinn, gemeint sind auch die „Angehörigen“ und „Zugehörigen“.

[63] So die Regelung in den Stadtstaaten Berlin, Bremen und Hamburg: Art. 41, 42 Verfassung von Berlin vom 1.9.1950 (VOBl. I, S. 433) z. g. d. G. v. 26.2.1981 (GVBl. S. 346); Art. 107 Abs. 2, 110 Landesverfassung der Freien Hansestadt Bremen vom 21.10.1947 (GBl. S. 251) z. g. d. G. v. 8.9.1987 (GBl. S. 233); Art. 34, 35 Verfassung der Freien und Hansestadt Hamburg vom 6.6.1952 (GVBl. S. 117) z. g. d. G. v. 27.6.1986 (GVBl. S. 167).

[64] Art. 46 Abs. 3 Verf BW; Art. 45 Verf Bay; Art. 101 Abs. 4 Verf He; Art. 20, Abs. 3 vorläufige niedersächsische Verf vom 13.4.1951 (GVBl. S. 5) i. d. F. d. G. v. 28.3.1972 (GVBl. S. 171); Art. 98 Abs. 2 Verf RhPf.

[65] Art. 46 Abs. 4 Verf BW (Neuernennung); Art. 112 Verf He (nur Entlassung); Art. 20 Abs. 4 Verf Ns (Ernennung und Entlassung); Art. 98 Abs. 2 Verf RhPf (nur Entlassung); Art. 87 Abs. 1 Verf Sa (Ernennung und Entlassung).

[66] Art. 56 Verf BW; Art. 99 Verf RhPf; Art. 88 Verf Sa.

[67] Vgl. Landessatzung für Schleswig-Holstein vom 13.12.1949 in der Neufassung der Bekanntmachung vom 7.2.1984 (GVOBl. S. 53); *Barschel / Gebel*, Art. 30 Anm. C III 1.

Im Bereich der Selbstverwaltungskörperschaften fehlt es dagegen bezogen auf den Gesamtstaat selbst an der schwach ausgeprägten personellen Legitimation der Ministerialbürokratie, wie sie auf Bundesebene und in Schleswig-Holstein besteht. Zwar bestimmt der Gesetzgeber nach abstrakten Kriterien, wer in die jeweilige Körperschaft inkorporiert wird, doch bestimmt er kein einziges Mitglied individuell. Dies ist jedoch als Mindestvoraussetzung für die Vermittlung der personellen demokratischen Legitimation anzusehen. Fehlt es daran, ist die Legitimationskette zwischen den autonomen Entscheidungsträgern und der Aktivbürgerschaft des Gesamtstaates unterbrochen. Damit steht fest, daß den autonomen Entscheidungsorganen die personelle demokratische Legitimation durch das Gesamtvolk fehlt[68]. Ob die gesamtstaatliche Legitimation eine unabdingbare Forderung des Demokratieprinzips ist[69], oder ob die personelle Legitimation durch ein Teilvolk ausreicht, ist noch nicht abschließend geklärt. Aus der Entscheidung des Bundesverfassungsgerichts vom 15. Februar 1978[70] läßt sich die Forderung nach der notwendig gesamtstaatlichen Legitimation jedenfalls nicht begründen. In dieser Entscheidung wird lediglich verlangt, daß die ununterbrochene Legitimationskette von den kommunalen Bezirksvertretungen in kreisfreien Städten Nordrhein-Westfalens auf das kommunale Teilvolk zurückgeführt werden kann[71]. Vom Erfordernis einer Legitimationskette zum Gesamtvolk ist nicht die Rede. Es spricht daher viel dafür, daß die Kompensation personeller Legitimationsdefizite durch ein Teilvolk nicht grundsätzlich ausgeschlossen ist[72].

(b) Ausgleich durch funktionale Sonderstellung

Unter dem Gesichtspunkt der funktionalen Sonderstellung ist zu prüfen, ob das Defizit der gesamtstaatlichen personellen demokratischen Legitimation der Selbstverwaltungsträger durch andere Formen der demokratischen Legitimation kompensiert werden kann. Insofern bietet es sich an, die mit dem Funktionselement „Demokratisierung“ verbundenen Besonderheiten auf ihre Eignung zur

---

68 Vgl. *Kleine-Cosack,* S. 105; *Böckenförde,* Demokratie, Rdn. 33; *Frotscher,* v. Unruh FG, S. 127 (137); *Brohm,* Strukturen, S. 253; *Emde,* S. 70 ff.

69 Vgl. *BVerfGE* 33, 125 (158); s. auch *Kleine-Cosack,* S. 105; *Böckenförde,* Der Staat 1976, S. 457 (477 f.); *derselbe,* Demokratie, Rdn. 33; *Ossenbühl,* Mitbestimmung, S. 39 f.

70 *BVerfGE* 47,253.

71 *BVerfGE* 47, 253 (275).

72 In diesem Sinn auch *BVerfGE* 38, 258 (271); *VerfGH NW,* DVBl. 1986, S. 1196; vgl. auch *Frotscher,* v. Unruh FG, S. 127 (144) für Selbstverwaltungskörperschaften allgemein; *Herzog,* in: Maunz / Dürig, Art. 20 II Rdn. 56 ff. (Stand Juni 1978); *derselbe,* Staatslehre, S. 220 ff.; *Schäfer,* S. 40; *Brohm,* Strukturen, S. 253 ff.; v. Arnim, AÖR 113 (1988), S. 1 (19), wohl auch *Pietzcker,* NJW 1988, S. 513 (516); differenzierend *Tettinger,* Mitbestimmung, S. 31 f., 39; ablehnend *Böckenförde,* Verfassungsfragen, S. 74; *derselbe,* Demokratie, Rdn. 33 f.; *Bernhard,* S. 290 ff., der aber Zwangsmitgliedschaft für unzulässig hält.

Kompensation gesamtstaatlicher Legitimationsdefizite zu untersuchen. Kernaussage des Funktionselements „Demokratisierung“ ist, daß dem einzelnen in kleineren überschaubaren Bereichen eine erhöhte Mitwirkungs- und Entscheidungsbefugnis in den Angelegenheiten eingeräumt wird, die ihn selbst betreffen[73].

Autonomie kann die Demokratisierungsfunktion nur dann erfüllen, wenn ein Teilvolk im Sinne einer sozialhomogenen[74] Betroffenengemeinschaft besteht[75], diese über eine demokratische Binnenstruktur verfügt[76] und lediglich Entscheidungen trifft, die in ihrer Wirkung über die Betroffenengemeinschaft nicht hinausgehen sollen[77]. Fehlt auch nur eine dieser Voraussetzungen, führt Autonomie nicht zu einem Mehr sondern zu einem Weniger an Demokratie. Handelt es sich nicht um eine sozialhomogene Gruppe, fehlt es am Erfordernis des kleineren und überschaubaren Lebensbereichs. Fehlt es an einer demokratischen Binnenstruktur, erhöhen sich die Mitwirkungs- und Entscheidungsbefugnisse der Betroffenen nicht. Soll die Regelung über die Betroffenengemeinschaft hinaus Wirkung entfalten und tut sie dies, hat der außerhalb Stehende keine Mitwirkungs- und Entscheidungsbefugnisse. In jedem Fall würde die fehlende gesamtstaatliche personelle Legitimation des autonomen Entscheidungsträgers nicht kompensiert, die Entscheidung müßte beim parlamentarischen Gesetzgeber verbleiben.

Um einen genaueren Anhalt dafür zu gewinnen, wann die fehlende gesamtstaatliche personelle demokratische Legitimation durch die funktionale Sonderstellung der Selbstverwaltung und der Autonomie ausgeglichen wird, sind die genannten drei Mindestvoraussetzungen zu präzisieren.

(aa) Sozialhomogene Betroffenengemeinschaft

Nur eine sozialhomogene Betroffenengemeinschaft kann die den autonomen Entscheidungsorganen fehlende gesamtstaatliche personelle Legitimation kompensieren. Die Homogenität der Gemeinschaft wird im Bereich der funktionalen Selbstverwaltung durch die Aufgabe des Selbstverwaltungsträgers bestimmt. Nur wer in diesem Sinne ein Interesse an der Erfüllung der zugewiesenen Aufgaben hat, darf Teil der Gemeinschaft sein und damit an der Aufgabenerfüllung beteiligt

---

[73] *BVerfGE* 33, 125 (159); *Hendler*, Selbstverwaltung, S. 312; *Ossenbühl*, Satzung, Rdn. 24.

[74] *Brohm*, Strukturen, S. 253, 262 f.

[75] Vgl. *Ossenbühl*, Satzung, Rdn. 24; *Frotscher*, v. Unruh FG, S. 127 (137); *Brohm*, Strukturen, S. 253, 262 f.; *Kleine-Cosack*, S. 140.

[76] *Kleine-Cosack*, S. 184 ff.; *Frotscher*, v. Unruh FG, S. 127 (145 f.); *Brandstetter*, S. 133 ff.; *Wentzel*, S. 124 ff.

[77] *Ossenbühl*, Satzung, Rdn. 24; *Hendler*, Selbstverwaltung, S. 311; vgl. dazu grundsätzlich *Herzog*, in: Maunz / Dürig, Art. 20 II Rdn. 57 (Stand Juni 1978); *derselbe*, Staatslehre, S. 217 f.

werden. Würden darüber hinaus Dritte einbezogen, fehlte es an dem Element der „*Selbst*verwaltung“[78].

(bb) Demokratische Binnenstruktur

Hinsichtlich der Mindestanforderungen an die demokratische Binnenstruktur der Selbstverwaltungskörperschaften besteht grundsätzliche Einigkeit darüber, daß eine ununterbrochene Legitimationskette zwischen dem Teilvolk und den autonomen Entscheidungsorganen bestehen muß[79]. Ob diese Legitimationskette ausschließlich durch Wahlen „von unten nach oben“ vermittelt werden kann oder ob, wie im Bereich der Ministerialbürokratie, eine Kette individueller auf das Teilvolk zurückführender Berufungs- und Abberufungsakte genügt, ist damit noch nicht gesagt. Auch die Antwort auf diese Frage läßt sich nur mit Blick auf die Demokratisierungsfunktion der Selbstverwaltung und der Autonomie finden. Soll Autonomie die Diskrepanz zwischen den hoheitlichen Entscheidungsträgern und den Bürgern verringern, Komplexität abbauen und Entfremdung entgegenwirken, kann sie dies nicht, wenn die Entscheidungsorgane als Teil einer wiederum hierarchisch aufgebauten Selbstverwaltungsbürokratie in Erscheinung treten, deren einzelne Entscheidungsträger häufig nicht einmal Betroffene, sondern lediglich Funktionäre sind[80]. Derart gebildete Entscheidungsorgane unterschieden sich in Zusammensetzung und Funktion nur unwesentlich von der Ministerialbürokratie auf gesamtstaatlicher Ebene und könnten daher das personelle demokratische Legitimationsdefizit dieser gegenüber nicht ausgleichen.

Damit ist zunächst nur festgestellt, daß die körperschaftsinterne Verwaltung (mit den Geschäftsführern an der Spitze) keine demokratisch legitimierten normativen Entscheidungen treffen kann[81].

Anders könnte der Fall liegen, wenn von der Voll- bzw. Vertreterversammlung gewählte Ausschüsse normative Regelungen treffen. Die in diesem Zusammenhang bestehenden verfassungsrechtlichen Probleme betreffen die personelle Zusammensetzung der Ausschüsse[82] und werden dort behandelt[83].

---

[78] *Brohm*, Strukturen, S. 262 f.; *Kleine-Cosack*, S. 140; auch das Bundesverfassungsgericht stellt im Erftverband-Urteil, *BVerfGE* 10, 89 (105 f.), klar, daß die Verbandsmitglieder „trotz teilweise gegensätzlicher Interessen gemeinsam daran interessiert sind, daß die Wasserversorgung im Erftgebiet sichergestellt bleibt. . .“; vgl. auch *BVerfGE* 70, 191 (211).

[79] Vgl. *Frotscher*, v. Unruh FG, S. 127 (145); *Kleine-Cosack*, S. 201 f.

[80] S. zu diesem Problem *Brohm*, Strukturen, S. 264 ff.; *Basedow*, BB 1977, S. 366 (370).

[81] Die Frage der Legitimation von Einzelakten ist nicht Untersuchungsgegenstand.

[82] Z. B. den Bewertungsausschuß nach § 87 Abs. 3 oder 4 SGB V und die Berufsbildungsausschüsse

[83] S. u. 2. Kap. B III 4 b cc (2).

Festzuhalten bleibt, daß die durch Wahl vermittelte ununterbrochene Legitimationskette vom Teilvolk zu den sich aus Betroffenen zusammensetzenden autonomen Entscheidungsträgern erste Mindestvoraussetzung der demokratischen Binnenstruktur ist. Die mit der Wahl zusammenhängenden Probleme der Friedenswahl[84], der Kooptation, der verbindlichen Vorschlagsrechte Dritter, der Berufung von Organmitgliedern durch Dritte und der Wahl Nichtbetroffener[85] sollen hier ebenso wie das Problem unterschiedlicher Stimmgewichtung nur kurz angesprochen und an anderer Stelle vertieft werden[86].

Gegen das Aufstellen dieser Mindestvoraussetzung läßt sich nicht mit Hinweis auf die durch die Verbandsforschung empirisch belegte Oligarchisierung[87] auch innerhalb der Selbstverwaltungskörperschaften argumentieren[88]. Gegen das Aufstellen von Mindestvoraussetzungen kann auch nicht ins Feld geführt werden, daß privatrechtliche Zusammenschlüsse wie der Deutsche Ärztetag oder der DIHT mit den von ihnen herausgegebenen Mustersatzungen ganz erheblichen Einfluß auf die Satzunggebung ausüben. Denkbar ist zwar, daß andere Verbandsstrukturen[89] zu einem höheren Grad an demokratischer Legitimation führen, doch kann dies nicht zur Folge haben, gänzlich darauf zu verzichten, ein Mindestmaß an Voraussetzungen für die demokratische Binnenstruktur zu normieren, die dem einzelnen jedenfalls die Möglichkeit garantieren, auf die ihn betreffenden Angelegenheiten personell und sachlich entscheidenden Einfluß zu nehmen[90]. Ob er dann tatsächlich von diesen Möglichkeiten Gebrauch macht, ist aus vielerlei Gründen ungewiß[91].

Mit dem Erfordernis einer ununterbrochenen Legitimationskette sind die Mindestanforderungen an die demokratische Binnenstruktur der Selbstverwaltungsträger noch nicht abschließend genannt. Auffällig ist, daß dieses Manko in der einschlägigen Literatur in der Regel nur ganz am Rande abgehandelt wird, ohne auf die geforderten weiteren Voraussetzungen im einzelnen einzugehen[92]. Auch

---

84 S. dazu *Kleine-Cosack*, S. 202 ff.; *Frotscher*, v. Unruh FG, S. 127 (144); *BVerwGE*, GewArch. 1980, S. 296; *BSGE* 36, 242.

85 S. dazu *Kleine-Cosack*, S. 202 ff.; *Böckenförde*, Demokratie, Rdn. 17 ff.; *Brandstetter*, S. 137.

86 S. zum Ganzen unten 2. Kap. B III 4 b cc (2).

87 S. dazu *Teubner*, S. 79 ff.

88 S. dazu *Kleine-Cosack*, S. 193 ff., im wesentlichen gestützt auf *Teubner;* vgl. auch *Lange*, Weber FS, S. 851 (866 ff.) (für kommunale Selbstverwaltung).

89 Zu den Entwürfen demokratischer Verbandsstrukturen s. *Teubner*, S. 90 ff.

90 Vgl. auch *Teubner*, S. 115 f.

91 Vgl. *Teubner*, S. 79 ff.; *Brandstetter*, S. 139.

92 Vgl. *Kleine-Cosack*, S. 201 f.; *Frotscher*, v. Unruh FG, S. 127 (145 f.), der zu diesem Punkt weitgehend auf die kommunale Selbstverwaltung abstellt; *Brandstetter*, S. 137 ff., stellt zwar für die berufsständischen Kammern einen Minimalkatalog auf, den er jedoch im wesentlichen aus einem — durchaus angreifbaren — Vergleich mit der inneren Ordnung der politischen Parteien gewinnt, ohne ihn darüber hinaus eigenständig zu begründen. Die Frage wurde dagegen in der Verbändediskussion ausführlich behandelt,

hier soll darauf verzichtet werden, weil sonst eine zu starke Auseinandersetzung mit der allgemeinen Demokratiediskussion erforderlich wäre, ohne für den Untersuchungsgegenstand genauere Erkenntnisse zu gewinnen.

(cc) Eingeschränkter Wirkungskreis

Das dritte Erfordernis zur Kompensation gesamtstaatlicher Legitimationsdefizite — die Einhaltung des personell eingeschränkten Wirkungskreises — ist die logische Folge der vorangegangenen Voraussetzungen, weil die sozialhomogene Betroffenengemeinschaft auch bei Bestehen einer demokratischen Binnenstruktur grundsätzlich keine über ihren eigenen personellen Kreis hinausgehenden Befugnisse erlangen kann. Die Adressaten der Regelung und die Legitimationsbasis dürfen — unabhängig davon, ob es sich um das Gesamt- oder Teilvolk handelt — nicht auseinanderfallen, da sonst eine Legitimationsvermittlung nicht stattfindet. Ist die Regelung also final darauf gerichtet, Externe zu binden, fehlt schon die Legitimation durch das betroffene Teilvolk, ein Ausgleich gesamtstaatlicher personeller Legitimationsdefizite erfolgt nicht[93].

(c) Ausgleich durch sachlich-inhaltliche Legitimation

Die Demokratisierungsfunktion kann nicht ausschließlich durch eine ununterbrochene Legitimationskette vom Teilvolk zu den Entscheidungsträgern erfüllt werden. Die bloße personelle Legitimation kann nicht verhindern, daß die einmal gewählten Organmitglieder eine eigenständige, vom Volkswillen unabängige Herrschaftsgewalt ausüben[94]. Es ist daher unabdingbar, daß die Entscheidungsträger zugleich sachlich-inhaltlich legitimiert sind[95]. Die sachlich-inhaltliche Legitimation wird durch Lenkung und Kontrolle der Entscheidungsorgane durch das Gesamtvolk vermittelt[96].

Die Lenkung erfolgt durch die Bindung an die vom Parlament als der unmittelbaren Volksvertretung beschlossenen Gesetze[97], die Kontrolle durch unmittelbar

---

vgl. *Föhr*, NJW 1975, S. 617 (620 f.); *Naschold*, insbes. S. 56 ff.; *Göhner*, ZRP 1977, S. 25 (26 f.); *Leßmann*, NJW 1978, S. 1545 (1549); *Wimmer*, DVBl. 1977, S. 401.

93 Zur personellen Begrenzung des Regelungsbereichs s. auch *Isensee*, DB 1985, S. 2681 (2685); *Meyn*, DVBl. 1977, S. 593 (598); *Herzog*, in: Maunz / Dürig, Art. 20 II Rdn. 27 (Stand Juni 1978); *Ossenbühl*, Satzung , Rdn. 25.

94 *Böckenförde*, Demokratie, Rdn. 23.

95 *Böckenförde*, Demokratie, Rdn. 23; *Kleine-Cosack*, S. 105, der von der „materiellen“ Komponente der demokratischen Legitimation spricht.

96 Auf die Frage, ob das Teilvolk, die sachlich-inhaltliche Legitimation vermitteln kann, soll an dieser Stelle nicht eingegangen werden.

97 Und für die Selbstverwaltung auch durch Bindung an Rechtsverordnungen, vgl. *Emde*, S. 115 f., der allerdings auch die Genehmigungsvorbehalte als Lenkungsinstrumente charakterisiert, S. 117 ff.

oder mittelbar sanktionierte Verantwortlichkeit gegenüber dem Gesamtvolk, einschließlich der dazugehörigen Kontrolle über die Wahrnehmung der eingeräumten Aufgaben[98]. Zwischen den verschiedenen Legitimationselementen bestehen Wechselbeziehungen: Lenkung und Kontrolle stehen in einem unmittelbaren Zusammenhang derart, daß ein Mehr an Lenkung ein Weniger an Kontrolle erfordert und umgekehrt[99]. Die sachlich-inhaltliche Legitimation steht in einem Abhängigkeitsverhältnis zur personellen Legitimation. Ein hohes Maß an personeller Legitimation erfordert ein geringeres Maß an sachlich-inhaltlicher Legitimation. Ein hohes Maß an sachlich-inhaltlicher, ein geringeres an personeller Legitimation. Ob eine Form der Legitimation durch die andere vollständig substituiert werden kann, soll hier zunächst dahingestellt bleiben[100].

Das Erfordernis der sachlich-inhaltlichen Legitimation ist beim gesamtstaatlichen Gesetzgeber aufgrund seiner unmittelbaren personellen Legitimation nicht, jedenfalls nur in geringem Umfang erforderlich. Die Lenkung erfolgt durch die Verfassung, die Kontrolle durch den Wahlakt[101].

Fraglich ist, ob das personelle Legitimationsdefizit der autonomen Entscheidungsorgane durch die sachlich-inhaltliche Legitimationskomponente ausgeglichen werden kann. Das Kontrollelement der sachlich-inhaltlichen Legitimation kann diesen Ausgleich allein nicht schaffen. Die persönliche Verantwortlichkeit der einzelnen Entscheidungsträger besteht weder gegenüber dem Gesamtvolk, vertreten durch das Parlament, unmittelbar, noch über die Ministerialbürokratie mittelbar, die in der Regel keinen Einfluß auf die Besetzung der Entscheidungsorgane hat[102].

Eine Kontrolle in der Sache findet nur über die Rechtsaufsicht statt. Fachaufsicht, insbesondere wenn sie mit Weisungsbefugnissen der Aufsichtsbehörde verbunden ist, sprengt den Rahmen der Selbstverwaltung und ist daher nicht mit den Sonderfunktionen der Autonomie vereinbar[103]. Rechtsaufsicht hat, auch wenn sie mit Genehmigungsvorbehalten verbunden ist, nur ein relativ geringes Maß an tatsächlicher Kontrolle zur Folge, so daß sie alleine zur Kompensation fehlender persönlicher Legitimation ungeeignet ist[104]. Die Kontrolle durch das Teilvolk kann das Defizit der personellen Legitimation gegenüber dem Gesamtvolk nicht

---

98 Vgl. *Böckenförde*, Demokratie, Rdn. 21, 23; *Kleine-Cosack*, S. 105.

99 *Böckenförde*, Demokratie, Rdn. 22.

100 Widersprüchlich *Böckenförde*, Demokratie, Rdn. 23 (keine vollständige Kompensation möglich), FN 33 (vollständige Kompensation möglich).

101 *Böckenförde*, Demokratie, Rdn. 21, begnügt sich hinsichtlich der sachlich-inhaltlichen Legitimation des Parlaments mit dem Legitimationselement Kontrolle.

102 S. zur Zulässigkeit evtl. personeller Einflußmöglichkeiten unten 2. Kap. B III 4 b cc (2).

103 S. unten 2. Kap. B III 4 b cc (3) (b).

104 *Böckenförde*, Demokratie, Rdn. 34, hält die Rechtsaufsicht aber für unabdingbar zur Reduzierung des Legitimationsdefizits.

ausgleichen. Die schwach ausgeprägten gesamtstaatlichen Kontrollbefugnisse können möglicherweise im Zusammenhang mit einem stark ausgeprägten Lenkungsinstrumentarium gleichwohl eine ausreichende sachlich-inhaltliche Legitimation vermitteln. Es ist zu beachten, daß der Legitimationsausgleich durch das Lenkungsinstrument des formellen Gesetzes in zwei Stufen erfolgt. Zunächst ist wegen des schwach ausgeprägten Kontrollelementes eine starke Lenkung zur Vermittlung der sachlich-inhaltlichen Legitimation erforderlich. Darüber hinaus muß letztere insgesamt erheblich sein, um die personellen Legitimationdefizite auszugleichen. Dies zugrunde gelegt, kann das personelle Legitimationsdefizit nur ausgeglichen werden, wenn die formell-gesetzlichen Regelungen eine hohe Dichte aufweisen.

Fraglich ist, ob der Legitimationsausgleich möglich ist, wenn die personelle Legitimation — wie bei den außenwirkenden Satzungsnormen — völlig fehlt. Die Antwort ist für die Regelungen mit mittelbarer und unmittelbarer Außenwirkung verschieden.

Zunächst ist festzuhalten, daß das Problem fehlender personeller Legitimation im Bereich der parlamentarischen Gesetzgebung nicht besteht, weil jedes einzelne Mitglied des Parlaments über eine unmittelbare personelle Legitimation durch das Gesamtvolk verfügt. Die Parlamentsgesetze binden dieses Volk, das durch die Wahlen über die Zusammensetzung des Parlaments entscheidet. Aus diesem Blickwinkel entfalten die Parlamentsgesetze weder mittelbare noch unmittelbare Außenwirkung.

Anders stellt sich die Lage bei der Rechtsetzung durch Selbstverwaltungskörperschaften dar. Da diese personell nur durch ihre korporative Basis legitimiert werden, besteht ein Innen- und ein Außenbereich. Die Selbstverwaltungsträger sind im Rahmen ihrer legitimen Aufgabenerfüllung grundsätzlich berechtigt, Regelungen für den Innenbereich zu treffen. Diese Regelungen fügen sich sinnvoll in die Ordnung des Grundgesetzes ein[105]. Sind derartige Innenregelungen mit (mittelbarer) Außenwirkung verbunden, fehlt ihnen die personelle Legitimation. Es besteht also ein Spannungsverhältnis zwischen der sich sinnvoll in die Ordnung des Grundgesetzes einfügenden Autonomie und der Forderung nach umfassender demokratischer Legitimation. Dieses Spannungsverhältnis gilt es aufzulösen.

Hält man dabei an der Forderung nach personeller demokratischer Legitimation fest, ohne einen Ausgleich zuzulassen, muß die Autonomie völlig zurücktreten, wenn ihre Regelungen mit (mittelbarer) Außenwirkung verbunden sind, und zwar auch dann, wenn diese notwendig und unvermeidbar ist. Dieses Ergebnis wird der Bedeutung der Autonomie nicht gerecht und ist verfassungsrechtlich nicht gefordert.

---

105 Vgl. dazu oben 2. Kap. B.

Die personelle Legitimation ist ein Element zur Begründung demokratischer Legitimation. Weitere Elemente sind die institutionelle, funktionelle und sachlich-inhaltliche Legitimation. Fehlt eines dieser Elemente, muß also die demokratische Legitimation nicht vollständig entfallen. Dies heißt im Ergebnis, daß die fehlende personelle durch andere Elemente der demokratischen Legitimation dann ausgeglichen werden kann, wenn sonst andere grundgesetzliche Positionen erheblich oder ganz eingeschränkt werden. Übertragen auf die hier bestehende Spannungslage heißt das, daß dann, wenn die Erfüllung der legitimen Autonomiefunktionen notwendig und unvermeidbar mit (mittelbarer) Außenwirkung verbunden ist, ein Ausgleich der fehlenden personellen Legitimation möglich ist.

Der Ausgleich kann hier nur durch eine Verstärkung des sachlich-inhaltlichen Elementes erfolgen, da die institutionelle und funktionelle Komponenten feststehen. Diese Verstärkung muß über eine Erhöhung der Lenkung erfolgen, weil das Kontrollelement im Selbstverwaltungsbereich schwach ausgebildet ist und schwach ausgebildet sein muß. Die Erhöhung des Lenkungselementes kann nur durch eine stärkere inhaltliche Bindung des Satzunggebers durch größere Bestimmtheit der Ermächtigungsgrundlage erfolgen. Das Maß der Bestimmtheit hängt von der Bedeutung der autonomen Regelung für die legitime Aufgabenerfüllung und die Rechte des Externen ab.

Die soeben angestellten Überlegungen gelten nicht für die autonomen Regelungen mit unmittelbarer Außenwirkung, weil diese zur Erfüllung der legitimen Autonomiefunktionen nicht erforderlich sind. Es fehlt daher an der Spannungslage zwischen Autonomie und Legitimation, die einen Legitimationsausgleich erforderlich macht.

(d) Zwischenergebnis

Als Zwischenergebnis ist festzuhalten, daß die demokratische Legitimation des autonomen Rechtsetzers gegenüber dem parlamentarischen Gesetzgeber, aber auch gegenüber der Ministerialbürokratie ein Defizit an personeller demokratischer Legitimation aufweist. Dieses Defizit kann möglicherweise aufgrund der funktionellen Sonderstellung der Autonomie unter dem Gesichtspunkt der Demokratisierungsfunktion ausgeglichen werden, wenn eine durch Wahl vermittelte ununterbrochene Legitimationskette von der sozialhomogenen Betroffenengemeinschaft zu den autonomen Entscheidungsträgern besteht und sich deren Regelungen auf den Betroffenenkreis beschränken. Diese Legitimationskompensation ist jedoch bei allen normativen Regelungen ausgeschlossen, die mittelbare oder unmittelbare Außenwirkung entfalten, weil eine Legitimationskette zwischen den autonomen Normsetzern und den Externen nicht besteht. Es kann aber bis zu einem gewissen Grad ein Ausgleich durch die über die Lenkungskontrolle vermittelte sachlich-inhaltliche Legitimation geschaffen werden. Fehlt die personelle

Legitimation, ist ein Ausgleich nur im Spannungsverhältnis zwischen Autonomie und Legitimation möglich. Eine Legitimationskompensation ist danach nur zulässig, wenn die autonome normative Regelung lediglich mittelbare Außenwirkung entfaltet und diese zur Erfüllung der legitimen Aufgaben notwendig und unvermeidbar ist.

(2) Zusammensetzung der Entscheidungsträger

Die personelle demokratische Legitimation bezieht sich zunächst auf die individuellen Amtswalter und erst über diese auf die Entscheidungsorgane[106]. Solange alle Amtswalter eines Entscheidungsorgans[107] über dieselbe personelle demokratische Legitimation verfügen, ist die individuelle Zusammensetzung kein gesondertes sachstrukturelles Kriterium zur Bestimmung der Normsetzungsbefugnisse, weil ein Auseinanderfallen der personellen demokratischen Legitimation von individuellem Amtswalter und Entscheidungsorgan als Ganzem ausgeschlossen ist. Probleme treten jedoch dann auf, wenn an der jeweiligen normativen Entscheidung Personen beteiligt sind, denen die individuelle personelle demokratische Legitimation fehlt.

(a) Ursachen fehlender individueller personeller demokratischer Legitimation

Die fehlende individuelle personelle demokratische Legitimation kann verschiedene Ursachen haben[108].

Die Organmitglieder können von dritter Seite, wie anderen Selbstverwaltungsträgern oder dem Staat, ernannt worden sein[109]. Diese Organmitglieder können ihre Legitimation für das autonome Entscheidungsorgan nicht von ihrer Entsendungskörperschaft ableiten, weil ein derartiges Legitimations-crossing-over unzulässig ist. Demokratische Legitimation besteht ausschließlich im Hinblick auf das Entscheidungsorgan und seine Entscheidung, d.h. die Legitimation steht in untrennbarem Zusammenhang mit der Aufgabenerfüllung des Entscheidungsträgers. Die Legitimationsbasis und die Legitimationswirkung dürfen nicht auseinanderfallen[110].

Die von anderen Selbstverwaltungsträgern ernannten Organmitglieder sind daher selbst dann nicht legitimiert, wenn sie Interne sind, wie regelmäßig die

---

106 Vgl. *Böckenförde*, Demokratie, Rdn. 16.

107 Diese werden im folgenden im untechnischen Sinn Mitglieder genannt.

108 Vgl. dazu *Böckenförde*, Demokratie, Rdn. 17 ff.

109 Z. B. Universitäts- und Behördenvertreter in den Ärztekammern, s. o. 1. Kap. B III 2 a, die Mitglieder der Berufsbildungsausschüsse, § 56 Abs. 2 BBiG, s. o. 1. Kap. B III 2 b cc.

110 *Isensee*, DB 1985, S. 2681 (2685) verlangt die „Identität der sozialen Rolle".

Universitätsvertreter in den Ärztekammern. Auch die Behördenvertreter können sich im Rahmen der autonomen Rechtsetzung nicht auf ihre gesamtstaatliche Legitimation berufen. Zwar weist diese ein demokratisches Mehr gegenüber der aus dem Teilvolk abgeleiteten Legitimation auf[111], doch beschränkt sie sich auf die gesamtstaatliche Aufgabenerfüllung, d.h. die Aufgabenerfüllung im Rahmen des hierarchischen Behördenaufbaus. Weil die Aufgaben der Staatsverwaltung streng von denen der Selbstverwaltung zu trennen sind — was in den einschlägigen Gesetzesvorschriften regelmäßig auch geschieht — gehört die autonome Rechtsetzung nicht zu den gesamtstaatlichen Aufgaben[112]. Auch den Behördenvertretern in den Ärztekammern und den von der zuständigen Behörde in die Berufsbildungsausschüsse nach dem BBiG entsandten Arbeitgeber- und Arbeitnehmervertretern fehlt daher die demokratische Legitimation.

Die Organmitglieder können durch das Organ selbst ernannt worden sein, Kooptation[113]. Die kooptierten Mitglieder sind deshalb nicht legitimiert, weil das ernennende Organ seine Entscheidungsrechte nicht auf die hinzugewählten Mitglieder überträgt, sondern diesen neue, eigene Entscheidungsrechte einräumt. Das Berufungsorgan vermittelt also seine Legitimation nicht weiter, sondern schafft eine neue nur auf das Berufungsorgan zurückgehende eigenständige Legitimation. Eine Legitimationskette vom Teilvolk zum kooptierten Organmitglied besteht nicht. Die auf diese Weise berufenen Mitglieder der Vertreter- bzw. Kammerversammlungen der Handwerks- bzw. Landwirtschaftskammern sind daher nicht demokratisch legitimiert.

Die fehlende demokratische Legitimation kann auf einem Vorschlagsrecht Dritter beruhen[114]. Hinsichtlich des Vorschlagsrechts, sind wiederum drei Fallgruppen zu unterscheiden:

— Das Vorschlagsrecht hat für das Berufungsorgan keine Bindungswirkung[115]. Dieses Vorschlagsrecht hat keinen Einfluß auf die Legitimation des Berufenen[116], es ist unter Legitimationsgesichtspunkten irrelevant.

— Es müssen mehr Vorschläge eingereicht werden, als Amtswalter zu berufen sind, das Berufungsorgan ist aber in seiner Wahl an diese Liste gebunden. Mit Rücksicht auf die Staatspraxis[117] wird vertreten, diese eingeschränkte

---

[111] S. o. 2. Kap. B III 4 b cc (1) (a).

[112] Vgl. *Herzog*, in: Maunz / Dürig, Art. 20 II Rdn. 57; *Brohm*, Strukturen, S. 255 f.; *Isensee*, DB 1985, S. 2681 (2685); s. auch unten 2. Kap. B III 4 b cc (3) (b).

[113] Beispiel: Kooptationsrecht der Vertreterversammlungen der Handwerkskammern nach § 93 Abs. 4 HandwO; Kooptationsrecht der Landwirtschaftskammern, s. o. 1. Kap. B VIII 1; vgl. *Kleine-Cosack*, S. 204; *Emde*, S. 199; s. zu dieser Frage im Zusammenhang mit der Richterwahl auch *Hennies*, DRiZ 1972, S. 410.

[114] S. z. B. das Vorschlagsrecht zu den Wahlen der Sozialversicherungen, s. oben 1. Kap. B VI 1.

[115] Z. B. das Vorschlagsrecht nach § 5 Abs. 3 IHKG, vgl. *Basedow*, BB 1977, S. 366.

[116] Vgl. *Schäfer*, S. 54 f.

Möglichkeit individueller Berufung sei „gerade noch hinnehmbar", wenn mindestens die doppelte oder dreifache Zahl von Vorschlägen im Verhältnis zu den zu besetzenden Stellen gemacht würden[118]. Diese Auffassung kann nur dann richtig sein, wenn das Berufungsorgan *alle* Kandidaten zurückweisen kann[119]. Nur bei Erfüllung dieses zusätzlichen Erfordernisses kann der gewählte Amtswalter personell legitimiert sein, da sonst nichtlegitimierte Dritte die Berufungsentscheidung maßgeblich beeinflussen könnten, ohne auf die Vorstellungen des (legitimierten) Berufungsorgans eingehen zu müssen.

— Die Vorschläge der nichtlegitimierten Dritten sind verbindlich. Ein derartiges Vorschlagsrecht unterscheidet sich im Ergebnis nicht von einem unmittelbaren Entsendungsrecht des Dritten, da das formell zwischengeschaltete Berufungsorgan keinen Einfluß auf die personelle Entscheidung nehmen kann. Der aufgrund eines solchen Vorschlags ernannte oder gewählte individuelle Entscheidungsträger ist nicht demokratisch legitimiert[120].

Ebenso ungeeignet zur Vermittlung demokratischer Legitimation sind die „Friedenswahlen" bei den Sozialversicherungsträgern[121] und den Handwerkskammern[122]. Es macht keinen Unterschied, ob über verbindliche Vorschläge pro forma abgestimmt wird oder die Vorgeschlagenen direkt als gewählt gelten[123].

Die Möglichkeit der Friedenswahl ist unter demokratischen Gesichtspunkten bei den Sozialversicherungsträgern besonders bedenklich, weil die vorschlagsberechtigten (externen) Organisationen auf diese Weise bis zu einem Drittel der Mitglieder der Selbstverwaltungsorgane mit eigenen Verbandsfunktionären (Beauftragten) besetzen können, § 51 Abs. 4 SGB IV[124].

---

117 Vgl. § 7 S. 2 PostVwG; § 10 Abs. 2 BundesbahnG; § 10 Abs. 2 SpkG NW i. d. F. v. 2.7.1975 (GVNW S. 498); die Neuregelung durch Art. 3 Nr. 2 des Gesetzes zur Arbeitnehmer-Mitbestimmung in öffentlich-rechtlichen Unternehmen (Mitbestimmungs-Artikelgesetz) v. 26.6.1984 (GVNW S. 362) ist durch Urteil des VerfGH NW v. 15.9.1986 – VerfGH 17/85 (DVBl. 1986, S. 1196) wegen Verstoßes gegen das Demokratieprinzip für nichtig erklärt worden, vgl. dazu auch FN 3 zum SpkG in v. Hippel / Reborn.

118 *Herzog*, in: Maunz / Dürig, Art. 20 II Rdn. 55 (Stand Juni 1978); *Schäfer*, S. 55 f.

119 So *Püttner*, DVBl. 1984, S. 165 (169).

120 Vgl. *BVerfGE* 38, 258 (271 ff.); *Herzog*, in: Maunz / Dürig, Art. 20 II Rdn. 55 (Stand Juni 1978); *Schäfer*, S. 56 f.; *Böckenförde*, Demokratie, Rdn. 18. Dies ist nicht nur eine Frage der „Glaubwürdigkeit und Überzeugungskraft der Selbstverwaltung", so aber *Leopold*, S. 195, sondern ein erstrangiges verfassungsrechtliches Problem.

121 § 46 Abs. 2 SGB IV, s. o. 1. Kap. B VI 1.

122 § 95 Abs. 2 HandwO i.V. m. § 20 Anl. C zur HandwO, s. o. 1. Kap. B IV 2 a.

123 Vgl. *Kleine-Cosack*, S. 202 f.; *Stober*, JA 1986, S. 534 (538 f.); *Emde*, S. 196 f., 658; s. auch *BVerwG*, GewArch 1980, S. 296 (allerdings mit der Begründung, daß die Friedenswahl vom Wortlaut des § 5 Abs. 1 IHKG nicht gedeckt war); *BVerfGE* 13, 1 (17 f.) für Kommunalwahlen; a. A. *BSGE* 36, 242 (243 ff.); *Leopold*, S. 91 f.; *Selbstverwaltungsbericht* der Bundesregierung vom 3.11.1975, BT DR 7/4244 S. 15.

124 S. o. 1. Kap. B VI 1. Zu den Problemen, die sich aus der Dominanz der Verbände ergeben s. a. *Leopold*, S. 195 f., der die Probleme allerdings für unvermeidbar hält; vgl. auch *Harald Bogs*, Sozialversicherung, S. 96 ff.

Besonders offenkundig sind die Demokratieprobleme bei den Berliner Sozialversicherungsträgern, bei denen nicht nur die Friedenswahl und das Beauftragtenwesen bedenklich sind, sondern bei denen die Versicherten darüber hinaus nicht einmal eigene Wahlvorschläge (freie Listen) aufstellen dürfen[125]. Nicht hierher gehört dagegen die Friedenswahl des Vorstandes der Landwirtschaftskammern in Bremen und Niedersachsen. Dort entfällt die Wahlhandlung nur, wenn sich die Kammerversammlung auf einen gemeinsamen Vorschlag einigt. Da die Kammerversammlung auch das zuständige Wahlorgan ist, bestehen gegen diese Form der Friedenswahl keine Bedenken[126].

(b) Folgen für die Legitimation der Entscheidung

Es stellt sich in allen Fällen, in denen das Entscheidungsorgan auch mit nicht personell demokratisch legitimierten Personen besetzt ist, die Frage, ob dem Organ als Ganzem und damit der konkreten normativen Entscheidung die personelle demokratische Legitimation fehlt[127].

Demokratisch nicht legitimiert sind in jedem Fall die normativen Regelungen von Entscheidungsträgern, deren Mitglieder sämtlich der personellen Legitimation entbehren. Hier sind an erster Stelle die normative Regelungen der Sozialversicherungsträger aber auch die der Handwerkskammern zu nennen, deren normsetzenden Vertreterversammlungen aus „Friedenswahlen" hervorgegangen sind. Hierzu gehören aber auch die Regelungen der Berufsbildungsausschüsse nach dem BBiG[128]. Ebenfalls unzulässig sind die von den Entscheidungsträgern getroffenen Regelungen, deren nichtlegitimierten Mitglieder sich im Konfliktfall durchsetzen können, nicht aber die legitimierten. Unzulässig ist auch eine Regelung, die von einem Organ getroffen wird, dessen legitimierte Mitglieder zwar eine Entscheidung der nichtlegitimierten Mitglieder verhindern (Veto), ohne diese aber eine eigene positive Entscheidung nicht treffen können[129].

In allen diesen Fällen fehlt dem maßgeblichen Teil des Entscheidungsorgans und deshalb auch der konkreten Entscheidung die erforderliche personelle Legitimation. Regelungen dieser Entscheidungsorgane sind verfassungswidrig, weil die fehlende personelle Legitimation weder durch die funktionale Sonderstellung noch durch eine verstärkte sachlich-inhaltliche Legitimation kompensiert werden kann.

---

125 S. o. 1. Kap. B VI 1.

126 Vgl. oben 1. Kap. B VIII 1.

127 Vgl. dazu *Böckenförde*, Verfassungsfragen, S. 73 ff.; *derselbe*, Demokratie, Rdn. 17.

128 S. o. 1. Kap. B III 2 b cc.

129 Zur Frage der Veto-Möglichkeit der legitimierten Mitglieder s. *Böckenförde*, Verfassungsfragen, S. 76 f.; *derselbe*, Demokratie, Rdn. 19; a. A. *K. Ipsen*, DÖV 1971, S. 469 (474); *Evers*, Der Staat 1964, S. 41 (51).

Regelungen derartig zusammengesetzter Entscheidungsträger können nicht auf die funktionale Sondererstellung der Autonomie gestützt werden, weil sie der sozialhomogenen Betroffenengemeinschaft nicht zugerechnet werden können. Grund dafür ist, daß die korporative Basis weder personell noch inhaltlich entscheidenden Einfluß nimmt. Ihre Mitglieder müssen daher selbst als Externe charakterisiert werden, so daß die Entscheidung überhaupt keine Innenwirkung entfaltet und damit nicht Ausdruck der Autonomiefunktionen ist.

Dies ist auch der Grund, warum ein Legitimationsausgleich über die sachlich-inhaltliche Komponente nicht möglich ist. Hat die Entscheidung keine Innenwirkung, kann sie auch keine damit verbundene mittelbare, sondern ausschließlich unmittelbare Außenwirkung entfalten. In Fällen unmittelbarer Geltungserstrekkung fehlt es aber an der Spannungslage zwischen Autonomie und Legitimation, die die Kompensation fehlender personeller demokratischer Legitimation durch sachlich-inhaltliche Elemente rechtfertigt.

Fraglich ist dagegen, ob dem Organ die demokratische Legitimation fehlt, wenn zwar einige Mitglieder personell nicht legitimiert sind, diese sich gegen die legitimierten aber nicht durchsetzen können und die legitimierten Mitglieder in der Lage sind, auch ohne die nichtlegitimierten positiv eine Regelung zu treffen[130], also die Mehrheit im Entscheidungsorgan haben. Hält man sich vor Augen, daß das Erfordernis der demokratischen Legitimation der Entscheidungsorgane darauf gerichtet ist, die demokratische Legitimation der Entscheidung zu vermitteln[131], kann an sich kein Zweifel an einer ausreichenden demokratischen Legitimation bestehen, wenn die nichtlegitimierten Mitglieder keinen entscheidenden Einfluß auf die Regelung nehmen können. Es darf dabei allerdings nicht übersehen werden, daß die konkrete Entscheidung von jedem einzelnen Mitglied abhängen kann, da die legitimierten Mitglieder keineswegs durchgängig als monolithischer Block auftreten werden[132]. So kann es theoretisch von einer Stimme abhängen, ob eine bestimmte Regelung beschlossen wird. Um die Entscheidung nicht von dem Stimmverhalten möglicherweise nur eines einzelnen nichtlegitimierten Organmitglieds abhängig zu machen, muß also Vorsorge getroffen sein, daß die konkrete Entscheidung zwingend auch von der Mehrheit der demokratisch legitimierten Mitglieder getragen wird (doppelte Mehrheit)[133].

Dieses Erfordernis wirft jedoch praktische und rechtliche Probleme auf. Soll die doppelte Mehrheit dadurch zwingend herbeigeführt werden, daß die demokra-

---

[130] Z. B. in den Ärzte- und Apothekerkammern, s. oben 1. Kap. B III 2 a.

[131] *Böckenförde,* Verfassungsfragen, S. 75, *derselbe,* Demokratie, Rdn. 19; *K. Ipsen,* DÖV 1971, S. 469 (474); *Oebbecke,* S. 92.

[132] Vgl. *Leisner,* S. 40 f.; *Oebbecke,* S. 92; *Püttner,* DVBl. 1984, S. 165 (167); *Bieback,* Mitwirkung, S. 46.

[133] Vgl. dazu die Erwägungen von *Böckenförde,* Demokratie, FN 25; a. A. (die Mehrheit der demokratisch legitimierten Mitglieder im Gremium ist ausreichend): noch *Bökkenförde,* Verfassungsfragen, S. 75 f.; *Bieback,* Mitwirkung, S. 46 f. (Argumente: historische Tradition, Bedürfnisse der Verwaltungspraxis); *K. Ipsen,* DÖV 1971, S. 469 (474).

tisch legitimierten Mitglieder ihre Stimme einheitlich abgeben müssen[134], müssen diese sich vorher — in welchem Verfahren? — auf den Inhalt der Stimmabgabe geeinigt haben. D. h. die eigentliche Entscheidung fände nicht im Entscheidungsorgan, sondern im Einigungsverfahren der legitimierten Mitlieder statt. Die spätere Stimmabgabe wäre eine bloße Formalität. Ebenso wäre es, wenn die Gewähr der demokratisch legitimierten Entscheidung durch getrennte Stimmabgabe geboten würde. Würde die Mehrheit der demokratisch legitimierten Mitglieder automatisch und unabhängig vom Ergebnis der übrigen Mitglieder die Entscheidung beschließen, hätte deren Stimmabgabe den Wert einer bloßen Meinungsäußerung, unterschiede sich also nicht von der reinen Beratung. Würden die Stimmen der beiden Gruppen addiert und die Entscheidung nur dann verbindlich getroffen sein, wenn die Mehrheit des Gesamtorgans und die Mehrheit der legitimierten Mitglieder gegeben wäre, hätten die nichtlegitimierten Mitglieder doch entscheidendes Gewicht, weil ohne sie eine Entscheidung möglicherweise nicht zustandekommen könnte[135]. In diesem Fall könnten sie die Entscheidung der Mehrheit der legitimierten Mitglieder blockieren und so die Mehrheit der legitimierten Mitglieder zwingen, mit der legitimierten Minderheit oder den nichtlegitimierten Mitgliedern zu einer Einigung zu kommen, also tatsächlich die Entscheidung inhaltlich (mit)bestimmen. Dieser entscheidende inhaltliche Einfluß ist aus den o.g. Gründen verfassungsrechtlich nicht zulässig. Die faktische Herabstufung des Mitbestimmungsrechts der nichtlegitimierten Mitglieder auf bloße Beratungs- und Mitwirkungsrechte verbietet Lösungen, die die doppelte Mehrheit voraussetzen aus verfassungsrechtlichen Gründen zwar nicht[136], doch macht es diese Lösungen wenig praktikabel, so daß es nicht Wunder nimmt, daß derartige Lösungen in der Praxis — soweit ersichtlich — nicht vorgesehen sind.

Im Ergebnis stimmt die hier vertretene Auffassung daher mit einer starken Meinung im Schrifttum und in der Rechtsprechung überein, die jede Form der Mitbestimmung nichtlegitimierter Organmitglieder aus verfassungsrechtlichen Gründen für unzulässig hält[137]. Mit dem Demokratieprinzip des Art. 20 Abs. 2

[134] Vgl. dazu *Oebbecke*, S. 92; der von Oebbeke gegebene Hinweis auf Art. 51 Abs. 3 S. 2 GG paßt schon deshalb nicht, weil dort die einheitliche Stimmabgabe nur für einzelne gleichlegitimierte Gruppen vorgesehen ist, nicht aber für (die Mehrheit) der allein legitimierten Mitglieder.

[135] So die Regelung in § 38 Abs. 6 HRG, die jedoch unter Legitimationsaspekten unproblematisch ist, weil dort *alle* Mitglieder des Entscheidungsgremiums legitimiert sind.

[136] Vgl. *Böckenförde*, Demokratie, FN 25, *Emde*, S. 519 f.

[137] Vgl. *HessStGH*, DVBl. 1986, S. 936 (937 f., 941 f.); *VerfGHNW*, DVBl. 1986, S. 1196 (1196 f.); *Oebbecke*, S. 92 ff. (allgemein); *Hennies*, DRiZ 1972, S. 410 (411) (Richterwahl); *Herzog*, Staatslehre, S. 214 (allgemein); *derselbe* in: Maunz / Dürig, Art. 20 II Rdn. 54 f. (Stand Juni 1978) (allgemein); *Püttner*, DVBl. 1984, S. 165 (167) (Mitbestimmung in öffentlich-rechtlichen Unternehmen); *Schäfer*, S. 41 (Mitbestimmung); *Brandstetter*, S. 137 (Universitätsvertreter in Ärztekammer); *Püttner*, DVBl. 1986, S. 1198 (1199), hält die Entscheidung des VerfGH NW gegen den klaren Wortlaut „entbehrt das Wahlorgan — auch nur zum Teil — der demokratischen Legitimation, so

S. 1 GG ist es dagegen nicht vereinbar, sich darauf zu beschränken, daß sich die demokratisch legitimierten Mitglieder im Konfliktfall durchsetzen können. Entscheidend ist vielmehr, daß jede Entscheidung tatsächlich legitimiert ist. Die Möglichkeit als solche reicht nicht aus[138]. Der im Zusammenhang mit der Mitbestimmungsdiskussion im öffentlichen Dienst immer wieder untersuchte Gedanke des Legitimationsausgleichs über die Selbstverwaltungsidee[139] paßt hier schon deshalb nicht, weil es gerade um die Legitimation von Entscheidungen geht, die von den Autonomiefunktionen jedenfalls nicht vollständig erfaßt werden.

Als Konsequenz der verfassungsrechtlich gebotenen Forderung nach der doppelten Mehrheit ist festzuhalten, daß allen Regelungen die personelle demokratische Legitimation fehlt, die von Entscheidungsträgern erlassen werden, in denen ein nichtlegitimiertes Mitglied unbeschränkte Mitentscheidungsrechte hat. Diese Feststellung trifft auf die Regelungen der Ärzte- und Apothekerkammern der Länder zu, in denen Behörden- und / oder Universitätsvertreter Sitz und Stimme haben[140]. Sie gilt — unabhängig von den Problemen der Friedenswahl — auch für die Satzungen der Handwerks- und Landwirtschaftskammern, die ihre Beschlußorgane im Wege der Kooptation erweitert haben[141]. Sie gilt jedenfalls auch für den EBM, der im System der Kassenärztlichen Versorgung vom Bewertungsausschuß erlassen wird[142].

(c) Zwischenergebnis

Die personelle demokratische Legitimation ist nur dann gegeben, wenn eine ununterbrochene Kette individueller durch Ernennung oder Wahl durch ebenfalls demokratische legitimierte Organe vermittelte Berufungen besteht, die auf das von der Entscheidung betroffene Volk oder Teilvolk zurückgeht. Eine von einer anderen Legitimationsbasis vermittelte personelle Legitimation ist nicht ausreichend.

---

besitzt keines der von ihm gewählten Mitglieder die für die Berufung gebotene individuelle Legitimation" (S. 1196 f.) in dieser Frage für nicht eindeutig. Tatsächlich nicht eindeutig ist dagegen die Stellung des Bundesverfassungsgerichts zu dieser Frage und wird dementsprechend widersprüchlich interpretiert: Vgl. *BVerfGE* 9, 268 (279 ff., 283); 24, 268 (274); 38, 258 (271) und dazu *Püttner,* DVBl. 1984, S. 165 (167); *Böckenförde,* Demokratie, FN 23.

138 A. A. *K. Ipsen,* DÖV 1971, S. 469 (474); *Bieback,* Mitwirkung, S. 46 f.; *Evers,* Der Staat 1964, S. 41 (51); *Dölker,* S. 204; *Westbomke,* S. 80, und noch *Böckenförde,* Verfassungsfragen, S. 75 f.; differenzierend *Tettinger,* Mitbestimmung, S. 31 ff., 55; und noch *Püttner,* Mitbestimmung, S. 60 ff.

139 Vgl. jeweils ablehnend *Schäfer,* S. 57 ff.; *Püttner,* DVBl. 1984, S. 165 (167).

140 Vgl. oben 1. Kap. B III 2 a.

141 S. o. 1. Kap. B IV 1 a, VIII 1.

142 S. o. 1. Kap. B VI 2 b dd (2).

Das Parlament als die unmittelbare Volksvertretung verfügt in jedem einzelnen Mitglied über die erforderliche personelle demokratische Legitimation durch das Gesamtvolk. Sein Aufgabenbereich ist weder sachlich noch personell beschränkt, seine Entscheidungen sind in jedem Fall demokratisch legitimiert. Die autonomen Entscheidungsträger verfügen über die erforderliche demokratische Legitimation auch bei Erfüllung der sonstigen Voraussetzungen nur, wenn ihre Mitglieder mehrheitlich über eine personelle demokratische Legitimation durch das jeweilige Teilvolk verfügen und sichergestellt ist, daß diese die konkrete Entscheidung mehrheitlich tragen (doppelte Mehrheit). Insoweit unterscheiden sich die autonomen Entscheidungsorgane nicht von der hierarchischen Ministerialbürokratie. Regelungen von Entscheidungsorganen, die schon von ihrer korporativen Basis nicht legitimiert werden, sind in jedem Fall verfassungsrechtlich unzulässig.

(3) Das Entscheidungsverfahren

Ebenfalls in unmittelbarem Zusammenhang mit der demokratischen Legitimation steht das sachstrukturelle Kriterium des Entscheidungsverfahrens. Das parlamentarische Gesetzgebungsverfahren des Bundes und der Länder ist im Grundgesetz [143] bzw. den Länderverfassungen [144] und den parlamentarischen Geschäftsordnungen, auf Bundesebene auch in der Geschäftsordnung der Bundesregierung (GOBReg) und der Geschäftsordnung des Bundesrates (GOBRat) geregelt [145], wobei die wesentlichen Detailregelungen in den Geschäftsordnungen zu finden sind [146]. Die gesetzliche Regelung des Satzunggebungsverfahrens ist dagegen regelmäßig darauf beschränkt, drei Stufen, nämlich den Satzungsbeschluß, die eventuell erforderliche behördliche Genehmigung und die Bekanntmachung, vorzusehen, ohne die einzelnen Stufen im Detail zu regeln [147]. Die nachfolgenden Ausführungen beschränken sich auf die Bundesgesetzgebung, da die landesrechtlichen Regelungen den bundesrechtlichen im wesentlichen entsprechen [148]. Wegen der erheblichen Vielfalt im Selbstverwaltungsbereich beschränken sie sich auf die grundlegenden Strukturen der Satzunggebung.

---

[143] Art. 76 ff. GG.

[144] Art. 58 ff. Verf BW; Art. 70 ff. Verf Bay; Art. 45 ff. Verf B; Art. 122 ff. Verf HB; Art. 48 ff. Verf HH; Art. 116 ff. Verf He; Art. 32 ff. Verf Ns; Art. 65 ff. Verf NW; Art. 107 ff. Verf RhPf; Art. 98 ff. Verf Sa; Art. 32 ff. Verf SH.

[145] Vgl. dazu ausführlich *Hugger*, S. 52 ff.; *Ossenbühl*, Gesetzgebung, Rdn. 2 ff.; *Hans Schneider*, Gesetzgebung, insbes. Rdn. 92 ff. (Bund) und Rdn. 174 ff. (Länder); *Staupe*, S. 219 ff.

[146] S. dazu auf Bundesebene vor allem *Hugger*, Abb. 2 S. 55 ff. und Abb. 3 S. 63 ff.

[147] Vgl. *Ossenbühl*, Satzung, Rdn. 50 ff.

[148] Vgl. *Hans Schneider*, Gesetzgebung, Rdn. 174.

(a) Initiativrecht

Gesetzesvorlagen werden beim Bundestag durch die Bundesregierung, aus der Mitte des Bundestages oder durch den Bundesrat eingebracht, Art. 76 Abs. 1 GG. Eine Gesetzesinitiative aus der Mitte des Bundestages muß von einer Fraktion, § 10 GOBT, oder mindestens 5 % der Mitglieder des Bundestages getragen werden, § 76 Abs. 1 GOBT[149]. In sieben Bundesländern kann die Gesetzesinitiative im Bereich der Landesgesetzgebung darüber hinaus vom Volk ergriffen werden[150]. Die Befugnis zur Satzungsinitiative ist in der Regel weder gesetzlich noch in den Hauptsatzungen der Selbstverwaltungskörperschaften geregelt. Das Initiativrecht ergibt sich daher zunächst aus der Geschäftsordnung des Beschlußorgans[151]. Darüber hinaus hat der Vorstand bzw. das Präsidium, also das Exekutivorgan der Selbstverwaltungskörperschaft das Initiativrecht aufgrund der gesetzlich normierten Aufgabe, die Beschlüsse des satzunggebenden Organs vorzubereiten[152].

In der Praxis werden die Satzungsentwürfe häufig in Form von Mustersatzungen durch die in der Regel privatrechtlichen Zusammenschlüsse der Selbstverwaltungskörperschaften, wie z. B. DIHT, Deutscher Ärztetag etc. erstellt[153], vom Vorstand bzw. Präsidium vorgelegt und von der Vertreter- bzw. der Vollversammlung beschlossen.

Betrachtet man das Initiativrecht bezogen auf die jeweilige Legitimationsbasis, hier das Gesamt- dort das Teilvolk, kann man innerhalb dieses Bereiches signifikante Unterschiede nicht feststellen. Hier wie dort liegt ein wesentlicher Teil der normativen Arbeit im Vorfeld des Entscheidungsverfahrens, nämlich bei der regelmäßig im Bereich des Exekutivorgans liegenden Erarbeitung des Gesetzes- bzw. Satzungsentwurfs[154]. Bereits in dieser Erarbeitungsphase fließen die verschiedenen Gruppeninteressen in das Gesetzgebungsverfahren ein[155]. Die frühzei-

---

149 Vgl. ausführlich *Schürmann*, Grundlagen und Prinzipien des legislatorischen Einleitungsverfahrens nach dem Grundgesetz, 1987; im Saarland hat auch jeder einzelne Abgeordnete das Initiativrecht, Art. 98 Verf Sa.

150 Art. 59 Abs. 1 Verf BW; Art. 71 Verf Bay; Art. 123 Abs. 1 Verf HB; Art. 117 Verf He; Art. 68 Verf NW; Art. 108 Verf RhPf; s. dazu *Hans Schneider*, Gesetzgebung, Rdn. 178 f.

151 Vgl. *Ossenbühl*, Satzung, Rdn. 51.

152 Vgl. *Ossenbühl*, Satzung, Rdn. 51.

153 Vgl. z. B. die Berufsordnung für die deutschen Ärzte, in: Deutsches Ärzteblatt — Ärztliche Mitteilungen, Ausgabe A, Heft 50 vom 15.12.1988, S. 3601 ff. Vgl. auch die Mustergebührenordnung der Arbeitsgemeinschaft der Kreishandwerkerschaften Nordrhein-Westfalen; s. dazu insgesamt *Brohm*, Strukturen, S. 72, S. 76 FN 63.

154 Knapp dreiviertel der vom Bundestag in der 10. Legislaturperiode 1983 - 1987 verabschiedeten Gesetze wurden von der Bundesregierung eingebracht, darüber hinaus 10 % vom Bundesrat, also der Länderexekutive, s. das Zahlenmaterial für die ersten 10 Legislaturperioden bei *Schürmann*, S. 71 ff.; vgl. auch *Hans Schneider*, Gesetzgebung, Rdn. 93; *Ossenbühl*, Gesetzgebung, Rdn. 11. Zum Satzungsverfahren liegt empirisches Material nicht vor.

tige Beteiligung von Interessengruppen ist deshalb von besonderer Bedeutung, weil, sobald der Entwurf erst einmal erstellt und beim Bundestag eingebracht ist, Änderungen die Ausnahme sind[156]. Auch hier dürften signifikante Unterschiede zum Satzunggebungsverfahren nicht bestehen. Solange dem Beschlußorgan der Selbstverwaltungskörperschaft die rechtliche Möglichkeit bleibt, selbst initiativ zu werden, sind bezogen auf die Legitimationsbasis aus dem Initiativrecht für den Untersuchungsgegenstand keine Folgerungen zu ziehen.

(b) Das eigentliche (formale) Entscheidungsverfahren

Das Beschlußverfahren im Bundestag bis zur Verabschiedung des Gesetzes (Gesetzesbeschluß i. S. d. Art. 77 Abs. 1 S. 1 GG) ist in der GOBT geregelt[157]. Danach werden die Gesetzesentwürfe grundsätzlich in drei Beratungen (Lesungen) behandelt, § 78 GOBT[158]. Nach der ersten Lesung wird der Entwurf an die Ausschüsse verwiesen, § 80 GOBT, in denen die wesentliche parlamentarische Gesetzgebungsarbeit weitgehend unter Ausschluß der Öffentlichkeit geleistet wird[159]. Die Ausschußberatung endet mit einem Ausschußbericht und einer Beschlußempfehlung, an die sich die zweite Beratung mit einer Aussprache und Einzelabstimmung im Plenum des Bundestages anschließt, § 81 GOBT. Die sich regelmäßig unmittelbar an die zweite anschließende dritte Beratung, § 84 S. 1 lit. a GOBT, endet in der Regel ohne Aussprache, § 84 S. 2 GOBT, mit der Schlußabstimmung, § 86 GOBT, dem Gesetzesbeschluß i. S. d. Art. 77 Abs. 1 GG. Dieser Gesetzesbeschluß weicht nur in Ausnahmefällen von der Beschlußempfehlung des Ausschusses ab[160]. Auf die Mitwirkung des Bundesrats ist hier nicht einzugehen, da sie kein Strukturmerkmal der Gesetzgebung, sondern eine sich aus dem Bund / Länderverhältnis ergebende Besonderheit ist.

Das Beschlußverfahren in den Selbstverwaltungskörperschaften ist — ebenso wie das Initiativrecht — weder gesetzlich, noch durch Satzung geregelt, sondern der Geschäftsordnung des Beschlußorgans vorbehalten. Empirische Untersuchun-

---

155 Vgl. *Hugger*, S. 60 f.; *Hans Schneider*, Gesetzgebung, Rdn. 101 ff.; *Ossenbühl*, Gesetzgebung, Rdn. 14; jeweils mit unterschiedlichen Wertungen, auf die hier jedoch nicht eingegangen werden soll.

156 Vgl. *Hugger*, S. 54, 58, 61 ff.; *Hans Schneider*, Gesetzgebung, Rdn. 128; *Ossenbühl*, Gesetzgebung, Rdn. 11.

157 Das Beschlußverfahren ist in den Bundesländern ähnlich geregelt; vgl. *Hans Schneider*, Gesetzgebung, Rdn. 118; Besonderheiten bestehen insoweit in den 7 oben genannten Bundesländern, in denen Volksbegehren und -entscheide vorgesehen sind, vgl. dazu *Hans Schneider*, Gesetzgebung, Rdn. 178 ff.

158 S. zu den Einzelheiten *Hans Schneider*, Gesetzgebung, Rdn. 116 ff.; *Ossenbühl*, Gesetzgebung, Rdn. 30 ff.

159 Vgl. *Ossenbühl*, Gesetzgebung, Rdn. 36; *Zeh*, Verfahren, Rdn. 59 f.; *Hans Schneider*, Gesetzgebung, Rdn. 219; *Staupe*, S. 225.

160 Vgl. *Zeh*, Verfahren, Rdn. 59.

gen darüber, wie das Verfahren im einzelnen ausgestaltet ist, liegen nicht vor. Es kann jedoch davon ausgegangen werden, daß die Legitimationsbasis am Satzunggebungsverfahren in ähnlicher Weise beteiligt ist wie das Parlament an der Gesetzgebung[161].

Verfassungsrechtliche Bedenken gegen das Satzunggebungsverfahren der öffentlich-rechtlichen Körperschaften ergeben sich im Hinblick auf das Demokratieprinzip aus einem anderen Gesichtspunkt. Ist an der normativen Entscheidung das legitimierte Organ nicht allein beteiligt, sondern in irgendeiner Form von der Mitwirkung eines nicht legitimierten Dritten rechtlich abhängig, fehlt der Entscheidung die demokratischen Legitimation[162]. Die Unzulässigkeit dieser rechtlich notwendigen Mitwirkung ist unabhängig davon, ob sie als verbindliches Vorschlags-, Veto-, Zustimmungs- oder sonstiges Mitentscheidungsrecht ausgestaltet ist[163]. Unter diesem Gesichtspunkt sind zunächst diejenigen autonomen normativen Regelungen als verfassungsrechtlich unzulässig zu charakterisieren, deren Zustandekommen rechtlich von nichtlegitimierten Dritten abhängt[164].

Ebenfalls in diesen Zusammenhang gehört die Frage nach der Mitwirkung durch die Aufsichtsbehörde. Es ist zunächst davon auszugehen, daß die Aufsichtsbehörde als Teil der hierarchischen Ministerialbürokratie zwar, aber auch nur eine auf das Gesamtvolk bezogene Legitimation besitzt[165]. Soweit die Aufsichtsbehörde die bloße Rechtsaufsicht ausübt, bestehen unter demokratischen Aspekten dagegen keine Bedenken. Fraglich ist jedoch, ob das häufig gesetzlich vorgesehene Genehmigungserfordernis[166] und in weit stärkerem Maße, ob im Wege der Ersatzvornahme von der Aufsichtsbehörde selbst erlassene Satzungen (Satzungsoktroi, oktroyierte Satzungen) hinreichend demokratisch legitimiert sind.

Beschränkt sich der Genehmigungsvorbehalt auf die reine Rechtsaufsicht, darf die Aufsichtsbehörde die Genehmigung also nur versagen, wenn der Satzungsbeschluß gegen höherrangiges Recht verstößt, bestehen keine Legitimationsprobleme, da eine rechtswidrige Satzung ohnehin grundsätzlich nichtig wäre[167]. Anders stellt sich die Frage, wenn die Genehmigung aus Gründen der Zweckmäßigkeit versagt werden kann, also tatsächlich Ausübung von Fachaufsicht ist, jedenfalls aber Elemente der Fachaufsicht enthält[168]. In diesem Zusammenhang gilt es

---

161 Die Besonderheiten, die sich aus der Möglichkeit des Erlasses unmittelbar vom Volk beschlossener Gesetze in einigen Bundesländern ergibt, sollen hier außer Betracht bleiben, da sie praktisch keine große Bedeutung haben; vgl. dazu *Hans Schneider*, Gesetzgebung, Rdn. 178 ff.

162 Vgl. s. dazu bereits oben 2. Kap. B III 4 b cc (2) (b); *Böckenförde*, Demokratie, Rdn. 20.

163 Vgl. *Böckenförde*, Demokratie, Rdn. 20.

164 Vgl. dazu ausführlich oben 2. Kap. B III 4 b cc (2) (b).

165 Vgl. oben 2. Kap. B III 4 b cc (2) (a).

166 Vgl. oben 1. Kap. B III 2a, 4a, IV 1a, V 1, VI 3a, 4a, VII 2 c aa, bb, VIII 1.

167 Vgl. *Ossenbühl*, Satzung, Rdn. 61.

168 Z. B. beim Erlaß von Unfallverhütungsvorschriften, § 87 Abs. 2 SGB IV.

zunächst zu berücksichtigen, daß eine klare Trennung zwischen reiner Rechtsaufsicht einerseits und Fachaufsicht andererseits häufig nicht möglich ist[169]. Fachaufsicht ist dem Selbstverwaltungsrecht fremd, weil diese dazu führen kann, daß sich der Wille der Ministerialbürokratie in der Gestalt autonomer Rechtsetzung durchsetzt, ohne von der autonomen Legitimationsbasis getragen zu werden[170]. Dies gilt erst recht für die Fälle, in denen die Aufsichtsbehörde selbst im Wege der Ersatzvornahme die Satzung erläßt (oktroyierte Satzung)[171].

Fachaufsicht läßt sich, wenn sie mit Weisungsbefugnissen verbunden ist, grundsätzlich mit dem Selbstverwaltungsgedanken nicht vereinbaren[172]. Dasselbe hat aber auch zu gelten, wenn keine Weisungsbefugnis, aber ein Genehmigungserfordernis besteht und die Genehmigung aus Zweckmäßigkeitsgründen versagt werden kann. Zwar kann die staatliche Aufsichtsbehörde in diesem Fall nicht von sich aus rechtsetzend tätig werden, doch macht es im Ergebnis für das autonome Entscheidungsorgan keinen wesentlichen Unterschied, ob es angewiesen wird, aus Zweckmäßigkeitsgesichtspunkten Satzungen eines bestimmten Inhalts zu erlassen oder ob die Aufsichtsbehörde im Vorfeld der Entscheidung oder im Genehmigungsverfahren den Inhalt maßgeblich prägt, weil sie das Entscheidungsorgan durch Verweigerung der Genehmigung veranlassen kann, eine ihr genehme Regelung zu erlassen[173]. Ob sich der aufsichtsbehördliche Wille im Einzelfall tatsächlich in der Satzung niederschlägt, ist aus Gründen der Rechtssicherheit für die rechtliche Beurteilung ohne Bedeutung[174]. Die bei gesetzlich vorgesehener Fachaufsicht ergehenden autonomen normativen Regelungen sind nicht demokratisch legitimiert, weil der Aufsichtsbehörde die Legitimation zur Setzung autonomen Rechts fehlt[175].

Zwar könnte man auf den Gedanken kommen, daß die Möglichkeit, faktisch normsetzend tätig zu werden, zum Aufgabenbereich der Aufsichtsbehörde gehöre und deshalb demokratisch legitimiert sei, weil sie gesetzlich vorgesehen sei. Diese Legitimation wäre aber wieder eine gesamtstaatliche und könnte autonome

---

169 Vgl. dazu *Ossenbühl*, Satzung, Rdn. 55 ff.; *Schnapp*, v. Unruh FG, S. 881 (894 ff.); *Hendler*, DVBl. 1986, S. 968 (972).

170 Vgl. *Hendler*, DVBl. 1986, S. 968 (970); *Dölker*, S. 213 f.

171 Z. B. die Satzung der Unfallversicherungsträger nach § 672 RVO; vgl. zur Einordnung derartiger Normen als Satzungen im Rechtsquellensystem, *Ossenbühl*, Satzung, Rdn. 53; *Küttner*, S. 77 f.; *Achterberg*, Verwaltungsrecht, § 21 Rdn. 36; a. A. (Rechtsverordnungen): *Klein-Cosack*, S. 74 f.; *Kiess*, S. 72 f.

172 Vgl. *BVerfG*, DVBl. 1961, S. 449; *Bieräugel*, S. 62; *Westbomke*, S. 79; *Hendler*, DVBl. 1986, S. 968 (970); *Dölker*, S. 213 f.; *Emde*, S. 76; *Brohm*, Strukturen, S. 253 ff.

173 Im Ergebnis auch *Fröhler / Oberndorfer*, S. 71 f.; *Bieräugel*, S. 63 f.; a. A. *Hans Schneider*, Gesetzgebung, Rdn. 289 ff.; *Brandstetter*, S. 143 f.; *Lohr*, S. 97; *Rinck*, Rdn. 602; *Westbomke*, S. 79; *Emde*, S. 78 ff., 95, der die Verbindung von Fachaufsicht und Genehmigungsvorbehalt nicht nur für zulässig hält, sondern ihr die Bedeutung gesamtstaatlicher sachlich-inhaltlicher Legitimation zuschreibt.

174 Vgl. *Brohm*, Strukturen, S. 255; *Westbomke*, S. 79 f. (beide für Weisungsrechte).

175 S. o. 2. Kap. B III 4 b cc (2) (a).

Regelungen nicht legitimieren, weil sie nicht durch die autonome Legitimationsbasis vermittelt wird. Im übrigen würden auf diese Weise die Anforderungen des Art. 80 GG umgangen, weil sich exekutiver Normsetzungswille in Gestalt autonomer Rechtsetzung manifestierte.

Die verfassungsrechtlichen Folgen aufsichtsrechtlicher Maßnahmen sind unabhängig von der Frage der Außenwirkung und daher für die Bestimmung der personellen Grenzen der Autonomie nicht geeignet.

Nicht hierher gehören die normativen Regelungen, die schon ursprünglich und nach der gesetzlichen Regelung nicht von der Selbstverwaltungskörperschaft, sondern von einem staatlichen Exekutivorgan erlassen werden[176]. Obwohl auch diese Regelungen Satzungen genannt werden, handelt es sich nicht um Satzungen, weil sie nicht von der Körperschaft des öffentlichen Rechts erlassen werden und daher nicht Ausdruck des autonomen Willens sind[177].

(c) Zwischenergebnis

Das parlamentarische Gesetzgebungsverfahren unterscheidet sich unter Demokratieaspekten von dem Satzunggebungsverfahren — bezogen auf die jeweilige personelle Legitimationsbasis — grundsätzlich nicht signifikant.

Es können im Satzunggebungsverfahren jedoch einige Besonderheiten auftreten, die den normativen Regelungen den Charakter des Autonomen nehmen und daher unzulässig sind.

Unzulässig sind danach alle Regelungen, deren letzte Entscheidung nicht ausschließlich von vollständig personell demokratisch legitimierten Organen getroffen werden[178].

Mitentscheidend sind auch aufsichtsrechtliche Maßnahmen. Sie führen zur Unzulässigkeit der Regelungen, wenn sie über die bloße Rechtsaufsicht hinausgehen, da der Aufsichtsbehörde die Legitimation fehlt, autonome Regelungen zu erlassen.

---

176 Z. B. die Satzungen der Wasser- und Bodenverbände, § 169 Abs. 1 WVVO und der Handwerkskammern, § 105 Abs. 1 HandwO.

177 Vgl. dazu *BVerfGE* 10, 20 (50); *Ossenbühl*, Satzung, Rdn. 53; *Küttner*, S. 72, 75; *Wentzel*, S. 221; a. A. für die Fälle, daß die Satzungsänderung dem Selbstverwaltungsträger obliegt, *Achterberg*, VerwR, § 21, Rdn. 36.

178 Es sei denn, es wird Gewähr für die erforderliche doppelte Mehrheit geboten, vgl. o. 2. Kap. III 4 b cc (2) (b).

(4) Integrationskraft

Wie oben bereits dargelegt[179], verfügen die Selbstverwaltungseinrichtungen gegenüber den Parlamenten und in besonderem Maße auch gegenüber der Ministerialbürokratie über eine erhöhte Integrationskraft, da sie den einzelnen in überschaubaren Bereichen näher an die Entscheidungen heranführen und damit die Frontstellung zwischen Staat und Gesellschaft auflösen und zur Integration des einzelnen in das Gemeinwesen beitragen[180]. Die Integrationswirkung der Selbstverwaltung und der von ihr getragenen Regelungen reicht selbstverständlich nur so weit, wie die Regelungsadressaten oder sonst Betroffenen tatsächlich über ein Mehr an Mitwirkung und Mitbestimmung im Sinne von Mitentscheidung verfügen. Dieses Mehr, dieses der Regelung Näherstehen, fehlt jedem Externen, der von der Regelung unmittelbar gebunden wird. Er steht der Entscheidung nicht nur nicht näher, sondern sogar weiter, weil er auf den gesamtstaatlichen Entscheidungsträger, sei es das Parlament, sei es die Ministerialbürokratie, noch Einwirkungsmöglichkeiten besitzt — und seien sie auch noch so entfernt —, auf den autonomen Entscheidungsträger, außerhalb dessen demokratischen Legitimationszusammenhangs er steht, dagegen nicht.

Fraglich ist in diesem Zusammenhang, ob Satzungen gegenüber mittelbar betroffenen Externen integrierend wirken können. Dagegen spricht, daß die Mitwirkungsbefugnisse des Externen unabhängig davon sind, ob er unmittelbar oder mittelbar betroffen ist. Andererseits ist es nicht auszuschließen, daß es dem Dritten gleichgültig ist, wer die Regelungen erläßt, solange nicht unmittelbar in seine Rechte eingegriffen wird. Denkbar ist auch, daß der mittelbar Betroffene eher geneigt ist zu akzeptieren, daß die unmittelbar Betroffenen ihre eigenen Angelegenheiten selbst regeln und dabei auch seine Rechte berühren, als daß ein von der Sache nicht betroffenes (ebenfalls anonymes) Rechtsetzungsorgan wie das Parlament oder die Ministerialbürokratie diese Folgen auslöst. Dies bedürfte einer genaueren Untersuchung. Hier soll genügen festzustellen, daß mittelbare Außenwirkung nicht notwendig desintegrierend wirkt.

Zusammenfassend läßt sich feststellen, daß die Selbstverwaltungsträger und die von ihnen erlassenen normativen Regelungen gegenüber den gesamtstaatlichen Normsetzern, Parlament und Ministerialbürokratie, und deren Normen, Gesetz und Rechtsverordnung, eine erhöhte Integrationskraft haben, solange die Normadressaten in das Entscheidungsverfahren eingebunden sind. Werden dagegen Externe von den autonomen normativen Regelungen unmittelbar gebunden, entfällt die Integrationswirkung. Werden sie mittelbar getroffen, muß dies nicht integrationswidrig sein.

---

179 Demokratisierungsfunktion, 2. Kap. A II 2.

180 Vgl. *Hendler*, Selbstverwaltung, S. 353; *v. Mutius*, Maßnahmen, S. 24, 208 f. (für kommunale Selbstverwaltung); *Frotscher*, v. Unruh FG, S. 127 (132); *Brohm*, Strukturen, S. 27; *Wentzel*, S. 127.

(5) Sachgerechtigkeit

Eine der Hauptfunktionen autonomen Rechts ist die Findung der richtigen Entscheidung[181]. Die Erfüllung dieser Funktion setzt ein Übergewicht des Selbstverwaltungsträgers im Hinblick auf die erforderliche Sachkunde gegenüber dem Parlament bzw. der Ministerialbürokratie voraus. Daß die speziellen Kenntnisse der Betroffenen, die sich aus der Sach- und Ortsnähe ergeben, den Selbstverwaltungsträger eher in den Stand setzen, sachgerechte Lösungen zu treffen, als das Parlament, liegt auf der Hand. Diese Annahme wird empirisch dadurch bestätigt, daß die weit überwiegende Zahl der vom Bundestag verabschiedeten Gesetze nicht vom Parlament selbst, sondern von der Bundesregierung bzw. dem Bundesrat eingebracht worden sind[182], also die eigentliche inhaltliche Ausgestaltung der Parlamentsgesetze von der Exekutive geprägt wird. Diese Feststellung wirft dagegen die Frage auf, ob im Hinblick auf die Sachkunde tatsächlich der schon fast als selbstverständlich angenommene Wissensvorsprung der Selbstverwaltungsträger gegenüber der Ministerialbürokratie besteht.

(a) Besondere Leistungsfähigkeit der Selbstverwaltungsträger

Hierbei sind zunächst die grundlegenden Merkmale herauszuarbeiten, die die besondere Leistungsfähigkeit der Selbstverwaltungsträger ausmachen. An erster Stelle ist die sich aus der unmittelbaren Betroffenheit ergebende Sachnähe und damit verbundene Sachkenntnis zu nennen. Es macht eben einen wesentlichen Unterschied, ob man Regelungen theoretisch entwickelt und ihre Bewährung in der Praxis als nicht betroffener Dritter (Ministerialbeamter) und damit mittelbar beobachtet oder aus dem täglichen eigenen Umgang mit den entsprechenden Regelungen deren Praktikabilität und Folgen unmittelbar erfährt. Es spricht viel dafür, daß, wer mit den Folgen einer Regelung leben muß, eher und flexibler bereit ist, eine Lösung zu finden, die praktikabel und für alle Betroffenen tragbar ist[183].

(b) Einschränkungen

Dieses Plus der Selbstverwaltungsträger im Hinblick auf die Sachgerechtigkeit der Entscheidung unterliegt aus verschiedenen Gesichtspunkten Einschränkungen. Die erste und wesentliche Beschränkung bezieht sich auf den personellen

---

[181] 2. Kap. A II 4.

[182] S. die Zahlen bei *Schürmann*, S. 71 ff.

[183] Vgl. *v. Mutius*, Maßnahmen, S. 29 f.; *Hendler*, Selbstverwaltung, S. 357; *H. Bogs*, Strukturprobleme, S. 16 f.; *Frotscher*, v. Unruh FG, S. 127 (133).

Geltungsbereich der Regelung. Der sich aus der örtlichen und sachlichen Nähe zum Regelungsgegenstand ergebende Kenntnisvorsprung besteht nur, solange diese Nähe besteht. Sollen Dritte (Externe) in die Regelung eingebunden werden, fehlt diese Nähe und damit der Erkenntnisvorsprung. Die zweite Beschränkung betrifft das tatsächliche Regelungsverfahren innerhalb der Selbstverwaltungskörperschaften. Auch hier hat die Bürokratie, nämlich die Körperschaftsbürokratie, erheblichen Einfluß gewonnen. Die Körperschaftsbürokratie hat zwar unmittelbaren und engen Kontakt zu den Betroffenen, ist aber selbst nicht unmittelbar betroffen. Darüber hinaus darf die Sachkunde der Ministerialbürokratie nicht unterschätzt werden, was insbesondere zur Abgrenzung des Aufgabenbereichs des Parlaments immer wieder hervorgehoben wird. Der Ministerialbürokratie steht ein umfangreicher personeller, sachlicher und finanzieller Apparat zur Verfügung, der einen hohen Informationsstand und eine hohe Leistungsfähigkeit vermittelt, jedenfalls aber vermitteln kann[184]. So werden tatsächlich auch wesentliche Bereiche, die früher zur Selbstverwaltung gehörten, durch Rechtsverordnungen geregelt[185]. Eine dritte Beschränkung folgt daraus, daß der geringere Abstand der Selbstverwaltungsentscheidungsträger zur Regelungsmaterie auch negative Folgen haben kann. Er kann dazu führen, daß unsachliche, rein persönlich geprägte Vorurteile und Überzeugungen, ebenso wie Rücksichtnahmen auf persönliche Beziehungen und Abhängigkeiten auf die Entscheidung durchschlagen[186]. Der geringe Abstand birgt insbesondere die Gefahr, daß durch ein verengtes Standesdenken und ein Übergewicht von Verbandsinteressen Nachteile insbesondere für Berufsanfänger und Außenseiter hervorgerufen werden[187].

Aus diesen Beschränkungen folgt, daß für die autonomen Regelungen eine erhöhte Sachgerechtigkeitsvermutung nicht besteht, wenn sie unmittelbare Außenwirkung entfalten. Grund dafür ist, daß zu den unmittelbar gebundenen Externen keine örtliche oder sachliche Nähe besteht und die mit den autonomen Entscheidungen verbundenen Gefahren deshalb besonders groß sind.

Die normativen autonomen Regelungen mit mittelbarer Außenwirkung fordern dagegen eine differenzierte Betrachtung. Die Frage der Sachgerechtigkeit einer Norm richtet sich in erster Linie nach dem primären Regelungsziel. Ist dieses der Innenbereich der Selbstverwaltungskörperschaft, kann für das autonome Entscheidungsorgan grundsätzlich eine erhöhte Sachkompetenz festgestellt werden. Innerhalb dieses Bereichs ist es für die Beurteilung der Sachkompetenz unerheblich, ob die Regelung daneben mittelbare Außenwirkung entfaltet. Dies gilt jedoch nur solange das primäre Regelungsziel ganz überwiegend der Innenbereich ist. Soll die Regelung dagegen — obwohl sie unmittelbar nur die internen Normadres-

---

[184] Vgl. *Staupe*, S. 219.

[185] Z. B. der gesamte Bereich der Berufsausbildung.

[186] Vgl. *Hendler*, Selbstverwaltung, S. 357; *Zacher*, Demokratie, S. 167; *Frotscher*, v. Unruh FG, S. 127 (141); *Zippelius*, S. 181.

[187] *BVerfGE* 76, 171 (185); 33, 125 (159 f.).

saten bindet — tatsächlich die Rechte und Interessen Externer regeln oder wesentlich steuern, kann sich das Entscheidungsorgan insoweit nicht auf seine durch die örtliche und sachliche Nähe zu den Normbetroffenen begründete erhöhte Sachkompetenz berufen. In diesen Fällen überwiegen stattdessen die mit autonomer Rechtsetzung verbundenen Gefahren, so daß die Regelungen beim Gesetzgeber verbleiben müssen.

(c) Zwischenergebnis

Normative Regelungen der Selbstverwaltungskörperschaften können dort zu einer Erhöhung der Sachgerechtigkeit der Entscheidung führen, wo die autonomen Entscheidungsträger gegenüber den gesamtstaatlichen Entscheidungsträgern aufgrund der örtlichen und sachlichen Nähe zur Regelungsmaterie und ihrer persönlichen Betroffenheit über einen Erkenntnisvorsprung verfügen. Dieser Erkenntnisvorsprung hat dann keinen Bestand, wenn die Regelung über den Nähebereich hinaus Geltung beanspruchen soll. Dies ist dann der Fall, wenn die Regelung unmittelbare Außenwirkung entfaltet oder nicht primär und ganz überwiegend auf die Gestaltung des Innenbereiches der Selbstverwaltungskörperschaft gerichtet ist.

C. Folgerungen für die personellen Grenzen der Autonomie

Die Folgerungen aus den soeben gefundenen Ergebnissen für die personellen Grenzen der Autonomie sind für die unmittelbare und die mittelbare Außenwirkung gesondert zu ziehen[1].

I. Unmittelbare Außenwirkung

Eine in der Literatur und Rechtsprechung vertretene Auffassung, auch unmittelbare Geltungserstreckung könne durch formelles Gesetz ohne weiteres[2], jedenfalls aber dann angeordnet werden, wenn ein enger persönlicher und sachlicher Zusammenhang zum regelnden Selbstverwaltungsträger bzw. zur Regelungsmaterie bestehe[3], kann angesichts der Ausweitung des Gesetzesvorbehalts keinen

---

[1] *A. A. Dölker*, S. 206, der diese Unterscheidung zur Problemlösung für ungeeignet hält. Dölker verzichtet allerdings darauf, unmittelbare und mittelbare Außenwirkung zu definieren und abzugrenzen, weil eine exakte Unterscheidung nicht möglich sei. Dem kann nach der vorliegenden Untersuchung nicht zugestimmt werden.

[2] *Fleiner*, S. 80; *Kinne*, S. 14 f.; wohl auch *H. P. Ipsen*, S. 40.

Bestand mehr haben. Es ist heute anerkannt, daß es Regelungsmaterien gibt, deren Delegation dem Gesetzgeber nicht erlaubt ist (Parlamentsvorbehalt). Zu diesen Materien gehören grundsätzlich die autonomen normativen Regelungen mit unmittelbarer Außenwirkung.

Die Reichweite des Parlamentsvorbehalts ist durch eine funktionell-strukturelle Betrachtung zu bestimmen. Wie oben dargelegt, ist kein funktionell-struktureller Gesichtspunkt, sei es die demokratische Legitimation, die Zusammensetzung des Entscheidungsträgers, das Entscheidungsverfahren, die Integrationskraft oder die Sachgerechtigkeit, geeignet, Regelungen, die den personellen Selbstverwaltungsbereich unmittelbar verlassen, den Selbstverwaltungskörperschaften zur Entscheidung zu überweisen[4]. Aus den selben Erwägungen ist die Auffassung in ihrer Allgemeinheit abzulehnen, die unmittelbare Geltungserstreckung könne stets durch formelles Gesetz angeordnet oder zugelassen werden, wenn sie in einem engen Zusammenhang mit der Sachaufgabe der jeweiligen autonomen Körperschaft stehe und nach ihrer Bedeutung oder dem von ihr betroffenen Adressatenkreis nur von untergeordneter Bedeutung sei[5].

Gegen die Zulässigkeit unmittelbarer Geltungserstreckung spricht darüber hinaus, daß damit ein neben der Rechtsverordnung stehendes exekutives Rechtsetzungsinstrumentarium geschaffen würde, das im Grundgesetz weder ausdrücklich vorgesehen ist, noch mit dem verfassungsmäßigen System in Einklang steht[6]. Ohne auf die Frage im einzelnen einzugehen, ob der Gedanke der Systemgerechtigkeit einen eigenständigen verfassungsrechtlichen Prüfungsmaßstab darstellt[7], läßt sich doch feststellen, daß sich die Autonomie nicht stets, sondern nur unter bestimmten Voraussetzungen sinnvoll in das System der grundgesetzlichen Ordnung einfügt[8].

Das Grundgesetz sieht ausdrücklich nur die Rechtsverordnung als Instrument exekutiver Rechtsetzung vor, Art. 80 GG. Zwar kann man davon ausgehen, daß der Verfassunggeber die Satzungsautonomie historisch angetroffen und stillschweigend anerkannt hat, doch kann sich dieses Anerkenntnis nur auf ein von den verfassungsrechtlichen Grundentscheidungen gedecktes Leitbild bezogen haben[9]. Weicht die Autonomiegewährung von diesem Leitgedanken ab, paßt sie nicht mehr in das System der grundgesetzlichen Ordnung und wird verfassungs-

---

[3] *Hans Schneider*, Möhring FS, S. 521 (530 ff.); *Bürkle-Storz*, S. 149; *Kiess*, S. 59 ff., 64; wohl auch *Wolff / Bachof*, VwR I, S. 138; *OLG Bremen* NJW 1954, S. 1937 (1939).

[4] Vgl. oben 2. Kap. B III 4.

[5] So aber *Kleine-Cosack*, S. 269 ff.; zweifelnd *Ossenbühl*, Satzung, Rdn. 33.

[6] Vgl. *Ossenbühl*, Satzung, Rdn. 33.

[7] Dagegen *BVerfGE* 62, 354 (370); kritisch dazu *Ossenbühl*, Satzung, Rdn. 25.

[8] Insofern hat der Rückgriff auf das Wesen der Autonomie durchaus verfassungsrechtliche Bedeutung, a. A. *Kleine-Cosack*, S. 263 f.

[9] *Ossenbühl*, Satzung, Rdn. 24.

widrig[10]. Das Leitbild der Autonomie ergibt sich aus ihren Hauptfunktionen[11], Dezentralisierung, Demokratisierung, Sachgerechtigkeit und Entlastung des staatlichen Gesetzgebers. Diesen Funktionen ist gemeinsam, daß die jeweils Betroffenen ihre eigenen Angelegenheiten beschränkt auf ihren eigenen Kreis regeln[12]. Dieser Kreis wird verlassen, wenn dem autonomen Satzunggeber die Befugnis zugewiesen wird, Externe seinen Regelungen zu unterwerfen. Dies gilt um so mehr, als keine sachliche Notwendigkeit zu erkennen ist, die den Gesetzgeber zwänge, diese Regelungsbefugnis einer Selbstverwaltungskörperschaft zuzuweisen[13]. Sollte dagegen eine Notwendigkeit von Geltungserstreckungen bestehen, indizierte dies regelmäßig, „daß ein Regelungsgegenstand aus dem autonomen Bereich herauswächst und zu einer Frage des Gemeinwohls avanciert, deren sich der für die Definition des Allgemeinwohls zuständige parlamentarische Gesetzgeber annehmen muß"[14].

Dieses Ergebnis[15] steht nicht im Widerspruch zur Rechtsprechung des Bundesverfassungsgerichts, daß die Möglichkeit, einzelne Fragen fachlich-technischen Charakters in dem vom Gesetzgeber gezogenen Rahmen auch durch Satzungsrecht zu regeln, nicht völlig ausschließen will[16]. Das Bundesverfassungsgericht hat diese Möglichkeit nur im Zusammenhang mit mittelbarer Außenwirkung offengehalten und für den Fall unmittelbarer Außenwirkung nicht herangezogen[17].

Von der soeben gefundenen Lösung sind dann Ausnahmen zu machen, wenn die Regelungen nicht die Ausübung grundgesetzlich garantierter Freiheitsrechte beschränken, sondern dem Externen lediglich Vorteile einräumen, auf die er keinen grundgesetzlichen Anspruch hat. Es ist nicht ersichtlich, warum die Selbstverwaltungskörperschaften verfassungsrechtlich gehindert sein sollen, Externen in ihrem eigenen Bereich selbständige Rechte einzuräumen, wenn damit keine Pflichten verbunden sind, die über die bloße Erhaltung der Vorteile hinausgehen. In diesen Fällen verstößt die Regelung weder gegen den Gesetzesvorbehalt, noch

---

10 Vgl. *Ossenbühl*, Satzung, Rdn. 24; *Breuer*, DV 10 (1977), S. 1 (7 f.) hält es unter Hinweis auf Art. 20 Abs. 2 GG jedenfalls für verfassungswidrig, Selbst- und Mitverwaltung generalisierend einzuführen, da dies mit der Entscheidung des Grundgesetzes für die repräsentative Demokratie unvereinbar wäre. Ebenso *Kleine-Cosack*, S. 141.

11 S. o. 2. Kap. A II.

12 Dies gilt nicht für die Entlastungsfunktion.

13 So werden z. B. die Ausbildungsordnungen nach dem BBiG als Rechtsverordnungen, die Prüfungsordnungen dagegen als Satzungen erlassen, ohne daß zwingende Praktikabilitätsgründe dies geböten.

14 *Ossenbühl*, Satzung, Rdn. 33.

15 Im Ergebnis auch *Hans Peters*, Anschütz / Thoma II, S. 264 (266), der Satzungsvorschriften mit unmittelbarer Außenwirkung als Rechtsverordnungen charakterisiert; *Starck*, Berufsordnungen, S. 25; *derselbe*, AöR 92 (1967), S. 469; *Starck / Konrad*, JuS 1970, S. 31 (34); *Bieräugel*, S. 183 f.; *Atzbach*, S. 70.

16 *BVerfGE*, 33, 125 (160).

17 Vgl. *BVerfGE* 33, 303 (346 f.).

besteht die Gefahr einer Veränderung des repräsentativen Demokratieprinzips. Sie weicht auch vom Leitgedanken der Autonomie nicht ab.

Zulässig sind danach z. B. Benutzungsordnungen, die Externen die unentgeltliche Nutzung von Selbstverwaltungseinrichtungen gestatten, unzulässig sind dagegen die Zulassungsregelungen, die die Berufswahl beschränken.

Eine zweite Ausnahme ist dann gegeben, wenn sich der Externe freiwillig in den Regelungsbereich der Selbstverwaltungskörperschaft begibt und dies nicht notwendig ist, um seine grundgesetzlich garantierten Freiheitsrechte auszuüben[18], und zwar auch dann, wenn dem Externen Pflichten auferlegt werden. Dies gilt insbesondere für den Fall, daß der Externe Leistungen des Selbstverwaltungsträgers in Anspruch nimmt. Wer also z. B. an gesetzlich nicht gebotenen Fortbildungsmaßnahmen der Handwerksinnung teilnimmt und dafür Gebühren nach einer autonomen Gebührenordnung zahlen muß, kann sich nicht darauf berufen, diese sei deshalb nichtig, weil sie ihm als Externen gegenüber unmittelbare Außenwirkung entfalte. Ohne auf die Frage einzugehen, ob es sich bei diesen Gebühren um Gebühren im technischen Sinn oder um privatrechtliche Entgelte für Dienstleistungen handelt, was nach der konkreten Ausgestaltung unterschiedlich sein kann, verbietet es die Regelungsmaterie, die ebensogut privatrechtlich durch Tarife, AGB oder einseitige Leistungsbestimmungsrechte nach § 315 BGB geregelt werden könnte, die Zulässigkeit der Außenwirkung aus verfassungsrechtlichen Gründen zu versagen.

Eine dritte Ausnahme ist dann zuzulassen, wenn der demokratische Gesetzesvorbehalt in Widerstreit mit anderen grundgesetzlichen Rechten und Freiheiten steht und letztere im Einzelfall so große Bedeutung haben, daß sie die Grenzen des Gesetzesvorbehaltes modifizieren. Zu denken ist z. B. an den Hochschulbereich, in dem den Selbstverwaltungsträgern durch Art. 5 Abs. 3 GG eigene Rechte eingeräumt sind. Ob diese Rechte dazu führen können, daß den Selbstverwaltungskörperschaften auch Regelungsbefugnisse mit unmittelbarer Geltungserstreckung zustehen, ist durch Abwägung der widerstreitenden Rechte der Externen und des Selbstverwaltungsträgers im Einzelfall zu ermitteln.

II. Mittelbare Außenwirkung

Bei der Untersuchung der Frage, ob das soeben gefundene Ergebnis auch auf die Fälle der mittelbaren Geltungserstreckung übertragen werden kann bzw. muß, ist von zwei grundlegenden Feststellungen auszugehen. Zum einen gibt es keine Regelung, die auf ihren unmittelbaren Regelungsbereich beschränkt ist. Jede Regelung wirkt sich vielmehr auf einen von vornherein nicht abgrenzbaren Personenkreis aus[19]. Zum anderen ist nicht jede dieser mittelbaren Wirkungen rechtlich

[18] Vgl. dazu im Zusammenhang mit Zwangsmitgliedschaft *BVerwGE* 59, 231 (234).
[19] Vgl. *Kleine-Cosack,* S. 267.

relevant im Sinne der hier getroffenen Außenwirkungsdefinition, sondern nur diejenige, die eine außenregelnde Tendenz aufweist[20]. Zu der Frage, ob derartige Regelungen unter verfassungsrechtlichen Gesichtspunkten zulässig sind, sind verschiedene Antworten denkbar. Man kann diese Regelungen ebenso wie die mit unmittelbarer Außenwirkung stets für unzulässig, man kann sie aber auch für stets zulässig erachten. Zwischen diesen beiden Extrempositionen sind Lösungen möglich, die die Zulässigkeit von bestimmten näher zu bezeichnenden Umständen abhängig machen.

1. Mittelbare Außenwirkung ist stets unzulässig

Man könnte vertreten, mittelbare Außenwirkung sei ebenso wie unmittelbare grundsätzlich verfassungswidrig, weil es für den Externen ohne Bedeutung sei, ob die Wirkungen final einträten oder nicht.

Vorab ist festzuhalten, daß auch bei dieser Lösung die von der Verfassung anerkannte Satzungsautonomie ihre praktische Bedeutung nicht völlig verlöre. Zulässig blieben vielmehr Satzungsvorschriften ohne außenregelnde Tendenz. So könnten die Selbstverwaltungskörperschaften ohne weiteres Beitragsregelungen für ihre Mitglieder treffen, da diese weder in engem Zusammenhang mit den mittelbaren Wirkungen, wie z. B. die durch die Beiträge verringerte Kaufkraft der Mitglieder stehen, noch objektiv eine diese Wirkungen regelnde Tendenz deutlich erkennen lassen. Darüber hinausgehende Regelungen wären den Selbstverwaltungskörperschaften aber nicht möglich, und zwar auch nicht aufgrund einer bestimmten gesetzlichen Ermächtigungsgrundlage.

Dieser Auffassung wäre ohne weiteres zuzustimmen, wenn es zwischen der unzulässigen unmittelbaren Außenwirkung und der mittelbaren Außenwirkung keine signifikanten Unterschiede gäbe. Gemeinsam ist beiden Erscheinungsformen der Geltungserstreckung zunächst, daß der enge Bereich der Selbstverwaltung verlassen wird, ohne daß der Satzunggeber gegenüber den Externen über eine eigenständige Legitimation verfügte. Weiter gemeinsam ist beiden Erscheinungsformen, daß die funktionale Sonderstellung der Autonomie gegenüber den Externen keine Rechte begründen kann, unabhängig davon, ob diese mittelbar oder unmittelbar von der Regelung betroffen werden. Gleichwohl bestehen gegenüber der unmittelbaren Außenwirkung einige Besonderheiten, die nicht unbeachtet bleiben dürfen.

Zunächst gibt es Fälle, in denen die mittelbare Geltungserstreckung im Sinne der hier verwendeten Definition unvermeidlich und sachnotwendig ist. So führt das vom Bundesverfassungsgericht stets anerkannte und auch durch Satzungsvorschriften zugelassene Werbeverbot der freien Berufe[21] unvermeidlich zu einer

---

20 S. oben 1. Kap. A V 2.

Beschränkung der Informationsmöglichkeiten der Mandanten, Patienten oder sonstigen Leistungsempfänger. Auswirkungen, die durchaus außenregelnde Tendenzen aufweisen[22]. Bei derartigen Regelungen ist es nicht grundsätzlich ausgeschlossen, das fehlende personelle durch ein verstärktes sachlich-inhaltliches Legitimationselement auszugleichen. Auch die übrigen sachstrukturellen Kriterien zwingen in diesen Fällen nicht zu einer umfassenden Regelung durch den parlamentarischen Gesetz- oder den Verordnunggeber. Im übrigen ist die Gefahr, daß in systemwidriger Weise ein neben der Rechtsverordnung stehendes weiteres allgemeines Instrument exekutiver Rechtsetzung geschaffen wird, deutlich geringer anzusehen, wenn der interne Regelungszweck im Mittelpunkt der Entscheidung steht. Aus diesen Gründen kann es dem parlamentarischen Gesetzgeber nicht von vorneherein untersagt sein, Satzungskompetenzen zu übertragen, die mittelbare Außenwirkung beinhalten.

2. Mittelbare Außenwirkung ist stets zulässig

Ebenfalls nicht gefolgt werden könnte der Auffassung, der Satzunggeber sei in jedem Fall berechtigt, Normen zu erlassen, die mittelbare Außenwirkung entfalten. Dies würde den Anforderungen des Gesetzesvorbehalts nicht gerecht und zwar auch dann nicht, wenn diese Erweiterung in formellen Gesetzen vorgesehen wäre[23].

3. Differenzierte Lösung

Die Lösung ist mit Blick auf den Gesetzesvorbehalt und die systemgerechte Funktion der Autonomie zu suchen. Danach hat die Selbstverwaltungskörperschaft unter den oben dargelegten Voraussetzungen grundsätzlich die Legitimation zur Regelung ihrer eigenen Angelegenheiten, wenn ihr das Recht der Autonomie durch formelles Gesetz übertragen worden ist. In diesen Fällen ist es zulässig, die gegenüber den mittelbar betroffenen Dritten fehlende personelle demokratische Legitimation durch ein erhöhtes Maß an gesamtstaatlicher sachlich-inhaltlicher Legitimation auszugleichen, wenn die mittelbare Geltungserstreckung notwendigerweise und unvermeidbar mit der Erfüllung der legitimen Autonomiefunktionen verbunden ist[24]. Die übrigen sachstrukturellen Kriterien zur Bestimmung der Reichweite des Gesetzesvorbehalts fordern aus der Sicht des Externen zwar nicht die Zuweisung der Regelungskompetenz an die Selbstverwaltungsträger, sie stehen ihr aber nicht entgegen, wenn das primäre und ganz überwiegende

---

[21] Vgl. *BVerfGE* 71, 162 (172 ff.); 71, 183 (196 f.); 76, 196 (205 f.) m.w.N.
[22] S. oben 1. Kap. B III 2 b bb.
[23] A. A. *Fleiner*, S. 80.
[24] S. o. 2. Kap. B III 4 b cc (1) (c).

Regelungsziel die Erfüllung legitimer interner Aufgaben ist[25]. Mit diesen Feststellungen sind die Grundvoraussetzungen genannt, bei deren Vorliegen der Satzunggeber berechtigt ist, autonome Normen mit mittelbarer Außenwirkung zu erlassen: Die mittelbare Geltungserstreckung muß unvermeidbar sein[26], sollen die legitimen Funktionen des Selbstverwaltungsträgers erfüllt werden, die legitime interne Aufgabenerfüllung muß primäres und ganz überwiegendes Ziel der Regelung sein[27] und die Lenkung durch das Gesetz muß so stark sein, daß die so vermittelte sachlich-inhaltliche Legitimation das personelle Defizit ausgleicht.

Mit diesen grundsätzlichen Feststellungen ist noch keine Aussage darüber getroffen, welches Maß an Bestimmtheit die gesetzliche Ermächtigungsgrundlage im Einzelfall aufweisen muß, um mittelbare Außenwirkung zu legitimieren. Grundsätzlich hat zu gelten: Je wesentlicher eine Regelung ist, desto bestimmter hat die gesetzliche Ermächtigungsgrundlage zu sein. Nach der funktionell-strukturellen Betrachtung obliegen die personell über den Selbstverwaltungsbereich hinausgehenden Regelungen dem parlamentarischen Gesetzgeber. Darf er seine Kompetenz auf den Selbstverwaltungsträger übertragen, ist die Dichte seiner Regelungspflicht abhängig von der Grundrechtsrelevanz der übertragenen Kompetenzen für die Externen[28]. Das heißt, auch bei grundsätzlich zulässiger mittelbarer Geltungserstreckung muß der gesetzgeberische Wille mit zunehmender Grundrechtsrelevanz zunehmend entscheidend zum Ausdruck kommen.

Daraus ergeben sich folgende Eckwerte: Greift eine autonome Regelung nur ganz geringfügig in grundrechtliche Freiheiten ein, hat sie auf die Möglichkeit der Freiheitsausübung geringen Einfluß oder berührt sie die Interessen der Allgemeinheit nur am Rande, sind nur geringe Anforderungen an die Regelungsdichte der Ermächtigungsgrundlage zu stellen. In keinem Fall ausreichend ist jedoch die pauschale Übertragung der Satzungskompetenz, wenn mittelbare Außenwirkung mit den Satzungsnormen verbunden ist. Unabdingbare Mindestvoraussetzung ist in jedem Fall, daß der staatliche Gesetzgeber in seiner Ermächtigung den Zweck der Freiheitsbeschränkungen festlegt[29]. Mit zunehmender Grund-

---

25 Vgl. dazu oben 2. Kap. B III 4 b cc (5) (b).

26 So für jede Form von Außenwirkung *Hans Schneider*, Möhring FS, S. 521 (530 ff.); *Brandstetter*, S. 151 f.

27 Im Ergebnis auch: *Bieräugel*, S. 183 f.; *Starck / Konrad*, JuS 1970, S. 31 (35): zulässig, wenn gesetzlich vorgesehen und bloßer Rechtsreflex; *Peters*, Anschütz / Thoma II, S. 264 (266 f.), verlangt neben der gesetzlichen Ermächtigung, daß sich die Regelungsmaterie auf die vom Gesetzgeber frei zu bestimmenden eigenen Angelegenheiten beschränkt; s. auch *Kleine-Cosack*, S. 271, und *Ossenbühl*, Satzung, Rdn. 33, die die Beschränkung auf mittelbare Außenwirkung nicht vornehmen. Zwangskörperschaften dürfen in keinem Fall ihren legitimen Aufgabenreich überschreiten, vgl. *Laubinger*, VerwArch. 74 (1983), S. 175 ff., 263 ff. m. N. der Rechtsprechung.

28 Die Grundrechtsrelevanz für die Internen ist nicht Gegenstand der Untersuchung.

29 Vgl. *BVerfGE* 38, 373 (382); vgl. auch *BVerfGE* 33, 125 (160); 33, 303 (346), die Regelungen mit Außenwirkung allenfalls zulassen wollen, die Einzelheiten fachlich-technischen Charakters betreffen.

rechtsrelevanz ist der parlamentarische Gesetzgeber gehalten, die Grundentscheidungen selbst zu treffen, was in letzter Konsequenz dazu führen kann, daß die Regelungen mit mittelbarer Außenwirkung vollständig vom parlamentarischen Gesetzgeber selbst getroffen werden müssen[30].

Über diesen Rahmen hinaus ist mittelbare Geltungserstreckung zulässig, wenn die grundgesetzlichen Rechte des Selbstverwaltungsträgers im Einzelfall geeignet sind, den Gesetzesvorbehalt zu modifizieren[31].

III. Zwischenergebnis

1. Unmittelbar außenwirkende Satzungsvorschriften sind grundsätzlich unzulässig. Die Übertragung derartiger Satzungskompetenzen ist dem parlamentarischen Gesetzgeber durch den Gesetzesvorbehalt verboten, da
   a) nach der funktionell-strukturellen Kompetenzzuordnung Regelungen, die personell unmittelbar über den Selbstverwaltungsbereich hinausgehen, dem Parlament obliegen und
   b) andernfalls neben der Rechtsverordnung ein weiteres exekutives Regelungsinstrumentarium geschaffen würde, das sich nicht mehr sinnvoll in die grundgesetzliche Ordnung einfügte.
2. Unmittelbare Geltungserstreckung ist ausnahmsweise zulässig, wenn
   a) die Regelung für den Externen lediglich vorteilhaft ist *oder*
   b) er sich freiwillig in den Regelungsbereich der Selbstverwaltungskörperschaft begibt und dies nicht notwendig ist, um seine grundgesetzlich garantierten Freiheitsrechte auszuüben *oder*
   c) sie Ausdruck der im Einzelfall vorrangigen grundgesetzlich garantierten Rechte des Selbstverwaltungsträgers ist.
3. Mittelbare Geltungserstreckung ist dann zulässig, wenn
   a) primäres und ganz überwiegendes Regelungsziel der Innenbereich des Selbstverwaltungsträgers ist *und*
   b) die Geltungserstreckung unvermeidbar mit der Erfüllung der legitimen internen Aufgabe verbunden ist *und*
   c) die Regelung auf eine — gemessen am Gesetzesvorbehalt — hinreichend bestimmte parlamentarische gesetzliche Ermächtigungsgrundlage gestützt werden kann.

---

30 In diesem Sinn auch *Ossenbühl,* Satzung, Rdn. 33, wenn er Geltungserstreckungen nur dann für vertretbar hält, wenn die Regelung nach ihrem Gewicht lediglich von nachgeordneter Bedeutung ist.

31 Vgl. oben 2. Kap. C I.

d) Sie ist darüber hinaus zulässig, wenn sie Ausdruck der im Einzelfall vorrangigen grundgesetzlich garantierten Rechte des Selbstverwaltungsträgers ist.

3. Kapitel

Die personellen Grenzen der Autonomie öffentlich-rechtlicher Körperschaften — konkret

Nachdem im vorangegangenen Kapitel die personellen Grenzen der Autonomie öffentlich-rechtlicher Körperschaften abstrakt bestimmt worden sind, gilt es nun zu prüfen, ob die im ersten Kapitel gefundenen autonomen normativen Regelungen mit Außenwirkung vor dem Grundgesetz Bestand haben können. Hierbei geht es ausschließlich um die Kompetenz der Selbstverwaltungsträger, nicht aber um die Frage, ob die entsprechenden Regelungen materiell-rechtlich zu beanstanden sind.

A. Normative Regelungen mit unmittelbarer Außenwirkung

I. Zulassungsregelungen

Autonome Zulassungsregelungen werden von den Architektenkammern[1], den Handwerksinnungen[2], den Berufsgenossenschaften[3] und den Hochschulen[4] erlassen. Sie sind darauf gerichtet, den Zugang zu dem jeweiligen Selbstverwaltungsbereich und damit im Falle der Architektenkammern und Hochschulen die Berufswahl zu beschränken. Die Zulassungsregelungen der Berufsgenossenschaften beziehen Dritte zwangsweise in die Körperschaft ein. In allen Fällen werden unmittelbar Externe gebunden, so daß die autonomen Zulassungsregelungen wegen Verstoßes gegen den Gesetzesvorbehalt, Art. 20 Abs. 3 GG, verfassungswidrig sind, wenn nicht einer der im zweiten Kapitel genannten Ausnahmefälle vorliegt.

[1] S. o. 1. Kap. B III 4 b aa.

[2] S. o. 1. Kap. B IV 2 a dd.

[3] S. o. 1. Kap. B VI 3 b aa.

[4] S. o. 1. Kap. B VII 2 a aa (3).

1. Zulassungsregelungen der Architektenkammern

Die in den Berufsordnungen der Architektenkammern enthaltenen Zulassungsregelungen müssen eingehalten werden, um den Beruf des eingetragenen (selbständigen) Architekten ergreifen zu können[5]. Das Recht, den Beruf des Architekten zu wählen, ist durch Art. 12 GG garantiert, wird also durch die Zulassungsregelung nicht eingeräumt, sondern beschränkt. Die Ausnahme der lediglich vorteilhaften Regelung greift daher nicht ein. Auch die zweite Ausnahme greift nicht ein, da sich der Externe in den Regelungsbereich begeben muß, will er seine durch Art. 12 GG garantierte Berufsfreiheit ausüben. Eigene, grundgesetzlich geschützte Rechte der Architektenkammern zum Erlaß der Zulassungsregelungen bestehen nicht. Die in den Berufsordnungen der Architektenkammern enthaltenen Zulassungsregelungen bleiben daher verfassungswidrig[6]. Dieses Ergebnis läßt sich auch nicht durch eine verfassungskonforme Auslegung vermeiden, die als Pflichtverletzungen, die die Eintragungsversagung nach sich ziehen können, nur die Verstöße gelten läßt, die den Bewerber als ungeeignet zur selbständigen Ausübung des Architektenberufs erscheinen lassen[7]. Diese Auslegung mag möglich sein, solange nur Interne gebunden werden, nicht aber, wenn die unmittelbaren Adressaten Externe sind[8].

2. Immatrikulationsordnungen

Dasselbe hat an sich auch für die Immatrikulationsordnungen der Hochschulen zu gelten. Wer sich an die Vorschriften nicht hält, darf das gewünschte Fach an der gewünschten Hochschule nicht studieren. Gleichwohl könnte hier deshalb eine Ausnahme bestehen, weil die Freiheit von Forschung und Lehre durch Art. 5 Abs. 3 GG garantiert und daher der Regelungsspielraum der Hochschulen im Bereich eigener Angelegenheiten möglicherweise weiter zu ziehen ist[9]. Es geht also um die Frage, ob sich die Hochschulen beim Erlaß der Immatrikulationsordnungen auf Art. 5 Abs. 3 GG stützen können und deshalb die Kompetenz haben können, die Rechte der Studienbewerber aus Art. 12 Abs. 1 GG einzuschränken.

Die Immatrikulationsordnungen sind inhaltlich auf Verfahrens- und Formfragen beschränkt[10] und haben daher sowohl auf die Freiheit von Forschung und

---

5 Vgl. zur Parallelproblematik bei den Handwerkern *BVerfGE* 13, 97 (105 f.).

6 In Nordrhein-Westfalen, Berlin und Rheinland-Pfalz gibt es keine autonomen Zulassungsregelungen der Architektenkammern. Vgl. auch *Starck,* Berufsordnungen, S. 25, „Zulassungsvoraussetzungen und -beschränkungen dürfen autonome Satzungen jedoch nicht enthalten"; *Brandstetter,* S. 153 f.

7 Vgl. dazu *BVerfGE* 69, 233 (244).

8 Grundgesetzkonform ist dagegen die Regelung bei den Rechtsanwälten, bei denen die Zulassungsversagungsgründe durch formelles Gesetz, § 7 BRAO festgelegt werden, vgl. *BVerfGE* 63, 266 (288 f.).

9 Vgl. *BVerfGE* 33, 303 (346).

Lehre als auch auf die Berufswahl der Studienbewerber nur geringe Auswirkungen. Die Rechte der Hochschulen sind bei dieser Konstellation nicht so gewichtig, daß ein Abweichen vom Grundsatz der Unzulässigkeit unmittelbarer Geltungserstreckung gerechtfertigt wäre[11]. Im übrigen besteht dazu keine praktische Notwendigkeit, was dadurch bestätigt wird, daß die Immatrikulationsordnungen in Bayern und Hessen als Rechtsverordnungen ergehen[12]. Insgesamt lassen sich erhebliche Bedenken gegen die Zulässigkeit autonomer Immatrikulationsordnungen auch durch Art. 5 Abs. 3 GG nicht ausräumen.

3. Zulassungsregelungen der Handwerksinnungen

Die Zulassungsregelungen der Handwerksinnungen[13] könnten deshalb ausnahmsweise zulässig sein, weil die Mitgliedschaft freiwillig und nicht erforderlich ist, um ein Handwerk auszuüben[14]. Diese Ausnahme griffe dann nicht ein, wenn die Handwerksinnung normative Regelungen träfe, die die Grundrechtsverwirklichung des Betroffenen berührte, dieser aber über die Zulassungsregelungen von der Mitentscheidung ausgeschlossen wäre. Es fragt sich, ob die Handwerksinnung derartige Regelungen trifft. Für die Ausbildungsordnungen nach § 54 Abs. 1 S. 2 Nr. 3 HandwO hat die Innung wie die Handwerkskammer keine Kompetenz mehr[15]. Soweit allerdings die Gebührenordnungen der Handwerksinnungen die Abnahme von Prüfungen zum Gegenstand haben, betreffen sie den grundrechtsrelevanten Bereich[16] auch derjenigen Handwerker, die nach der Handwerksordnung Innungsmitglieder werden können. Zu beachten ist jedoch, daß diese Gebührentatbestände verfassungswidrig und daher nichtig sind[17]. Ohne sie verstoßen die Zulassungsregelungen der Handwerksinnungen nicht gegen die verfassungsmäßige Kompetenzordnung.

---

[10] Vgl. o. 1. Kap. B VIII 2 a aa (3).

[11] *Breuer*, DV 10 (1977), S. 1 (27), rechnet die Regelung des Zugangs zu den Universitäten nicht zu deren eigenen Angelegenheiten.

[12] Art. 59 ff. HSG Bay; § 36 Abs. 8 HSG He.

[13] S. o. 1. Kap. B IV 2 a dd.

[14] Vgl. o. 1. Kap. B IV 1 b.

[15] S. o. 1. Kap. B IV 2 d. Im übrigen betreffen die Zulassungsregelungen die Lehrlinge nicht, da sie schon nach der gesetzlichen Regelung nicht Innungsmitglied werden können, § 58 Abs. 1 HandwO.

[16] Es geht hier um die Umschulungs- und Fortbildungsprüfungsgebühren. Für die Zwischen- und Abschlußprüfung dürfen Gebühren von den Auszubildenden nicht erhoben werden, §§ 34 Abs. 3, 42 BBiG.

[17] S. u. 3. Kap. A VI 2.

4. Zulassungsregelungen der Berufsgenossenschaften

Die autonomen Zulassungsregelungen der Berufsgenossenschaften nach § 543 Abs. 2 RVO (Ehegatten) und § 544 Nr. 1 RVO (Besucher) [18] weisen die Besonderheit auf, daß sie nicht den Zugang zu einem Selbstverwaltungsbereich beschränken, sondern Dritte zwangsweise in diesen Bereich einbeziehen.

Diese Besonderheit ändert nichts an den verfassungsrechtlichen Zulässigkeitsvoraussetzungen für Satzungen mit unmittelbarer Außenwirkung. Dagegen spricht auch nicht der Beschluß des Vorprüfungsausschusses des Bundesverfassungsgerichts aus dem Jahre 1985, der die Verfassungsbeschwerde eines Taxiunternehmers, der durch eine Satzung nach § 543 Abs. 1 RVO zwangsweise in die Unfallversicherung einbezogen worden war, nicht zur Entscheidung angenommen hat [19]. Der Taxisunternehmer war bereits nach § 658 RVO Mitglied der Berufsgenossenschaft, also Interner [20]. Die durch die Einbeziehung — zusätzlich — entstehende Beitragspflicht trifft ihn ebenfalls als Internen, so daß das Bundesverfassungsgericht zu Recht die mit der Außenwirkung zusammenhängenden Fragen nicht erörtert hat. Der Nichtannahmebeschluß ist daher nicht geeignet, die eng begrenzten Zulässigkeitsvoraussetzungen für unmittelbare Geltungserstreckung in den Fällen der §§ 543 Abs. 2 RVO und 544 Nr. 1 RVO in Frage zu stellen. Die Zulassungsregelungen der Berufsgenossenschaften sind also nur von der grundgesetzlichen Kompetenzordnung gedeckt, wenn den von ihnen erfaßten Externen lediglich Vorteile eingeräumt werden, auf die sie keinen grundgesetzlichen Anspruch haben und die mit keinen über die bloße Erhaltung der Vorteile hinausgehenden Pflichten verbunden sind.

Die Folge der Zulassungsregelungen ist die Einbeziehung in die Unfallpflichtversicherung, ein Vorteil, auf den kein Anspruch besteht. Durch die Einbeziehung entsteht zwar keine Beitragspflicht, aber es entsteht die Pflicht, die Unfallverhütungsvorschriften einzuhalten und den Anweisungen der Aufsichtsbeamten Folge zu leisten [21]. Ein schuldhafter Verstoß gegen diese Pflicht kann als Ordnungswidrigkeit mit einem Bußgeld bis zu 20.000,— DM geahndet werden, §§ 710, 717a RVO. Wegen dieser mit den Zulassungsregelungen verbundenen Pflichten ist die Einbeziehung in die Unfallversicherung nicht lediglich vorteilhaft. Es fehlt den Berufsgenossenschaften deshalb an der Regelungskompetenz. Die Satzungsvorschriften nach §§ 543 Abs. 2 und 544 RVO sind deshalb wegen Verstoßes gegen den Gesetzesvorbehalt verfassungswidrig, soweit sie Ehegatten und Besucher binden.

---

18 Vgl. o. 1. Kap. B VI 3 b aa.

19 *BVerfG*, NJW 1986, S. 1095.

20 S. o. 1. Kap. B VI 3 b aa.

21 Vgl. o. 1. Kap. B VI 3 b aa.

II. Berufsordnungen

Von den hier untersuchten Berufsordnungen entfalten nur die der Architektenkammern unmittelbare Außenwirkung[22]. Da die unmittelbare Außenwirkung grundsätzlich unzulässig ist, könnten die Berufsordnungen, soweit sie die nichteingetragenen Architekten binden, nur mit dem Gesetzesvorbehalt vereinbar sein, wenn eine der oben genannten[23] Ausnahmen vorläge. Die Regelungen der Berufsordnungen sind weder lediglich vorteilhaft noch betreffen sie den grundgesetzlich nicht garantierten Freiheitsbereich. Sie sind auch nicht Ausdruck eigener grundgesetzlich geschützter Rechte der Kammern. Sie sind daher, soweit sie unmittelbare Außenwirkung entfalten, verfassungswidrig.

III. Prüfungsordnungen

Die Gesellen- und Umschulungsprüfungsordnungen der Handwerkskammern[24], die Umschulungsprüfungsordnungen der Landwirtschaftskammern[25], die Prüfungsordnungen der IHK[26], der Ärzte- und Rechtsanwaltskammern nach dem Berufsbildungsgesetz[27], sowie die Promotions- und Habilitationsordnungen[28] sind Satzungen mit unmittelbarer Außenwirkung.

1. Die Prüfungsordnungen nach der Handwerksordnung und dem Berufsbildungsgesetz

Die Prüfungsordnungen der Handwerkskammern, der Landwirtschaftskammern , der IHK, der Ärzte- und Rechtsanwaltskammern bestimmen Verfahren, Formen und Fristen, die eingehalten werden müssen, um eine Prüfung zu absolvieren, die erforderlich ist, um einen bestimmten Beruf ausüben oder eine berufliche Qualifikation erlangen zu können. Es handelt sich also für die Bewerber um subjektive Berufszulassungsvoraussetzungen[29]. Unabhängig davon, daß die Satzunggeber inhaltlich nur Verfahrens- und Formfragen regeln können, enthalten die Prüfungsordnungen Beschränkungen der Berufsfreiheit, denen sich der Bewerber unterwerfen muß, will er seine durch Art. 12 Abs. 1 GG garantierten

---

[22] Vgl. o. 1. Kap. B III 4 b aa. In Berlin, Nordrhein-Westfalen und Rheinland-Pfalz entfalten sie keine unmittelbare Außenwirkung.

[23] S. o. 2. Kap. C I.

[24] S. o. 1. Kap. B IV 2 c.

[25] S. o. 1. Kap. B VIII 2 c.

[26] Ausbildungs-, Fortbildungs- und Umschulungsordnungen, vgl. 1. Kap. B V 2 c.

[27] S. o. 1. Kap. B III 2 b cc, 3 b cc.

[28] S. o. 1. Kap. B VII 2 c bb.

[29] Vgl. *BVerfGE* 7, 377 (406 f.); 13, 97 (106); 19, 330 (337); *Bender*, in: Leuze / Bender, Vorbem. zu §§ 90 ff. Rdn. 2.

Rechte wahrnehmen. Die Regelungen sind daher weder lediglich vorteilhaft, noch erfolgt die Einbeziehung freiwillig. Die Kammern können auch kein grundgesetzlich geschütztes Recht in Anspruch nehmen, so daß die Voraussetzungen für eine ausnahmsweise Zulässigkeit dieser außenregelnden Satzungen nicht vorliegen. Die Gesellen- und Umschulungsprüfungsordnungen der Handwerkskammern, die Umschulungsprüfungsordnungen der Landwirtschaftskammern sowie die Prüfungsordnungen der IHK, der Ärzte- und Rechtsanwaltskammern nach dem Berufsbildungsgesetz sind daher wegen Verstoßes gegen den Grundsatz des Gesetzesvorbehalts verfassungswidrig[30]. Die Prüfungsordnungen sowohl nach dem Berufsbildungsgesetz als auch nach der Handwerksordnung unterliegen darüber hinaus erheblichen verfassungsrechtlichen Bedenken wegen der fehlenden demokratischen Legitimation der jeweiligen Entscheidungsorgane[31].

2. Promotions- und Habilitationsordnungen

Die Promotions- und Habilitationsordnungen regeln die näheren Zulassungsvoraussetzungen und die Einzelheiten des Promotions- bzw. Habilitationsverfahrens[32]. Wer die Voraussetzungen nicht erfüllt, kann an der jeweiligen Hochschule nicht promovieren bzw. habilitieren. Die Promotion ist regelmäßig Voraussetzung für die Habilitation[33]. Sie ist darüber hinaus wie diese regelmäßig Einstellungsvoraussetzung für Professoren, § 44 Abs. 1 Nr. 3, 4, Abs. 2 HRG. Promotion und Habilitation sind daher subjektive Berufszulassungsvoraussetzungen[34], obwohl der Beruf des Professors theoretisch auch ergriffen werden kann, wenn diese Voraussetzungen nicht erfüllt sind. Die in den Promotions- und Habilitationsordnungen vorgesehenen Regelungen, beschränken also die grundgesetzlich garan-

---

30 Im Ergebnis auch *Wentzel,* S. 220 ff. (für Handwerkskammer und IHK); *Emde,* S. 672 f. meint, etwaige Legitimationsdefizite der Prüfungsordnungen nach dem BBiG seien nicht als Legitimationsprobleme der Kammerselbstverwaltung aufzufassen, da die „Berufsbildungsorgane" weder in die Kammern integriert seien, noch von ihnen dominiert würden. Eine Auseinandersetzung mit dieser Auffassung ist nicht erforderlich, da nicht ersichtlich ist, zu welchem abweichenden Ergebnis Emde aufgrund dieser Feststellung kommen will. Wie hier dagegen für die Prüfungsordnungen der Handwerkskammer, *Emde,* S. 674 f.; a.A. *Küttner,* S. 58 f., wegen der „Besonderheiten der Ausbildungs- und Prüfungsordnungen", soweit sie zur Zuständigkeit des Selbstverwaltungskörpers in sachlicher Beziehung stehen. Eine verfassungsrechtliche Begründung für diese Auffassung läßt Küttner allerdings vermissen. Noch anders *H. P. Ipsen,* S. 40, der meint, der Lehrling trete mit Beitritt in den Ausbildungsbetrieb auch zur Kammer in eine Rechtsbeziehung, deren Ausgestaltung deshalb der Kammer obliege. Nach dieser Auffassung wäre jeder, der in den Geltungsbereich einer autonomen Regelung gelangt, Interner. Dies ist ein Ergebnis, das angesichts der Kompetenzordnung des Grundgesetzes nicht haltbar ist.

31 S. o. 2. Kap. B III 4 b cc (2).

32 Vgl. o. 1. Kap. B VII 2 c bb.

33 S. o. 1. Kap. B VII 2 c bb und dort FN 73.

34 Vgl. *BayVerfGH,* VGHE 30, 109 (118); *Starck,* AöR 92 (1967), S. 449 (475).

tierte Berufswahl, Art. 12 Abs. 1 GG. Im übrigen stehen Promotion und Habilitation in einem Spannungsfeld zwischen rein akademischer Würde einerseits und Berufsvorbereitung und Bedeutung für das berufliche Fortkommen andererseits, wobei die akademische Komponente überwiegen dürfte[35].

Gleichwohl sind die Promotions- und Habilitationsordnungen mit der Kompetenzordnung des Grundgesetzes vereinbar, weil sich die Delegationsbefugnis aus Art. 5 Abs. 3 GG ableiten läßt und der Gesetzgeber gehindert ist, selbst Regelungen zu treffen.

Das Promotions- und Habilitationsrecht ist ein klassisches Merkmal der Universitäten und wissenschaftlichen Hochschulen. Es ist ein eigenes Recht der Hochschulen, das diese auch gegenüber dem Staat geltend machen können[36].

Es gehört in den Kernbereich der Wissenschaftsfreiheit und damit der Hochschulautonomie[37]. In diesem Bereich ist die gesetzgeberische Gestaltungsfreiheit begrenzt[38]. Schon diese Überlegungen sprechen dafür, die Regelung der Promotion und der Habilitation den Hochschulen zu überlassen. Dazu kommt, daß beide akademischen Grade die Berufswahl nur insoweit tangieren, als eine wissenschaftliche Laufbahn angestrebt wird[39]. Die Berufung der Professoren ist wiederum eine wesentliche Angelegenheit der Hochschulen[40]. Die subjektiven Berufszulassungsbeschränkungen der Promotions- und Habilitationsordnungen beziehen sich also auf einen Beruf, der nur im Kernbereich der Hochschulautonomie ausgeübt werden kann. Dieser Zusammenhang führt zu einer Verstärkung der Regelungsbefugnis der Hochschule aus Art. 5 Abs. 3 GG und zu einer weiteren Verringerung der Bedeutung für die Berufswahl des Doktoranden bzw. Habilitanden. Die mit der Promotion und Habilitation verbundene besondere Wertschätzung und deren Bedeutung für das berufliche Fortkommen allgemein berühren dagegen nicht die Berufswahl, sondern allenfalls die Berufsausübung und auch das nur geringfügig, so daß es wegen Art. 5 Abs. 3 GG bei der Kompetenzzuweisung an die Hochschulen bleibt.

Im Ergebnis kann daher wegen der durch Art. 5 Abs. 3 GG garantierten Freiheit von Forschung und Lehre gegen den Erlaß von Promotions- und Habilitationsordnungen durch die Hochschulen aus kompetenzrechtlicher Sicht nichts eingewendet werden[41].

---

[35] Vgl. *Karpen*, S. 854 (856 f.); abweichend *Thieme*, Hochschulrecht, Rdn. 342, 352; *BayVerfGH* VGHE 30, 109 (120).

[36] Vgl. *Maurer*, Promotion, S. 831 (839); *Karpen*, S. 854 (857).

[37] Vgl. für Prüfungsordnungen allgemein: *BVerfGE* 35, 79 (123); für Promotion und Habilitation in concreto: *Karpen*, S. 854 (857).

[38] *BVerfGE* 35, 79 (123).

[39] Zum Zusammenhang zwischen Habilitation und Lehrbefugnis s. *Sachs*, WissR Bd. 14 (1983), S. 219 (222 ff.).

[40] Vgl. oben 1. Kap. B VII 2 a bb.

Verfassungsrechtlich bedenklich ist dagegen, daß in einigen Bundesländern für die Promotions- und / oder Habilitationsordnungen Elemente der Fachaufsicht vorgesehen sind[42]. In diesen Fällen kann sich der Wille der Aufsichtsbehörde in Gestalt autonomer Rechtsetzung durchsetzen, ohne von der autonomen Legitimationsbasis getragen zu sein[43]. Darüber hinaus könnte in der Fachaufsicht auch ein Eingriff in die Wissenschaftsfreiheit gesehen werden.

IV. Ausbildungsordnungen

Autonome Ausbildungsordnungen mit unmittelbarer Außenwirkung gibt es in den untersuchten Selbstverwaltungsbereichen nicht.

V. Honorarordnungen

Der EBM ist die einzige hier als Honorarordnung charakterisierte autonome normative Regelung mit unmittelbarer Außenwirkung[44]. Er legt den Inhalt der abrechenbaren kassenärztlichen Leistungen und ihr wertmäßiges, in Punkten ausgedrücktes Verhältnis zueinander fest, § 87 Abs. 2 SGB V. Leistungen, die im EBM nicht aufgeführt sind, kann der Kassenarzt nicht abrechnen. Ihm gegenüber entfaltet der EBM unmittelbare Außenwirkung[45]. Die Regelungen des EBM sind nicht lediglich vorteilhaft, da sie den Kassenarzt in der Ausübung seines Berufs beschränken. Er unterwirft sich den Vorschriften auch nicht freiwillig, da er als Kassenarzt durch die Satzung der Kassenärztlichen Vereinigung in den Regelungsbereich des Gesamtvertrages und damit des EBM gezogen wird[46].

Da keine Ausnahme eingreift, ist der EBM wegen der mit ihm verbundenen unmittelbaren Außenwirkung verfassungswidrig. Bedenken gegen die Rechtmäßigkeit der autonomen normativen Regelungen der Sozialversicherungsträger ergeben sich darüber hinaus daraus, daß wegen des Vorschlagsrechts nach § 48 SGB IV[47] und der Möglichkeit der Friedenswahl[48] Zweifel an der demokratischen Legitimation der Vertreterversammlungen bestehen[49].

---

41 Im Ergebnis auch *BayVerfGH*, VGHE 30, 109, der die kompetenzrechtlichen Fragen aus verfassungsrechtlicher Sicht nicht problematisiert; vgl. auch *Starck*, AöR 92 (1967), S. 449 (476); *Dölker*, S. 191 ff.

42 S. o. 1. Kap. B VII 2 c bb.

43 Vgl. oben 2. Kap. B III 4 b cc (3) (b).

44 S. o. 1. Kap. B VI 2 b dd (2).

45 Vgl. oben 1. Kap. B VI 2 b dd (2).

46 S. o. 1. Kap. B VI 2 b dd.

47 S. o. 1. Kap. B VI 1.

48 S. o. 1. Kap. B VI 1.

49 Vgl. oben 2. Kap. B III 4 b cc (2) (a).

VI. Beitrags- und Gebührenordnungen

1. Beitragsordnungen

Die Beitragsordnungen der Landwirtschaftskammern in Bremen, Niedersachsen, Rheinland-Pfalz und Saarland entfalten unmittelbare Außenwirkung, soweit sie Beitragspflichten für nicht wahlberechtigte Eigentümer landwirtschaftlicher Betriebe statuieren[50]. Die Übertragung der Regelungsbefugnis auf die Kammern ist wegen Verstoßes gegen den Gesetzesvorbehalt verfassungswidrig, weil die Beitragspflicht weder lediglich vorteilhaft ist, noch der externe Eigentümer sich ihr freiwillig unterwirft. Kompetenzrechtlich bestehen dagegen keine Bedenken gegen die Festsetzung der Beiträge durch Rechtsverordnung, wie dies in Nordrhein-Westfalen und Schleswig-Holstein der Fall ist[51]. Diese Regelungen belegen auch, daß kein zwingendes Erfordernis für die Beitragsfestsetzung durch autonome Beitragsordnungen besteht.

2. Gebührenordnungen

Die autonomen Gebührenordnungen entfalten regelmäßig unmittelbare Außenwirkung[52]. Sie können gleichwohl zulässig sein, wenn sich die Externen freiwillig in den Regelungsbereich begeben und dies nicht zur Ausübung ihrer grundgesetzlich garantierten Freiheitsrechte erforderlich ist.

Zulässig sind danach alle Gebührentatbestände, die die Benutzung von Einrichtungen und Gegenständen, wie z. B. Bibliotheken, Lehrmaterial etc. oder besondere Leistungen, wie z. B. die Durchführung von Lehrgängen oder die Ausstellung von Ursprungszeugnissen, zum Inhalt haben[53]. Unzulässig sind dagegen die Gebührentatbestände, die Externe unmittelbar binden, wenn diese die Leistung oder Einrichtung des Selbstverwaltungsträgers in Anspruch nehmen müssen, um z. B. den gewünschten Berufsabschluß erlangen zu können[54]. Danach ist es aus kompetenzrechtlicher Sicht unzulässig, Gebühren für die Prüfung oder für die Berufswahl sonst unerläßliche Handlungen[55] durch Satzung festzulegen[56].

---

[50] Vgl. oben 1. Kap. B VIII 2 e.

[51] S. o. 1. Kap. B VIII 2 e FN 58.

[52] Vgl. die Gebührenordnungen der Ärztekammern, 1. Kap. B III 2 b ff.; der Architektenkammern, 1. Kap. B III 4 b ee; der Handwerkskammern, 1. Kap. B IV 2 f. aa; der Handwerksinnungen, 1. Kap. B IV 2 f. bb; der IHK, 1. Kap. B V 2 f.; der Landwirtschaftskammern, 1. Kap. B VIII 2 e.

[53] Vgl. die Nachweise im 1. Kapitel, s. vorangegangene FN.

[54] *Fröhler*, Handwerksinnung, S. 99 f., hält für diese Fälle nur eine Differenzierung zwischen Innungsmitgliedern und Nichtmitgliedern für unzulässig.

[55] Z. B. die *Eintragung in die Architektenliste*, § 22 S. 2 ArchG BW; Art. 18 Abs. 3 ArchG Bay; § 20 Abs. 1 ArchG HH; § 19 Abs. 2 ArchG He; § 15 Abs. 2 ArchG NW; § 18 Abs. 2 ArchG Sa; § 30 Abs. 2 ArchIngKG SH.

[56] Dagegen ist die Festsetzung von Gebühren durch Rechtsverordnung bei hinreichend bestimmter Ermächtigungsgrundlage zulässig, vgl. *BVerfGE* 34, 52 (61 f.).

B. Normative Regelungen mit mittelbarer Außenwirkung

Mittelbare Außenwirkung besteht, wenn die Satzungsvorschrift infolge ihrer Gestaltung in einem engen Zusammenhang mit den Externen steht und objektiv eine außenregelnde Tendenz deutlich erkennen läßt[1]. Anders als die autonomen normativen Regelungen mit unmittelbarer Außenwirkung sind die mit mittelbarer Geltungserstreckung nicht grundsätzlich unzulässig. Sie sind mit der grundgesetzlichen Kompetenzordnung vereinbar, wenn ihr primärer Regelungszweck der Innenbereich des Selbstverwaltungsträgers ist, die Außenwirkung zur Erfüllung der legitimen internen Aufgaben unerläßlich ist und eine hinreichend bestimmte gesetzliche Ermächtigungsgrundlage vorhanden ist. Liegt eine dieser Voraussetzungen nicht vor, ist die mittelbare Geltungserstreckung mit dem Gesetzesvorbehalt nicht zu vereinbaren. Die Übertragung der Regelungskompetenz verstößt daher gegen den Parlamentsvorbehalt, es sei denn, die autonome Regelung ist Ausdruck der im Einzelfall vorgehenden grundgesetzlich garantierten Rechte der Selbstverwaltungsträger.

I. Zulassungsregelungen

Die Zulassungsregelungen entfalten stets aber auch nur unmittelbare Außenwirkung. Gegenüber mittelbar betroffenen Dritten, wie z. B. den Familien der Bewerber, späteren Arbeitgebern oder Kunden, fehlt es sowohl am erforderlichen engen Zusammenhang als auch an der objektiv deutlich erkennbaren außenregelnden Tendenz.

II. Berufsordnungen

Berufsordnungen sind ein typisches Regelungsinstrument der Kammern der freien Berufe, obwohl sie nicht überall vorgesehen sind[2]. Berufsordnungen entfalten regelmäßig mittelbare Außenwirkung, weil sie nicht nur die Berufspflichten der Berufsangehörigen, sondern auch deren Verhältnis zu den Leistungsempfängern, also Patienten, Bauherren oder Kunden regeln. Exemplarisch sollen hier die Regelungen der Berufsordnungen der Ärzte[3] und der Architekten[4] auf ihre Vereinbarkeit mit der grundgesetzlichen Kompetenzordnung untersucht werden.

---

[1] S. o. 1. Kap. A V 2.

[2] So gibt es keine Berufsordnung der Rechtsanwaltskammern.

[3] Unter Zugrundelegung der Mustersatzung des Deutschen Ärztetages, s. o. 1. Kap. B III 2 b bb.

[4] Unter Zugrundelegung der Berufsordnung der Architektenkammern Nordrhein-Westfalen und Rheinland-Pfalz, s. o. 1. Kap. B III 4 b bb.

1. Ärzte

a) Werbeverbot

§§ 21, 22 und 25 bis 29 Mustersatzung verbieten dem Arzt jegliche Werbung[5]. Regelungsadressat ist zunächst der Arzt, dessen Berufsausübung beschränkt wird, um eine Verfälschung des Berufsbildes zu verhindern und das Vertrauen in die Integrität des Ärztestandes zu erhalten[6]. Das Bundesverfassungsgericht hat gegen die Übertragung der Regelungskompetenz auf die Ärztekammern keine Bedenken erhoben, da dem Werbeverbot kein statusbildender Charakter zukomme[7] und die Auswirkungen auf das Bild des Arztes in der Öffentlichkeit einer Regelung durch Berufsverbände nicht entgegenstehe, weil es sich um „herkömmliche Beschränkungen" handele[8]. Diese Begründung erscheint angesichts der funktionell-strukturellen Bedeutung der Autonomie etwas knapp, setzt sie sich doch ernsthaft mit der Frage der Außenwirkung nicht auseinander. Es ist daher zu prüfen, ob sich die Regelung auch nach den hier entwickelten Kriterien sinnvoll in die verfassungsmäßige Ordnung einfügt.

Primärer Regelungszweck des Werbeverbots ist der Innenbereich der Ärztekammern, da es vorrangig erlassen worden ist, um die Ärzte an einer Betätigung zu hindern, die ihrem Berufsstand abträglich ist. Die Erhaltung des Vertrauens in die Integrität des Berufsstandes ist eine legitime Aufgabe der Ärztekammern[9]. Das in Wahrnehmung dieser Aufgabe erlassene Werbeverbot ist unvermeidbar mit mittelbarer Außenwirkung verbunden, weil die Werbung stets außengerichtet ist und sich die Untersagung deshalb immer mittelbar auf die möglichen Werbeadressaten auswirkt, die sich einem Weniger an Information, aber auch an unsachlicher Beeinflussung gegenüber sehen[10]. Damit ist die Übertragung der Regelungskompetenz auf die Ärztekammern trotz der mittelbaren Außenwirkung grundsätzlich zulässig, wenn sie durch eine hinreichend bestimmte Ermächtigungsgrundlage erfolgt.

Die Kammergesetze der Länder mit Ausnahme von Berlin enthalten neben der Umschreibung der grundsätzlichen ärztlichen Berufspflichten[11], die ausdrück-

---

[5] Tatsächlich ist nicht „jegliche" Werbung untersagt, vgl. *BVerfGE* 71, 162 (174).

[6] Vgl. *BVerfGE* 33, 125 (170); 71, 162 (172 ff.); *OVG NW*, NJW 1974, S. 1444; vgl. für die Apotheker *BVerwGE* 72, 73 (79 f.); *OVG RhPf*, AS 20 (1987), 385 (387 f.).

[7] Dies ist eine Frage der Innenwirkung und soll hier nicht vertieft werden.

[8] *BVerfGE* 71, 162 (172 f.).

[9] Dies ist ganz einhellige Auffassung für alle freien Berufe, vgl. *BVerfGE* 33, 125 (170); 53, 96 (97 f.); 60, 215 (231 ff.); 71, 162 (172 ff.); 76, 196 (205); *OVG NW*, NJW 1974, S. 1444; *VGH BW*, VBlBW 1989, S. 139 (143 f.). Ob die Begründung heute tatsächlich noch stichhaltig ist oder lediglich ein Anachronismus fortgeschrieben wird, mag hier dahinstehen. S. zum Werbeverbot im Anwaltsrecht ausführlich *Sue*, S. 134 ff.

[10] Vgl. zu den Außenwirkungen *Jarass*, NJW 1983, S. 1833 ff. Ob das Werbeverbot unerläßlich zur Erhaltung des Vertrauens in die Integrität der Ärzteschaft ist, mag bezweifelt werden, soll hier aber unterstellt werden, vgl. *BVerfGE* 71, 162 (174).

liche Ermächtigung, Vorschriften über die Werbung zu erlassen[12]. Zwar wird in den Ermächtigungsnormen die Regelung eines Werbeverbotes nicht ausdrücklich auf die Kammern übertragen, doch sind die Vorschriften angesichts der allgemeinen Auffassung und der ständigen Rechtsprechung des Bundesverfassungsgerichts zum Werbeverbot der freien Berufe[13] nur so zu verstehen, daß sie zu Werbebeschränkungen ermächtigen sollen[14]. Sie genügen daher und wegen der geringen Auswirkungen auf Außenstehende den Anforderungen an die Bestimmtheit[15].

Verfassungsrechtlich bedenklich ist dagegen die Regelung in Berlin, die nur die allgemeine Ermächtigung zum Erlaß von Berufsordnungen vorsieht, § 4 Abs. 3 KammerG B, und daher dem dem Gesetzesvorbehalt korrespondierenden Bestimmtheitsgebot nicht genügen dürfte[16].

Die Berufsordnungen der Ärztekammern unterliegen aus einem anderen Demokratieaspekt verfassungsrechtlichen Bedenken, soweit in den Beschlußorganen nichtlegitimierte Mitglieder stimmberechtigt sind[17]. In diesen Fällen ist die Entscheidung nicht demokratisch legitimiert, wenn nicht Gewähr dafür besteht, daß die demokratisch legitimierten Mitglieder die Entscheidung mehrheitlich getragen haben[18].

---

[11] S. dazu oben 1. Kap. B III 2 b bb m.w.N.

[12] § 31 Abs. 2 Nr. 4 KammerG BW; Art. 19 Nr. 7 KammerG Bay; § 27 Nr. 8 HeilBerG HB; § 5 Abs. 2 Nr. 3 ÄrzteG HH; § 25 Nr. 8 HeilBerG He; § 31 Nr. 9 HKG Ns; § 26 Nr. 8 HeilBerG NW; § 23 Nr. 9 HeilBerG RhPf; § 20 Nr. 8 SÄKG; § 27 Abs. 1 Nr. 7 ÄrzteKG SH; vgl. auch die entsprechenden Regelungen für die Praxisankündigung und -einrichtung: § 31 Abs. 2 Nr. 4 KammerG BW; Art. 19 Nr. 3 KammerG Bay; § 27 Nr. 3, 4 HeilBerG HB; § 5 Abs. 2 Nr. 9 ÄrzteG HH; § 25 Nr. 3, 4 HeilBerG He; § 31 Nr. 3, 4 HKG Ns; § 26 Nr. 3, 4 HeilBerG NW; § 23 Nr. 3, 4 HeilBerG RhPf; § 20 Nr. 3, 4 SÄKG; § 27 Abs. 1 Nr. 3 ÄrzteKG SH. In Berlin fehlt eine spezielle Ermächtigungsgrundlage.

[13] Vgl. *BVerfGE* 33, 125 (170); 53, 96 (97 f.); 60, 215 (231 ff.); 71, 162 (172 ff.); 76, 196 (205).

[14] Vgl. *OVG RhPf,* AS 20 (1987), 385 (387); *OVG NW,* NJW 1974, S. 1444; *VGH BW,* VBlBW 1989, S. 139 (142); offengelassen von *OVG RhPf,* NJW 1988, S. 2322.

[15] So auch *BVerfGE* 71, 162 (173); Zu den geringen Auswirkungen auf Presse, Rundfunk und Fernsehen vgl. *Jarass,* NJW 1982, S. 1833 (1837); vgl. auch *Pietzcker,* NJW 1988, S. 513 (518); i. E. auch *Starck,* AöR 92 (1967), S. 449 (476 f.).

[16] Vgl. *BVerfGE* 71, 183 (197 f.); a. A. *BVerfGE* 45, 346 (351 ff.) (das verkennt, daß die Berufsordnungen mittelbare Außenwirkung entfalten); *BVerwGE* 72, 73 (76) zu § 4 Abs. 3 KammerG B; *OVG NW,* NJW 1974, S. 1444, zu § 5 Abs. 3 ÄrzteKG NW (1954); *VGH BW,* VBlBW 1989, S. 139 (142), der aber eine auch nach der hier vertretenen Auffassung ausreichende Satzungsermächtigung zu beurteilen hatte.

[17] Dies gilt für die Vertreterversammlungen der Ärztekammern in Baden-Württemberg, Bayern, Berlin, Hamburg, Saarland und Schleswig-Holstein, sowie die Apothekerkammern in Baden-Württemberg, Berlin und Schleswig-Holstein, in denen Universitäts- und / oder Behördenvertreter Stimmrecht haben, vgl. oben 1. Kap. B III 2 a, 2. Kap. B III 4 cc (2).

[18] S. o. 2. Kap. B III 4 cc (2) (b).

Da die entsprechenden Vorkehrungen in den genannten Kammern durch Gesetz, Satzung oder Geschäftsordnung nicht getroffen worden sind, fehlt deren Entscheidungen die demokratische Legitimation.

b) Verbot von Zweigpraxen und auswärtigen Sprechstunden

§ 9 Abs. 2 Mustersatzung verbietet es dem Arzt, auswärtige Sprechstunden abzuhalten und Zweigpraxen zu unterhalten. Es handelt sich um Berufsausübungsregelungen, die primär den Innenbereich der Kammern betreffen, da sie nur den Arzt hindern, seine Berufstätigkeit örtlich auszudehnen. Fraglich ist, ob es sich dabei um die Erfüllung legitimer Selbstverwaltungsaufgaben handelt. Das Zweigpraxenverbot und das Verbot auswärtiger Sprechstunden können auf gesundheitspolitischen aber auch auf Gesichtspunkten des Wettbewerbs der Ärzte untereinander beruhen. Als gesundheitspolitischer Aspekt käme in Betracht, daß die Zweigpraxen- und Sprechstundenverbote die ordnungsgemäße Gesundheitsversorgung der Bevölkerung durch den nur am Ort niedergelassenen Arzt gewährleisten sollen. Dieser Gesichtspunkt kann allenfalls untergeordnete Bedeutung haben, da auch der in seiner Zweigpraxis oder im Rahmen seiner auswärtigen Sprechstunde tätige Arzt seine Leistung persönlich erbringt und sich die Qualität der Behandlung nicht negativ von der zulässigen Behandlung im Rahmen von Hausbesuchen unterscheidet. Diese Überlegung wird dadurch bestätigt, daß Ausnahmen vom Verbot für den Fall vorgesehen sind, daß die ärztliche Versorgung der Bevölkerung dies erfordert, § 9 Abs. 2 Mustersatzung.

Der entscheidende Grund für den Erlaß des Zweigstellen- und Sprechstundenverbots dürfte daher in berufspolitischen Erwägungen liegen. Ziel der Regelung ist danach, den Wettbewerb unter den Ärzten möglichst gering zu halten, was durch die Regelungen in §§ 15 und 16 Mustersatzung bestätigt wird[19]. Ob es eine legitime Aufgabe der Ärztekammern sein kann, einzelne Mitglieder vor Konkurrenz zu schützen, ist zweifelhaft, soll aber zunächst offengelassen werden[20].

Die Regelung des § 9 Mustersatzung ist nämlich mit dem Gesetzesvorbehalt nicht vereinbar und daher verfassungswidrig, weil es an der erforderlichen hinreichend bestimmten Ermächtigungsgrundlage fehlt. Die Heilberufs- und Kammergesetze sehen ein Zweigpraxen- oder Sprechstundenverbot ausdrücklich nicht vor. Eine entsprechende Ermächtigung läßt sich auch nicht aus der Kompetenz zur Regelung der Durchführung von Sprechstunden ableiten[21].

---

[19] Vgl. zu den vergleichbaren Regelung über die Rezeptsammelstellen der Apotheker *BVerfGE* 38, 373 (382 f.).

[20] Zur Unzulässigkeit von Konkurrenzschutzerwägungen *Sue*, S. 158 ff.

[21] § 31 Abs. 2 Nr. 5 KammG BW; Art. 19 Nr. 4 KammG Bay; § 27 Nr. 5 HeilBerG HB; § 5 Abs. 2 Nr. 9 ÄrzteG HH (Praxisausübung); § 25 Nr. 5 HeilBerG He; § 31 Nr. 4,

Die Errichtung von Zweigpraxen und die Abhaltung von auswärtigen Sprechstunden sind zwar Berufsausübungen, die die Durchführung von Sprechstunden betreffen, so daß sich auch die entsprechenden Verbote unter die Ermächtigungsnormen subsumieren lassen, doch fehlt den Vorschriften die erforderliche Bestimmtheit. Unabhängig von der Schwere des Eingriffs in die Berufsausübungsfreiheit der von dem Verbot betroffenen Ärzte, richtet sich das Maß der Bestimmtheit der Ermächtigungsgrundlage auch nach dem Maß der Betroffenheit Dritter und der Interessen der Allgemeinheit.

Hier gilt es zunächst festzuhalten, daß die Verbote des § 9 Mustersatzung zwar vorrangig berufs- und nicht gesundheitspolitische Ziele verfolgen, daß die tatsächlichen gesundheitspolitischen Auswirkungen aber erheblich sind[22].

Die Zulassung der Zweigstellen und auswärtigen Sprechstunden betrifft die allgemeine Stellung des Arztes im Gesundheitsleben und das Bedürfnis der Bevölkerung an einer ordnungsgemäßen ärztlichen Versorgung, was deutlich darin zum Ausdruck kommt, daß § 9 Abs. 2 der Mustersatzung die Zulassung von einem Bedürfnis der Bevölkerung abhängig macht[23]. Wegen dieser Auswirkungen auf die Allgemeinheit ist jedenfalls eine Ermächtigungsgrundlage erforderlich, die den Zweck und das Maß der Beschränkungen der Errichtung von Zweigpraxen oder der Abhaltung auswärtiger Sprechstunden festlegt[24]. Diesem Erfordernis genügt die allgemeine Ermächtigung, Regelungen zur Durchführung von Sprechstunden zu treffen, nicht. § 9 Abs. 2 Mustersatzung fehlt daher eine ausreichende Ermächtigungsgrundlage, sie ist wegen Verstoßes gegen den Gesetzesvorbehalt unwirksam[25].

c) Behandlungsbeschränkungen

§§ 15 und 16 Mustersatzung enthalten einige Verpflichtungen, die den Arzt darin beschränken, gegenüber Patienten tätig zu werden, die bereits bei einem anderen Arzt in Behandlung sind oder waren[26]. Primäre Regelungsadressaten sind wieder die Ärzte, denen bestimmte Tätigkeiten untersagt bzw. denen die Verpflichtung auferlegt wird, Patienten an andere Ärzte zurückzuüberweisen.

---

5 HKG Ns; § 26 Nr. 5 HeilBerG NW; § 23 Nr. 5 HeilBerG RhPf; § 20 Nr. 5 SÄKG; § 27 Abs. 1 Nr. 4 ÄrzteKG SH; in Berlin fehlen speziellen Ermächtigungsgrundlagen.

22 Vgl. oben 1. Kap. B III 2 b bb und zu dem ähnlich gelagerten Problem der Rezeptsammelstellen *BVerfGE* 38, 373 (381 ff.).

23 Vgl. *BVerfGE* 38, 373 (382).

24 Vgl. *BVerfGE* 38, 373 (382).

25 Daß es auch anders geht, belegt § 28 BRAO, in dem das Zweigstellenverbot und das Verbot auswärtiger Sprechtage der Rechtsanwälte formell-gesetzlich geregelt ist. Darüber hinaus bestehen auch gegen § 9 Abs. 2 Bedenken aus Gründen der fehlenden demokratischen Legitimation des Entscheidungsorgans, s. o. 3. Kap. B II 1 a.

26 S. o. 1. Kap. B III 2 b bb.

Auch in diesen Fällen stellt sich die Frage, ob nicht der Wettbewerbsschutz so stark im Vordergrund der Regelungen steht, daß von legitimer Aufgabenerfüllung nicht mehr gesprochen werden kann[27]. Auch hier soll diese Frage offen bleiben, da die Satzungsvorschriften schon aus einem anderen Grund verfassungswidrig sind.

Erhebliche Bedenken bestehen hinsichtlich der erforderlichen Bestimmtheit der Ermächtigungsgrundlagen. Die Beschränkungen der §§ 15 und 16 Mustersatzung könnten allenfalls auf die Befugnis gestützt werden, das berufliche Verhalten gegenüber anderen Berufsangehörigen zu regeln[28].

Bei der Beurteilung der Ermächtigungsgrundlagen nach den Kriterien des Gesetzesvorbehalts ist zu berücksichtigen, daß die Beschränkungen ganz erhebliche Auswirkungen auf die betroffenen Patienten haben. So kann der Krankenhauspatient nach § 16 Abs. 3 Mustersatzung nach seiner Entlassung nur mit Zustimmung des einweisenden Arztes vom Krankenhausarzt weiter behandelt werden, obwohl sich zu diesem bei längerem Krankenhausaufenthalt möglicherweise ein besonderes Vertrauensverhältnis entwickelt hat. Ebenso verhält es sich mit der Rücküberweisungspflicht nach § 16 Abs. 5 Mustersatzung und dem Nachuntersuchungsverbot nach § 15 Abs. 4 Mustersatzung. Diese Auswirkungen haben zur Folge, daß die in der Mustersatzung genannten Beschränkungen einer Ermächtigungsgrundlage bedürfen, die mindestens den Zweck der Beschränkungen festlegt[29]. Derartige Festlegungen lassen sich aus der allgemeinen Ermächtigung, das Verhalten gegenüber anderen Berufsangehörigen zu regeln, nicht erkennen. Die genannten Vorschriften der §§ 15 und 16 Mustersatzung verstoßen gegen den Gesetzesvorbehalt und sind unwirksam[30].

d) Niederlassungsbeschränkungen

Mangels hinreichend bestimmter Ermächtigungsgrundlage ist auch das Verbot verfassungswidrig, sich innerhalb von zwei Jahren nach Ablauf einer mindestens dreimonatigen Tätigkeit als „Arzt im Praktikum“, Assistent, Weiterbildungsassistent oder Vertreter zur Ableistung der Vorbereitungszeit auf die kassenärztliche Tätigkeit ohne Erlaubnis des Praxisinhabers im Einzugsbereich dieser Praxis niederzulassen, § 15 Abs. 1 Mustersatzung. Die Auswirkungen dieses Verbots auf die Allgemeinheit liegen auf der Hand, so daß auf die Ausführungen zum

[27] S. o. 3. Kap. B II 1 b.

[28] § 31 Abs. 2 Nr. 10 KammerG BW; Art. 19 Nr. 9 KammerG Bay; § 27 Nr. 10 HeilBerG HB; § 5 Abs. 2 Nr. 6 ÄrzteG HH; § 25 Nr. 10 HeilBerG He; § 31 Nr. 11 HKG Ns; § 26 Nr. 10 HeilBerG NW; § 23 Nr. 11 HeilBerG RhPf; § 20 Nr. 10 SÄKG; § 27 Abs. 1 Nr. 9 ÄrzteKG SH; keine spezielle Ermächtigungsgrundlage in Berlin.

[29] Vgl. *BVerfGE* 38, 373 (382).

[30] I. E. auch *Starck*, AöR 92 (1967), S. 449 (469 f.); *derselbe*, Berufsordnungen, S. 29. Zur demokratischen Legitimation s. o. 3. Kap. B II 1 a.

Zweigpraxisverbot und zu den Behandlungsbeschränkungen verwiesen werden kann[31].

e) Ärztlicher Notfalldienst

Durch die Regelungen über den ärztlichen Notfalldienst, § 20 Mustersatzung, soll sichergestellt werden, daß die ärztliche Versorgung der Bevölkerung zu jeder Zeit gewährleistet ist[32]. Es könnten daher Bedenken gegen die Zulässigkeit der damit verbundenen mittelbaren Geltungserstreckung[33] bestehen, wenn das primäre Regelungsziel nicht der Innenbereich der Ärztekammern ist. Unmittelbare Adressaten des § 20 Mustersatzung sind die Ärzte. Deren Pflicht, am Notfalldienst teilzunehmen, folgt allerdings nicht aus der Satzung, sondern aus dem Gesetz[34].

Die Regelung der Ausgestaltung des Notfalldienstes zielt in erster Linie auf die Pflichten und Rechte der Ärzte, so daß der Innenbereich primäres Regelungsziel ist. Die Geltungserstreckung auf die Patienten ist unvermeidbar zur Erfüllung der legitimen Aufgabe, den Notfalldienst sicherzustellen. Die Ärztekammern verfügen für diese Regelungen über hinreichend bestimmte Ermächtigungsgrundlagen. Zunächst ist festzustellen, daß die Notfallregelungen für die Externen lediglich vorteilhaft sind, da dadurch weder ihre Möglichkeiten der Freiheitsentfaltung eingeschränkt, noch Pflichten auferlegt werden. Gleichwohl ist ein funktionsfähiger ärztlicher Notfalldienst für die Bevölkerung insgesamt und jeden einzelnen Bürger von ganz erheblicher Bedeutung, da im Einzelfall Leben davon abhängen kann[35]. Der Gesetzgeber ist daher[36] gehalten, den Kreis der teilnahmepflichtigen Ärzte, mögliche regionale Beschränkungen und die Voraussetzungen einer Befreiung selbst zu regeln[37]. Diesen Anforderungen werden fast alle Kammer- bzw. Heilberufsgesetze der Länder gerecht[38]. Sie genügen daher dem Gesetzesvorbehalt und sind aus kompetenzrechtlicher Sicht nicht zu beanstanden[39].

---

31 Im Ergebnis auch *Grömig*, ZfS 1969, S. 529 (verfassungswidrig wegen Verstoßes gegen Art. 12 GG).

32 Vgl. *BVerwGE* 41, 261 (263).

33 S. o. 1. Kap. B III 2 b bb.

34 § 30 Abs. 2 KammerG BW; Art. 18 Abs. 1 Nr. 2 KammerG Bay; § 4 Abs. 3 Nr. 2 KammerG B; § 25 Nr. 3 HeilBerG HB; § 4 Abs. 3 ÄrzteG HH; § 23 Nr. 2 HeilBerG He; § 29 Nr. 2 HKG Ns; § 24 Nr. 2 HeilBerG NW; § 21 Nr. 2 HeilBerG RhPf; § 18 Nr. 2 SÄKG; § 26 Nr. 2 ÄrzteKG SH.

35 Vgl. *BVerwGE* 41, 261 (263).

36 Und aus Gründen der Grundrechtsrelevanz für die betroffenen Ärzte.

37 Vgl. *BVerwGE* 41, 261 (264 f.).

38 § 31 Abs. 1 KammerG BW; Art. 18 Abs. 2 KammerG Bay; § 4 Abs. 3 Nr. 2 KammerG B; § 26 Abs. 1 HeilBerG HB; § 24 HeilBerG He; § 30 HKG Ns; § 25 Abs. 1 HeilBerG NW; § 22 HeilBerG RhPf; § 19 SÄKG; § 27 Abs. 2 ÄrzteKG SH.

39 Dies ändert nichts an den wegen der Zusammensetzung der Vertreterversammlungen bestehenden Bedenken.

Das Hamburgische Ärztegesetz enthält dagegen in §§ 4 Abs. 3, 5 Abs. 1 keine hinreichend bestimmte Ermächtigungsgrundlage für die Regelung des Notfalldienstes durch Satzung. Die Regelungen in den übrigen zehn Bundesländern belegen, daß die hier aufgestellten kompetenzrechtlichen Zulässigkeitskriterien für Satzungen mit mittelbarer Außenwirkung weder in der Praxis unerfüllbar sind, noch dazu führen, daß Selbstverwaltung und Autonomie ihrer wesentlichen Funktionen beraubt werden.

2. Architekten

a) Werbeverbot

Beurteilt man die Zulässigkeit des Werbeverbots der Architekten aus kompetenzrechtlicher Sicht, kann hinsichtlich des Regelungszieles und der Unvermeidbarkeit der Geltungserstreckung auf die gleichgelagerte Problematik bei den Ärzten verwiesen werden[40].

Fraglich ist jedoch, ob die gesetzlichen Ermächtigungsgrundlagen zum Erlaß von Werbeverboten den Anforderungen des Gesetzesvorbehalts genügen. Angesichts der geringen Auswirkungen auf Externe, sind an die Bestimmtheit der Ermächtigungsgrundlagen nur geringe Anforderungen zu stellen[41]. Die allgemeine Ermächtigung, Berufspflichten in Berufsordnungen zu regeln, reicht jedoch in keinem Fall, weil sie den Zweck der Freiheitsbeschränkungen nicht festlegt[42].

Danach ist das Werbeverbot in Rheinland-Pfalz wegen Verstoßes gegen den Gesetzesvorbehalt verfassungswidrig. Das Architektengesetz Rheinland-Pfalz enthält noch nicht einmal die allgemeine Ermächtigung zum Erlaß einer Berufsordnung[43]. Die in der Satzung als Ermächtigungsgrundlagen genannten §§ 2, 11 Nr. 1, 2 und 6 ArchG RhPf[44] regeln lediglich die Verpflichtung des Architekten, seinen Beruf gewissenhaft auszuüben und sich der Achtung und des Vertrauens würdig zu zeigen, die der Architektenberuf erfordert, § 2 Abs. 1 ArchG RhPf, die Aufgaben der Kammer, die Baukultur und das Bauwesen zu fördern, § 11 Nr. 1 ArchG RhPf, die beruflichen Belange und das Ansehen des Berufsstandes zu wahren, § 11 Nr. 2 ArchG RhPf, und auf die Beilegung von Streitigkeiten hinzuwirken, die sich aus der Berufsausübung zwischen Mitgliedern der Kammer

---

40 S. o. 3. Kap. B II 1. Es sei hier nur am Rande zu Bedenken gegeben, daß es bei den Architekten (noch) weniger einleuchtet, warum ein Werbeverbot für den Beruf des Architekten unerläßlich sein soll.

41 Vgl. *BVerfGE* 71, 162 (172 f.).

42 Vgl. *BVerfGE* 71, 183 (197 f.); 38, 373 (382); a.A. *BVerfGE* 45, 346 (351 ff.); *BVerwGE* 72, 73 (76); *OVG NW*, NJW 1974, S. 1444; *VGH BW*, VBlBW 1979, S. 139 (142) jeweils zu Werbeverboten der Ärzte- und Apothekerkammern.

43 Vgl. oben 1. Kap. B III 4 b aa FN 146.

44 StAnz. Nr. 14/21.4.1980.

ergeben, § 11 Nr. 6 ArchG RhPf. Keine dieser Vorschriften ist eine dem Gesetzesvorbehalt genügende Ermächtigungsgrundlage zum Erlaß einer Berufsordnung und folglich auch nicht zum Erlaß eines Werbeverbots.

Auch die Regelungen in Bayern, Bremen, Hessen, Niedersachsen und im Saarland sind mit dem Gesetzesvorbehalt nicht zu vereinbaren, da sie nur die allgemeine Ermächtigung zum Erlaß einer Berufsordnung beinhalten[45]. Ausreichend sind dagegen die Ermächtigungsgrundlagen in Baden-Württemberg, Berlin, Nordrhein-Westfalen und Schleswig-Holstein, weil sie die Regelung des Umfangs der Werbung ausdrücklich den Kammern übertragen[46].

b) Teilnahme an Wettbewerben

Wettbewerbe haben den Zweck, die Ermittlung von Alternativlösungen in unabhängiger sachlicher Entscheidung zu ermöglichen[47]. Das Verbot, an Wettbewerben teilzunehmen, die nicht in Übereinstimmung mit den anerkannten Wettbewerbsregeln stehen, soll sicherstellen, daß der Wettbewerbszweck erfüllt wird[48]. Der Wettbewerb hat zwei Zielrichtungen. Zum einen soll er die Entscheidungen des Bauherrn auf eine sachliche Grundlage stellen, zum anderen soll der Architekt davor geschützt werden, in eine Konkurrenz treten zu müssen, die nicht nach fachlichen Gesichtspunkten entschieden wird.

Danach bestehen Bedenken, den Innenbereich der Architektenkammern als das primäre Regelungsziel zu bestimmen. Läßt man dieses Problem außer Betracht, bestehen keine Bedenken dagegen, daß die Geltungserstreckung unvermeidbar mit der Erfüllung dieser Aufgaben verbunden ist.

Da als Folge der Teilnahmebeschränkungen für Architekten die Bauherren ihre Wettbewerbe nicht frei gestalten können, sondern an die Vorgaben der Architektenkammer gebunden sind, sind höhere Anforderungen an die Bestimmtheit der Ermächtigungsgrundlage zu stellen als beim Werbeverbot. Die Regelungen in Bayern, Bremen, Hamburg, Hessen, Niedersachsen, Rheinland-Pfalz und

---

45 Art. 10 Abs. 1 Nr. 1, Art. 13 Abs. 1 Nr. 3 ArchG Bay; § 11 Abs. 1 S. 3 lit. a ArchG HB; § 11 lit. b ArchG HH; § 11 Abs. 1 Nr. 3 ArchG He; § 9 Abs. 1 Nr. 5, § 24 Abs. 1 ArchG Ns; § 10 Abs. 1 Nr. 2 ArchG Sa. vgl. dazu auch *BVerfGE* 71, 183 (197 f.); vgl. zu den abweichenden Ansichten oben FN 42.

46 § 16 S. 2 Nr. 4 ArchG BW; § 14 Abs. 2 Nr. 4 ArchG B; § 14a Abs. 1 S. 3 Nr. 4 ArchG NW; § 26 S. 3 Nr. 5 ArchG SH. Vgl. dazu auch *BVerfGE* 71, 162 (172 f.). In diesem Zusammenhang ist darauf hinzuweisen, daß in Nordrhein-Westfalen erst durch Gesetz vom 10.1.1989 (Viertes Gesetz zur Änderung des Architektengesetzes, GVBl. S. 44) eine ausreichende Ermächtigungsgrundlage geschaffen wurde; ein weiterer Beleg dafür, daß es möglich ist, die verfassungsrechtlichen Zulässigkeitsvoraussetzungen zu erfüllen.

47 S. o. 1. Kap. B III 4 b bb.

48 S. o. 1. Kap. B III 4 b bb.

im Saarland genügen schon den geringeren Anforderungen nicht[49], können hier also erst recht nicht ausreichen. Hinreichend bestimmt sind dagegen die gesetzlichen Vorschriften, die es der Kammer übertragen, die Voraussetzungen der Teilnahme an Wettbewerben zu regeln[50]. Diese Regelungen lassen erkennen, daß Einschränkungen der Teilnahme zulässig sein sollen. Sie können verfassungskonform dahin ausgelegt werden, daß die Beschränkungen nur zur Erhaltung der durch die Berufsordnung zulässigerweise festgelegten Berufspflichten erlassen werden dürfen. Kompetenzrechtlich sind daher die Satzungsvorschriften in Baden-Württemberg, Berlin und Nordrhein-Westfalen allenfalls wegen ihres primären Regelungszwecks, nicht aber wegen fehlender Bestimmtheit der Ermächtigungsgrundlage zu beanstanden[51].

III. Prüfungsordnungen

Prüfungsordnungen entfalten dann mittelbare Außenwirkung, wenn sie über bloße Form- und Verfahrensfragen hinaus materielle Prüfungsinhalte festlegen. Das ist bei den Weiterbildungsordnungen der Ärzte[52] und den Hochschulprüfungsordnungen i. e. S. [53] sowie den Promotions- und Habilitationsordnungen der Fall[54].

1. Weiterbildungsordnungen der Ärzte

Die Prüfungsregelungen in den Weiterbildungsordnungen der Ärztekammern zielen in erster Linie darauf ab zu gewährleisten, daß der Arzt über die Qualifikation verfügt, die von einem Gebietsarzt verlangt wird. Primärer Regelungszweck ist daher der Innenbereich der Ärztekammern. Mit der Erfüllung dieser legitimen Aufgabe sind unweigerlich mittelbare Auswirkungen auf Patienten, aber auch das gesamte Gesundheitswesen verbunden. Die mittelbaren Außenwirkungen der Weiterbildungsordnung sind von ganz erheblicher Bedeutung, wie das Bundesverfassungsgericht im Facharztbeschluß festgestellt hat[55]. Es sind daher hohe Anforderungen an die Regelungsdichte des staatlichen Gesetzgebers zu stellen,

---

[49] Vgl. oben 3. Kap. B II 2 a.

[50] § 16 S. 2 Nr. 5 ArchG BW; § 14 Abs. 2 Nr. 6 ArchG B; § 14a Abs. 1 S. 3 Nr. 6 ArchG NW.

[51] Eine entsprechende Ermächtigungsgrundlage fehlt auch in Schleswig-Holstein, § 26 ArchG SH, doch ist das Wettbewerbswesen in § 14 Abs. 1 Nr. 7 und 8 abweichend von den übrigen Ländern geregelt.

[52] S. o. 1. Kap. B III 2 b cc.

[53] S. o. 1. Kap. B VII 2 c aa.

[54] S. o. 1. Kap. B VII 2 c bb.

[55] *BVerfGE* 33, 125 (162).

die dem Satzunggeber allenfalls Raum für ganz untergeordnete Verfahrens- und Formfragen beläßt.

Die Weiterbildung selbst, aber auch das Anerkennungsverfahren und die Anerkennungsvoraussetzungen (Prüfungsregelungen) sind detailliert in den Kammer- und Heilberufsgesetzen der Länder geregelt[56]. Für die in der Weiterbildungsordnung zu regelnden Einzelheiten bestehen ebenfalls — mit Ausnahme von Hamburg — genaue inhaltliche gesetzliche Vorgaben[57]. Die Prüfungsregelungen in den Weiterbildungsordnungen beruhen deshalb auf einer hinreichend bestimmten Ermächtigungsgrundlage und sind daher mit dem Gesetzesvorbehalt vereinbar[58].

2. Hochschulprüfungsordnungen

Die Hochschulprüfungsordnungen i. e. S. entfalten ebenso wie die Promotions- und Habilitationsordnungen (auch) mittelbare Außenwirkung. Die Zulässigkeit der Übertragung dieser Regelungen ergibt sich unabhängig von den übrigen Anforderungen aus Art. 5 Abs. 3 GG, weil sie zum Kernbereich der Wissenschaftsfreiheit gehören[59] und die gesetzgeberische Freiheit in diesem Bereich begrenzt ist[60]. Wegen fehlender demokratischer Legitimation aber auch im Hinblick auf Art. 5 Abs. 3 GG sind die in einigen Bundesländern für die Promotions- und Habilitationsordnungen bestehenden fachaufsichtsrechtlichen Elemente bedenklich. Aus denselben Erwägungen bestehen Bedenken gegen die Verfassungsmäßigkeit des entscheidenden Einflusses, den die Empfehlungen nach § 9 Abs. 2 HRG auf den Inhalt der Prüfungsordnungen i. e. S. haben[61].

---

56 §§ 32 ff. KammerG BW; Art. 21 ff. KammerG Bay; §§ 1 ff. WeiterbG B; §§ 28 ff. HeilBerG HB; §§ 6 ff. ÄrzteG HH; §§ 26 ff. HeilBerG He; §§ 32 ff. HKG Ns; §§ 27 ff. HeilBerG NW; §§ 24 ff. HeilBerG RhPf; §§ 21 ff. SÄKG; §§ 28 ff. ÄrzteKG SH.

57 § 39 Abs. 2 KammerG BW; Art. 30 Abs. 2 KammerG Bay; § 9 Abs. 2 WeiterbG B; § 37 Abs. 2 HeilBerG HB; § 35 Abs. 2 HeilBerG He; § 43 Abs. 2 HKG Ns; § 36 Abs. 2, § 33 Abs. 5 HeilBerG NW; § 32 HeilBerG RhPf; § 30, § 27 Abs. 5 SÄKG; § 36 ÄrzteKG SH; § 9 Abs. 8 ÄrzteG HH bestimmt lediglich, daß das Nähere, insbesondere der fachliche Inhalt und die Mindestdauer der Weiterbildung sowie Inhalt, Dauer und Reihenfolge der einzelnen Weiterbildungsabschnitte, durch die Weiterbildungsordnung bestimmt werden.

58 An diesem Ergebnis bestehen für die Hamburger Regelung Bedenken. Im übrigen sei auf die mit der Zusammensetzung der Vertreterversammlung verbundenen demokratischen Legitimationsprobleme hingewiesen, vgl. oben 3. Kap. B II 1 a.

59 *BVerfGE* 35, 79 (123); *Karpen*, S. 854 (857).

60 *BVerfGE* 35, 79 (123).

61 Vgl. oben 1. Kap. B VII 2 c aa.

IV. Ausbildungsordnungen

Ausbildungsordnungen mit mittelbarer Außenwirkung sind in den untersuchten Selbstverwaltungsbereichen die Weiterbildungsordnungen der Ärzte[62] und die Studienordnungen der Hochschulen[63]. Beide Regelungen sind zulässigerweise auf die Ärztekammern bzw. Hochschulen übertragen worden. Insoweit kann auf die Ausführungen zu den Prüfungsordnungen verwiesen werden[64]. Es bleiben aber auch die auf Defiziten der demokratischen Legitimation der Entscheidungsorgane beruhenden Zweifel an der Verfassungsmäßigkeit bestehen[65].

V. Honorarordnungen

Der Honorarverteilungs- und der Einheitliche Bewertungsmaßstab entfalten mittelbare Außenwirkung[66]. Sie sollen hier zusammen untersucht werden, da sie ihre Wirkungen nur im Zusammenspiel entfalten[67]. Die mittelbare Geltungserstreckung ist ebensowenig wie die unmittelbare von der grundgesetzlichen Kompetenzordnung gedeckt[68]. Die Regelungen sind zwar primär auf den Innenbereich der kassenärztlichen Selbstverwaltungsträger gerichtet, fraglich ist jedoch schon, ob die Veränderung der Gesundheitsstrukturen zu den legitimen Aufgaben der Kassenärztlichen (Bundes-) Vereinigung gehört. Kein Zweifel kann dagegen daran bestehen, daß die Geltungserstreckung unerläßlich mit den Regelungen des EBM und des HVM verbunden ist. Die Regelungen sind jedoch von keiner ausreichenden Ermächtigungsgrundlage gedeckt.

Die mittelbaren Außenwirkungen sind von ganz erheblichem Gewicht für die Patienten und die Allgemeinheit, weil sie grundlegende Strukturveränderungen im Gesundheitswesen zur Folge haben[69]. Die Ermächtigungsgrundlage muß daher

---

[62] S. o. 1. Kap. B III 2 b dd.

[63] S. o. 1. Kap. B VII 2 d.

[64] S. o. 3. Kap. B III; vgl. zur Bedeutung der Ausbildung für die Berufsfreiheit *BVerfGE* 41, 251 (261 f.).

[65] Vgl. oben 3. Kap. B II 1 a. (Ärztekammer); s. 1. Kap. B VII 2 d, 3. Kap. B III 2 (Studienordnung).

[66] S. o. 1. Kap. B VI 2 b dd (3).

[67] S. o. 1. Kap. B VI 2 b dd.

[68] Zu den unmittelbaren Außenwirkungen s. o. 3. Kap. A V.

[69] Vgl. oben 1. Kap. B VI 2 b dd (2). Aus diesem Grund widerspricht die hier vertretene Auffassung nicht *BVerfGE* 33, 171 (183 f.). Das Bundesverfassungsgericht prüfte mögliche Außenwirkungen des Honorarverteilungsmaßstabs nicht, hielt aber schon die Wirkungen auf die Berufsausübung der Ärzte (Interne) für gering, da der Satzunggeber nur Spielraum für die Festlegung „mehr technischer Einzelheiten" und die Kürzungsregelung gehabt habe (S. 184). Es ging in dieser Entscheidung also nicht um erhebliche Außenwirkungen.

so bestimmt sein, daß sie das Ziel, die Mittel und die Auswirkungen der Strukturveränderung selbst festlegt. Diesen Anforderungen genügt § 87 Abs. 2 SGB V nicht, der lediglich zu einer Überprüfung berechtigt, ob die Leistungsbeschreibungen und ihre Bewertungen noch dem Stand der medizinischen Wissenschaft und Technik sowie dem Erfordernis der Rationalisierung im Rahmen wirtschaftlicher Leistungserbringungen entsprechen, nicht aber zu einer grundlegenden Strukturreform. Auch § 85 Abs. 4 SGB V ist keine dem Gesetzesvorbehalt genügende Ermächtigungsgrundlage. Danach hat der HVM Art und Umfang der Leistungen des Kassenarztes zugrunde zu legen. Er soll sicherstellen, daß eine übermäßige Ausdehnung der Tätigkeit des Kassenarztes verhütet wird. § 85 Abs. 4 SGB V legt daher weder das Ziel, noch die anzuwendenden Mittel, noch die Auswirkungen einer Strukturreform fest. HVM und EBM sind daher mangels ausreichender Ermächtigungsgrundlage wegen Verstoßes gegen den Gesetzesvorbehalt verfassungswidrig.

VI. Beitrags- und Gebührenordnungen

Die untersuchten Beitrags- und Gebührenordnungen entfalten keine mittelbare Außenwirkung.

Zusammenfassung

1. Die personellen Grenzen der Autonomie öffentlichrechtlicher Selbstverwaltungskörperschaften sind abhängig von der Außenwirkung der autonomen normativen Regelungen. Autonome normative Regelungen entfalten dann Außenwirkungen, wenn Externe betroffen sind.

2. Der Begriff des Externen ist nicht formal im Wege der negativen Abgrenzung von den Körperschaftsmitgliedern zu bestimmen, weil es einen einheitlichen Mitgliedschaftsbegriff nicht gibt. Der Begriff des Externen ist material danach zu bestimmen, ob der Betroffene Entscheidungsbefugnisse an der konkreten Regelung hat oder unmittelbar oder mittelbar den Entscheidungsträger personell bestimmt und so den demokratischen Legitimationszusammenhang herstellt. Externer ist also, wer außerhalb dieses Legitimationszusammenhanges steht.

3. Normative Regelungen erfassen nicht nur die direkten Adressaten, sondern wirken sich grundsätzlich auch auf Dritte aus. Es ist daher zu unterscheiden zwischen unmittelbarer, mittelbarer und fehlender Außenwirkung. Unmittelbare Außenwirkung besteht dann, wenn die normative Regelung final und primär darauf gerichtet ist, Externe zu binden. Mittelbare Außenwirkung liegt dann vor, wenn die Norm eine außenregelnde Tendenz aufweist. Dies ist dann der Fall, wenn sie infolge ihrer Gestaltung in engem Zusammenhang zu den betroffenen Externen steht und objektiv eine außenregelnde Tendenz deutlich erkennen läßt. Fehlt es an einem dieser Elemente, besteht keine rechtlich relevante Außenwirkung.

4. Autonomie muß vom Staat auf die öffentlich-rechtlichen Körperschaften übertragen werden. Für die Übertragung gilt der Gesetzesvorbehalt, d.h. der parlamentarische Gesetzgeber ist verpflichtet, alle wesentlichen Entscheidungen selbst zu treffen.

5. Welche Entscheidungen danach beim Gesetzgeber verbleiben müssen, ist durch eine funktionell-strukturelle Betrachtung zu ermitteln. Hierbei sind die Hauptfunktionen der Autonomie, Dezentralisierung, Demokratisierung, Sachgerechtigkeit und Entlastung des staatlichen Gesetzgebers, sowie die strukturellen Kriterien, verfassungsrechtlicher Status und Leistungsfähigkeit des Entscheidungsorgans, zugrundezulegen. Die sachstrukturellen Kriterien werden durch die demokratische Legitimation, die Zusammensetzung, das Entscheidungsverfahren, die Integrationskraft und die Sachkunde des Entscheidungsorgans bestimmt.

6. Die Autonomie ist auf den eigenen Selbstverwaltungsbereich beschränkt, der personell durch die körperschaftlich verbundene sozialhomogene Betroffenengemeinschaft begrenzt ist. Kein funktionell-struktureller Gesichtspunkt ist geeignet, Regelungen, die den personellen Selbstverwaltungsbereich unmittelbar verlassen, den Selbstverwaltungskörperschaften zuzuweisen. Darüber hinaus wiche die Zuweisung der Regelungskompetenz über Externe vom Leitgedanken der Autonomie ab und paßte sich nicht mehr sinnvoll in die grundgesetzliche Ordnung ein.

7. Aus diesen Gründen ist eine autonome normative Regelung mit unmittelbarer Außenwirkung grundsätzlich wegen Verstoßes gegen den Gesetzesvorbehalt verfassungswidrig. Ausnahmen sind nur dann zuzulassen, wenn

   a) die Regelung nicht die Ausübung grundgesetzlicher Freiheiten beschränkt, sondern dem Externen lediglich Vorteile einräumt, auf die er keinen grundgesetzlich garantierten Anspruch hat,

   b) sich der Externe freiwillig in den Regelungsbereich der Selbstverwaltungskörperschaft begibt und dies nicht notwendig zur Ausübung der grundgesetzlich garantierten Freiheitsrechte ist oder

   c) die Verfassung selbst eine Ausnahme zuläßt oder gebietet.

   Unzulässig sind danach die Regelungen der Berufsordnungen der Architektenkammern, die von externen Berufsanfängern eingehalten werden müssen, um den Beruf des freien Architekten ergreifen zu können. Unzulässig ist auch die Einbeziehung von Ehegatten und Besuchern in die Unfallversicherung durch Satzungen der Berufsgenossenschaften, § 543 Abs. 2 und § 544 Nr. 1 RVO, weil damit die sanktionierte Pflicht zur Einhaltung der Unfallverhütungsvorschriften verbunden ist, §§ 710, 717a RVO. Unzulässig sind darüber hinaus die Gesellen- und Umschulungsprüfungsordnungen der Handwerkskammern, die Umschulungsprüfungsordnungen der Landwirtschaftskammern sowie die Prüfungsordnungen der IHK, der Ärzte- und Rechtsanwaltskammern nach dem Berufsbildungsgesetz, ferner der EBM im Kassenarztrecht und die Gebührenordnungen, die die Prüfung oder für die Berufswahl sonst unerläßliche Handlungen betreffen. Bedenken aus kompetenzrechtlicher Sicht bestehen auch gegen die Immatrikulationsordnungen der Hochschulen, während die Promotions- und Habilitationsordnungen von Art. 5 Abs. 3 GG gerechtfertigt werden.

8. Anders als bei autonomen normativen Regelungen mit unmittelbarer Geltungserstreckung kann bei mittelbarer Außenwirkung das personelle Legitimationsdefizit des Satzunggebers durch eine erhöhte gesamtstaatliche sachlich-inhaltliche Legitimation ausgeglichen werden, wenn die Spannungslage zwischen Autonomie und Legitimation sonst nicht aufgelöst werden kann. In diesen Fällen stehen auch die übrigen sachstrukturellen Kriterien einer

Übertragung der Regelungskompetenz auf die öffentlich-rechtliche Selbstverwaltungskörperschaft nicht entgegen. Autonome normative Regelungen mit mittelbarer Außenwirkung sind daher zulässig, wenn

a) ihr primäres Regelungsziel der Innenbereich der Selbstverwaltungskörperschaft ist,

b) die Geltungserstreckung unvermeidbar mit der Erfüllung der legitimen internen Aufgaben verbunden ist und

c) die Regelung auf einer hinreichend bestimmten parlamentarisch gesetzlichen Ermächtigungsgrundlage beruht.

d) Sie ist darüber hinaus zulässig, wenn das Grundgesetz dies vorsieht oder gebietet.

Unzulässig sind danach die Regelungen in den Berufsordnungen der Ärzte über Zweigpraxenverbote und Verbote auswärtiger Sprechstunden sowie über Behandlungs- und Niederlassungsbeschränkungen. Unzulässig sind in einigen Bundesländern die in den Berufsordnungen der Architektenkammern enthaltenen Werbeverbote und Wettbewerbsbeschränkungen. Mit der grundgesetzlichen Kompetenzordnung unvereinbar sind darüber hinaus der Honorarverteilungs- und der Einheitliche Bewertungsmaßstab im Kassenarztrecht, soweit sie mittelbare Außenwirkung entfalten.

9. Der Einhaltung des Gesetzesvorbehalts stehen keine praktischen Gründe entgegen. Vielmehr hat die Vergangenheit bewiesen, daß immer dann, wenn das Bundesverfassungs- oder Bundesverwaltungsgericht eine autonome Regelung aus kompetenzrechtlichen Gründen für verfassungswidrig erklärt hat, der Gesetzgeber und die Selbstverwaltungsträger in der Lage waren, verfassungsgemäße Lösungen zu finden. Gegen praktische Hindernisse spricht auch, daß in einzelnen Regelungsbereichen, die dem Landesrecht unterstehen, einige Länder dem Gesetzesvorbehalt genügende Regelungen geschaffen haben, andere dagegen nicht.

10. Soll der Gesetzesvorbehalt ernst genommen werden, ist der parlamentarische Gesetzgeber gefordert, die Autonomie auf eine ausreichende gesetzliche Grundlage zu stellen. Er sollte damit nicht warten, bis ihn gerichtliche Entscheidungen dazu zwingen, sondern seiner demokratischen Verantwortung nachkommen.

Literaturverzeichnis

Achterberg, Norbert: Allgemeines Verwaltungsrecht, 2. Aufl. 1986.

Arnim, Hans Herbert von: Gemeindliche Selbstverwaltung und Demokratie, in: AöR 113 (1988), S. 1.

Atzbach, Ernst: Grundfragen der ärztlichen Kammergesetzgebung und Berufsgerichtsbarkeit und ihr Verhältnis zum Grundgesetz unter besonderer Berücksichtigung der historischen Entwicklung des ärztlichen Berufsrechts, Diss. 1960.

Badura, Peter: Rechtsetzung durch Gemeinden, in: DÖV 1963, S. 561.

Bahro, Horst: Das Hochschulzulassungsrecht in der Bundesrepublik Deutschland, Kommentar, 2. Aufl. 1986.

Barschel, Uwe / *Gebel*, Volkram: Landessatzung für Schleswig-Holstein, Kommentar, 1976.

Basedow, Jürgen: Die Industrie- und Handelskammern — Selbstverwaltung zwischen Staat und Verbandwesen, in: BB 1977, S. 366.

Becker, Erich: Die Selbstverwaltung als verfassungsrechtliche Grundlage der Kommunalen Ordnung in Bund und Ländern, in: Hans Peters (Hrsg.), Handbuch der Kommunalen Wissenschaft und Praxis, 1. Band, Kommunalverfassung, 1956, S. 113; zit.: Grundlage.

Bericht der Bundesregierung zu Fragen der Selbstverwaltung in der Sozialversicherung: BT DR 7 / 4244 vom 3. 11. 1975; zit.: Selbstverwaltungsbericht.

Bernhardt, Wolfram: Sinn und Grenzen des Rechts zur Bildung öffentlich-rechtlicher Körperschaften bei Gewerbetreibenden, 1974.

Bethge, Herbert: Zum Begriff der Selbstverwaltung in der Rechtsprechung des Bundessozialgerichts, in: VSSR 1980, S. 237.

— Parlamentsvorbehalt und Rechtsatzvorbehalt für die Kommunalverwaltung, in: NVwZ 1983, 577.

— Grundrechtsträgerschaft juristischer Personen — Zur Rechtsprechung des Bundesverfassungsgerichts —, in: AöR 104 (1979), S. 265.

— Grundrechtsprobleme einer Zwangsmitgliedschaft in Verbänden des öffentlichen Rechts, in: JA 1979, S. 281.

Bieback, Karl-Jürgen: Die Mitwirkung der Beschäftigten in der öffentlichen Verwaltung untersucht am Beispiel der öffentlichen Verwaltung durch personale Dienstleistungen, 1983; zit.: Mitwirkung.

Bieräugel, Klaus: Die Grenzen berufsständischer Rechte: Im wesentlichen dargestellt am Berufsstand der Ärzte, Diss. 1976.

Bley, Helmar: Sozialrecht, 6. Aufl. 1988.

Blüm, Norbert: Denkanstöße für eine neue Gesundheitspolitik, in: Bulletin der Bundesregierung 1987, Nr. 30, S. 245.

Bochalli, Alfred / *Arenstorff*, Curt von: Das Wasser- und Bodenverbandrecht, 4. Aufl. 1972.

Böckenförde, Ernst-Wolfgang: Demokratie als Verfassungsprinzip, in: Josef Isensee / Paul Kirchhof (Hrsg.), Handbuch des Staatsrechts der Bundesrepublik Deutschland, Band I, Grundlagen von Staat und Verfassung, 1987, § 22, S. 887; zit.: Demokratie.

— Gesetz und gesetzgebende Gewalt. Von den Anfängen der deutschen Staatsrechtslehre bis zur Höhe des staatsrechtlichen Positivismus, 2. Aufl. 1981; zit.: Gesetz.

— Verfassungsfragen der Richterwahl, 1974; zit.: Verfassungsfragen;

— Die politische Funktion wirtschaftlich-sozialer Verbände und Interessenträger in der sozialstaatlichen Demokratie: Ein Beitrag zum Problem der „Regierbarkeit", in: Der Staat 15 (1976), S. 457.

Bogs, Harald: Strukturprobleme der Selbstverwaltung einer modernen Sozialversicherung, in: Harald Bogs / Christan v. Ferber / infas, Soziale Selbstverwaltung, Aufgaben und Funktion der Selbstverwaltung in der Sozialversicherung, Band 1, Bonn, ohne Jahr (um 1977), S. 5; zit.: Strukturprobleme.

— Die Sozialversicherung im Staat der Gegenwart, 1973; zit.: Sozialversicherung.

Bourmer, Horst: Kritik an einer gezielten Verunsicherung, in: DÄ 1987, B 1546.

Brandstetter, Arnulf: Der Erlaß von Berufsordnungen durch die Kammern der freien Berufe, 1971.

Breinersdorfer, Alfred / *Zimmerling*, W.: Der Hochschulzulassungsanspruch ausländischer Studienbewerber, in: JZ 1986, 431.

Breuer, Rüdiger: Selbstverwaltung und Mitverwaltung Beteiligter im Widerstreit verfassungsrechtlicher Postulate, in: DV 10 (1977), S. 1.

Brohm, Winfried: Strukturen der Wirtschaftsverwaltung: Organisationsformen und Gestaltungsmöglichkeiten im Wirtschaftsverwaltungsrecht, 1969; zit.: Strukturen,

— Selbstverwaltung in wirtschafts- und berufsständischen Kammern, in: Albert von Mutius (Hrsg.), Selbstverwaltung im Staat der Industriegesellschaft, Festgabe zum 70. Geburtstag von Georg Christoph von Unruh, Heidelberg, 1983, S. 777; zit.: von Unruh FG.

Bürkle-Storz, Stefan M.: Verfassungsrechtliche Grundlagen und Grenzen der Satzungsautonomie berufsständischer Korporationen, Diss. 1970.

Dallinger, Peter / *Bode*, Christian / *Dellian*, Fritz: Hochschulrahmengesetz, Kommentar, 1978; zit.: (Bearb.), in: Dallinger.

Denninger, Erhard: Hochschulrahmengesetz, Kommentar, 1984; zit.: (Bearb.), in: Denninger.

Dölker, Walter: Anforderungen an Ermächtigungsgrundlagen von Satzungen, Diss. 1984.

Dornheim, Carl: Das Recht der Wasser- und Bodenverbände, 2. Aufl. 1980.

Eberle, Carl-Eugen: Gesetzesvorbehalt und Parlamentsvorbehalt, in: DÖV 1984, S. 485.

Elleringmann, Rudolf: Begriff und Wesen der körperschaftlichen Selbstverwaltung, 1936.

Emde, Ernst Thomas: Die demokratische Legitimation der funktionalen Selbstverwaltung, Diss. 1984 (maschinenschriftliches Manuskript).

Evers, Hans-Ulrich: Verbände — Verwaltung — Verfasung, in: Der Staat 1964, S. 41.

Eyermann, Erich / *Fröhler*, Ludwig / *Honig*, Gerhart: Handwerksordnung, Kommentar, 3. Aufl. 1973.

Eyll, Klara van: Berufsständische Selbstverwaltung, in: Kurt G. A. Jeserich / Hans Pohl / Georg Christoph von Unruh (Hrsg.), Deutsche Verwaltungsgeschichte 1987, Band V, S. 349.

Fauvet, Alexander: Das Honorarsystem der Kassenärzte im Sozialversicherungsrecht unter besonderer Berücksichtigung des Honorarverteilungsmaßstabs, Diss. 1968.

Fleiner, Fritz: Institutionen des Deutschen Verwaltungsrechts; Neudruck der achten neubearbeiteten Auflage bei J. C. B. Mohr, Tübingen 1928, Scientia Aalen, 1960.

Fleischmann, Eugen: Die freien Berufe im Rechtsstaat, 1970.

Föhr, Horst: Anforderungen des Grundgesetzes an den Aufbau von Verbänden, in: NJW 1975, S. 617.

Forsthoff, Ernst: Lehrbuch des Verwaltungsrechts, Band 1, Allgemeiner Teil, 1973.

Frentzel, Gerhard / *Jäkel*, Ernst / *Junge*, Werner: Industrie- und Handelskammergesetz, Kommentar, 4. Aufl. 1982.

Friehe, Heinz-Josef: Autonome Satzungen und Geltungsanspruch der Grundrechte, in: JuS 1979, S. 465.

Fröhler, Ludwig: Das Recht der Handwerksinnung, 1959; zit.: Handwerksinnung.

— Das Organisationsrecht der Handwerksordnung, dargestellt anhand der Rechtsprechung, 1973; zit.: Organisationsrecht.

Fröhler, Ludwig / *Oberndorfer*, Peter: Körperschaften des öffentlichen Rechts und Interessenvertretung, 1974.

Frotscher, Werner: Selbstverwaltung und Demokratie, in: Albert von Mutius (Hrsg.), Selbstverwaltung im Staat der Industriegesellschaft, Festgabe zum 70. Geburtstag von Georg Christoph von Unruh, 1983, S. 127; zit.: von Unruh FG.

Gierke, Otto von: Das deutsche Genossenschaftsrecht, 1. Band Rechtsgeschichte der deutschen Genossenschaft, 1869 (Nachdruck 1954); 2. Band Geschichte des deutschen Körperschaftsbegriffs, 1873 (Nachdruck 1954); 3. Band Die Staats- und Korporationslehre des Altertums und des Mittelalters und ihre Aufnahme in Deutschland, 1881 (Nachdruck 1954); 4. Band Staats- und Korporationslehre der Neuzeit, 1913 (Nachdruck 1954); zit.: Gierke, Genossenschaftsrecht Bd.

Gitter, Wolfgang: in: RVO-Gesamtkommentar, Drittes Buch, Unfallversicherung, Loseblatt, Stand Mai 1988.

Glombig, Eugen: Sozialwahlen, Ergebnisse, in: BArbBl. 9 / 1980, S. 9.

Gneist, Rudolf von: Verwaltung, Justiz, Rechtsweg. Staatsverwaltung und Selbstverwaltung nach englischen und deutschen Verhältnissen mit besonderer Rücksicht auf Verwaltungsreformen und Kreisordnungen in Preußen, 1869; zit.: Verwaltung-Justiz-Rechtsweg.

— Die preußische Kreis-Ordnung in ihrer Bedeutung für den inneren Ausbau des deutschen Verfassungs-Staates, 1870; zit.: Preußische Kreisordnung.

— Selfgovernment, Kommunalverfassung und Verwaltungsgerichte in England, 3. Aufl. 1871; zit.: Selfgovernment.

Göhner, Reinhard: Möglichkeiten und Grenzen einer gesetzlichen Regelung des Verbandswesens, in: ZRP 1977, S. 25.

Grömig, Ursula: Das Niederlassungsverbot in der Berufsordnung für Ärzte in verfassungsrechtlicher Schau, in: ZfS 1969, S. 529.

Häberle, Peter: Berufsständische Satzungsautonomie und staatliche Gesetzgebung, in: DVBl. 1972, S. 909.

Häußler, Siegfried: Warum ich sie durchsetzen muß, in: Medical Tribune vom 12. 9. 1986, S. 15.

— Völlig absurd ist der Vorwurf, in: DÄ 1987, A. 222.

Hamann, Andreas: Autonome Satzungen und Verfassungsrecht, 1958.

Hauck, Peter: Neues Recht zur Studienplatzvergabe, in: NVwZ 1986, S. 348.

Heinemann, Gustav W. / *Liebold*, Rolf: Kassenarztrecht, Loseblatt Bd. I Abschnitte A bis D, 5. Aufl., 19. Lief. Stand: Juli 1987.

Hendler, Reinhard: Selbstverwaltung als Ordnungsprinzip. Zur politischen Willensbildung und Entscheidung im demokratischen Verfassungsstaat der Industriegesellschaft, 1984; zit.: Selbstverwaltung.

— Die Studentenwerke als Selbstverwaltungsträger, in: DVBl. 1986, S. 968.

Hennies, Günther: Richterwahlausschuß — Wege und Irrwege, in: DRiZ 1972, S. 410.

Hermes, Reinhard: Der Bereich des Parlamentsgesetzes, 1988.

Herzog, Roman: Allgemeine Staatslehre, 1971; zit.: Staatslehre.

Hesse, Konrad: Grundzüge des Verfassungsrechts der Bundesrepublik Deutschland, 15. Aufl. 1985.

Heussner, Hermann: Vorbehalt des Gesetzes und „Wesentlichkeitstheorie", in: Hermann Avenarius u. a. (Hrsg.), Festschrift für Erwin Stein, 1983, S. 111.

Hill, Hermann: Zur Verweisung auf Richtlinien im Kassenarztrecht, in: NJW 1982, S. 2104.

Hoffmann-Riem, Wolfgang: Selbstverwaltung des Rundfunks und im Rundfunk, in: Albert von Mutius (Hrsg.), Selbstverwaltung im Staat der Industriegesellschaft, Festgabe zum 70. Geburtstag von Georg Christoph von Unruh, 1983, S. 951; zit.: von Unruh FG.

Huber, Ernst Rudolf: Selbstverwaltung der Wirtschaft, 1958; zit.: Huber, Selbstverwaltung.

Hugger, Werner: Gesetze — Ihre Vorbereitung, Abfassung und Prüfung, 1983.

Ipsen, Hans Peter: Berufsausbildungsrecht für Handel, Gewerbe und Industrie, 1967.

Ipsen, Knut: Die Richterwahl in Bund und Ländern, in: DÖV 1971, S. 469.

Isele, Walter: BRAO, Kommentar, 1976.

Isensee, Josef: Satzungsautonomie und Dispensbefugnis im Bereich der Arbeitskampf-Neutralität, in: DB 1985, S. 2681.

Jarass, Hans D.: Die freien Berufe zwischen Standesrecht und Kommunikationsfreiheit, in: NJW 1982, S. 1833.

Jellinek, Walter: Verwaltungsrecht, unveränderter Neudruck der 3. Aufl. von 1931, 1966.

Jung, Doris: Rechtsfragen der Mitgliedschaft in öffentlich-rechtlichen Zwangsverbänden — Bemerkungen zu BVerwG Urt. v. 24. 9. 1981 und vom 17. 12. 1981 —, in: JA 1984, S. 467.

Kaiser, Paul / *Linckelmann*, Karl / *Schleberger*, Erwin: Wasserverbandverordnung, 3. Aufl. 1967.

Karpen, Ulrich: Akademische Grade, Titel, Würden, in: Christian Flämig u.a. (Hrsg.), Handbuch des Wissenschaftsrechts, Band 1, 1982, S. 854.

Kiess, Adolf: Rechtsverordnung und Satzung: Unterschiede und Stellung im geltenden Verfassungsrecht, Diss. 1961.

Kinne, Hugo: Die Autonomie der preußischen Städte nach den Städteordnungen, Diss. 1908.

Kisker, Gunter: Neue Aspekte im Streit um den Vorbehalt des Gesetzes, in: NJW 1977, S. 1313.

Klein, Hans H.: Demokratie und Selbstverwaltung, in: Roman Schnur (Hrsg.), Festschrift für Ernst Forsthoff zum 70. Geburtstag, 1972, S. 165; zit.: Demokratie.

Kleine-Cosack, Michael: Berufsständische Autonomie und Grundgesetz, 1986.

— Verfassungswidriges Standesrecht, in: NJW 1988, S. 164.

Kloepfer, Michael: Der Vorbehalt des Gesetzes im Wandel, in: JZ 1984, S. 685.

Knopp, Anton / *Kraegeloh*, Wolfgang: Berufsbildungsgesetz, 2. Aufl. 1982.

Korinek, Karl: Wirtschaftliche Selbstverwaltung. Eine rechtswissenschaftliche Untersuchung am Beispiel der österreichischen Rechtsordnung, 1970; zit.: Wirtschaftliche Selbstverwaltung.

— Selbstverwaltung in Gemeinden und Kammern — ein Abgrenzungsversuch, in: ZAS 1967, S. 66.

Kraegeloh, Wolfgang: Die neue Ausbildungsverordnung für Rechtsanwalts- und Notargehilfen, in: NJW 1988, S. 532.

Krause, Peter / *Maydell*, Bernd von / *Merten*, Detlef / *Meydam*, Jan: Gemeinschaftskommentar zum Sozialgesetzbuch Gemeinsame Vorschriften für die Sozialversicherung; GK-SGB IV, 1978; zit.: (Bearb.), in: GK-SGB IV.

Küchenhoff, Günther, Gemeinsame Selbstgestaltung (Autonomie) im Kassenarztrecht, in: Hans Schneider / Volkmar Götz (Hrsg.), Im Dienst an Recht und Staat, Festschrift für Werner Weber zum 70. Geburtstag, 1974, S. 833; zit.: Weber FS.

— Gesamtverträge und Schiedssprüche im Kassenarztrecht, in: Hans Carl Nipperdey (Hrsg.), Festschrift für Erich Molitor zum 75. Geburtstag, 1962, S. 253; zit.: Molitor FS.

Küttner, Wolfdieter: Die Rechtsetzungsbefugnis von Selbstverwaltungskörpern nach dem Bonner Grundgesetz, 1965.

Laband, Paul, Das Staatsrecht des Deutschen Reiches (Handbuch des Öffentlichen Rechts II.1.), 2. Aufl. 1894.

Lang, Hans-Ulrich, Priorität für die Beitragsstabilität, in: DÄ 1987, A 961.

Lange, Klaus, Die öffentlichrechtliche Anstalt, in: VVDStRL 44 (1986), S. 169.

— Die Entwicklung des kommunalen Selbstverwaltungsgedankens und seine Bedeutung in der Gegenwart, in: Hans Schneider / Volkmar Götz (Hrsg.), Im Dienst an Recht und Staat, Festschrift für Werner Weber zum 70. Geburtstag, 1974, S. 851; zit.: Weber FS.

Laubinger, Hans-Werner, Zum Anspruch der Mitglieder von Zwangsverbänden auf Einhaltung des gesetzlich zugewiesenen Aufgabenbereichs, in: VerwArch. 74 (1983), S. 175 ff., 263 ff.

Lauterbach, Herbert, fortgeführt von *Watermann*, Friedrich: Gesetzliche Unfallversicherung, Kommentar zum 3. und 5. Buch der Reichsversicherungsordnung und zu den die Unfallversicherung betreffenden Vorschriften des 1., 4. und 10. Buches des Sozialgesetzbuches (Loseblatt) Band 3, 3. Aufl. 1987, Stand 1. 10. 1987.

Leisner, Walter: Mitbestimmung im öffentlichen Dienst, 1970.

Leopold, Dieter: Die Selbstverwaltung in der Sozialversicherung, 3. Aufl. 1980.

Leßmann, Herbert: Die Verbände in der Demokratie und ihre Regelungsprobleme, in: NJW 1978, S. 1545.

Leuze, Dieter / *Bender*, Gisela: Gesetz über die wissenschaftlichen Hochschulen des Landes Nordrhein-Westfalen; Kommentar unter Berücksichtigung des Hochschulrahmengesetzes des Bundes und der Hochschulgesetze der einzelnen Länder; Loseblattsammlung, Stand August 1988; zit.: (Bearb.), in: Leuze / Bender.

Lingenberg, Joachim / *Hummel*, Fritz / *Zuck*, Rüdiger / *Eich*, Alexander: Kommentar zu den Grundsätzen des anwaltlichen Standesrechts, 2. Aufl. 1988.

Lohr, Valentin: Satzungsgewalt und Staatsaufsicht, 1963.

Lübtow, Ulrich von: Autonomie oder Heteronomie der Universitäten, 1966.

Luhmann, Niklas: Komplexität und Demokratie, in: derselbe, Politische Planung, Aufsätze zur Soziologie von Politik und Verwaltung, 1971, S. 35; zit.: Komplexität.

— Legitimation durch Verfahren, 1969; zit.: Legitimation.

Matzke, Heinz / *Schirmer*, Dieter: Die einheitlichen Bewertungsmaßstäbe für die ärztlichen und zahnärztlichen Leistungen, in: BKK 1978, S. 273.

Maunz, Theodor / *Dürig*, Günter / *Herzog*, Roman / *Scholz*, Rupert u.a.: Grundgesetz. Loseblattkommentar, Stand: Nov. 1988; zit.: (Bearb.), in: Maunz / Dürig.

Maurer, Hartmut: Promotion, in: Christian Flämig u. a. (Hrsg.), Handbuch des Wissenschaftsrechts, Band 1, 1982, S. 831.

— Allgemeines Verwaltungrecht, 6. Aufl. 1988; zit.: VwR.

Mayer, Otto: Deutsches Verwaltungsrecht, Erster Band, Dritte Aufl. 1924; zit.: DVwR I;

— Deutsches Verwaltungsrecht, Zweiter Band, Dritte Aufl. 1924; zit.: DVwR II.

Mayntz, Renate: Das Demokratisierungspotential der Beteiligung Betroffener an öffentlicher Planung, in: Hans-Joachim von Oertzen (Hrsg.), „Demokratisierung" und Funktionsfähigkeit der Verwaltung, 1974, S. 50.

Meyn, Karl-Ulrich: Autonome Satzung und demokratische Legitimation — Zur Rechtsprechung des BVerfG —, in: DVBl. 1977, S. 593.

Mronz, Dieter: Körperschaften und Zwangsmitgliedschaft: Die staatsorganisations- und grundrechtliche Problematik der Zwangsverbände aufgezeigt am Beispiel von Arbeitnehmerkammern, 1973.

Mutius, Albert von: Sind weitere rechtliche Maßnahmen zu empfehlen, um den notwendigen Handlungs- und Enthaltungsspielraum der kommunalen Selbstverwaltung zu gewährleisten?, in: Ständige Deputation des Deutschen Juristentages (Hrsg.), Verhandlungen des 53. Deutschen Juristentages, Bd. I, Teil E, 1980; zit.: Maßnahmen.

— Die Handlungsformen der öffentlichen Verwaltung, in: Jura 1979, S. 55, 111, 167, 223.

Naschold, Frieder: Organisation und Demokratie, 3. Aufl. 1972.

Nawiasky, Hans: Allgemeine Rechtslehre als System der rechtlichen Grundbegriffe, 1948.

Obermayer, Klaus: Grundzüge des Verwaltungsrechts und des Verwaltungsprozeßrechts, 2. Aufl. 1975.

Oberndorfer, Peter: Die wirtschaftliche und berufliche Selbstverwaltung durch Kammern in der Bundesrepublik, 1987.

Oebbecke, Janbernd: Weisungs- und unterrichtungsfreie Räume in der Verwaltung, 1986.

Olshausen, Henning von: Die (Rechts-)Quellen des Verwaltungsrechts, in: JA 1983, S. 177.

Ossenbühl, Fritz: Verwaltungsvorschriften und Grundgesetz, 1968; zit.: Verwaltungsvorschriften.

— Grenzen der Mitbestimmung im öffentlichen Dienst, 1986; zit.: Mitbestimmung.

— Die Quellen des Verwaltungsrechts, in: Hans-Uwe Erichsen / Wolfgang Martens (Hrsg.), Allgemeines Verwaltungsrecht, 8. Aufl. 1988, S. 63; zit.: Rechtsquellen.

— Vorrang und Vorbehalt des Gesetzes, in: Josef Isensee / Paul Kirchhof (Hrsg.), Handbuch des Staatsrechts der Bundesrepublik Deutschland, Band III, Das Handeln des Staates, 1988, § 62, S. 315; zit.: Vorrang.

— Verfahren der Gesetzgebung, in: Josef Isensee / Paul Kirchhof (Hrsg.), Handbuch des Staatsrechts der Bundesrepublik Deutschland, Band III, Das Handeln des Staates, 1988, § 63, S. 351; zit.: Gesetzgebung.

— Satzung, in: Josef Isensee / Paul Kirchhof (Hrsg.), Handbuch des Staatsrechts der Bundesrepublik Deutschland, Band III, Das Handeln des Staates, 1988, § 66, S. 463; zit.: Satzung.

— Zur Erziehungskompetenz des Staates, in: von Habscheid u.a. (Hrsg.), Festschrift für Friedrich Wilhelm Bosch zum 65. Geburtstag am 2. 12. 1976, 1976, S. 751; zit.: Bosch FS.

— Der Vorbehalt des Gesetzes und seine Grenzen, in: Volkmar Götz / Hans Hugo Klein / Christian Starck (Hrsg.), Die öffentliche Verwaltung zwischen Gesetzgebung und richterlicher Kontrolle, 1985, S. 9; zit.: Vorbehalt.

— Aktuelle Probleme der Gewaltenteilung, in: DÖV 1980, S. 545.

Pagenkopf, Hans: Kommunalrecht, Band 1, Verfassungsrecht, 2. Aufl. 1975; zit.: Kommunalrecht I; Band 2, Wirtschaftsrecht, 2. Aufl. 1976; zit.: Kommunalrecht II.

Partsch, Manfred: Die Reform des Bewertungsmaßstabs für ärztliche Leistungen, in: DOK 1986, S. 709.

Peters, Hans: Lehrbuch der Verwaltung, 1949; zit.: Lehrbuch.

— Die Satzungsgewalt innerstaatlicher Verbände, in: Gerhard Anschütz / Richard Thoma (Hrsg.), Handbuch des Deutschen Staatsrechts, 2. Band, 1932, S. 264; zit.: Anschütz / Thoma II.

Peters, Horst / *Mengert*, Georg: Handbuch der Krankenversicherung, Teil II, Band 3, Loseblatt, Stand 31. 7. 1987; zit.: Horst Peters, Krankenversicherung.

Pietzcker, Jost: Vorrang und Vorbehalt des Gesetzes, in: JuS 1979, S. 710.

— Neuordnung des anwaltlichen Berufsrechts, in: NJW 1988, S. 513.

— Standesaufsicht durch Wettbewerbsklagen?, in: NJW 1982, S. 1840.

Püttner, Günter: Anmerkung zum Urteil des VerfGH NW vom 15. 9. 1986 VerfGH 17 / 85, in: DVBl. 1986, S. 1198.

— Zur Mitbestimmung in öffentlich-rechtlich organisierten Unternehmen, in: DVBl. 1984, S. 165.

— Mitbestimmung über Verträge und Verfassungsrecht, in: BB 1987, S. 1122.

— Die Mitbestimmung in kommunalen Unternehmen unter dem Grundgesetz, Rechtsgutachten, 1972; zit.: Mitbestimmung.

Redeker, Konrad: Gegenwartsfragen der berufsständischen Selbstverwaltung, in: JZ 1954, S. 625.

Reichert, Bernhard / *Dannecker*, Franz / *Kühr*, Christian: Handbuch des Vereins- und Verbandsrechts, 4. Aufl. 1987.

Reuss, Wilhelm: Handwerksrecht, 1965.

Rosin, Heinrich: Souveränität, Staat, Gemeinde, Selbstverwaltung. Kritische Begriffsstudien, in: Annalen des Deutschen Reichs (AnnDR) 1883, S. 265.

Rüfner, Wolfgang: Einführung in das Sozialrecht, 1977.

Sachs, Michael: Habilitationszulassungsanspruch und Kooptationsrecht, in: WissR, Bd. 14, 1981, S. 219.

Salzwedel, Jürgen: Staatsaufsicht in der Verwaltung, in: VVDStRL 22 (1965), S. 206.

Sauer, Ernst: Landwirtschaftliche Selbstverwaltung. Kommentar zur Landwirtschaftskammergesetzgebung der deutschen Bundesrepublik, 1957.

Schäfer, Ralf: Mitbestimmung in kommunalen Eigengesellschaften. Die rechtsgeschäftliche Einführung und Erweiterung von Beteiligungsrechten der Arbeitnehmer im Aufsichtsrat aus verfassungsrechtlicher und kommunalrechtlicher Sicht, 1988.

Schellen, Peter: Die Bewertungsausschüsse der Ärzte (Zahnärzte) und Krankenkassen nach dem Krankenversicherungs-Kostendämpfungsgesetz, Diss., 1982.

Scheuner, Ulrich: Grundbegriffe der Selbstverwaltung, in: Günter Püttner (Hrsg.), Handbuch der Kommunalen Wissenschaft und Praxis, Band I, 2. Aufl. 1981, S. 7; zit.: Grundbegriffe.

— Wirtschaftliche und soziale Selbstverwaltung, in: DÖV 1952, S. 609.

Schirmer, Dieter: Die Regelungen im Kassenarztrecht, zum Vertragsrecht der Krankenkassen, Krankenhäuser und zur konzertierten Aktion im Gesundheitswesen, in: BKK 1977, S. 218.

— Verbesserung der Effektivität und Wirtschaftlichkeit der medizinischen Versorgung im Rahmen der gesetzlichen Krankenversicherung, in: DOK 1978, S. 38.

Schmidt-Aßmann, Eberhard: Die kommunale Rechtsetzung im Gefüge der administrativen Handlungsformen und Rechtsquellen, München, 1981; zit.: Kommunale Rechtsetzung.

— Die Rechtsetzungsbefugnis der kommunalen Körperschaften; zu einigen neueren Entwicklungen im Recht der normativen Handlungsformen, in: Albert von Mutius (Hrsg.), Selbstverwaltung im Staat der Industriegeellschaft, Festgabe zum 70. Geburtstag von Georg Christoph von Unruh, 1983, S. 607; zit.: von Unruh FG.

— Die kommunale Rechtsetzungsbefugnis, in: Günter Püttner, (Hrsg.), Handbuch der kommunalen Wissenschaft und Praxis, Band III, 1983, S. 182; zit.: HdbKWP III.

Schmidt-Jortzig, Edzard: Kommunalrecht, 1982; zit.: Kommunalrecht.

— Verfassungsmäßige und soziologische Legitimation gemeindlicher Selbstverwaltung im modernen Industriestaat, in: DVBl 1980, S. 1.

Schmidtke, Eckhard: Verfassungsrechtliche Anforderungen an die kassen(zahn)ärztliche Vergütung unter Berücksichtigung der Kostendämpfungsgesetzgebung des Bundes, Band 2, 1986.

Schnapp, Friedrich E.: Die Selbstverwaltung in der Sozialversicherung, in: Albert von Mutius (Hrsg.), Selbstverwaltung im Staat der Industriegesellschaft, Festgabe zum 70. Geburtstag von Georg Christoph von Unruh, 1983, S. 881; zit.: von Unruh FG.

— Auswirkungen des KVKG auf die Gliederung der Krankenversicherung, in: Die Ersatzkasse, 1978, S. 497.

Schneider, Hans: Gesetzgebung, Ein Lehrbuch, 1982; zit.: Gesetzgebung.

— Autonome Satzung und Rechtsverordnung, Unterschiede und Übergänge, in: Wolfgang Hefermehl / Hans Carl Nipperdey (Hrsg.), Festschrift für Philipp Möhring zum 65. Geburtstag, 1965, S. 521; zit.: Möhring FS.

Schneider, Horst: Die gemeinsame Selbstverwaltung im Kassenarztrecht, Diss. 1973.

Schröder, Meinhard: Grundlagen und Anwendungsbereich des Parlamentsrechts: Zur Übertragbarkeit parlamentsrechtlicher Grundsätze auf Selbstverwaltungsorgane, insbesondere in der Kommunal- und Hochschulverwaltung, 1979.

Schulin, Bertram / *Düe*, Wolfgang: Zur Einführung: Kassenarztrecht, in: JuS 1984, S. 620.

Schürmann, Martin: Grundlagen und Prinzipien des legislatorischen Einleitungsverfahrens nach dem Grundgesetz, 1987.

Seifert, Karl-Heinz / *Hömig*, Dieter (Hrsg.): Grundgesetz für die Bundesrepublik Deutschland, 3. Aufl. 1988.

Siegert, Albrecht / *Musielak*, Hans-Joachim: Das Recht des Handwerks, 2. Aufl. 1984.

Spohn, Udo Siegbert: Die Rechtsstellung des Gesellen im Handwerksrecht, Diss. 1969.

Starck, Christian: Autonomie und Grundrecht: Zur Regelungsbefugnis öffentlich-rechtlicher Autonomieträger im Grundrechtsbereich, in: AöR 92 (1967), S. 449.

— Grundgesetz und ärztliche Berufsordnungen, 1969; zit.: Berufsordnungen.

Starck, Christian / *Konrad*, Horst: Öffentlichrechtliche Klausur: Die fragwürdige Berufsordnung, in: JuS 1970, S. 31.

Statistisches Jahrbuch 1988 für die Bundesrepublik Deutschland, Hrsg.: Statistisches Bundesamt Wiesbaden.

Staupe, Jürgen: Parlamentsvorbehalt und Delegationsbefugnis: Zur „Wesentlichkeitstheorie" und zur Reichweite legislativer Regelungskompetenz, insbesondere im Schulrecht, 1985.

Stein, Heinrich Friedrich Karl Freiherr vom und zum: Über die zweckmäßige Bildung der obersten und der Provinzial-, Finanz- und Polizei-Behörden in der preußischen Monarchie (Nassauer Denkschrift), Juni 1807, abgedruckt in: Erich Botzenhart / Gunther Ipsen (Hrsg.), 1955, S. 109; zit.: Nassauer Denkschrift.

Stein, Lorenz von: Die Verwaltungslehre, 1. Teil, Die vollziehende Gewalt, 1. Band, Das verfassungsmäßige Verwaltungsrecht / Die Regierung und das verfassungsmäßige Regierungsrecht, 2. Aufl. 1869 (Nachdruck 1962); zit.: Verwaltungslehre I.

— Die Verwaltungslehre, 1. Teil, Die vollziehende Gewalt, 2. Band, Die Selbstverwaltung und ihr Rechts-System, 2. Aufl. 1869 (Nachdruck 1962); zit.: Verwaltungslehre II.

— Die Verwaltungslehre, 1. Teil, Die vollziehende Gewalt, 3. Band, Das System des Vereinswesens und des Vereinsrechts, 2. Aufl. 1869 (Nachdruck 1962); zit.: Verwaltungslehre III.

Stern, Klaus: Das Staatsrecht der Bundesrepublik Deutschland, Band I, 2. Aufl. 1984; zit.: Staatsrecht I.

— Das Staatsrecht der Bundesrepublik Deutschland, Band II, 1980; zit.: Staatsrecht II.

— Kommentierung zu Art. 28 GG (Zweitbearbeitung, 1964), in: Kommentar zum Bonner Grundgesetz (Bonner Kommentar), Loseblattsammlung; zit.: Bonner Kommentar.

Stober, Rolf: Der Ehrenbeamte in Verfassung und Verwaltung, 1981; zit.: Ehrenbeamte.

— Rechtsfragen bei Mitgliederklagen auf Einhaltung des Aufgaben- und Zuständigkeitsbereiches innerhalb der Handwerksorganisationen, 1984, zit.: Rechtsfragen.

— Die körperschaftlich organisierten Sozialversicherungsträger, in: JA 1986, S. 534.

Stobrawa, Franz F.: Die ärztlichen Organisationen in der Bundesrepublik Deutschland, 1979.

Sue, Ingrid: Rechtsstaatliche Probleme des anwaltlichen Standesrechts, Diss. 1986.

Tätigkeitsbericht der kassenärztlichen Bundesvereinigung 1985 und 1986.

Tettinger, Peter J.: Mitbestimmung in der Sparkasse und verfassungsrechtliches Demokratiegebot, 1986; zit.: Mitbestimmung.

— Die Selbstverwaltung im Bereich der Wirtschaft — Verkehrswirtschaft, Energiewirtschaft, Banken und Versicherungen, in: Albert von Mutius (Hrsg.), Selbstverwaltung im Staat der Industriegesellschaft, Festgabe zum 70. Geburtstag von Georg Christoph von Unruh, 1983, S. 809; zit.: von Unruh FG.

Teubner, Gunther: Organisationsdemokratie und Verbandverfassung, 1978.

Thieme, Werner: Deutsches Hochschulrecht, 2. Aufl. 1986; zit.: Hochschulrecht.

Thoma, Richard: Grundbegriffe und Grundsätze, in: Gerhard Anschütz / Richard Thoma (Hrsg.), Handbuch des Deutschen Staatsrechts, 2. Band, 1932, S. 108; zit.: Anschütz / Thoma II.

— Der Vorbehalt des Gesetzes im preußischen Verfassungsrecht, in: Festgabe für Otto Mayer, Neudruck der Ausgabe Tübingen 1916, 1974; zit.: Otto Mayer FG.

Tiemann, Burkhard / *Tiemann*, Susanne: Kassenarztrecht im Wandel, 1983.

Tipke, Klaus: Steuerrecht, Ein systematischer Grundriß, 10. Aufl. 1985.

Umbach, Dieter C.: Das Wesentliche an der Wesentlichkeitstheorie, in: Wolfgang Zeidler / Theodor Maunz / Gerd Roellecke (Hrsg.), Festschrift für Hans Joachim Faller, 1984, S. 111; zit.: Faller FS.

Unruh, Christoph Georg von: Dezentralisation der Verwaltung des demokratischen Rechtsstaates nach dem Grundgesetz, in: DÖV 1974, S. 649.

Wahlers, Wilhelm: Die verfaßte Studentenschaft als rechtliches und hochschulpolitisches Problem, in: NVwZ 1985, S. 804.

Weber, Werner: Staats- und Selbstverwaltung in der Gegenwart, 2. Aufl. 1967; zit.: Staatsverwaltung.

Wekel, Wolfgang: Der Bewertungsmaßstab für kassenärztliche Leistungen, in: DOK, 1978, S. 697.

Wentzel, Matthias: Autonomes Berufsausbildungsrecht und Grundgesetz, 1970.

Wertenbruch, Wilhelm: Zur Selbstverwaltung im Sozialrecht, in: Hans F. Zacher (Hrsg.), Soziale Sicherung durch soziales Recht, Festschrift für Horst Peters zum 65. Geburtstag, 1975, S. 203; zit.: Peters FS.

Westbomke, Konrad: Der Anspruch auf Erlaß von Rechtsverordnungen und Satzungen, 1976.

Wimmer, Raimund: Brauchen wir ein Verbändegesetz?, in: DVBl. 1977, S. 401.

Wolff, Hans J. / *Bachof*, Otto: Verwaltungsrecht I, 9. Aufl. 1974; zit.: VerwR I.

Wolff, Hans J. / *Bachof*, Otto / *Stober*, Rolf: Verwaltungsrecht II, 5. Aufl. 1987; zit.: VerwR II.

Wülker, Gerda: Der Wandel der Aufgaben der Industrie- und Handelskammern in der Bundesrepublik, Diss. 1972.

Zacher, Hans F.: Freiheitliche Demokratie, 1969; zit.: Demokratie.

Zeh, Wolfgang: Parlamentarisches Verfahren, in: Josef Isensee / Paul Kirchhof (Hrsg.), Handbuch des Staatsrechts der Bundesrepublik Deutschland, Band II, Demokratische Willensbildung — Die Staatsorgane des Bundes, 1988, § 43, S. 425; zit.: Verfahren.

Zimmer, Gerhard: Funktion — Kompetenz — Legitimation, Gewaltenteilung in der Ordnung des Grundgesetzes, 1979.

Zippelius, Reinhold: Allgemeine Staatslehre, 9. Aufl. 1985.

Druck:
CPI Druckdienstleistungen GmbH
im Auftrag der
Kolibri 360 GmbH
Ferdinand-Jühlke-Str. 7
99095 Erfurt

FSC
www.fsc.org
MIX
Papier | Fördert gute Waldnutzung
FSC® C083411

Kolibri 360 GmbH
Ferdinand-Jühlke-Straße 7
99095 Erfurt, Deutschland
produktsicherheit@kolibri360.de